지독하게
인간적인
하루들

웃으면서 절망을 건너는
365일 지옥 안내서

미리 알아 좋을 것 없지만
늦게 알면 후회스러운
거의 모든 불행의 역사

지독하게
인간적인
하루들

마이클 파쿼 지음 • 박인균 옮김

Bad Days in History

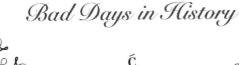

추수밭

한 그루의 나무가 모여 푸른 숲을 이루듯이
청림의 책들은 삶을 풍요롭게 합니다.

들어가는 글

언뜻 보면 이 책의 원제Bad Days in History는 너무나 단순하고 직접적이다. 역사 속 불운한 날들에 관한 이야기니까 말이다. 하지만 조금 더 세심히 들여다보면 그 범위가 놀랄 만큼 방대하다. 인류의 역사에는 말 그대로 수십억 가지 불행한 사건들이 있다. 20세기의 한 해에 일어난 사건만 가지고도 수백 권은 채울 수 있을 정도다. 부제A Gleefully Grim Chronicle of Misfortune, Mayhem, and Misery for Every Day of the Year가 붙은 것도 이런 연유다. 하지만 이 부제 역시 명쾌하지만은 않다. '웃기고 슬픈Gleefully Grim'이라니. 도대체 웃기고 슬프다는 게 무슨 뜻이란 말인가? 예를 들어 대학살 같은 사건은 누가 봐도 무거운 주제로 웃음을 줄 만한 소재는 아니다. 하지만 그토록 극악무도한 행위의 가해자도 일진이 안 좋은 날이 있었다는 이야기는 어떤가. 나치 선전에 앞장섰던 요제프 괴벨스Joseph Goebbels가 1928년 10월 26일 일기장에 "내겐 친구가 없어"라며 투덜거렸던 것처럼 말이다. 1994년 6월 10일, 미 국무부 대변인이 기자회견을 하면서 르완다에서 일어난 대규모 살육을 '집단학살'이라는 단어를 쓰지 않고 설명하려고 필사적으로 애썼던 일은 또 어떤가.

비록 역사의 가장 추악한 순간들을 이 책에서 심각하게 파고드는 것은 아니지만, 여기서 이야기한 어떤 날들은 적어도 가장 날것의 형태로 봤을 때 다른 날보다 분명 더 웃음을 자아내는 구석이 있다. 예를 들어 잔 다르크의 가까운 협력자였던 질 드 레Gilles de Rais가 그때까지 자금을 지원해온 호화로운 예배당, 즉 '무고한 어린이를 위한 예배당Chapel of the Holy Innocents'을 1434년 8월 15일에 개인적으로 봉헌했다는 아이러니한 사실에도 불구하고 아동 학살범은 아동 학살범일 뿐이다. 독자들에게는 이 신성하지 않은 날과 비틀스의 드러머 피트 베스트Pete Best가 해고된 1962년 8월 16일을 나란히 둔다는 것이 다소 부적절해 보일지도 모르겠다. 이 '불운하고 불행하고 혼란스러운 365일의 연대기'는 이런 식이다. 부제의 나머지 부분에서 말하고 있듯이 '절묘하고 터무니없고 불안하고 우스꽝스러운' 날들이 시간의 흐름 속에서 부자연스러운 왈츠를 추며 뒤죽박죽 섞여 있다.

전 세계 다양한 지역의 역사 속 가장 불운한 날들을 모아낸 이 책은 즐거움과 깨우침을 주면서도 감질나게 하는 뻔하지 않은 이야기를 담고 있다. 링컨의 암살이라는 역사적 사건이 있었던 끔찍한 날을 예로 들자면, 사건 자체는 간단히 언급만 하고 며칠 후 이 사건이 두 명의 전직 대통령에게 미친 유해한 영향을 중점적으로 다루는 식이다. 침몰하는 타이타닉호에서 살아남은 승객의 명성이 어떻게 침몰하게 되었는지에 대한 이야기도 마찬가지다. 마지막으로 이 책을 읽을 때는 이것만 명심하기 바란다. 오늘 하루가 아무리 엉망이었어도 역사 속 어딘가의 누군가는 훨씬 더 끔찍한 일을 겪었으리라는 사실 말이다.

2014년 11월

워싱턴 D.C.에서 마이클 파퀴

Contents

Bad Days
in
History

January

1월

"1월, 빈 주머니의 달!
이 사악한 달을 잘 견뎌냅시다.
연극 제작자의 이마처럼 간절한 마음으로."

시도니 가브리엘 콜레트 *Sidonie Gabrielle Colette*

404년, 1387년, 1515년

1일

이토록 형편없는 새해라니!

새로운 희망과 기대에 한껏 부푼 **일 년의 첫 날, 새해**. 하지만 역사를 들여다보면 새해가 꼭 밝지만은 않았으니 **404년** 수도승이자 순교자인 텔레마코스Saint Telemachus에게 새해는 시작이 아니라 끝이었다. 로마에서 벌어진 두 검투사의 목숨을 건 싸움을 말리려다가 재미난 구경을 방해한다는 이유로 광기에 휩쓸린 관중들의 돌에 맞아 죽은 것이다.

또 '악한 왕'으로 알려진 나바라의 카를로스 2세는 **1387년** 병 치료를 위해 브랜디에 적신 붕대로 온몸을 감고 있었는데 수행원의 실수로 붕대에 불이 붙는 바람에 자신의 침대에서 타 죽었다.

프랑스의 루이 12세는 또 어떤가. 노쇠했음에도 잉글랜드 국왕 헨리 8세의 젊고 예쁜 여동생 메리와 결혼했을 만큼 행운의 사나이였는데, 후사를 만들고자 하는 끝없는 노력이 통풍에 걸린 늙은 왕에게는 너무 과했던지라 결혼 후 석 달 만인 **1515년** 탈진으로 목숨을 잃고 말았다. 그럼에도 하필 새해에 암울한 죽음을 맞이한 다른 이들과 달리 루이는 죽음에 이르기 전까지는 행복했으리라.

2일

진실을 말한 대가로 불신임 명단에 오른 정치인

티머시 피커링Timothy Pickering은 건국 초기 미국의 해충과 같은 인물이었다. 여러 가지 해를 입혔지만 무엇보다 뉴잉글랜드의 분리독립을 촉구하고 네 명의 초대 대통령의 권위를 무너뜨리는 데 여념이 없었던 집요하고 독선적인 모기였다. 그는 조지 워싱턴 George Washington을 "과대평가된 반문맹의 범인"이라고 불렀다. 존 애덤스John Adams 부통령은 행정부에 대한 불충을 이유로 국무장관이었던 피커링을 해고할 수밖에 없었는데, 그 후로도 그는 사임을 완강하게 거부했다. 얼마나 주변 사람을 불쾌하게 했던지 밑에서 일하던 전기작가도 그를 견디지 못할 정도였다. 하지만 잘 알려지지 않은 이 미국 건국의 아버지가 '공식적으로 불신임을 받은 상원의원 아홉 명 중 첫 번째'라는 꼬리표를 지금까지도 달고 다니게 된 것은 단지 그의 혐오스러운 성격 때문만은 아니었다. 그 이유는 티머시 피커링이 감히 진실을 말했기 때문이다.

1810년 10월 27일, 미국의 네 번째 대통령 제임스 매디슨James Madison은 스페인이 소유한 플로리다 서부의 합병을 선언하는 성명을 발표하면서 이 지역이 원래 루이지애나 구입지(1803년 프랑스로부터 사들인 미국 중앙부의 광대한 지역-옮긴이)였다고 주장했다. 피커링은 그처럼 일방적인 집행권 행사에 반대했다. 잔소리꾼이 으레 그렇듯이, 그는 당시 프랑스 외무부 장관이었던 탈레랑Charles Maurice de

Talleyrand의 문건을 상원 앞에 내밀며 플로리다 서부는 루이지애나 구입지가 아니라고 단호하게 말했다. 유일한 문제는 이 문건이 전임 대통령 제퍼슨 정부의 것임에도 불구하고 기밀해제 전의 문서라는 사실이었다. 기밀문건을 공개하는 것이 중대한 법 위반은 아니었지만 피커링의 적들은 즉각 이 문제를 물고 늘어졌다.

공격적인 팽창주의를 주장했던 켄터키 상원의원 헨리 클레이 Henry Clay는 결국 피커링에 대한 불신임 결의안을 진행했다. 피커링은 이를 두고 "야바위 짓"이라 칭했는데, 실제로 그랬다. 동료 정치인들의 불만을 덜 샀던 다른 누군가를 대상으로 결의안이 발의됐다면 아마도 결의안은 통과되지 않았을 것이다. 하지만 피커링이 누구던가. **1811년 1월 2일**, 피커링은 상원의 공식 불명예 명단에 오르는 첫 번째 인물이 되었다.

1977년

3일

애플의 공동설립자가 포기한 파이 한 조각

로널드 웨인Ronald Wayne은 **1977년 1월 3일** 애플컴퓨터가 설립되었을 때 스스로를 행운아라 여겼다. 앞으로 거둬들일 엄청난 수익 때문이 아니라 스티브 잡스와 스티브 워즈니악과의 위험천만해 보이는 동업에서 3개월 전 발을 뺄 수 있었기 때문이다. 회사의 공동설립자이자 셋 중 가장 경험이 많고 어른스러웠던 웨인은 다른 두 명의 괴짜 천재들을 관리한다는 조건으로 사실상 애플의 창립자 자리를 차지할 수 있는 10퍼센트의 지분을 받았다. 그런데 나중에 다시 생각해 보니 그것은 "호랑이의 꼬리만 붙잡고 있는 꼴이었다". 솔직히 2 대 1인 데다가 주도권을 쥘 수 있는 자산을 가진 동업자는 자신이 유일했기에 웨인은 큰 위험을 무릅쓸 필요가 없다고 판단했다. 그래서 기꺼이 발을 뺐고 지분을 판 돈 800달러까지 챙겼다! 웨인은 자신에게 현금이 두둑하다고 생각했고, 그가 포기한 '애플 파이 한 조각'이 결국 300억 달러를 넘는 가치를 갖게 되었음에도 불구하고 늘 후회하지 않는다고 말했다.

"제 삶의 철학을 제대로 펼치지 못할 애플에 남아 있었다면 아마도 묘지에서 가장 부자인 남자로 생을 마감했을 겁니다." 2013년 영국의 《데일리메일》과의 인터뷰에서 그가 한 말이다. 물론 웨인은 죽지 않고 잘 살아남았지만 지금은 네바다의 이동주택에서 우표와 동전을 팔면서 국가보조금에 기대 살고 있다.

4일

못 말리는 발명가의 충격적인 코끼리 처형

19세기를 특징짓는 발명의 물결과 놀라운 기술적 진보 한가운데서 토머스 에디슨Thomas Edison은 '전류 전쟁War of Currents'으로 알려진 싸움을 시작했다. 전류 전쟁이란 한때 에디슨의 직원으로도 일했던 니콜라 테슬라Nikola Tesla가 완성하고 조지 웨스팅하우스George Westinghouse가 지지했던 배전 체계인 교류 전기(AC)의 사용에 반대하는 격렬한 캠페인이었다. 당시 에디슨 자신이 발명한 직류 전기(DC) 체계가 미국 내 가정과 산업에 공급되고 있었던 만큼 교류 전기의 등장에 위기를 느꼈던 것이다. 부와 명예가 모두 위태로워진 이 멘로파크의 마법사는 어느 것도 잃고 싶지 않았다.

이 유명한 발명가는 소탈한 이미지와는 달리 자신의 직류 전기와 경쟁 관계가 된 교류 전기의 신뢰성을 깎아 내리는 데만큼은 인정사정이 없어서 교류 전기를 번개만큼 치명적인 것으로 몰아가고자 했다. 이를 위해 에디슨의 동료들은 눈살을 찌푸리게 만드는 수많은 공개 실험을 꾸몄는데 경쟁 관계에 있던 치명적인 교류 전기를 사용해 개와 다른 동물들을 감전사시키는 것이었다.

이 전쟁은 1890년 한 기괴한 사건으로 절정에 달했다. 에디슨이 유죄가 확정된 도끼 살인마 윌리엄 케믈러William Kemmler를 신식 전기의자로 처형하도록 영향력을 행사했던 것이다. 당연히 끔찍한 위험성을 입증하기 위해 교류 전기가 사용될 터였다. 실제로 에디슨은 전기의자에 의한 죽음을 표현하는 '웨스팅하우스되다 Westinghoused'라는 신조어까지 만들어 전국적으로 사용되길 바라기도 했다. 하지만 그가 바란 대로 되진 않았다.

1903년 초, 에디슨의 DC 체계가 빠르게 쇠퇴하면서 전류 전쟁은 막을 내리다시피 했다. 그러나 이 멘로파크의 마법사는 발명왕답게 교류 전기가 인류의 골칫거리가 될 것임을 세계에 입증하고자 마지막으로 한 번 더 마술지팡이를 휘둘렀다. 당시 조련사를 세 명이나 죽인 '톱시Topsy'라는 포악한 서커스 코끼리가 있었다. 한 조련사는 톱시 앞에서 불붙인 담배를 입에 물었다가 죽임을 당하기도 했다. 톱시의 공격성을 더 이상 두고 볼 수 없었던 사람들은 톱시를 죽이기로 결정했다. 계획은 코니아일랜드에서 톱시를 공개 교수형에 처하는 것이었다. 하지만 미국동물보호협회에서 이러한 계획에 반대하자 에디슨은 톱시를 교류 전기로 감전사시키자고 제안했다. 이렇게 해서 **1903년 1월 4일**에 《뉴욕타임스》가 말한 "상당히 부끄러운 사건"이 벌어졌다. 살인을 저지른 코끼리는 수많은 관중 앞에서 6,600볼트의 교류 전기에 감전되어 쓰러졌다. 그리고 이 추악한 무대를 준비한 에디슨은 그의 가장 위대한 발명품 중 하나인 활동사진 카메라로 모든 광경을 촬영했다.

1895년

5일

드레퓌스, 존엄성을 철저하게 농락당하다

드레퓌스 사건은 실패한 정의 구현과 악랄한 반유대주의의 대하소설 같은 역사에서 벌어진 하나의 에피소드에 불과했다. 그러나 명예를 중시하는 한 남자에게 이 사건은 무엇보다 고통스러운 사건이었을 것이다.

1895년 1월 5일 아침, 프랑스 작전 참모 휘하의 포병 대위였던 유대인 알프레드 드레퓌스Alfred Dreyfus는 비밀스럽게 군법회의에 회부되어 조작된 증거에 따라 반역죄를 선고받고 평생을 갇혀 살아야 하는 무시무시한 유배지 데블스 아일랜드로 떠나기 전인 이날, 참을 수 없는 수모와 비난을 받아야 했다.

오전 9시, 드레퓌스는 프랑스 군사학교 에콜 밀리테르École Militaire 광장의 중앙으로 걸어 나갔고, 프랑스 군대를 대표하는 사람들과 관중석을 가득 메운 저명인사들이 보는 앞에서 그가 말한 "끔찍한 고문"이 시작되었다. "저는 끔찍한 고통을 겪었지만 온 힘을 다해 버텼습니다. 무너지지 않기 위해 아내와 아이들과 나눈 추억을 떠올렸습니다"라고 그는 회상했다.

불명예제대에 대한 판결문이 큰 소리로 낭독되었는데 갑자기 드레퓌스가 전우들에게 소리쳤다. "전우들이여! … 나는 결백합니다. 맹세코 나는 결백합니다. 나는 여전히 군에서 나라를 위해 봉사할 자격이 있습니다. 프랑스여, 영원하라! 병사들이여, 영원하라!"

그의 항변에도 불구하고 간수들은 그의 배지와 장식용 수술, 견장을 떼어냈고 드레퓌스의 제복에는 어떠한 장식도 남지 않게 되었다. 그런 다음, 한 목격자의 표현을 빌리자면 "단두대보다 더 흥분되는 광경" 속에서 그의 기병도를 둘로 부러뜨리는 마지막 굴욕이 이어졌다. 의식은 수치스러운 행진으로 끝이 났다. "광장을 한 바퀴 돌게 만들더군요. 진실을 모르는 군중의 야유가 쏟아졌는데 마치 저를 보면서 전율을 느끼는 것 같았습니다. 그들의 눈앞에 프랑스를 배신한 대역죄인이 서 있었으니까요. 하지만 저는 또 다른 전율이 그들의 마음에 전달되도록 애를 썼습니다. 바로 저의 결백에 대한 믿음 말입니다."

데블스 아일랜드에서 5년 동안 혹독한 옥고를 치르고 그보다 더 많은 해를 명성을 되찾는 데 보낸 드레퓌스는 결국 프랑스를 극명한 대립의 상황으로 몰고 간 사건의 누명을 공식적으로 벗게 되었다. 그러나 드레퓌스에게 거짓 혐의를 씌운 프랑스 군은 불명예스러운 사건의 책임을 인정하지 않았고, 1985년, 드레퓌스가 불명예를 안고 온갖 수모를 겪었던 에콜 밀리테르 광장에 부러진 칼을 쥐고 있는 드레퓌스의 동상을 건립하자는 의견에 반대했다. 2002년 '더러운 유대인'이라는 슬로건으로 더럽혀진 기념비는 현재 파리의 잘 알려지지 않은 교차로 한가운데의 교통섬에 쓸쓸하게 서 있다.

1540년

6일

"마음에 들지 않는구나!"
왕의 중매에 실패한 크롬웰

토머스 크롬웰Thomas Cromwell은 헨리 8세의 노련한 심복이었다. 헨리 8세와 첫 번째 아내였던 아라곤의 캐서린Katherine of Aragon과의 이혼, 로마로부터의 분리, 두 번째 아내 앤 불린Anne Boleyn과의 파멸을 획책한 무자비한 인물이 크롬웰이었다. 하지만 다른 쪽으로는 수완 좋은 각료였던 그도 중매쟁이 역할만큼은 목숨을 내놓아야 할 참패를 겪었다.

세 번째 아내인 제인 시모어Jane Seymour마저 죽자 막대한 영향력을 지닌 이 헨리의 각료는 독일에서 잉글랜드의 개신교 동맹을 강화하기 위해서는 정략결혼이 수순이라고 판단했다. 크롬웰은 클레페 공국의 공주였던 앤Anne of Cleves을 낙점했다. 헨리는 비록 한 번도 앤을 만나보지 못했지만 그녀의 미모와 품위를 극찬하는 측근을 비롯한 다른 사람들의 말을 믿고 앤과의 결혼에 동의했다. 여기에는 궁중화가 한스 홀바인Hans Holbein이 왕의 비위를 맞추고자 다소 과장해 그린 공주의 초상화도 한몫 했다.

클레페와의 정치적 동맹을 수완 좋게 성사시킨 크롬웰은 자신의 작품에 왕이 애정 어린 반응을 보이길 초조하게 기다렸다. 헨리는 기대에 한껏 부풀어 약혼녀를 만나러, 그리고 그의 표현을 빌리자면 "사랑을 키우기 위해" 해안으로 출발했다. 그러나 앤을 처음

한스 홀바인이 그린 클레페의 앤 초상화.
도대체 뭐가 문제였을까?

본 왕은 얼굴이 새파래졌다. "마음에 들지 않는구나!" 그의 호통에서 불길한 기운이 느껴졌다. 의심할 것도 없이 크롬웰은 바짝 긴장했다.

불쌍한 앤 공주의 어떤 점이 왕을 그토록 소스라치게 만들었는지는 수수께끼로 남아 있다. 어쩌면 단순히 서로에게 끌리지 않았기 때문일 수도 있다. 남녀 사이의 보이지 않는 화학 반응을 크롬웰이 감지하거나 전달하기란 불가능했을 테니 말이다. 확실한 건헨리가 몹시 언짢아했다는 것이다. "이 여자에게서는 사람들이 말한 미모와 기품을 전혀 찾아볼 수 없었어! 똑똑한 인간들이 어떻게 그런 보고를 올릴 생각을 했는지 참으로 기가 막히는구나!" 그러면서 크롬웰에게 격분하며 말했다. "내가 미리 알았더라면 그녀가 여기까지 오지 않았을 거야. 이 사태를 어찌 수습할 텐가?"

불행히도 클레페와의 중요한 동맹을 깨뜨리지 않고서는 사태를 수습할 방법이 없었다. 마음먹은 일은 좀처럼 번복하는 일이 없던 헨리 8세는 이제 오도 가도 못하는 상황이 되었다. "그녀가 내 왕국까지 그 먼 길을 오지 않았다면, 나의 신하들이 그토록 성대한 환영식을 준비하지 않았다면, 그녀의 형제가 황제와 프랑스 왕에게 달려가 세상을 혼란에 빠뜨릴 것을 걱정하지 않아도 된다면, 그녀와 결혼하지 않을 것이다. 허나 이미 너무 멀리 와버렸고 그래서 안타깝구나."

헨리의 표현대로 자신이 섬기는 주인의 "목에 멍에를" 씌운 크롬웰은 그저 왕의 "이것밖에 되지 않느냐"는 탄식을 잠자코 들을 수밖에 없었다.

1540년 1월 6일, 결혼식을 치르는 날까지도 앤에 대한 헨리의 생각은 누그러지지 않았다. 그리니치 궁전의 예배당 앞에 잠시 멈춰 선 헨리는 말했다. "신이시여. 세상과 저의 왕국을 만족시키는 것이 아니라면 오늘 제가 꼭 치러야만 하는 이 일은 그 어떤 이유를 들이대도 하지 않을 것입니다." 크롬웰은 앤과 첫날밤을 보내고 나면 왕의 기분이 나아질지도 모른다고 바랐지만 다음날 아침 그런 바람은 철저하게 무너졌다.

"이전에도 그녀가 마음에 들지 않았는데 이제는 더더욱 싫구나." 실제로 헨리는 첫날밤이 조금도 흥분되지 않았다는 점을 분명히 밝혔다. "그녀의 배와 가슴을 느끼다가 그녀가 처녀가 아니라는 판단이 들었다. 그 충격이 심장까지 전해져 더 나아갈 의지도, 용기도 사라지고 말았다. 그래서 그녀를 처음 발견한 그때처럼 처녀로 남겨두었다."

다행히도 앤은 새로운 남편에게 거부당한 상처를 전혀 느끼지 못했다. 어렸을 때부터 지나친 보호를 받으며 자란 탓에 결혼 첫날 밤에 어떤 일을 치러야 하는지를 전혀 모르고 있었기 때문이다. 헨리도 그녀에게 더 이상의 것을 가르쳐 주려고 애쓰지 않았는데, 비만인 몸과 고약한 성질을 고려해봤을 때 오히려 축복이었는지도 몰랐다. 그래도 자신의 결혼이 소기의 목적을 완전히 달성했다고 믿었으며 실제로도 그랬다는 것을 볼 때 다소 어리석은 면이 없지는 않았다.

그녀는 시녀에게 이렇게 말했다. "전하가 내 침실에 드시면 내게 키스를 하시지. 그러고는 내 손을 잡고 '잘 자요, 내 사랑' 하고 인사를 해주셔. 아침이 되면 다시 내게 키스를 하시며 '잘 있어요, 사랑하는 앤' 하고 인사하시지. … 이거면 충분하지 않나요?"

그것만으로는 전혀 충분하지 않다는 점을 왕비에게 설명해주는 일이 시녀에게 맡겨졌다. "왕비님, 그보다 더 많은 일이 있어야 합니다. 그렇지 않다면 온 나라가 간절히 기다리는 요크 공작(헨리의 두 번째 아들)을 맞이할 날이 늦어질 것입니다."

이 웃지 못할 결혼 생활이 시작된 지 6개월 후, 헨리는 첫날밤을 치르지 않았다는 점과 앤의 가족이 다른 사람과 혼전 계약을 맺었다는 주장을 근거로 결혼 무효를 선언했다. 현명하게도 왕의 네 번째 부인은 기꺼이 파경에 동의했고 이에 대한 보답으로 왕은 멋지게도 거대한 저택을 하사하고 '좋은 여동생'이라는 우월한 궁정 지위를 수여했다.

그러나 크롬웰에게는 그다지 운이 따르지 않았다. 왕은 클레페 대참사의 여파 속에서도 선술집 관리인의 아들이라는 미천한 신분의 장관을 백작이라는 높은 자리까지 올려주었지만, 그것은 궁극적 실패의 전주곡(어쩌면 전조)에 불과했다. 벼락출세한 크롬웰의 막대한 권력과 영향력이 늘 못마땅했던 귀족들이 이제는 격렬하게 그에게 등을 돌리고 나섰다.

한때 힘 있던 각료는 이단이라는 혐의로 억울하게 체포되었고 런던타워의 감방에서 네 번째 아내와의 이혼을 위해 애쓰는 왕에게 값진 증언을 했다. 그것이 전능한 권력을 쥘 수 있도록 보좌했던 군주에 대한 자신의 마지막 충정이었다. 헨리와 앤의 파혼이 선언된 지 3주도 지나지 않은 1540년 7월 28일, 크롬웰은 단두대의 이슬로 사라졌다. 자비를 호소하는 그의 절규는 묵살되었다.

런던다리 꼭대기 대못에 머리가 꽂힌 각료는 프랑스 대사가 전한 헨리의 마지막 심경의 변화, 즉 "평생에 한 번 있을 충직한 신하를 죽음으로 몰았다"는 왕의 자책에서도 위안을 찾을 수 없었다.

1945년

7일

벌지 전투의 공을 가로채려 한 몽고메리

그때는 히틀러의 죽어가는 제3제국 최후의 순간이었다. 독일군은 방어가 허술한 벨기에 남부의 연합군 전선을 이례적일 정도로 거칠게 밀어붙였다. 익히 알려진 '벌지 전투Battle of the Bulge'였다. 역사상 가장 큰 규모로 치열하게 단일 전투를 벌인 미군은 악조건 속에서도 용감하게 반격하며 맹렬한 기세의 공격을 막아냈지만, 1945년 1월 7일 정작 기자회견에서 인정을 받은 사람은 영국의 거만한 육군 원수 버나드 로 몽고메리Bernard Law Montgomery였다.

몽고메리는 북쪽 측면을 점령하고 있던 연합군에 대한 임시 지휘권을 부여받았지만 공격적으로 밀어붙이려 하지 않았다. 조지 S. 패튼George S. Patton 장군은 일기장에 몽고메리에 대한 답답한 심정을 표현했다. "몽고메리는 별 볼 일 없는 멍청한 인간이다. 전쟁에서는 위험을 감수해야 하는 법인데 이 자는 그렇지 못하다." 수많은 미군이 희생되었음에도 불구하고 정작 자신은 거의 전투에 참가하지 않았던 이 얄미운 육군 원수는 이목이 집중된 회견장에 비로소 모습을 드러냈다.

두 개의 휘장을 단 고동색 베레모에 낙하산 띠를 두른, 당시 그 자리에 참석한 한 기자의 표현을 빌리자면 "광대처럼 차려 입은" 몽고메리는 모여든 기자들을 향해 거만하게 선언했다. "(전투 첫 날) 돌아가는 상황을 파악하자마자 독일군이 뫼즈강에 도착하더라도 강을 건너지 못하도록 직접 조치를 취했습니다. … 저는 한 발 앞서 생각하고 있었습니다. … (벌지의 전투는) 제가 지금껏 지휘했던 전투 중 가장 흥미로우면서도 까다로운 전투였습니다. … 공중전에서 뒤섞이면 균형을 무너뜨리지 않으면서 깔끔하게 처리해야 합니다. … 깔끔하게 처리하지 않으면 크게 승리할 수 없습니다."

이 영국 원수는 심지어 불가능한 상황에서 미군을 구한 것은 영국이라는 식으로까지 말하며 실제로 대부분의 전투를 담당했던 미군 병사들의 머리를 거만하게 쓰다듬었다. "연합군을 와해시킬 뻔"한 메시지가 나온 것이 그때였다. 역사학자 스티븐 앰브로즈 Stephen Ambrose에 따르면 "몽고메리는 '미군은 제대로 된 리더가 있어야 훌륭한 병사가 된다'고 말했다".

"60년이 지난 지금도 사령부 정상까지 오른 똑똑한 사람이 그토록 거만하고 어리석은 발언을 할 수 있다는 사실이 믿기지가 않는다. 아이젠하워 밑으로 몽고메리의 발언을 접한 모든 미국인은 경멸스러운 반응을 보였다"라고 역사학자 맥스 헤이스팅스 Max Hastings는 썼다.

실제로 연합군 수뇌부에서 오래도록 끓고 있던 긴장감은 자신의 지위를 믿고 허세와 위협을 일삼던 몽고메리가 대부분의 빌미를 제공하긴 했지만 어쨌든 이제는 거의 터질 듯한 기세를 보였다. 연합군최고사령관 드와이트 D. 아이젠하워 Dwight D. Eisenhower는 "과거에도 비슷한 전쟁을 겪어봤지만 이번만큼 고통과 근심을 안겨준 사건은 없었다"라고 적었다.

　화합하는 연합군의 모습을 복원하는 과업은 윈스턴 처칠Winston Churchill에게 남겨졌다. 이 영국 총리는 몽고메리의 요란한 대참사가 있은 지 11일 후 하원 앞에서 연설을 하면서 그의 모든 웅변술을 동원해 벌지 전투의 진정한 영웅이 누구인지를 명확히 했다.

　"우리가 승리를 거둔 훌륭한 전투가 … 영미 합작품이라고 말하는 것을 보았습니다. 그러나 거의 모든 전투는 미군이 담당했고 가장 많은 병사를 잃은 것도 미군입니다. … 우리 병사 한 명이 투입되었을 때 미국 병사는 30~40명이 투입되었고 우리 병사 한 명이 부상당했을 때 미국 병사는 60~80명이 부상당했습니다."

　이렇게 말하고 처칠은 명예를 독차지하려는 눈먼 몽고메리를 직접 겨냥한 듯한 발언을 이어갔다. "우리군은 자랑스러운 과업을 말할 때는 남의 공을 부당하게 가로채지 않도록 주의해야 합니다. 이번 전투는 의심할 여지없이 미국이 치른 가장 훌륭한 전투였고 아마도 미군이 승리한 가장 유명한 전투로 평가될 것입니다."

1992년

8일

부시 대통령, 국빈 만찬 자리에서 구토하다

1992년 1월 8일 일본 총리의 자택에서 열린 국빈 만찬은 캐비아를 곁들인 차가운 연어, 버섯으로 조리한 맑은 국, 페퍼 소스로 간을 한 최고등급 소고기, 패션프루트 아이스크림이 이어진 고품격 진수성찬이었다. 그러나 안타깝게도 조지 H. W. 부시George H. W. Bush 대통령은 갑작스럽게 찾아온 극심한 독감 때문에 음식이 가득 차려진 테이블에 구토를 하기 시작했다. 그리고 나머지는 총리의 무릎에서 끝이 났다. 총리는 기절하는 대통령의 머리를 부드럽게 잡아주었다. 문제는 대부분의 사람들은 자기 집에서 편안하게 토할 수 있는 호사를 누릴 수 있지만 부시 대통령은 토하는 모습이 적나라하게 카메라에 담겨 TV에서 수도 없이 재생되었다는 것이다. 한밤에 진행되는 토크쇼의 진행자들은 물 만난 고기들처럼 부시 대통령의 굴욕적 순간을 연일 앞다투어 소개했다. 일본어 사전에는 'ブッシュする(Bushu-suru)'라는 새로운 단어가 등재되기도 했는데, 말 그대로 "부시 짓을 하다"라는 의미이다. 그러나 부시 대통령은 이 난감한 외교적 사건을 격조 있는 유머로 진정시켰다. 부시 대통령은 바닥에 누워 있으면서 총리에게 이렇게 말했다고 한다. "날 테이블 밑으로 굴려 넣어 주시죠. 식사를 마치실 동안 한숨 자게요."

1980년

9일

참수 현장에서 떨어졌다 다시 붙은 머리

그날 사우디아라비아는 참수형으로 바쁜 하루를 보냈다. **1980년 1월 9일**은 전년도 11월 메카의 그랜드모스크를 불법 점령한 63명의 광적인 테러리스트를 공개 참수하는 날이었다. 그 같은 신성모독에 대해서는 반드시 보복이 따를 것이라는 정부의 메시지를 전 왕국에 확실히 전달하기 위해 처형은 사우디아라비아의 8개 도시에서 동시에 집행되었다. 그런데 아뿔싸. 빡빡했던 하루는 화려한 장식의 칼들이 죄수들을 두 동강 내고도 끝나지 않았다. 잘려나간 63개의 머리를 장례식을 위해 다시 붙여야 했던 것이다. 그것이 관례였고 예의를 지키는 일이었다. 무려 1980년의 일이다.

2000년

10일

"우리의 결혼은 무효야"
거창한 농담이 된 인수합병

그것은 기업 합병 역사상 최대 규모였으며 재계 언론은 휘황찬란한 왕족의 결혼식만큼이나 숨이 막힐 듯하다고 보도했다. **2000년 1월 10일**, 미국의 지배적인 인터넷 제공업체 AOL이 통신 거물 기업인 타임 워너Time Warner와 합병하여 겉으로 보기에는 이전 미디어와 신흥 미디어의 완벽한 통합을 이루기로 했다는 발표가 나왔다. 미래는 이미 손에 넣은 듯 보였다.

"지난 밤 9시 직전, 변경할 수 없는 한 표를 던졌습니다. 이번 합병을 위해 보유한 주식 1,000억 주를 걸었습니다. 42년 전에 첫날밤을 치렀던 바로 그 날의 흥분으로, 어쩌면 그보다 더 큰 열정으로 한 표를 던졌습니다"라며 격양된 목소리로 타임 워너의 경영진이었던 테드 터너Ted Turner는 말했다.

하지만 뒤이은 결과는 가혹하리만치 눈부신 아침 햇살 속에서 숙취가 채 가시지 않은 몰골로 서로의 얼굴을 대면해야 하는 커플의 후회와도 같은 것이었다. 당시 타임Time Inc.의 수장이었던 돈 로건Don Logan은 후에《뉴욕타임스》와의 인터뷰에서 "내 평생 들어본 것 중 가장 어리석은 생각"이었다고 말했다. 로건은 마지막 순간까지 합병에 대해 듣지 못했다. 당시 타임 워너의 대정부 업무 팀장이었던 티머시 보그스Timothy A. Boggs도 마찬가지였는데 후에《뉴욕타임스》의 소식을 듣고 "굉장히 유감스럽고 걱정이 되었다"고 말했다. "저는 이 거래가 굉장히 미심쩍었습니다."

점차 명백해졌듯이 AOL은 겉으로 보이는 것처럼 화려한 로미오가 아니었다. 분명 주가는 치솟고 있었지만 숨겨진 진짜 사마귀가 있었다. 회사가 광고 수익을 부풀려 왔다는 《워싱턴포스트》의 보도는 그 축에 끼지도 못했다. 증권거래위원회 및 법무부의 후속 조사 결과 회사는 무거운 벌금에 직면했다. 거기에다 합병(실제로는 AOL에 의한 인수였다)이 우연히 기술 거품이 꺼지고 AOL의 전화식 인터넷 서비스가 사양길에 접어들고 있던 시기와 겹쳤다. 《뉴욕타임스》 기자였던 팀 아랑고Tim Arango가 2010년 썼듯이 "두 회사는 또 다른 문제가 있었는데, 양쪽 모두 서로를 미워하는 것처럼 보인다는 것이었다". "이후 몇 년간 이어진 절망의 흔적" 속에서 기업 가치는 급락했고 수많은 직원들이 일자리를 잃거나 퇴직 연금의 대부분을 포기해야 했으며 앙숙의 경영진들이 이리저리 뒤섞여 들락거렸다. 이혼이 불가피했다. 파경을 맞는 대부분의 결혼 생활이 그렇듯이 둘의 끝도 비난이 최고조에 달한 시기에 찾아왔다.

"잊어버리고 싶습니다." 테드 터너가 《뉴욕타임스》에 한 말이다. 합병된 기업의 최대 주주였던 터너는 한때 첫날밤에 비유했던 관계에서 대부분을 잃었다. 순자산의 80퍼센트에 달하는 80억 달러를 잃었던 것이다. "타임 워너와 AOL의 합병은 베트남 전쟁과 이라크, 아프가니스탄 전쟁처럼 역사 속으로 사라져야 합니다. 우리 국가에 벌어진 최대 재앙 중 하나입니다."

1877년

11일

브루클린 다리 건설 중 벌어진 천만다행의 사기극

당시 공학 기술의 경이로운 결과물로 '세계 8대 불가사의'로도 불렸던 브루클린 다리는 오늘날까지도 19세기의 열망과 독창성을 기리는 기념비로 우뚝 서 있다. 건설 과정에서 중추적 역할을 맡았지만 극도로 부패했던 한 인물의 농간에도 불구하고 말이다.

1877년 1월 11일, 다리 건설의 평의원회는 로이드 헤이그J. Lloyd Haigh라는 사람에게 실제로는 1마일이 넘는 경간徑間(다리의 상부구조를 지탱하는 기둥과 기둥 사이의 거리-옮긴이)을 지탱할 핵심 강철선을 공급하는 하청을 주었다. 선임 엔지니어였던 워싱턴 로블링Washington Roebling은 위원회에 헤이그는 믿을 수 없는 인물이라며 거듭 경고했지만 평의원이자 후에 뉴욕시 시장이 된 에이브럼 휴잇Abram S. Hewitt이 헤이그의 입찰가를 옹호하고 나섰다. 로블링은 시장에 당선된 그를 두고 "그가 당선되었으니 온갖 곤란하고 성가신 일들이 끊임없이 발생할 것"이라고 쓰기도 했다. 나중에 밝혀진 일이지만 때마침 휴잇은 헤이그의 제철소를 담보로 잡아두고 있었고 수익성 좋은 케이블선 계약으로 인해 그는 매월 꾸준한 수입이 보장될 터였다.

이제 헤이그는 브루클린 다리보다 훨씬 기대치가 낮은 서스펜션 다리(골짜기를 잇는 흔들다리)도 일상적으로 실패를 맛보던 시절에, 여태껏 시도된 적 없는 최장 길이의 경간이라는 경이로운 기록을 무너뜨릴 수도 있을 거대한 사기극의 중심에 놓이게 되었다. 게다가 로블링은 이스트강 아래에서 다리의 기반 작업을 하는 동안 감압증(일명 '잠함병')으로 심신이 약해져 있던 터라 헤이그를 막을 상황이 아니었다.

"그러나 막상 사기극은 지극히 단순했다"고 역사학자 데이비드 맥컬러프David McCullough는 썼다. 헤이그는 고품질의 강철선을 수중에 가지고 있었고 제철소 점검이 있을 때면 그것을 보여주었다. 하지만 승인 받은 강철선은 인근 공사 현장으로 운반되기 전 예정에 없던 한 건물을 거치면서 품질이 낮은 철선으로 교체되었고 이 철선이 다리 건설에 사용되었다. 앞서 승인을 받았던 강철선은 비밀리에 제철소로 운반되면서 새롭게 시작되는 눈속임용 승인 절차에 다시 사용되었다.

다행히도 브루클린 다리는 설계상 경간을 지지하는 데 필요한 것보다 훨씬 더 많은 케이블의 지지를 필요로 했기 때문에 헤이그의 질 낮은 강철은 굳이 교체될 필요가 없었다. 어쨌거나 거의 불가능한 일이었다. "하지만 그러한 사기 행각이 브루클린 다리를 건설하는 데 말 그대로 일조했다는 생각은 절대 잊히지 않을 것"이며 "특히 로블링은 절대 잊지 못할 것"이라고 맥컬러프는 썼다.

1915년

12일

여성을 투표권으로부터 '보호하기' 위한
남성의 사기극

1915년 1월 12일, 오만과 편견이 하늘을 찌르는 앨라배마 출신의 KKK 회원 제임스 토머스 헤플린James Thomas Heflin, 일명 '코튼 톰Cotton Tom' 하원의원(인종 관계에 대한 헤플린의 계몽된 접근 방식의 예는 3월 27일 참고)은 성차별주의자로 득시글거리는 미국 하원에 목소리를 더하려고 일어섰다. 쟁점은 여성에게 투표권을 부여하게 될 헌법 수정안이었는데, 남성뿐인 국회의원들 대다수에게는 간담이 서늘해지는 개헌안이었다. "대부분의 여성이 지금 한 표를 장악하고 있습니다." 화려한 입담으로 유명한 헤플린이 동료 의원들과 방청석을 가득 채운 사람들에게 지지를 얻으려는 듯 말을 이어갔다. "며칠 전 얼굴을 붉힌 한 여성 참정권 운동가에게도 말했듯이, 그들에게 독점 사업권을 주면 여러분은 모든 가정에서 두 표를 장악하게 됩니다. 그건 너무 많습니다."

국회의원 상당수가 논쟁 와중에 참정권 부여의 악으로부터 여성을 '보호'하고자 "여성은 신이 정해준 자리, 즉 가정을 유지하는 일에만 관심을 가지면 된다"며 더없이 완벽한 신사의 모습을 보였다. 적어도 13세기였다면 높은 기사도 정신을 발휘했다고 칭송했겠지만 《뉴 리퍼블릭New Republic》에서는 그들의 작태에 대해 이렇게 언급했다. "발언자들은 생업에 종사하는 수백만 미국 여성들의 실제 자리에 관한 어두운 사실까지 언급하며 자신의 위신을 떨어뜨리는 일은 단 한 순간도 허용하지 않았다." 사설은 한 발 더 나아가 이렇게 말을 이었다. "성인군자와도 같은 어머니들, 가정에 충실한 아내들, 넓게는 모든 여성들을 이렇게나 존중하는 것을 보니 '보들 씨' 같은 남자들은 사티로스의 발굽을 드러내지 않고서는 10분도 걸을 수 없을 것 같다."

잡지에서 언급한 의원은 외향적인 성격의 오하이오 의원인 스탠리 보들Stanley E. Bowdle이었다. 그는 동료 의원들의 열렬한 환호 속에서 (그리고 그 자리에 있던 남부 '신사들'의 절대적인 지지를 받으며) 전체 투표권 쟁점에 대해 다소 외설적인 입장을 내놓았다. "이 세련된 수도의 여성들은 아름답습니다. 그 아름다움이 비즈니스에 방해가 되고 있습니다. 발도 아름답고요. 발목도 아름답습니다. 하지만 여기서 그만해야겠군요. 왜냐하면 이 아름다운 여성들은 나라에는 관심이 없으니까요."

그리고 보들은 할 말이 너무 많았다. 너무도 많아서 할당된 시간을 품위 있게 넘기고 말았다. "남성과 여성은 다릅니다. 원자부터가 다릅니다. 바로 여기가 여성들의 불평이 시작되는 곳입니다. 많은 여성이 성별로 인한 제한을 억울하게 생각합니다. 하지만 신이 내린 결정에 왜 불평을 합니까? 저는 아이를 갖지 못하니 울어야겠군요."

그날 수정안은 204 대 174로 통과되지 못했다.

1920년

13일

그래, 그건 '로켓 과학'이었어

프랑스 시인이자 소설가 루이 아라공Louis Aragon은 한때 이렇게 썼다. "천재의 본질은 바보들에게 20년 후에 아이디어를 제공하는 것임을 우리는 알고 있다." 일리가 있는 말이다. 훌륭한 지성임에도 살아생전에 이름을 알리지 못한 일이 왕왕 있다. 반 고흐Van Gogh는 1890년 자살하기 전에 두어 점의 작품을 판매한 것이 전부였고 끼니조차 해결하지 못한 실패한 예술가였다. 사람들은 바흐의 오르간 연주를 좋아했지만 대부분이 그의 작품을 무시했다. 에드거 앨런 포Edgar Allan Poe는 섬뜩한 이야기의 고전이라 불릴 만한 작품들을 쓰면서 근근이 생계를 이어갔다.

실제로 천재들은 멸시를 받기도 했다. 1920년 우주여행에 대한 선구적인 아이디어와 실질적인 응용 방법에 대한 생각을 공개적으로 밝혔다가 터무니없는 조롱을 감내해야 했던 로버트 고더드Robert H. Goddard가 바로 그런 예일 것이다. 《뉴욕타임스》가 특히 가혹했다. **1920년 1월 13일**, 〈망신살 돋는 심각한 가공A Severe Strain on Credulity〉이라는 제목의 사설에서 《뉴욕타임스》는 "고등학교에서 매일 퍼주는 (기본적인 과학) 지식이 결여된 것처럼 보일 뿐"이라고 평가했다. 부당한 비난에 기분이 상한 고더드는 며칠 후 이렇게 반박했다. "모든 상상이 누군가 처음 실현하기 전에는 농담에 불과하다. 하지만 이내 상상은 현실이 되고 곧 흔한 일이 된다."

1945년에 고더드가 사망하고 꼭 24년이 지나 인간은 처음으로 달에 착륙했다. 온갖 조롱을 당한 물리학자가 처음 고안한 로켓 기술로 달까지 날아간 것이다. 이 역사적 사건이 있은 다음 날,《뉴욕 타임스》는 거의 반세기 전에 쓴 가혹한 논평을 정정하는 것이 좋겠다고 판단했다. "추가적인 조사와 실험으로 17세기 아이작 뉴턴의 발견이 확인되었고 이제는 로켓이 대기에서뿐만 아니라 진공에서 기능할 수 있다는 것이 사실로 밝혀졌다. 본지의 오류를 유감스럽게 생각한다."

1963년

14일

인종차별주의자로의 끔찍한 전환

"남부 연맹의 요람이자 위대한 앵글로색슨 지역의 심장부라 할 수 있는 바로 이곳은 오늘 우리가 역사 속의 수많은 선조들이 그랬듯이 자유의 북소리를 울리기에 더없이 적절한 장소입니다. 우리 안에 흐르는 자유를 사랑하는 피의 부름에 일어서서 남부를 쇠사슬로 속박하려는 폭군에게 우리의 답을 보냅시다. 내 사전에 한계는 없습니다. 나는 폭군의 발 앞에 도전장을 던집니다. 그리고 오늘도 인종분리, 내일도 인종분리, 영원한 인종분리를 외칩니다."

_앨라배마 주지사 조지 월리스 취임사

격렬한 인종분리주의자의 화신이 되기 전의 조지 월리스George Wallace는 온건한 사람이었다. "제가 피부색에 관계없이 사람을 공평하게 대하는 데 필요한 자질을 가지고 있지 않다면, 여러분의 위대한 주지사가 되는 데 필요한 자질도 가지고 있지 못한 것입니다." 1958년 앨라배마 주지사 선거운동에서 그가 했던 말이다. 그런데 결정적으로 KKK의 후원을 받으며 흑인에 대한 증오를 표출하던 경쟁 후보 존 패터슨John Patterson에게 선거를 내주고 말았다. 14세에 이미 언젠가는 주를 이끌겠다고 맹세했던 야심 찬 정치인에게는 쓰디쓴 경험이었다. 실질적으로 NAACP(전미흑인지위향상협회)의 지원을 받았던 1958년 선거의 실패로 월리스는 위협적인 인

조지 월리스가 남부연합기 앞에서 인종분리를 외치며 승리의 미소를 짓고 있다.

종분리주의자로 급선회했다. "아시겠지만 저는 도로를 깔고 학교를 짓는 이야기를 하려고 했습니다. 제 정치 인생 동안 줄곧 이런 것들을 이야기했지만 아무도 듣지 않았습니다. 그러다가 흑인들에 대한 이야기를 시작하니까 발을 구르며 일어섰습니다."

그의 전기작가이자 에모리대학교 교수인 댄 카터Dan Carter는《헌츠빌타임스Huntsville Times》에서 그의 저속한 노선 변경을 "파우스트식 거래를 하고" "선거에서 악에게 영혼을 판" 것이라고 묘사했다. 월리스는 오랫동안 탐내왔던 주지사 자리에 올랐다. **1963년 1월 14일**, 그는 그 후로 영원히 그를 정의하게 될 '주옥같은' 취임사를 남겼다.

1919년

15일

거대한 설탕물 파도가 마을을 덮친다면

죽음은 그렇게 달콤하게 끈적이는 거대한 소용돌이와 함께 **1919년 1월 15일** 갑작스레 찾아왔다. 이날 보스턴 노스엔드 주민과 노동자들은 철모르는 따뜻한 날씨 속에 부산하게 일상을 보내고 있었는데 오후 12시 30분경 머리 위로 기차가 지나가는 듯한 커다란 우르릉 소리와 함께 기관총을 발사하는 것 같은 쾅쾅 소리(대갈못들이 튀어나오는 소리였다)가 들려왔다. 이미 3년 전부터 200만 갤런 이상의 당밀이 저장되어 있던 거대한 탱크가 마을을 불길하게 엄습해 오고 있었는데, 이것이 무너지면서 나는 소리였다.

탱크가 무너지면서 당밀이 바닷물보다 훨씬 더 무거운 8~15피트 높이의 거대한 파도가 되어 시속 35마일의 속도로 덮치며 주변 도로를 초토화시켰다. 열차가 선로를 이탈했고 건물의 지반이 흔들리며 균열이 일어났다. 가차 없는 갈색 파도가 길목을 뒤덮었고 사람들은 미처 피할 겨를도 없었다. 모두 합해 21명이 사망했고 150명이 부상했다. 끈적이는 물질 속에서 사망자를 찾느라 며칠이 걸리기도 했다.

당시 《보스턴포스트 Boston Post》의 한 기자는 이렇게 썼다. "현장에 처음 도착한 구조대원들을 맞이한 광경은 말로 형언하기 힘들 정도였다. 허리 높이의 당밀이 도로를 뒤덮었고 잔해를 휘감으며 기포를 일으키고 있었다. 여기저기서 동물인지 사람인지 알 수 없

2백만 갤런의 당밀이 휩쓸고 지나간 보스턴 노스엔드의 모습.

는 형체들이 버둥거렸다. 끈적이는 물질 속에서 허우적거리며 솟아나와 있는 곳만이 생명이 있음을 알려주었다. … 말들은 끈끈이 테이프에 달라붙은 파리처럼 죽어 있었다. 살려고 발버둥 칠수록 점점 깊은 곳으로 빠져만 들었다."

탱크 소유주인 미국산업알코올United States Industrial Alcohol은 무정부주의자의 폭탄을 탓하며 이 재앙에 대한 책임을 부인하려고 했다. 하지만 수년에 걸친 조사 끝에 회사가 탱크의 건축 및 유지관리에 태만했던 것으로 밝혀져 생존자에게 엄청난 정착 비용을 지불하게 되었다. 그 후 오랜 시간을 거치며 재앙의 현장은 공원으로 탈바꿈했지만 그날의 따뜻하고 달콤한 당밀의 냄새가 여전히 공기 중을 진하게 떠돌고 있다고 전해진다.

1547년

16일

살벌한 피 잔치의 제왕 '폭군 이반'의 즉위

이반 4세가 '폭군'이 되기 전에는 아직 어린 나이에 비교적 힘이 없는 모스크바 대공으로 통치를 하고 있었기에 고통스러운 것은 동물들뿐이었다. 괴물이 되어가고 있던 어린 대공이 높은 탑에서 개와 고양이를 내던지며 즐거워했던 것이다. 그러나 **1547년 1월 16일** 이반이 16세의 나이에 최초로 '모든 러시아의 황제'(차르)로 즉위하면서 상황이 끔찍하게 변하기 시작했다. 새로운 군주가 등장하면서 머지않아 왕국은 하나의 거대한 공포의 방으로 바뀌었다.

전체 도시가 종잡을 수 없는 황제의 분노로 공포에 떨었는데, 그중 가장 유명한 곳이 노브고로드이다. 피해망상이 위험 수위를 넘어선 이반은 노브고로드 사람들이 폴란드의 왕을 위해 자신을 배신할 계획을 세우고 있다고 확신하고 노브고로드를 철저하게 짓밟으라고 명령했다. 위로는 엘리트에서부터 아래로는 농부에 이르기까지 모든 사회 계층의 남성과 여성, 아이들 수천 명이 조직적으로 학살당했고 가까스로 학살을 모면한 사람들의 식량은 파괴되었다. 6주에 걸친 공격이 끝나고 우연히도 이반의 23번째 대관식과 맞아떨어진 그날, 노브고로드에는 남은 게 거의 없었다. 경축 행사는 그 해 여름 모스크바에서 계속되었는데 수백 명의 적들이 붉은광장의 살벌한 응징 잔치에서 가죽이 벗겨지거나 끓는 물에

아들을 때려 죽인 자신의 모습을 발견한 이반 대제를 묘사한 그림. 일리야 레핀Ilya Repin의 작품.

죽거나 불에 타 죽거나 뼈가 부러져 죽었다.

이반의 야만적인 통치 행각 중에 잘 알려지지 않은 사건이 하나 더 있다. 이반은 분노가 폭발해 큰아들을 죽이기도 했다. 분명이 불운한 후계자는 아버지가 임신한 아내를 내쫓는 데 반대했을 것이고, 결국 철석으로 머리를 얻어맞는 참극이 벌어지고 말았다. 3년 후인 1584년 이반은 죽었지만 결코 잊히지 않았다. 그로부터 3세기도 더 지나 이반 못지않게 흉포한 스탈린이 등장한 것이다. 그는 이반을 가장 좋아하는 황제라고 밝히기도 했다.

1912년

17일

"세상의 밑바닥에 주저앉아"
스콧의 남극 탐험 대실패

걷고 또 걷는 힘겨운 여정 끝에 세상의 가장 밑바닥이라 불리는 바로 그곳에 도착한 사건은 탐험 역사상 가장 위대한 업적 중 하나로 손꼽힌다. 하지만 안타깝게도 **1912년 1월 17일** 자신의 팀과 함께 남극에 도달한 영국의 로버트 팰컨 스콧 Robert Falcon Scott은 앞서 다녀간 사람들이 있다는 것을 깨닫고 경악을 금치 못했다.

"최악은 아니더라도 거의 최악에 가까운 일이 벌어졌다." 스콧은 다른 팀이 이미 남극에 도착했다는 최초의 불확실한 흔적을 발견하고는 일지에 이렇게 적었다. 머지않아 그것은 오해의 여지가 없는 증거가 되었다. "우리는 계속 걸었다. … 눈앞에 보이는 것은 썰매에 달린 검정 깃발이었다. 캠프가 남긴 흔적 바로 가까이에는 오고 간 썰매 자국과 스키 자국이 있었고 개들의 발자국도 선명하게 나 있었다. 한두 마리가 아니었다. 모든 상황이 이해됐다. (로알 아문센 Roald Amundsen이 이끄는) 노르웨이 사람들이 복선을 치고 남극에 처음 도달한 것이다."

1월의 쓰라린 그날, 자연은 영국 모험가들의 실패를 비웃기라도 하듯 사나운 강풍을 몰아쳤고 그렇지 않아도 떨어질 대로 떨어진 대원들의 온도는 곤두박질쳤다. "대단한 신이군! 갖은 고생을 하며 여기까지 왔는데 가장 먼저 도달했다는 기쁨조차 누리지 못하다니 이곳은 참으로 끔찍하고 무서운 곳이다"라며 스콧은 일지에 아쉬움을 남겼다.

오랫동안 꿈꾸었던 영광의 기쁨이 헛되이 사라지고 남극에 꽂을 깃발도 없이 추위에 떨던 탐험가들은 이제 돌아가는 수밖에 달리 할 수 있는 일이 없었다. "몹시 피곤한 귀환길이 될 것이다"라고 스콧은 적었다. 하지만 실제로는 끔찍한 귀환길이 되었다. 다섯 명으로 구성된 탐험대 단원이 하나씩 추위와 질병과 탈진에 무릎을 꿇었다. 하지만 스콧은 죽기 전 가까스로 '대중에게 전할 메시지'를 남겼다.

"나는 이 탐험을 후회하지 않는다. 이 탐험은 잉글랜드인이 역경을 견뎌내고 서로를 도우며 과거의 그 누구보다 의연하게 죽음을 맞이할 수 있다는 것을 보여주었다. 우리는 위험을 감수했으며 그 사실을 충분히 알고 있다. 상황이 우리를 막아선 것이므로 우리에겐 불평할 이유가 없다. 하지만 신의 뜻을 인정하고 마지막 순간까지 최선을 다하고자 한다. … 우리가 살았다면 나와 동행해준 팀원들의 배짱과 인내와 용기에 관한 이야기를 가지고 잉글랜드인 한 사람 한 사람의 심금을 울렸을 것이다. 이 거친 메모와 우리의 시신이 이야기를 전해줄 것이다."

2002년

18일

"표절하고 화내다" 손버릇이 나쁜 역사학자

역사학자 도리스 컨스 굿윈Doris Kearns Goodwin은 자신의 1987년도 베스트셀러《피츠제럴드와 케네디: 미국의 전설The Fitzgeralds and the Kennedys: An American Saga》의 문구가 작가 조 맥기니스Joe McGinniss가 쓴 테드 케네디Ted Kennedy 상원의원 전기에 직접 인용되었다는 사실을 알고 1993년에 그를 공개적으로 비난했다. 굿윈은《보스턴 글로브The Boston Globe》와의 인터뷰에서 불평을 쏟아냈다. "제 책에서 인용했다는 말도 없이 대놓고 가져다 쓰고 있습니다. 다른 작가에게 물어봐도 인정할 거예요. 왜 허락을 구하지 않았는지 납득이 안 됩니다."

하지만 알고 보니《피츠제럴드와 케네디》역시 순수한 굿윈의 작품이 아니었다. 실제로 다른 작가의 말을 마구 가져다 쓴 경우가 수도 없이 있었다. 대표적인 예가 로즈 케네디Rose Kennedy의 산문을 도용한 것이었는데 거의 글자 하나 바꾸지 않았다.

《피츠제럴드와 케네디》가 처음 출간되고 15년이 지난 **2002년 1월 18일**,《위클리스탠다드The Weekly Standard》는 굿윈의 공공연한 표절을 폭로했다. 로즈 케네디를 비롯한 여러 작가의 작품을 표절했는데 아마도 가장 터무니없는 건 1983년에 출간된 작가 린 맥타가트Lynne McTaggart의 캐슬린 케네디Kathleen Kennedy 전기 표절일 것이다.《위클리스탠다드》는 표절임을 보여주는 문구들과 굿윈의 궁색한 해명을 함께 실었다.

"그 당시에는 2차 자료에 관한 메모를 포함해 모든 걸 손으로 썼습니다. 문제의 문구를 썼을 때 제겐 맥타가트의 책이 없었습니다. 메모를 쓰면서도 원서의 일부 단락과 유사할 수도 있다는 사실을 깨닫지 못했습니다."

굿윈은 또한 후속 문고판에 맥타가트의 작품을 참고했음을 명시하는 각주를 늘리고 단락도 하나 포함시키기로 나중에 맥타가트와 합의했지만 가져온 문구에 "따옴표"를 붙이지 않았음을 인정했다.

하지만 그녀는 맥타가트와의 금전적 합의가 이루어졌다는 사실을 쏙 빼놓고 말했다. 이 같은 문제는 며칠 후《보스턴글로브》기사에서 드러났다. 기사에서 굿윈은 자신이 '절대로' 표절한 적이 없다고 주장하고《피츠제럴드와 케네디》는 "자신이 집필한 최초의 두꺼운 역사 서적"이라며 구차하게 자신의 실수를 변명했다. 하지만《보스턴글로브》가 현명하게 지적했듯이 그녀는 11년 전인 1976년에 이미《린든 존슨과 아메리칸 드림Lyndon Johnson and the American Dream》이라는 역사책을 출간했었다.

굿윈은 명성을 되찾으려고 안간힘을 쓰다가 오히려 더 망친 것 같았다. 표절 행위를 '차용'한 것이라며 완곡하게 표현하는가 하면 메모를 잘못해서 실수한 것이라는 변명을 계속 늘어놓는 통에 비평가들은 더 격분했다. 자신의 퓰리처상 수삭작인《일상적 시간의

부재: 프랭클린과 엘리너 루스벨트No Ordinary Time: Franklin and Eleanor Roosevelt》만큼은 표절로 오염되지 않은 순수한 자기 작품이라는 주장을 거듭 펼치며 신뢰성을 지키려고 했으나 여러 신문사 중《로스앤젤레스타임스Los Angeles Times》가 이 책에서도 '차용'한 사례를 여러 건 밝혀냈다. 그러자 굿윈은 표절의 대표작《피츠제럴드와 케네디》는 절판하겠다고 약속했으나 지키지 않았다.

《위클리스탠다드》에 처음 소식을 알렸던 보 크레이더Bo Crader는 글을 마무리하면서 굿윈이 조 맥기니스를 비난하며 한 말을 그대로 인용했는데 그 말이 굉장한 충격을 몰고 왔다. "작가가 이미 출간된 책의 내용을 바탕으로 글을 쓰는 데는 아무 잘못이 없습니다. 역사란 그런 식으로 만들어지는 것이니까요. 적어도 출처를 밝히기만 한다면 말이죠. … 왜 출처를 밝히지 않았는지 도저히 이해가 안 되는군요."

1990년

19일

코카인을 즐기는 워싱턴 D.C. 시장

워싱턴 D.C.가 급속히 확산되는 살인적인 크랙코카인의 온상이 되고 심지어 시장이 마약에 빠져 있다는 소문이 무성했음에도 불구하고 당사자 매리언 배리Marion S. Barry는 자신만의 호기로움에 취해 높이 날아오르고 있었다. "코카인이요오오?" 지저분한 스트립쇼 극장과 마약 소굴로 바뀐 호텔방을 자주 드나들던 자칭 '올빼미족'인 그가 《로스앤젤레스타임스》의 한 프로필에서 묻고 있었다. "일반인들이 어떻게 그런 물건을 쓴단 말이요? 당신은 코카인을 하나요오오? 설마! 오오오오오오오!" 기자의 말에 따르면 배리 시장이 드러낸 마약에 대한 혐오에는 조롱과 내숭과 과시가 모두 들어 있었는데, 기사 후반부에서는 자신을 향한 비난이 모욕적이라는 그의 당당한 주장이 이어졌다. "나는 비난 받을 짓을 할 만큼 어리석지 않아요. 신은 내게 똑똑한 머리를 주셨습니다. 내가 한 일은 아무도 몰라요. 왜냐하면 나는 걸리지 않거든요."

하지만 기사가 실린 지 2주도 채 지나지 않아, 배리가 내연녀인 헤이즐 다이앤 '래시다' 무어Hazel Diane 'Rasheeda' Moore와 함께 시내의 한 호텔에서 크랙코카인을 피우는 모습이 카메라에 잡혔다는 속보가 전해졌다. 올빼미족 시장은 FBI의 함정수사인 것도 모르고 보란 듯이 협조한 무어에게 분노했다. "이런 빌어먹을." 그는 체포를 당하면서도 줄곧 이렇게 중얼거렸다. "나쁜 년이 날 모함했어."

그는 보도 다음날인 **1990년 1월 19일**에 소환되었다. 그가 시장으로서 대배심원 앞에서 동료인 찰스 루이스Charles Lewis와 크랙코카인을 피운 적이 없다고 맹세한 지 꼭 1년 만이었다. 한 달 후 배리는 세 건의 위증죄로 기소되었다.

보통 정치인이 그처럼 대단히 공개적인 수치를 당했다면 정치인생이 끝나고도 남았을 테지만 《워싱턴시티페이퍼Washington City Paper》가 "인생이 시장"이라는 별명을 붙인 배리에게 그 사건은 잠깐 지나가는 나쁜 일에 불과했다. 배리가 6개월을 복역하고 나오자 상당수가 시청 근무자로 구성된 그의 충성스러운 유권자들은 그를 시의회 의원으로 선출했고 그 후 놀랍게도 그를 다시 시장으로 만들어냈다. 두 번이나 말이다.

배리는 수치스러운(하지만 일시적인) 지지도 하락이 있기 전 《로스앤젤레스타임스》에 이렇게 말했다. "저는 로마인들이 가졌던 그런 사자처럼 될 것입니다. 제게는 계속 물건을 던져도 됩니다. 하지만 그럴 때마다 혼쭐이 날 것입니다. 결국 저는 그곳에 앉아 내 발을 핥고 있을 테니까요."

1953년

20일

트루먼과 아이젠하워의 불편한 인수인계

민주주의는 본질상 권력 이양을 필요로 하지만 대부분의 대통령이 후임자에게 자리를 물려주어야 하는 상황을 반기지 않았다. 특히 물러날 대통령과 새로 취임할 대통령이 서로를 마음에 들어 하지 않는 경우에는 더욱 그랬다. 존 애덤스는 경쟁자 토머스 제퍼슨Thomas Jefferson이 취임하기 전에 도시를 빠져나감으로써 전례를 남긴 바 있다. 그의 아들 존 퀸시 애덤스John Quincy Adams도 가장 치열했던 선거에서 앤드루 잭슨Andrew Jackson에게 패한 후 같은 행동을 했다. 하지만 해리 S. 트루먼Harry S. Truman이 물러나고 드와이트 D. 아이젠하워가 그 자리를 차지한 **1953년 1월 20일**만큼 논쟁이 많았던 권력 이양의 날도 거의 없었다. 대통령 고문 클라크 클리포드Clark Clifford는 이렇게 회상했다. "그날 둘 사이의 증오는 여름철의 태풍 같았다."

아이젠하워 장군과 그의 전 총사령관의 관계는 공화당인 아이젠하워가 민주당인 애들레이 스티븐슨Adlai Stevenson과 대결했던 1952년 대선 운동 때 이미 틀어졌다. 트루먼은 아이젠하워가 자신을 "엉망진창이 된 워싱턴의 트루먼"이라며 공격했을 때 "이 장군은 돼지 같은 자들이 일요일판 신문에 실린 기사를 통해 아는 것보다 더 정치를 모른다"며 코웃음을 쳤다.

트루먼은 아이젠하워의 행동에 질겁했는데 특히 아이젠하워가 한국의 평화 사절단을 자청하고 나섰을 때 그랬다. 트루먼은 기자 회견에서 이를 "정치적 선동"이라고 일축했다. 그리고 아이젠하워 가 상원의원 조지프 매카시Joseph McCarthy의 악의적 공격으로부터 그의 멘토인 조지 마셜George C. Marshall 장군을 보호하지 말라는 공화당의 압박에 굴복했을 때 트루먼은 기회를 놓치지 않고 아이젠하워를 비난했다. "(그것은) 이 나라 역사상 가장 충격적인 일 중 하나였다. 아이젠하워의 문제는 … 그저 겁쟁이일 뿐이고 … 그가 한 행동이 부끄러운 짓인 줄 알아야 한다."

두 사람 사이의 날 선 공방은 취임 당일 국회의사당까지 같은 차를 타고 나란히 앉아 가야 하는 상황이 다가오면서 절정에 달했다. 아이젠하워는 "내가 저 사람 옆에 앉아서 견딜 수 있을지" 모르겠다고 들으란 듯 말하고는 백악관으로 들어와 커피라도 한 잔 하자는 트루먼의 제안을 거절했다. 그 대신 트루먼이 밖으로 나올 때까지 차 안에서 기다렸다. 트루먼에게는 결코 잊히지 않을 모욕적인 순간이었다.

후에 트루먼은 이렇게 말했다. "나는 아이젠하워 대통령의 지지자가 아니었어도 협조하는 분위기에서 기분 좋게 대통령직을 물려주고자 많이 노력했는데 그는 내가 동지가 아닌 적인 양 행동했다."

국회의사당까지 가는 길에 무슨 대화가 오갔는지는 알 수 없지만 두 사람이 매우 냉랭한 분위기에 놓여 있었음을 짐작할 수 있다. 백악관 관리인 웨스트J. B. West는 그때 "그 차에 타고 있지 않아 다행이었다"고 말하기도 했다.

1535년

21일

기독교 흑역사 1부:
"벽보 부착 금지, 위반 시 화형에 처함"

르네상스 시대의 프랑스에는 화형이 프랑수아 1세의 처벌치고
는 너무 가볍다고 여기는 사람들이 있었다. 개신교도 한 무리가
'16세기의 소셜 네트워크'라 할 수 있는 벽보를 이용해 파리와 그
외곽 지역에 "그리스도가 사실은 성체 안에 있다"는 가톨릭 교리
를 조롱하는 메시지를 뿌렸다. 그중 하나는 왕의 침실까지 날아들
었는데, 특히 두 번째 벽보는 교황과 가톨릭 성직자를 "해충, … 변
절, 늑대, … 거짓말, 신성모독, 영혼 파괴의 온상"이라고 맹렬하게
비난하여 프랑수아를 더욱 격분하게 만들었다.

'벽보 사건'으로 알려진 이 신성모독을 수행한 자들의 이름을
대는 사람에게는 큰 보상이 주어졌다. 보복은 신속하고 가혹했다.
1535년 1월 21일, 맨머리에 검은 옷을 차려 입은 왕은 불붙인 양초
를 들고 파리의 거리를 지나 노트르담성당까지 엄숙하게 행진을
했다. 그의 아들들이 캐노피 아래에서 성체를 들고 그를 따랐고,
프랑스의 최고위층 귀족들과 성직자들, 생 루이(루이 9세)의 머리와
최초의 면류관으로 여겨지는 관 등 신성한 유물들의 행렬이 이어
졌다. 그리고 속죄의 미사 후 왕이 식사를 하는 중에, 역사학자 윌
듀랜트Will Durant의 말을 빌리자면 "신을 달래는 데 적합하다 여겨
지는 방법으로" 고발된 이교도 여섯 명에 대한 형이 성당 앞에서

'벽보 사건' 이후 프랑스 내에서 가톨릭의 개신교 탄압이 절정에 달했다.

집행되었다.

이글거리는 불 위에 밤나무의 밤처럼 사형수들을 매단 후 지속적인 고통을 주기 위해 불 속으로 사형수들을 넣었다 뺐다 하는 식으로 형이 집행되었다. 프랑수아는 거기서 멈추지 않았다. 그 후로도 너무나 많은 화형이 집행되어 종교개혁에 반대하던 독실한 교황 바오로 3세조차 결국에는 '가장 기독교적인 왕'(과거에 교황이 프랑스 군주에게 붙여준 직함)에게 그만둘 것을 명령해야 했다.

2010년

22일

코난에게 '오늘밤'을 위한 내일은 없다

"어이, 잘 있었나?" 수화기를 타고 들려오는 목소리의 주인이 누구인지는 금세 알아차릴 수 있었다. 코난 오브라이언Conan O'Brien 이 NBC의 〈투나잇 쇼The Tonight Show〉의 차기 진행자가 되었다는 발표를 듣고 '심야의 왕'이라 불리며 존경 받는 조니 카슨Johnny Carson이 축하 전화를 건 것이었다. 카슨 본인이 30년 동안 지킨 것으로 유명한 바로 그 자리였다. 뉴욕타임스TV 기자 빌 카터Bill Carter에 따르면 "오브라이언에게" 2004년의 그 전화는 "교황이 직접 사제에게 축복을 내리는 것과 비슷했다". 그러나 오브라이언의 오랜 꿈이기도 한, TV 방송 역사상 가장 존경할 만한 프로그램의 진행자 자리는 당시 진행자였던 제이 레노Jay Leno가 퇴임하는 5년 후에나 물려받을 수 있었다. 오브라이언은 이 같은 지연 상황을 인식한 듯 카슨에게 "살아생전에 그런 일이 일어난다면요"라고 농담을 던졌고 퇴임한 진행자였던 카슨은 "그러게 말일세. 결혼 전 약혼 기간이 너무 긴 것 같구먼" 하고 응답했다. 이혼은 훨씬 더 빨리 일어날 터였다.

2009년 6월 1일 월요일, 〈코난 오브라이언의 투나잇 쇼〉가 드디어 첫 선을 보였다. 완전히 새롭게 단장한 무대 세트에 첫 게스트로 코미디언 윌 페럴Will Ferrell을 초대했으며 무엇보다 중요하게도 눈에 띄는 시청률을 기록했다. 오브라이언은 드디어 꿈을 이루었다. 하지만 그 다음날부터 시청률은 계속 떨어졌고 급기야 한 달도 채 안 돼 반세기가 넘는 〈투나잇 쇼〉 역사상 최저 시청률을 기록하기에 이르렀다. 그런데 또 다른 재앙이 찾아왔다.

이전 진행자였던 제이 레노가 은퇴하는 대신 그 해 9월 NBC에서 황금시간대 버라이어티 쇼를 시작한 것이다. 이 프로그램은 대실패였다. 오브라이언의 프로그램을 포함하여 제이 레노의 뒤를 잇는 다른 모든 프로그램의 시청률을 끌어내렸기 때문이다.

그러나 문제를 바로잡는다고 NBC 임원진이 내린 결정은 대부분의 사람들이 보기에는 대단히 어리석은 것이었다. 바로 버라이어티 쇼를 밤 11시 35분에 시작하는 심야 프로그램으로 옮긴 것이다. 덕분에 〈투나잇 쇼〉는 자정 12시 5분으로 밀리게 되었다. 이 계획을 사전에 듣지 못했던 오브라이언은 망연자실했다. "코미디 프로그램을 하나 더 끼워 넣으려고 〈투나잇 쇼〉를 다음날로 미루는 것은 방송 역사상 가장 훌륭한 프랜차이즈에 심각한 손해를 끼칠 것이다. 자정 12시 5분에 방영하는 〈투나잇 쇼〉는 '투나잇' 쇼가 될 수 없다"고 그는 말했다.

프로그램이 첫 선을 보인 지 8개월이 미처 지나지 않은 **2010년 1월 22일**, 오브라이언은 마지막 〈투나잇 쇼〉를 진행했다. 윌 페럴이 마지막 게스트 중 한 명이었는데, 아이러니하게도 시청률이 치솟았다. 그 무대 세트가 얼마나 화려했는지, 배우 잭 맥브레이어 Jack McBrayer가 잠깐 출연해 "NBC는 이 스튜디오를 사용하는 것보다 만드는 데 더 많은 시간을 썼습니다"라고 말할 정도였다.

1968년

23일

북한에 대하여 경례! 한 손가락으로

1968년 1월 23일, 북한은 첫 첩보 수집 임무에 나섰던 허름한 소형 감시선 U.S.S. 푸에블로Pueblo호를 억류했다. 선원이었던 듀안 호지스Duane Hodges는 억류 중에 사망했고 일부 중상자를 포함한 나머지 82명은 포로로 붙잡혔다. 분명 이는 베트남 전쟁으로 깊은 수렁에 빠진 냉전 시대의 미국에게 수치스러운 사건이었다. 하지만 동시에 땅딸막한 북한의 지도자 김일성에게는 실패한 선전의 증거이기도 했다. 포로로 붙잡힌 푸에블로 선원들이 자신들이 가진 유일한 무기를 사용하여 소위 '위대한 지도자'를 깎아 내리는 체제전복적인 노력을 기울인 탓이다.

김일성은 그 조그마한 근육을 움직이며 미국 포로들을 카메라 앞에 세워두고 조선민주주의인민공화국을 향한 사악한 의도에 대해 고백하라고 강요하며 포로들을 웃음거리로 만들었다. 11개월 동안 구타와 온갖 고문으로 시련을 겪으며 영양실조에 걸리고 병이 든 선원들이 김일성에 저항하기 위해, 적어도 직접적으로 할 만한 것은 거의 남아 있지 않았다. 하지만 이들의 교묘한 저항에 결국 김일성의 탄압 전술은 조롱거리가 되고 말았다. 강요된 자백 속에 체제전복적 메시지를 담은 것이다. 한 예로, 선원들은 북한에 '찬가'를 바치고 싶다고 말했는데 마침 '찬가'를 의미하는 'paean' 이 하필 사회적 지위가 낮아 누구나 놀릴 수 있는 사람을 의미하는

억류된 푸에블로호 승무원들이 북한 당국을 향해 미묘한 '경례' 자세를 취하고 있다.

'peeon'과 발음이 흡사했다. 또 다른 예로, 푸에블로호의 선장이었던 로이드 M. 버처Lloyd M. Bucher는 작은 모스 부호로 '거짓말'이라고 쓰기도 했다. 하지만 무엇보다 기발했던 전략은 북한이 가운뎃손가락을 치켜드는 행위의 의미를 전혀 모른다는 사실을 발견한 것이었다. "이제 우리에게도 무기가 생겼다"고 선원이었던 스튜 러셀Stu Russell은 썼다. "방으로 돌아온 우리는 한껏 들떠 있었다. 우리가 강요당하고 있는 선전에 저항하기 위해 사용할 수 있는 방법이 하나 더 생긴 셈이었다." 그때부터 북한이 힘을 과시할 목적으로 선원들의 사진을 찍어 전 세계로 내보낼 때마다 선원들은 사진 속에 가운뎃손가락 경례를 하는 모습을 박아 넣었다.

24일

"여기에 키스해, 칼리굴라"
여성스러운 목소리의 반란

스스로를 신이라 칭하며 자신의 누이들과 잠을 자고 친구와 적을 가리지 않는 유혈 사태를 시끌벅적하게 즐기는 로마 황제 칼리굴라가 죽임을 당한 것은 도를 지나친 그의 잔인함 때문만은 아니었다. 그보다는 유난히도 예민한 한 근위병을 걸핏하면 짓궂게 괴롭히다 어이없게 당한 것이다.

고대 이야기에 따르면 카시우스 카이레아Cassius Chaerea는 강인하고 용맹한 병사였지만 안타깝게도 장애를 가지고 있었으니 바로 여성스러운 고음을 내는 목소리였다. 일부는 그것이 생식기 부위에 입은 전상 탓이라고 보기도 했다. 칼리굴라는 이 근위병을 놀릴 기회를 놓치는 법이 없었다. 거세당한 남자를 가리키는 속어인 '비너스'와 같은 모욕적인 별명을 붙여주는가 하면, 거대하게 발기된 모습으로 자주 묘사되는 별 볼 일 없는 로마신인 '프리아포스'로 부르기도 했다. 고대 연대기 작가 수에토니우스Suetonius가 보고한 것처럼, 황제는 카이레아에게 자신의 반지에 키스하게 할 때마다 "손을 꺼내 … 음란한 행위를 연상시키는 동작을 하곤 했다". 황제의 끝없는 놀림에 질린 카이레아는 그에게 불만을 품고 있던 다른 이들을 끌어들여 암살 음모를 꾸몄고, **41년 1월 24일**, '프리아포스'가 가장 먼저 황제의 몸에 칼을 찔렀다.

1995년

25일

러시아 사람들에게
'노르웨이의 로켓'은 적색 공포다

운이 나쁜 날은 아무리 불운을 운 좋게 피했다 해도 여전히 운이 나쁜 날이 될 수 있다. 손가락만 까딱하면 전 세계가 핵으로 전멸할 수 있었던 **1995년 1월 25일**처럼 말이다. 그날 이른 아침, 미국과 노르웨이의 공동 과학자 팀이 북극광을 연구하기 위해 노르웨이 북동 연안에서 떨어진 한 섬에서 4단계 로켓을 발사했다. 유일한 문제는 로켓 발사에 대해 알지 못하는 러시아 사람들에게는 하늘에 보이는 로켓의 모습이 굉장히 스산하게 느껴졌다는 것이다. 로켓이 미국의 트라이던트 미사일과 닮았던 데다가 로켓이 발사된 위치가 러시아 사람들이 국방에 가장 위협이 되는 곳으로 여겨온 지역이었던 것이다. 그 결과 "핵미사일 시대에 가장 위험했던 순간"이 찾아왔다고 전직 CIA 요원이었던 피터 프라이Peter Pry가 그의 저서《전쟁의 공포War Scare》에서 설명했다. 크게 격노하며 경계태세를 갖춘 보리스 옐친Boris Yeltsin 대통령과 러시아군 최고 사령부는 자신들의 수중에 있던 4,700개의 전략적 미사일 탄두로 로켓을 격추해야 할지 여부를 몇 분 안에 결정해야 했다. 그들의 손가락은 이미 지구 종말을 초래할 대전쟁의 버튼 위에 올라가 있었다. 인류에게는 다행스럽게도 로켓은 바다에 떨어졌고 버튼은 눌러지지 않았다.

1998년

26일

빌 클린턴, 파란 드레스에 시달리다

인생에서 확실하게 장담할 수 있는 일 가운데 하나가 정치인은 거짓말을 한다는 것이다. 하지만 **1998년 1월 26일**, 빌 클린턴Bill Clinton이 백악관 인턴과의 내연관계를 강하게 부정했을 때만큼 뻔뻔스러운 거짓말은 없을 것이다. "저는 국민 앞에 한 가지만 말씀 드리고 싶습니다." 얼굴을 붉힌 클린턴이 부당한 고발을 지탄하며 선언했다. "다시 한 번 말씀 드릴 테니 똑똑히 들어주시기 바랍니다. 저는 르윈스키Lewinsky라는 여성과 성관계를 갖지 않았습니다." 하지만 르윈스키는 대통령과 만날 때 입었던 파란 드레스에 그러한 만남에 관한 증거를 가지고 있었고, 7개월 후 이 증거에 직면한 클린턴은 다른 이야기를 할 수밖에 없었다. "르윈스키와 적절하지 못한 관계를 가졌던 게 맞습니다. 사실, 그것은 잘못된 일이었습니다." 클린턴은 8월 27일 인정했다.

27일

"오, 형제여!
왜 술탄의 형제자매가 되길 원하지 않겠느냐"

"터키 사람처럼 왕좌 옆에 형제를 두지 마라."

_알렉산더 포프Alexander Pope, 《아버스넛 박사에게 보낸 서한》

'정복자'라 불리는 술탄 메흐메트 2세는 오스만 제국의 왕위 계
승을 오랫동안 어렵게 만들어온 형제자매 간의 극심한 다툼을 해
결하고자 15세기 중반 한 가지 간단한 방법을 고안했는데, 바로
'형제자매 살해법fratricide'이라는 것이었다. "내 아들 중 누가 술탄
의 왕좌에 앉든 세계의 질서를 위해 형제자매를 죽이는 것이 적절
하다"라고 메흐메트 2세는 명했다(자신의 젖먹이 형제를 교수형에 처한
후였다). 1세기 반 가까이 지나, 이 공포의 정책은 특히 **1595년 1월
27일** 메흐메트 3세가 왕좌에 오르던 날 열아홉 형제 모두에게 참
혹한 결과를 가져왔다. 일부는 아직 아기이기도 했던 어린 형제들
이 의식에 따라 활시위로 교수형을 당한 후 엄숙한 분위기 속에서
바로 얼마 전 사망한 아버지와 동일한 무덤에 묻혔다.

28일

왕을 불태울 뻔한 최악의 '버닝맨' 페스티벌

1393년에 이르자 프랑스의 샤를 6세는 결국 그에게서 모든 이성을 앗아가게 될 정신병의 징후들을 이미 보이고 있었다. 주치의는 점점 균형을 잃어가는 군주의 기분을 풀어주고 즐겁게 해줄 방법을 찾을 것을 제안했고 그에 따라 이자보Isabeau 왕비의 시녀 중한 명의 네 번째 결혼을 축하하기 위해 **1월 28일** 왕이 참가하는 가장무도회가 열렸다. 하지만 나중에 보니 '버닝맨(불타는) 무도회'로 알려진 그 행사가 샤를이 확실히 정신줄을 놓게 된 빌미를 제공했던 것이 분명했다.

전통적으로 과부의 재혼은 "모든 종류의 방탕, 변장, 무질서, 그리고 귀에 거슬리는 시끌벅적한 음악과 요란한 심벌즈"로 특징지어지는 조롱과 어리석음의 행사였다고 역사학자 바바라 터크먼Barbara Tuchman은《먼 거울: 불행의 14세기A Distant Mirror: The Calamitous 14th Century》에서 설명했다. 왕과 함께 다섯 명의 고위급 기사들이 숲에서 나온 야만인 같은 복장을 하고 참가한 이날의 가장무도회는 확실히 이교도적인 분위기를 풍겼다. 이들의 복장은 송진을 머금은 린넨으로 만든 후 여기에 아마를 연결하여 몸에 부착하는 방식이었는데, 터크먼에 따르면 "머리부터 발끝까지 털이 많고 덥수룩해 보이기" 위한 것이었다. 거기에 같은 소재로 된 가면까지 쓰고 있었다. 모두가 축제를 위한 재미난 연출이었는데 문제는 이 소

재가 가연성이 높다는 것이었다.

변장한 기사와 왕이 미개인을 흉내 내느라 늑대처럼 울부짖고 음란한 말들을 내뱉으며 여기저기 돌아다니는 사이 왕의 어린 동생인 오를레앙의 공작, 루이Louis가 늦게 도착해 술에 취했다. 그는 다른 손님들을 위해 엄격하게 금지되어 있던 횃불을 손에 들고 있었다. 한 설명에 의하면, 공작은 춤추고 있던 한 기사에게 다가가더니 누구인지 확인하려고 횃불을 그의 얼굴에 들이댔다. 그런데 거리가 너무 가까워 송진을 머금은 기사의 복장에 즉시 불꽃이 옮겨 붙었고 가까이서 춤을 추고 있던 사람들에게 순식간에 불이 번졌다. 생드니의 수도승으로 알려진 동시대 연대기 작가는 뒤이어 벌어진 상황을 이렇게 묘사했다. "네 사람이 산 채로 불에 타면서 불붙은 생식기가 바닥으로 떨어졌고 … 피가 개울처럼 흘러내렸다." 오직 한 기사만이 버닝맨의 무도회에서 가까스로 살아남았는데, 와인 통에 몸을 던진 덕이었다.

샤를 왕은 운이 좋게도 춤추던 기사들에게서 멀리 떨어져 있었던 데다가 숙모가 풍성한 치마로 그를 덮어준 덕에 갑작스러운 화재를 피할 수 있었다. 하지만 프랑스의 군주는 더 이상 예전의 군주가 아니었다. 광기가 결국 그를 뒤덮었고 더는 통치할 수 없는 상태가 되었다. 불쌍한 샤를 왕은 아내도 알아보지 못했고 자신은 유리로 만들어졌다는 생각에 사로잡혀 극도로 조심스럽게 이곳저곳을 걸어 다니며 여생을 보냈다.

904년

29일

죽이고 또 죽이는 교황,
죽고 또 죽는 교황

904년 1월 29일, 폐위된 교황 레오 5세와 그의 경쟁자 크리스토포로(현재는 가톨릭교회에서 '대립교황'으로 간주함)에게 세르지오 3세가 교황의 자리에 올랐다는 나쁜 소식이 날아들었다. 교황의 앞날에 걸림돌이 되지 않도록 감옥에 갇혀 있던 둘은 즉시 교수형에 처해졌다. 세르지오 아래 모욕을 당한 교황이 또 있었다. 15세기 이탈리아 작가 바르톨로메오 플라티나Bartolomeo Platina에 따르면 죽은 지 오래된 교황 포르모소는 '시체 종교회의'라고 알려진 소름 끼치는 재판을 위해 이미 한 차례 무덤에서 꺼내져 구경거리가 되었는데 또 다시 파헤쳐져 목이 잘린 후 "인간답게 묻힐 영광을 누릴 가치가 없다"며 테베레강에 던져졌다(플라티나의 해석에 반대하는 역사학자들도 있다. 하지만 지금까지도 확실히 남아 있는 사실은 최초의 시체 종교회의에 주교로 참석했던 세르지오가 자신의 무덤에 묘비명을 추가해 시체 종교회의를 소집했던 미친 교황 스테파노 6세를 '거만한 침략자 포르모소'에 맞섰다면서 찬양했다는 것이다).

1649년, 1661년

30일

"죽인 자에게 똑같이 돌아온 죽음" 청교도 혁명의 후폭풍

1649년 1월 30일, 왕 찰스 1세는 화이트홀 궁전의 연회장에서 나와 바로 바깥에 있던 교수대에 올라섰다. 그가 방금 떠나온 등 뒤의 연회장에는 스튜어트 왕조의 영광을 찬양하는 멋진 프레스코화가 있었고, 그의 앞에는 곧 자신의 머리가 잘려나갈 교수대가 서 있었다. 국회와의 오랜 내전에서 패해 그 후 반역죄를 선고 받은 찰스 1세는 그 같은 운명에 처해진 최초이자 유일한 영국 군주였다. 전례 없는 구경거리를 놓치지 않기 위해 수많은 사람들이 운집했지만 왕의 마지막 발언을 들을 수는 없었다. "나는 타락할 수 있는 왕관에서 타락할 수 없는 왕관으로 가겠소. 어떠한 방해도 있을 수 없는 곳으로 말이오." 찰스 왕은 머리가 교수대로 떨어지기 전 런던 주교에게 말했다. 말이 끝나자 사형 집행인은 단 한 번에 도끼를 휘둘러 피의 임무를 완수했다.

정확히 12년 후인 **1661년**, 찰스 왕의 주적이자 그의 죽음을 설계한 올리버 크롬웰Oliver Cromwell(참수된 다른 크롬웰과 직접적인 관계는 없다. 1월 6일 참고) 또한 공개 처형장에 모습을 드러냈다. 그런데 크롬웰은 자신의 상황에 대해 어떠한 표현도 하지 않았고 전 과정을 의식하지도 못하고 있었다. 이미 3년 가까이 죽은 사람이었기 때문이다.

비록 군주제를 폐지하긴 했지만, 그리고 자신의 청교도적 의식에도 불구하고, 크롬웰은 호민관으로 봉사하는 동안 왕처럼 살았다. 왕궁에서 생활했고 1658년 사망한 후에는 먼저 간 영국 군주들과 함께 웨스트민스터 사원에 묻혔다. 하지만 편히 잠들 운명은 아니었다. 1660년 찰스 2세 하에 군주제가 부활한 후 크롬웰의 시체는 사원에서 파내져 찰스 1세가 처형된 **바로 그날**에 일반 범죄자들이 최후를 맞이하는 타이번으로 옮겨졌다. 크롬웰의 시체에서 잘린 머리는 막대기에 꽂혀 웨스트민스터홀 꼭대기에 전시되었다. 그로부터 20년 동안 크롬웰의 머리는 웨스트민스터홀 꼭대기에서 감히 왕을 위협하려는 모든 자들에게 섬뜩한 경고의 메시지를 보냈다(전해지는 바에 의하면, 그 처참한 유물은 강한 폭풍으로 웨스트민스터홀 지붕에서 떨어져 나갔고 수 세기 동안 굴러다니면서 여러 주인을 거쳤다. 크롬웰의 것으로 알려져 있던 그 머리는 1960년 케임브리지의 시드니 서섹스 칼리지에 묻혔다).

1999년

31일

역사상 가장 구린내 나는 스니커즈 광고

1999년 1월 31일, 대형 신발 소매업체 '저스트 포 피트Just For Feet'는 약 1억 2,700만 명의 시청자 앞에서 아무런 호응도 못 얻고 철저하게 실패하고 말았다. 앨라배마에 기반을 둔 버밍엄Birmingham 사는 최근 몇 년 사이 미국 전역에 대형 매장을 개점하며 거대 소매업체로 사업을 확장한 터라 어떻게 해서든 이미지를 새롭게 바꾸고 싶었다. 시청자는 자신들의 오락적 가치를 위해 중간에 삽입되는 제품 광고에도 경기를 시청할 때만큼의 집중도를 보인다고 알려져 있으니 슈퍼볼 시즌에 대대적인 광고를 게재하는 것보다 더 나은 방법이 어디 있겠는가. 비용은 턱없이 비쌌지만 노출 효과는 가격으로 따질 수가 없었다. 저스트 포 피트는 광고 게재를 단행하기로 했다.

"우리가 모색하고자 했던 것은 우리 브랜드를 구축하는 것이었습니다"라고 CEO 해럴드 루튼버그Harold Ruttenberg가 1999년 5월 《살롱닷컴Salon.com》 기사에서 말했다. "우리가 원했던 것은 사람들이 이걸 보고 '와, 멋진걸. 이제 우리도 너희 고객이야. 너희 물건을 사고 싶어'라고 말하게 하는 것이었습니다." 하지만 네 번째 쿼터 중에 나간 광고는 시청자의 의중을 간파한 적절한 것이 아니라 전혀 뜻밖의 '인종차별주의 광고'로 보이기에 충분했다.

케냐에서 네 명의 백인 남성으로 보이는 사람들(이들 중 일부 인종

과 성은 나중에 논란에 휩쓸리기도 했다)이 번호판에 'just for feet'라고
적힌 군용 지프차를 타고 맨발로 달리던 흑인의 발자국을 뒤쫓고
있다. 이 광경을 사자 한 마리가 바라보고 있는 것이 광고의 첫 장
면이었다. 뒤쫓던 남자들은 흑인 남성을 따라잡으며 일종의 신경
안정제가 가미된 것이 분명한 물을 건넸다. 물을 마신 흑인 남성은
즉시 바닥에 쓰러졌고 그러자 백인 남성들은 그의 발에 나이키Nike
신발을 신겼다. 그러자 쓰러졌던 남성이 감각을 회복하고는 자신
의 발에 신겨진 신발을 보고 소리 지르기 시작한다. "안돼에에에
에!" 광고는 흑인 남성이 달리던 길을 계속 달리면서 신발을 벗으
려고 애쓰는 장면으로 끝이 났다.

광고에 대한 반발은 즉각적이고 거셌다. "소름 끼치도록 몰상
식하다"고 《뉴욕타임스》의 스튜어트 엘리엇Stuart Elliott은 비난했
다. 밥 가필드Bob Garfield는 《광고의 시대Advertising Age》라는 잡지에
서 이 광고를 "신식민주의적이고 … 문화제국주의적이고 아마도
인종차별적"이라고 부르며 "이 사람들 제정신이냐?"고 반문했다.
《드 모인 레지스터Des Moines Register》는 저스트 포 피트라는 이름을
"저스트 포 레이시스트Just For Racists"로 바꾸라고 제안하며 한 사설
에서 "수주를 승인한 광고대행사는 문화에 관한 최악의 인식을 보
여주는 광고를 만들라는 주문을 받은 것이 분명하다"고 적었다.

당연히 이 같은 반응은 저스트 포 피트가 슈퍼볼 광고에 처음 진
출하면서 기대했던 것이 결코 아니었다. 이에 따라 저스트 포 피트
는 광고를 만든 '사치 앤 사치Saatchi and Saatchi'라는 광고사를 고소

하며 이렇게 불평했다. "사치 앤 사치의 경악스럽고 수용 불가능하고 충격적일 정도로 프로답지 못한 광고 제작 결과, 저스트 포 피트는 기존의 평판에 심각한 손상을 입고 부정적 평판으로 고통받게 되었으며 회사가 인종을 차별한다느니 몰지각한 인종차별주의 기업이라느니 하는 전혀 사실무근의 의도치 않은 대중적 인식을 낳게 되었다."

한 예로 광고 책임자 그랜트 리처즈Grant Richards는 논쟁의 어느 쪽에도 공감하지 못했다. 그는 2000년 《광고의 시대》에서 "그런 광고를 제안한 대행사도 바보고 그런 광고에 돈을 준 고객도 바보다"라고 말했다. 결국 저스트 포 피트의 불평은 아무 쓸모가 없게 되었다. 회사는 1999년 파산했고 대규모 회계 사기의 한가운데서 무너졌다.

February

2월

"대체 무슨 일인가,
서리와 폭풍과 구름이 가득한,
2월과 같은 얼굴을 하고 있다니?"

윌리엄 셰익스피어*William Shakespeare*, 《헛소동*Much Ado About Nothing*》

2004년

1일

최고의 뉴스거리

고요하던 쿠르디스탄에 두 건의 자살 폭탄이 터지고 이슬람교의 성지인 메카에서는 수백 명의 순례자가 압사를 당하고 다르푸르에서는 집단 학살이 계속되는 날에도 미국을 비롯한 전 세계의 미디어는 온통 딴 데 정신이 팔려 있었다. 바로 **2004년 2월 1일** 38회 슈퍼볼에서 하프타임 공연을 하던 자넷 잭슨Janet Jackson의 가슴이 노출된 것이었다. 실제로 이 사건에 대한 관심이 너무나 폭발적이어서 인터넷 검색 기록이 새로 쓰이고 유튜브YouTube의 출현에 영감을 주었을 정도였다. 테러와 기아는 도저히 경쟁이 안 되는 듯하다.

2일

궁극의 17세기식 만병통치약

영국 왕 찰스 2세는 넘치는 활기로 잘 알려져 있었다. 비단 여러 정부와 사생아 왕족을 탄생시킨 침대에서뿐만 아니라 전반적인 건강 면에서도 그랬다. 하지만 **1685년** 2월 1일 밤, 이 '즐거운 군주 Merry Monarch'(찰스 2세의 별칭)는 기력이 다소 달리는 듯한 기분으로 잠자리에 들었다. 그런데 숙면을 취하지 못하고 뒤척이던 찰스는 **다음날** "잿빛의 송장 같은 모습"으로 깨어나더니 "단 한 마디를 할 수도 혹은 할 의지도 없었고 … 얼굴은 죽은 사람처럼 창백하고 … 말이 없었다"고 마부는 전했다. 왕에게 찾아온 5일간의 가혹한 시련은 그렇게 시작되었고, 영국 최고의 의사들이 예의를 갖추었다.

왕이 의식을 잃자 한 의사가 주머니칼로 정맥을 열어 0.5리터에 가까운 혈액을 빼냈다. 왕의 상태가 호전되지 않자 더 많은 의료 전문가들이 현장에 투입되었다. "대부분의 의사가 왕을 뇌졸중으로 진단

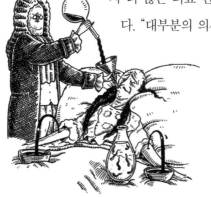

했고 화형 당하는 인도인처럼 몇 시간 동안 왕을 고문했다"고 매컬리 경Lord Macauley은 기록했다. 광란의 '치료제'가 처방되었는데, 동양에서 쓰는 염

소 위석胃石, 사람 뇌 증류주 등의 약물을 포함해 모두 60종에 이르렀다. 그중 일부는 너무나 독성이 강해 불쌍한 찰스의 입술과 혀가 타들어가고 소변의 온도가 펄펄 끓는 듯했다. 머리는 삭발했고 뇌에서 나쁜 기운을 몰아내기 위해 뜨거운 쇠를 머리에 대기도 했다. 신체의 다른 부위도 가열한 컵을 이용해 치료한 탓에 곳곳에 물집이 생겼다. 다양한 구토제가 목구멍에 투입되었다. 물론 출혈은 갈수록 늘어났다. 궁극의 17세기식 만병통치약이었다.

하지만 "충성심이 가득한 명의들이 온갖 처치를 시도"했음에도 불구하고 찰스의 병세는 나아지지 않았다고 후속 의사의 보고서에 기록되었다. 2월 6일, 찰스는 마침내 이승을 떠났다. 하지만 "죽기 전 그러한 시간을 겪게 한 데"에 대한 씁쓸한 사과가 나오기 전이었다.

1959년

3일

음악이 죽은 날, 누구는 죽고 누구는 살다

웨일런 제닝스Waylon Jennings는 비행기 좌석을 포기하는 바람에 목숨을 건져 아웃로outlaw 컨트리음악의 전설이 되는 행운을 누렸다. 밴드 멤버인 토미 올섭Tommy Allsup 또한 리치 밸런스Ritchie Valens 와의 동전 던지기에서 져 비행기를 타지 못했다. '디온 앤 더 벨몬츠Dion and the Belmonts'라는 그룹으로 유명한 디온 디무치Dion DiMucci는 그저 비행기표가 너무 비싸다는 이유로 비행기를 타지 않았다. 그러나 참으로 안타깝게도 그날은 꼭 그만큼의 행운만 허락되었는지 로큰롤의 개척자 버디 홀리Buddy Holly와 '더 빅 밥퍼The Big Bopper' 리처드슨J. P. Richardson, 그리고 밸런스는 행운의 주인공이 되지 못하고 **1959년 2월 3일** 아이오와 옥수수밭에 비행기가 추락하는 사고를 당하고 말았다. 돈 매클레인Don McLean은 1971년도 노래 〈아메리칸 파이American Pie〉에서 이날을 "음악이 죽은 날"이라고 칭하며 그들을 기억했다.

1998년

4일

'윈도98'이 싫었으면 말을 하지

아무리 경호와 보안을 철저히 해도 공인들에게는 늘 존엄성이 공격당할 위험이 곳곳에 도사리고 있다. 엘리자베스 2세를 보라. 1986년 뉴질랜드 여행 중에는 계란에 맞아 드레스를 따라 노른자가 뚝뚝 흘러내리는 수모를 겪더니 그다음에는 오스트레일리아에서 자동차 행렬이 벌어지는 중에 한 건설 인부가 바지를 내리고 여왕에게 엉덩이를 드러내 보이기도 했다. 불쌍한 톰 크루즈Tom Cruise는 레드카펫 위에서 인터뷰를 하는 도중 물총으로 얼굴을 가격당하기도 했고, 조지 W. 부시George W. Bush 대통령은 기자회견 중에 이란 기자가 "이라크 국민의 작별 인사나 받아라, 이 개새끼야"라고 소리치며 던진 구두 때문에 아랍 최고의 모욕을 당하기도 했다(두 번의 공격을 운 좋게도 피했다).

세계적인 부호 중 하나인 빌 게이츠Bill Gates조차도 **1998년 2월 4일** 업무회의 참석차 벨기에에 머무는 동안 얼굴이 크림파이로 도배되는 굴욕의 순간을 견뎌야 했다. 하지만 적어도 빌 게이츠는 그 모욕을 혼자 견디진 않았다. 동료인 억만장자 루퍼트 머독Rupert Murdoch을 비롯하여 샌프란시스코 시장 윌리 브라운Willie Brown, 반동성애 운동가로 변신한 미인대회 수상자 애니타 브라이언트Anita Bryant, 보수주의 평론가 윌리엄 버클리William F. Buckley, 스웨덴 국왕 칼 16세 구스타프, 의류 디자이너 캘빈 클라인Calvin Klein(사실은 동료

벨기에에서 크림 페이스트리 공격을 받은 빌 게이츠의 모습.

디자이너 칼 라거펠트Karl Lagerfeld를 겨냥한 파이였다), 미국 상원의원 대니얼 패트릭 모이니핸Daniel Patrick Moynihan, 소비자 대변인이자 영원한 대선 후보 랠프 네이더Ralph Nader, 그리고 영화배우 실베스터 스탤론Sylvester Stallone을 비롯한 수많은 유명인이 같은 수모를 겪었다.

1969년

5일

어느 방송사도 방영할 수 없는 프로그램

1969년 2월 5일 수요일, ABC는 〈턴온Turn-On〉 첫 회를 방영했다. 〈턴온〉은 그 프로듀서 중 한 명이 "애니메이션, 비디오테이프, 스톱액션 필름, 전자 왜곡, 컴퓨터 그래픽, 심지어는 사람까지 동원된 시각적이고 희극적이고 감각적인 맹비난"이라고 설명한 '스케치쇼sketch show'다. 하지만 그 누구도 재미있다고 생각하지 않는 어설픈 성적 농담이나 주고받는 등 대부분이 이해하기 어려운 장면으로 꾸며진 프로그램이었다. 실제로 클리블랜드에 소재한 ABC 계열사인 WEWS-TV는 프로그램이 너무 재미없었던 나머지 첫번째 광고가 나가는 동안 녹화 테이프를 낚아채 방송사 경영진에게 분노의 전보를 보냈다. "당신네들 버릇없는 철부지가 벽에 상스러운 말을 적고 싶어 하거든 우리 벽은 사용하지 말아주십시오. WEWS에 관한 한 '턴온'은 꺼졌습니다." 계열사의 반란은 계속 이어졌다. 덴버의 KBTV는 심지어 〈턴온〉의 첫 번째 방송을 내보내지도 않았다. 오리건 포틀랜드의 KATU, 시애틀의 KOMO-TV도 같은 결정을 내렸다. 그 주에 ABC는 계열사들의 신호를 받아들였고 단 한 번, 그것도 일부만 방영된 〈턴온〉의 방영을 취소했다.

1637년

6일

네덜란드 튤립 거품을 몰고 온 바보들의 광란

역사상 가장 장관을 이뤘던 시장 붕괴 중 하나는 '묻지 마' 식 부동산 투기나 위험한 파생상품 거래에 의한 것이 아니라 단순히 튤립 때문에 벌어졌다. 네덜란드에서 튤립은 16세기 후반 터키에서 들어온 후 엄청난 인기를 얻었다. 품종 특성상 생산 속도가 느려 공급이 제한적이었으나 수요가 늘어나는 바람에 튤립 구근의 값은 큰 폭으로 뛰었다. 그런데 한 식물 바이러스로 인해 특정 품종의 꽃잎에 선명하고 가느다란 줄이 생기면서 튤립을 찾는 사람들이 한층 더 많아졌다. 그에 뒤따른 폭발적 인기 속에 너나 할 것 없이 궁극의 사회적 지위를 나타내는 상징으로서 값비싼 튤립 구근을 원하기 시작했다. 여기에 투기꾼까지 시장에 발을 들이면서 튤립 값은 천정부지로 치솟았다. 튤립 시장에 들어가기 위해 땅과 집을 파는 사람들이 있을 정도로 터무니없이 높은 값이었다. 그러다가 **1637년 2월 6일** 튤립 거품이 터졌다. 보아하니 전염병이 발발한 곳에 가까이 가지 않으려고 그날 하를럼Haarlem의 시장에서 열린 튤립 경매에는 아무도 나타나지 않았던 것이다. 시장은 공황 상태에 빠졌고 튤립의 인기가 시들해지면서 거금이 순식간에 사라졌다. 4세기 가까이 지난 지금, 네덜란드의 가장 유명한 수출품 중 하나인 튤립은 공짜나 다름없는 값으로 대량 구입이 가능하다.

1497년

7일

피렌체의 모든 걸작을 불태운 '허영의 불꽃'

1497년 2월 7일, 피렌체에서 누렸어야 할 모든 즐거움은 '허영의 불꽃'이라 알려진 장관을 이루며 하늘로 사라졌다. 사치, 아름다움, 오락에 탐닉하는 죄악을 이 도시국가에서 몰아내기 위한 노력의 일환으로, 메디치 가문이 일시적으로 축출된 이후 사실상 공화국을 지배한 광적인 도미니크회 수도사 지롤라모 사보나롤라 Girolamo Savonarola는 피렌체 시민들에게 가장 값진 물건을 시뇨리아 광장에 세워놓은 거대한 장작더미로 가져 나오라고 강요했다. 값진 그림(전해지는 바에 따르면 보티첼리Botticelli의 작품도 있었다고 한다), 조각상, 페트라르카Petrarch와 단테Dante와 보카치오Boccaccio의 저서, 가구, 태피스트리, 화장품, 호화로운 의복, 악기, 게임 테이블, 카드를 비롯하여 삶에 소소한 열정을 더해주었던 수천 개의 물건들이 층층이 쌓여갔다. 수도사 지롤라모의 추종자들이 거대한 더미를 둘러싸고 무아지경으로 춤을 추는 사이 모든 것이 불태워졌다. 그런데 역설적이게도, 1년 남짓 지나 교황에 의해 제명되고 이단으로 선고를 받은 지롤라모가 바로 그 자리에서 화형을 당하게 되고 머지않아 광장은 미켈란젤로의 바로 그 벌거벗은 (지롤라모가 봤다면 십중팔구 외설적인 작품이라며 폐기를 명령했을) 다비드 상의 감시 하에 놓이게 된다.

1587년

8일

어설픈 참수형으로
죽는 순간까지 굴욕을 당한 여왕

대부분의 죽음이 깔끔하게 끝나지 않지만 스코틀랜드의 메리 여왕에게 죽음은 더욱 끔찍한 낭패였다. 1568년 반역을 피해 자신의 왕국에서 도망쳐 나온 메리는 사촌인 잉글랜드의 엘리자베스 1세에게 20년 가까이 포로로 잡혀 있었다. 그러다가 잉글랜드 여왕을 죽이고 왕위에서 끌어내리려 모의했다는 죄로 사형을 선고받았다.

1587년 2월 8일, 불운의 여왕은 교수대가 설치되어 있고 사형 집행인이 기다리고 있는 포더링헤이Fotheringhay 성의 그레이트홀로 끌려 나왔다. 몰려든 구경꾼들은 메리가 교수대에 올라 머리를 단두대 위에 올려놓는 모습을 지켜보았다. 준비가 끝나자 사형 집행인은 도끼를 힘껏 휘둘렀다. 그런데 도끼가 빗나가고 말았다. 목 대신 머리 뒷부분을 내리친 것이다. 목격자에 따르면 망연자실한 여왕은 두 번째 시도로 거의 머리가 잘려나가기 전에 "주여!"라고 중얼거렸다고 한다. 자신의 무능에 몹시 화가 난 사형 집행인은 남은 힘으로 톱질하듯 목을 절단해 비로소 일을 마무리할 수 있었다.

아아, 메리 여왕의 시련은 아직도 끝이 나질 않았다. 사형 집행 후에는 사람들이 볼 수 있도록 잘린 머리를 높이 들어올리는 것이 일반적인 절차였는데 사형 집행인이 여왕의 머리를 들어올리는

사형 집행인의 실수로 스코틀랜드의 메리 여왕은 죽는 날까지 굴욕을 면치 못했다.

순간 여왕의 머리가 손에서 빠져나가 바닥으로 툭 떨어졌다. 지독히도 일이 안 풀리는 사형 집행인의 손에 들려 있는 것은 안타깝게도 메리 여왕이 쓰고 있던 가발뿐이었다.

그 후로도 메리 여왕의 굴욕적 죽음은 계속되어 성의 봉인된 관 안에서 몇 달 동안 썩은 후에야 드디어 제대로 묻힐 수 있었다(메리 여왕은 원래 피터버러 성당Peterborough Cathedral에 묻혔으나 아들인 제임스 왕 1세가 시신을 웨스트민스터 사원으로 옮겼다. 메리의 정성들인 무덤은 그녀의 숙적이었던 엘리자베스 여왕 1세 바로 맞은편에 놓였다).

1973년

9일

태어날 때부터 부실공사로 간당간당했던 고층건물

하늘이 무너지고 있었다. 아니, 적어도 그렇게 보였다. **1973년 2월 9일**, 보스턴의 존 핸콕 타워John Hancock Tower에서 거울 유리로 된 500파운드짜리 거대한 판넬들이 떨어져 내리고 있었다. 사실 판유리가 무너져 내리는 현상은 이미 오래전부터 계속되어 왔고 1에이커 이상의 면적에 검정 페인트칠을 한 합판을 덧댄 결과 화려했던 빌딩에는 온통 곰보자국이 남게 되었다. 그런데 이날은 우연히도 유리로 된 정면 전체를 교체할 필요는 없을 것이라는 건축회사의 주장이 있던 날이라 타이밍이 특히 더 안 좋았다. 결국에는 전면 교체가 필요할 테고 이는 엄청난 엔지니어링의 실패로 귀결될 것이었다. 《보스턴글로브》와의 인터뷰에서 로버트 캠벨Robert Campbell은 창문이 떨어지는 문제가 지금은 상징이 된 이 구조물의 무수한 문제점에 비하면 사실 별것 아니라고 말했다.

모든 문제는 이 마름모꼴 고층건물이 바닥에서 솟아오르기도 전인 지하에서 시작되었다. 철골로 버팀대를 받치고 굴착 공사를 하다가 세 개 면이 함몰되면서 주변 건물들에 연쇄적으로 끔찍한 영향을 미쳤는데, 그중에서 특히 19세기 건축학적 보물이라고 할 수 있는 트리니티 교회가 심각한 손상을 입었다. 교회 회계담당자 로버트 케너드Robert Kennard는 《보스턴글로브》와의 인터뷰에서 "교회를 절대 예전의 모습으로 되돌릴 수 없을 것"이라면서 "헬리콥

터로 핸콕 타워를 들어 올려 대서양에 가져다 버리면 대부분의 교구민들이 기뻐할 것"이라고 말했다(교회의 최종 피해액으로 선고된 금액은 400만 달러가 넘었다).

그때부터는 문제가 악화되기만 했다. 완공된 건물에 입주한 사람들은 뱃멀미를 호소하기 시작했다. "보통 수준의 바람에도 너무나 빠르게 건물에 가속이 붙어 불안했다"고 캠벨은 썼다. "마치 코브라가 앞뒤로 몇 인치씩 몸을 흔들고 꼬면서 춤을 추는 것 같았다." 이 문제는 결국 해결되었지만 그 뒤를 이어 가장 무서운 전망이 나왔다. 1975년 핸콕 타워의 소유주들에게 건물이 실제로 붕괴될 위험이 있다는 소식이 전해진 것이다. 핸콕 타워는 비정상적인 높이(약 240미터)로 인해, 아주 미묘한 변화가 완전히 느린 속도로 일어나도 계속 누적되면 결국 중력을 이기지 못하고 좁은 가장자리 쪽으로 무너져 내릴 수 있었다. 다행히 빌딩의 서비스 코어에 1,500톤의 철근 보강 빔을 설치할 충분한 공간이 있었다.

하지만 이상한 일은, 《보스턴글로브》도 지적했듯이, 핸콕 타워의 그 어떤 구조적 결함도 유리창이 떨어져 내리는 가장 눈에 띄는 곤란한 현상과는 아무런 관련이 없었다는 것이다. 결국 거대한 유리창이 떨어진 이유는 이중창 사이에 넣은 반사 크롬이 강풍을 견딜 만큼 충분히 유연하지 못했기 때문인 것으로 드러났다. 그 후 유리창은 교체되었고 한때 '합판 궁전'이라는 조소를 면치 못했던 핸콕 타워는 다시 한 번 곰보자국 없는 하늘을 담아낼 수 있게 되었다.

1971년

10일

비틀스 멤버 조지 해리슨의 '무의식적 표절'

조지 해리슨George Harrison은 '조용한 비틀Quiet Beatle'로 알려져 있었지만 1970년 이 전설적인 밴드가 해체된 후 앨범 3개에 달하는 수많은 노래들을 발표하며 음악적 재능을 선보였다. 《롤링스톤Rolling Stone》의 벤 거슨Ben Gerson은 조지의 솔로 앨범 《올 씽스 머스트 패스All Things Must Pass》를 "독실함과 희생과 기쁨이 화려하게 어우러져 그 순수한 의미와 야망이 로큰롤의 '전쟁과 평화War and Peace'라고 부를 만하다"고 평했다. 음악 애호가들은 조지의 앨범을 열렬히 환호했고 앨범은 전 세계 음악 차트 1위를 석권했다. 그러나 조지는 이 플래티넘급 성공을 채 넉 달도 누리지 못하고 찬물을 끼얹는 소송에 휘말리게 된다.

이 앨범에 실린 첫 번째 싱글은 귀에 착착 감기는 〈마이 스윗 로드My Sweet Lord〉라는 성가였는데, 귀에 익숙한 이 곡은 알고 보니 시폰스Chiffons가 부른 〈히즈 쏘 파인He's So Fine〉이라는 유쾌한 곡을 그대로 본뜬 것이었다. 혹은 그렇다고 **1971년 2월 10일** 제출된 저작권 침해 소송에서는 주장하고 있었다.

조지는 나중에 《아이 미 마인I Me Mine》이라는 자서전에서 이렇게 회고했다. "〈마이 스윗 로드〉는 즉석에서 작곡한 것이고 확정된 곡이 아니었기 때문에 〈히즈 쏘 파인〉과 비슷한지를 의식적으로 알고 있지 못했다. 물론 곡이 발표되고 방송에서 너도나도 내 곡에 대해 이야기하기 시작했을 때 '왜 깨닫지 못했지?'라는 생각은 들었다. 음반의 느낌을 해치지 않으면서 이 부분 혹은 저 부분에서 음표를 하나 바꾸는 것은 굉장히 쉬웠을 텐데."

⟨히즈 쏘 파인⟩의 권리를 소유하고 있던 브라이트 튠스 뮤직 코퍼레이션Bright Tunes Music Corp.과의 몇 차례에 걸친 합의 협상이 결렬된 후, 이 사건은 결국 1976년 재판으로 넘어갔다. 기타를 손에 든 조지는 ⟨마이 스윗 로드⟩가 어떻게 영감을 받아 작곡되었는지를 증언했고 음악 전문가들은 음표 하나하나를 분석했다. 판사는 "두 곡이 사실상 동일하다는 것이 완벽하게 명백"하다고 결론을 내렸다. 그러나 판사는 이전 비틀스 멤버인 조지가 시폰스의 곡을 의도적으로 가져와 쓰지는 않았을 것이며 그보다는 "잠재의식적인" 표절에 대해 책임이 있음을 인정했다.

엄청난 변호 비용을 포함하여 오랜 시련은 조지에게 깊은 영향을 미쳤다. 나중에 그는 이렇게 말했다. "그 일로 작곡에 대한 피해망상증이 생겼습니다. 혹시나 다른 사람의 곡을 손대는 것이 아닌가 싶어 기타나 피아노를 건드리는 것조차 싫었죠."

결국 조지는 2001년 암으로 사망하면서 그동안 일어났던 모든 일을 내려놓고 편히 쉴 수 있었다. 그는 자서전에서 이렇게 말했다. "죄책감을 느끼거나 후회하지는 않는다. 실제로 (⟨마이 스윗 로드⟩는) 헤로인 중독에 걸린 수많은 사람들의 삶을 구했으니까. 애초에 곡을 쓰게 된 동기가 무엇인지 나는 알고 있었고 그 영향력은 법적 분쟁을 훨씬 넘어섰다."

11일

어느 쪽이든 많은 가스를 손에 넣다

2014년 2월 11일 펜실베이니아 그린 카운티Greene County에서 발생한 엄청난 천연가스 폭발은 말 그대로 땅을 뒤흔드는 위력으로 닷새 동안 극심한 화재를 일으켰다. 하지만 걱정할 필요는 없었다. 거대 정유 회사이자 이 사태의 원인이 된 유압 시추 유정의 소유주였던 셰브런Chevron이 폭발로 직접적인 영향을 입은 이웃에게 보상할 방법을 찾았기 때문이다. 그 방법이란 바로 무료 피자를 제공하는 것이었다. 셰브런은 스페셜 콤보가 찍힌 100장의 무료 피자 쿠폰을 발행해 친절한 메모와 함께 우편으로 발송했다.《필라델피아 데일리뉴스Philadelphia Daily News》의 블로거 윌 번치Will Bunch가 썼듯이 "유정 폭발이 다시는 발생하지 않을 것임. 셰브런이 보장함. … 그렇지 않으면 피자가 공짜임"으로도 읽힐 수 있는 제안이었다.

1771년

12일

죽음을 부른 디저트

맛있어 보이지만 너무 많이 먹으면 스웨덴 왕처럼 배탈 내지는 죽음에 이를 수 있다.

아돌프 프레드리크 왕은 불행하게도 군주제가 사실상 힘을 잃은 시기에 스웨덴을 통치하게 된 탓에 시간이 주체할 수 없을 만큼 남아돌았다. 허수아비 왕이었던 그가 할 수 있는 일이라곤 코담배 통을 장식하고(그가 가장 좋아하는 취미였다), 먹는 일뿐이었다. 특히 샴페인으로 씻은 바닷가재와 캐비아, 자워크라우트, 훈제 청어가 차려진 **1771년 2월 12일**의 식사 한 끼가 기억에 남을 만했는데, 바로 왕의 마지막 식사였기 때문이다. 하지만 그의 죽음을 가져온 결정적 음식이 다름 아닌 디저트였음은 의심할 나위가 없다. '셈라 semla'로 알려진 엄청난 유지방이 함유된 스위트롤 14인분이 연회를 마친 직후 왕의 치명적 발작의 원인이 되었던 것이다.

1886년

13일

"오해와 무시는 내게 영광이다"
화가의 고상한 인식

지금은 미국의 가장 위대한 초상화 화가로 인정받고 있지만 1886년에만 해도 토머스 에이킨스Thomas Eakins라는 화가에 딱히 관심을 가진 사람은 없었다. 여성이 발목만 드러내도 추악하다고 비난할 만큼 철저하게 억압된 시대에 학생들 앞에서 주저 없이 알몸을 드러내 보이는 시대착오적 미술 강사인 토머스에게 사람들은 더 이상 관심을 쏟을 여력이 남아 있지 않았다.

"가리는 것이 시대적 흐름이었던 때에 토머스의 관심은 발가벗는 것이었고 자연적이면서 본질적인 것으로 돌아가는 것이었다"고 그의 전기작가 로이드 굿리치Lloyd Goodrich는 썼다. 토머스 자신도 "자연이 만든 작품의 가장 아름다운 모습, 즉 벌거벗은 모습을 보는 게 왜 부적절한지 모르겠다"고 적기도 했다. 그리고 바로 이 같은 시각 때문에 펜실베이니아미술대학Pennsylvania Academy of Fine Arts의 이사회 위원직을 잃기도 했다.

토머스는 나체를 미술계로 들여오면서 자신이 직접 나체로 나서기도 하는 등 오랜 기간 적잖은 문제를 일으켰는데, 가장 큰 논란이 되었던 사건은 1886년 초 남성 골반의 정확한 움직임을 보여주려고 여학생 교실에서 남성 모델이 아랫도리에 걸치고 있던 천을 걷어냈을 때였다.

대학 이사회 앞에 끌려와 자신의 교수 방법에 대해 "악몽과도 같았던" 혹독한 심문을 받은 토머스는 **1886년 2월 13일** 하는 수 없이 사임했다. 토머스를 지지했던 대다수의 학생들이 강력하게 항의했지만 해임 결정을 뒤집을 순 없었다. 이사회 위원 한 명은 언론에 이렇게 발표했다. "토머스 교수에게 복귀를 요청하는 일은 없을 것입니다. 이로써 모든 문제는 해결됐습니다."

명문대 이사회 의원으로서의 지위 상실로 토머스는 치명타를 입었다. 특히 이 사건 이후로 누구도 그를 예술가로 봐주지 않았다. "토머스 말고는 아무도 토머스 작품을 수집하지 않았다"고 후에 한 비평가는 언급했다. 토머스는 나중에 그의 펜실베이니아미술대학 퇴출에 불만을 품은 학생들이 세운 독자적인 교육 기관을 비롯해 여러 강의실에서 활동하긴 했지만 예술가로서뿐만 아니라 남자로서의 경멸도 계속 받아야 했다. 심지어 가족도 그를 비난했는데 일부는 그를 상대로 음모를 꾸미기도 했다.

1895년, 토머스는 관습을 벗어난 나체 활용으로 또다시 드렉셀 대학교Drexel Institute에서 퇴출당했으며 그로부터 몇 년 지나지 않아 교직에서 완전히 물러났다. 안타깝게도 1916년 사망하기 전까지 토머스는 자신의 뛰어난 재능을 인정받지 못했다. 작품성을 인정받은 것도 죽은 뒤 수십 년이 지나서였다. 토머스는 스스로에 대해 이렇게 적었다. "오해와 박해와 무시는 내게 영광이다. 나의 가치가 높아진 것은 아무도 찾아주지 않아서였다."

1779년

14일

"요리된 선장"
하와이에서 맞이한 소름 끼치는 종말

역사를 통틀어 가장 위대한 해양 탐험가로 널리 호평 받고 있는 제임스 쿡James Cook 선장은 자신의 야망이 "자신을 앞서간 그 누구보다 멀리까지 그를 인도했을 뿐 아니라 인간이 갈 수 있는 가장 먼 곳까지 그를 이끌었다"고 쓴 바 있다. 성취감에 한껏 취한 이의 말처럼 들리기도 하지만 그 시절에는 진실이기도 했다. 1770년대 이루어진 세 번의 유명한 탐험에서 쿡 선장과 그의 탐험대는 태평양의 열대 섬에서부터 북극과 남극의 험난한 빙해까지 미지의 세계를 향해 엄청난 거리를 항해하고 기록하고 지도로 만들면서 그때까지 유럽 사람들이 알고 있던 세상을 허물고 더 큰 의미에서는 다시 형성했다. 쿡 선장의 발견의 항해 및 탐사가 하와이에서 급작스럽고 잔혹하게 중단된 것은 잡히지 않는 북서 항로를 찾아 항해 중일 때였다.

하와이의 빅아일랜드 연안을 따라 난 케알라케콰만Kealakekua Bay에 안전한 항구를 발견하고 정박한 쿡 선장의 탐험대를 현지 주민들은 환영했다. 사실 쿡 선장을 맞이하는 원주민의 태도가 "흡사 경배와도 같았다"고 결의Resolution호에 승선했던 제임스 킹James King 소위는 기록했다. 킹 소위를 비롯한 다른 선원들이 미처 몰랐던 것은 그들이 도착한 시기가 우연히도 일 년에 한 차례씩 치르는 종교의식 기간과 거의 정확하게 맞아떨어졌다는 것이다. 이 기간 중에는 평화와 풍요를 관장하는 신 '로노Lono'가 일시적으로 호전적인 신 '쿠Ku'를 지배할 수 있는 영향력을 갖게 된다. 말하자면 원주민은 쿡 선장을 로노 신의 화신으로 보았던 것이다. 킹 소위가 관찰한 것처럼 "원주민이 하나같이 노예와 같은 비굴한 태도로 존경을 표했던" 것도 이런 이유에서였다.

하와이 원주민의 환대를 받으며 몇 달을 편히 보낸 쿡 선장은 북쪽으로 탐험을 계속하기 위해 다시 길을 떠났다. 마침 로노의 통치 시기가 끝나고 쿠가 다시 세력을 회복하는 때였다. 그런데 하와이를 떠난 지 얼마 되지 않아 배의 돛대 하나가 부러지고 말았다. 수리를 위해 케알라케콰만으로 돌아가는 수밖에 달리 방법이 없었다. 불행히도 하와이 원주민들은 '제임스-로노'의 예상치 못한 귀환을 쿠를 상징하는 원주민 우두머리 '칼라니오푸Kalani'opu'u'에 대한 위협으로 보았다. 힘의 균형이 이제는 위험한 수준으로 옮아간 것이었다.

환대하던 하와이 원주민은 이제 적대적으로 변했다. 침입자에게 돌을 던지고 모욕했으며 대놓고 도둑질을 했다. "이곳에 도착한 이후 두 번째 방문에서 원주민의 절도 성향이 한층 강해진 것을 볼 수 있었다. 날이 지날수록 약탈 횟수가 늘고 수법도 대담해졌다"라고 부선장 찰스 클러크Charles Clerke는 기록했다.

선원들은 화력으로 보복하고자 했지만 재장전에 필요한 시간이 길어 효율성이 떨어졌다. 그러던 **1779년 2월 14일**, 탐험대와 원주민 사이의 교전이 절정에 달하게 된 사건이 일어났다. 원주민들이 쿡 선장과 그와 동행하던 네 명의 선원을 붙잡아 몽둥이로 반복적으로 구타해 수장시킨 후 시체를 내륙으로 끌고 간 것이다. 선장 일행의 시련은 죽어서도 끝나지 않았다. 이들을 전사로서 명예롭게 대우하기로 되어 있던 원주민은 이미 죽어 시체가 된 선장 일행을 요리해 피부를 벗기고 조각을 내 여러 원주민 부족장에게 나누어주었다. 수차례의 협상 끝에 선원들은 쿡 선장의 남은 유해를 돌려받았다. 킹 소위는 다음과 같은 기록을 남겼다.

"그(부족장)가 흑백 깃털의 점박이 망토로 정성스럽게 싼 꾸러미를 건넸다. 흑백이 애도를 의미하는 색임을 알 수 있었다. 꾸러미를 열자, 눈에 띄는 베인 상처로 금세 알아본 선장의 손, 두피, 두개골, 부족한 허벅지 뼈, 팔 뼈가 나왔다. 유일하게 피부가 남아 있던 손에는 구멍이 뚫려 있었고 구멍 안에는 소금이 잔뜩 들어 있었다. 그리고 다리 뼈, 아래턱, 발이 화를 면하고 남은 전부였다."

1942년

15일

"싱가포르를 빼앗기다"
영국의 제2차 세계대전 굴욕

싱가포르를 점령한 일본군에 항복하러 가는 영국군.

"영국 역사상 최악의 재앙이자 최대의 굴복."

_윈스턴 처칠 총리, 난공불락이었어야 할 '동쪽의 지브롤터'인 싱가
포르 식민국 기지를 일본의 광분한 군대에 무조건적으로 내어준 사
건을 회상하며

1942년 2월 15일 일본군이 싱가포르를 점령한 이 사건은 제2차
세계대전 초기에 있었던 또 하나의 처참한 연합군 후퇴였고(12월 7일
및 12월 8일 참고), 이 지역에서 명망을 떨치던 영국군에게는 돌이킬 수
없는 치명타가 되었다.

1899년

16일

"라 쁘띠 모르!"

프랑스 대통령 펠릭스 포르Félix Faure는 정부인 마르그리트 스테네이Marguerite Steinheil와 장난을 치며 더할 나위 없이 즐거운 하루를 보내고 있었다. 그런데 **1899년 2월 16일**, 그가 '라 쁘띠 모르la petite mort'('작은 죽음'이라는 의미로, 프랑스에서는 오르가슴을 가리키기도 한다-옮긴이)를 외치는 절정의 순간에 안 좋은 일이 일어났다. 포르에게 심각한 뇌졸중이 찾아왔고 그토록 즐기던 작은 죽음은 전혀 작지 않은 죽음이 되고 말았다.

1673년

17일

평생의 마지막 혼신의 연기

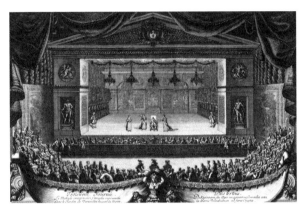

몰리에르가 마지막 혼신의 연기를 선보인 〈상상병 환자〉의 무대.

1673년 2월 17일 저녁만큼 아이러니로 가득한 예술을 꼭 닮은 삶이 또 있을까. 이날 프랑스의 유명 배우이자 극작가인 장바티스트 포클랭Jean-Baptiste Poquelin(예명인 몰리에르Molière로 더 잘 알려져 있다)은 자신의 소극 〈상상병 환자Le Malade Imaginaire〉에 등장하는 심기증 환자 아르간 역을 맡아 일생의 마지막 공연을 펼쳤다. 몰리에르는 아라곤의 상상 속 질병을 연기하는 동안 실제로 발작과 기침을 일으켜 무대 위에 쓰러졌다. 노련한 배우였던 그는 가까스로 공연을 마쳤다. 하지만 그로부터 몇 시간 만에 혈관 파열로 인한 출혈로 죽고 말았다.

2001년

18일

내게 강도짓을 한 스파이

보니 핸슨Bonnie Hanssen은 할 말을 잃게 만들 만큼 어둡고 끔찍한 배반의 구렁텅이로 뛰어들 참이었다. 2001년 2월 18일 저녁, 공항에 친구를 데려다 주러 나간 남편이 저녁 시간이 되어도 돌아오지 않자 걱정이 된 그녀는 남편을 찾아 공항으로 갔다. 그런데 도착하자마자 공항에 깔려 있던 FBI 요원들에게 붙잡혔다. 그들과 같은 FBI 요원이었던 남편이 방금 간첩 활동으로 체포되었다는 것이었다. 알고 보니 남편인 로버트 핸슨Robert Hanssen은 그저 평범한 스파이가 아니었다. FBI에서 방첩 임무를 맡았던 그는 미국 역사상 최악의 반역자 중 한 사람이었다. 이 현대판 베네딕트 아널드Benedict Arnold(9월 24일 참고)는 몇 년 전부터 중요한 기밀을 소비에트연방에 팔아 넘겨 국가를 심각한 위험에 빠뜨렸고 필연적으로 아내까지 의심을 사게 되었다. 하지만 그 모든 전말에도 불구하고 또 다른 끔찍한 진실이 보니 핸슨을 기다리고 있었으니 바로 가장 굴욕적이고 처참한 종류의 개인적 배신이었다.

로버트 핸슨이 그 운명의 2월 오후에 공항에 내려주었던 친구는, 둘의 결혼식에 와 주고 여섯 자녀의 대부가 되어 주고 집에도 자주 찾아왔던 그 친절한 남자는, 로버트가 직접 설치한 몰래 카메라를 통해 자신과 남편의 성관계 장면을 지켜본 사람이었던 것이다. 교회에 열심히 다니던 스파이 로버트 핸슨은 친구까지 불러 이

은밀한 장면을 함께 봤는데, 베트남에서 군생활을 하던 친구에게 보니의 나체 사진을 보내기 시작한 1970년 이후로 줄곧 그래왔던 것이다. 그는 몰래 카메라로 본 장면들을 글감으로 삼아 인터넷에 관음증에 관한 생생한 이야기를 적기도 했는데, 그중에는 보니와 자신의 친구에 관해 쓴 〈'아무것도 모르는?' 포르노 스타〉라는 제목의 글도 있었다.

데이비드 와이즈David Wise는 자신의 저서 《스파이: 미국을 배신한 FBI 요원 로버트 핸슨의 내막Spy: The Inside Story of How the FBI's Robert Hanssen Betrayed America》에서 다음과 같이 적었다. "그녀는 충격과 공포에 휩싸였다. 그녀의 발언은 가족 사이에 빠르게 퍼졌다. 좋은 이유로 말이다. 보니가 여동생에게 한 말은 … 짧지만 잊히지 않았다. '내 남편은 배신자에 변태야.'"

1977년

19일

'베스트 뉴 아티스트' 상만은 제발!

"Skyrockets in flight … afternoon delight" 들으면 누구나 곧장 아는 곡이지만 가수들은 상대적으로 많이 알려지지 않았다. 어쩌면 **1977년 2월 19일** 스타랜드 보컬 밴드Starland Vocal Band에게 수여된 '베스트 뉴 아티스트 그래미Best New Artist Grammy' 때문일지도 모르겠다. 밴드 멤버였던 태피 대노프Taffy Danoff가 VH1과의 인터뷰에서 설명한 것처럼 그래미상이 "죽음의 입맞춤"이었던 셈이다. "그 뒤로 이 상을 받은 사람들에게는 안타까운 마음이 듭니다." 분명 그녀만의 감정은 아니었다. 미래가 촉망되는 다른 수많은 베스트 뉴 아티스트가 그래미상 수상과 함께 모두 사라졌기 때문이다. 특히 스타랜드 보컬 밴드의 바로 뒤를 이어 상을 받은 후 더 이상의 히트곡을 내지 못하고 소리소문 없이 사라진 가수들이 그랬다(스타랜드 보컬 밴드의 경우 네 개의 앨범이 연달아 실패하고 나서 해체되었고 그와 함께 넷 중 두 커플이 파경을 맞았다). 도대체 데비 분Debby Boone(1978)은 어디로 사라졌단 말인가? 테이스트 오브 허니A Taste of Honey(1979)는 또 어떻고?

비틀스(1965)나 머라이어 캐리Mariah Carey(1991)처럼 아주 눈에 띄는 몇몇의 예외가 있지만 베스트 뉴 아티스트 그래미는 무명으로 가는 편도 티켓임이 자주 입증되어 왔다.《워싱턴포스트》는 이를 "크리스토퍼 크로스Christopher Cross의 저주"라고 불렀는데, 1981년 수상자였던 그는 "수상 후 12장이 넘는 앨범을 발표했는데 부모조차 라인업에서 아들의 앨범을 알아보지 못할" 정도로 무명이었다고 한다.

하지만 엄청난 판매고를 올린 앨범《걸 유 노우 잇츠 트루Girl You Know It's True》에서 음표 하나조차 실제로 부르지 않았다는 사실이 밝혀져 그래미상을 박탈당한 1990년 수상자 밀리 바닐리Milli Vanilli의 운명보다 더 잘 징크스를 보여 주는 증거는 없을 것이다.《워싱턴포스트》의 기록에 따르면, 그 해 다른 베스트 뉴 아티스트 후보들은 운이 좋게도 "다들 충분히 아픔을 겪은 것으로 파악되어" 차점자에게 상을 수여하지 않기로 결정했다고 그래미 위원회가 밝혔다.

1939년

20일

조지 워싱턴 히틀러?

조지 워싱턴이 **1939년 2월 20일** 매디슨 스퀘어 가든Madison Square Garden에서 열린 자신의 생일축하파티 때까지 살아 있었다면 역겨움으로 속이 뒤집혔을 것이다. 그날에는 당연히 2만여 명에 달하는 엄청난 인파가 몰려들었고 열기가 대단했다. 그런데 이날 저녁을 준비한 독일계 미국인 연합German American Bund은 생일 당사자보다는 아돌프 히틀러Adolf Hitler를 기념하는 데 훨씬 더 관심이 있었던 것으로 보인다. 나치의 만자 표시를 양쪽에 둔 미국 초대 대통령의 거대한 현수막 아래 연이어 등장한 연사들이 뉴욕시티 한복판의 행사에서 뉘른베르크 궐기 대회를 방불케 하는 반유대주의적 앙심을 뿜어냈다.

관중의 흥분이 극에 달한 가운데 연합 회장이자 이날 행사의 주최자였던 프리츠 쿤Fritz Kuhn이 드디어 모습을 드러냈다. 우레와 같은 환호에 그는 프랭클린 D. 루스벨트Franklin D. Roosevelt 대통령을 거듭 "프랑크 D. 로젠펠트Frank D. Rosenfeld"로 언급했고 뉴딜New Deal 정책을 자꾸 "주딜Jew Deal(유대인 거래라는 의미-옮긴이)" 정책이라 칭했다. 천만다행으로 이날 이후 더 이상 쿤을 볼 일은 없어졌다. 얼마 지나지 않아 자신의 단체가 후원했던 바로 그 매디슨 스퀘어 가든 행사를 횡령하는 등의 여러 범죄 혐의로 체포되어 결국 독일로 추방되었기 때문이다(쿤은 영웅의 귀향을 기대했다가 실망해 슬픔에 빠

조지 워싱턴과 아돌프 히틀러를 기념하는 독일계 미국인 연합

졌다). 나치는 그를 창피해 했다. 주미 독일 대사 한스 디코프Hans
Dieckhoff는 그를 "어리석고 시끄럽고 무모한" 인물로 묘사했다. "소
식을 전하는 이도 없고 잘 알려지지도 않은" "불쌍한 무명의 약사"
로《뉴욕타임스》에 실렸던 쿤은 1951년 12월 14일 뮌헨에서 사망
했다.

21일

선언으로 남았어야 할 발상

플라톤은 이상적인 사회에 대한 자신의 생각을《국가The Republic》
에서 제시했다. 토머스 모어Thomas More는《유토피아Utopia》에, 볼테
르Voltaire는《캉디드Candide》에 각자의 생각을 남겼다. 이들의 생각
은 그저 철학적 사색에 불과하다. 흥미롭긴 하지만 전혀 현실적이
지 않다. 칼 마르크스Karl Marx와 프리드리히 엥겔스Friedrich Engels도
같은 맥락에서 자신들의 이상을 제시했지만 **1848년 2월 21일** 이들
의《공산당 선언Communist Manifesto》이 처음 발표되었을 때 사람들은
노동자의 천국을 위해 이 현실성 없는 청사진을 진짜로 적용하려
고 했다. 아니, '강요'하려고 했다는 표현이 더 맞을지도 모르겠다.

이 치명적인 선언은 마오와 스탈린 같은 괴물에게 힘을 실어 주
었고 전 세계에 전체주의 정권을 전이시켰으며 결국 학살과 대규
모 기아로 약 1억 명의 목숨을 앗아갔다. 북한을 비롯한 일부 국가
에서는 이 불행이 여전히 계속되고 있지만 마르크스와 엥겔스가
1848년 그토록 진지하게 주창했던 사회주의 체제는 결국 본질적
인 비현실성의 무게에 눌려 무너지고 말았다.

러시아 대통령 보리스 옐친은 소련이 붕괴된 후 이렇게 선언했
다. "공산주의에 대한 얘기는 접어둡시다. 공산주의는 이상에 불과
합니다. 그림의 떡일 뿐이지요."

1983년

22일

브로드웨이의 핵폭탄급 실패작

1983년 2월 22일, 아서 빅넬Arthur Bicknell의 〈무스 살해: 2막 구성의 미스터리 소극Moose Murders: A Mystery Farce in Two Acts〉이 브로드웨이에서 개막했다가 바로 그날 저녁 종연했다.《뉴욕타임스》에 나중에 실린 표현을 빌리자면 "모든 브로드웨이 실패작을 판단할 때 기준으로 삼아야 할 끔찍함의 표준"이 된 핵폭탄급 작품이었다. 비평가들은 프랭크 리치Frank Rich가 후에 "브로드웨이 무대에서 본 최악의 연극"이라고 부른 빅넬의 작품에 대해 다음과 같이 혹독하면서도 훌륭한 리뷰를 내놓았다.

- "'아서 빅넬'이라는 이름을 가진 사람은 개명하라."_데니스 커닝엄Dennis Cunningham, WCBS
- "형용할 수 없을 정도의 졸작이라 군이 리뷰를 적어 다른 사람의 시간을 낭비하고 싶지 않다."_클리브 반스Clive Barnes, 뉴욕포스트
- "가장 가까운 친척의 소식을 기다리는 배우들의 이름을 밝히진 않겠다."_제이 샤벗Jay Sharbutt, 연합통신사
- "〈무스 살해〉 관람은 앞으로 여러 달 동안 브로드웨이 참사를 감정하는 전문가와 단순한 애호가를 갈라놓을 것이다."_프랭크 리치, 뉴욕타임스

- "아메바 관객조차 지적 모욕을 느낄 정도다."_브렌든 길Brendan Gill, 더 뉴요커
- "연극에는 나쁜 연극, 끔찍한 연극, 그리고 〈무스 살해〉 같은 연극이 있다."_버라이어티

클리브 반스는 〈무스 살해〉가 개막하기 전 하차한 여배우 이브 아든Eve Arden에 대해서는 분별력이 있다며 최소한 칭찬은 했다. "어떤 사람들은 운이 참 좋습니다." 하지만 그녀의 자리를 대신한 홀랜드 테일러Holland Taylor는 불운의 여배우가 되고 말았다. 그녀는 《뉴욕타임스》와의 인터뷰에서 이렇게 말했다. "단호하게 맞서면 변하는 상황들도 있지만 바꿀 수 없는 것들도 있습니다. 연극처럼 말이지요."

작품이 무대에 처음 오른 날 밤 사디스Sardi's 레스토랑의 파티에서 슬그머니 빠져나가던 친구와 가족, 배우들을 떠올리며 극작가였던 빅넬이 물었다. "정말로 그렇게 안 좋았습니까?"

"간단히 답하자면, 그렇습니다."

1669년

23일

(죽은) 왕비에게 키스하기

여러 왕의 딸이자 아내이자 어머니이자 할머니였던 발루아의 캐서린은 1437년 죽음을 맞이한 후 조금은 예우를 갖춘 대우를 기대했을 것이다. 아, 하지만 그녀에게는 사소한 예우조차 허락되지 않았다. 웨스트민스터 사원에 있는 캐서린의 무덤은 손자인 헨리 7세의 재임 기간에 호화로운 예배당을 새로 짓는 데 길을 내기 위해 파괴되고 말았다. 그 후 수 세기 동안 캐서린 왕비의 시신은 땅 밖으로 노출되어 엽기적인 관광 코스가 되었다. 뼈는 "단단하게 연결되어 있었고 무두질한 가죽 조각 같은 피부로 얇게 덮혀 있었다". 존 위버John Weever는 1631년 이런 기록을 남기기도 했다. "잉글랜드의 캐서린 왕비가 여기, 헐거워진 뚜껑에 마음만 먹으면 누구나 보고 만질 수 있는 궤짝 혹은 관에 누워 있었다."

불쌍한 캐서린 왕비는 추파를 던지는 수많은 사람들에게 무방비로 노출되어 있었으며 말라버린 피부는 짓궂은 남학생들에 의해 뜯겨 나가기도 했다. 하지만 가장 불경스러운 사건은 **1669년 2월 23일**에 일어났다. 이날 유명한 일기 작가 새뮤얼 피프스Samuel Pepys가 자신의 서른여섯 번째 생일을 축하하면서 죽은 왕비를 추행한 것이다.

피프스는 그날의 행사를 이렇게 기록했다. "이곳에서 우리는 남다른 취향을 가지고 잉글랜드의 왕비, 캐서린의 몸을 보았다. 그녀

사후에도 편할 날이 없었던 발루아의 캐서린 왕비의 장례 모형.

의 상체를 손에 들고 입맞춤을 하는 순간 내가 왕비에게 입맞춤을 했다는 사실이 떠올랐다."

발루아의 캐서린 왕비는 사망 후 4세기 반이 지난 1878년이 되어서야 비로소 웨스트민스터 사원에 있는 남편 헨리 5세의 무덤 옆에서 편히 쉴 수 있게 되었다. 하지만 캐서린 왕비의 신체 일부는 여전히 볼 수 있다. 머리카락과 여러 신체 일부가 빠진 캐서린의 장례 모형이 웨스트민스터 사원 박물관에 전시되어 있기 때문이다.

1868년

24일

숙취의 여파로 탄핵 심판까지 받은 대통령

앤드루 존슨Andrew Johnson은 에이브러햄 링컨Abraham Lincoln의 재임 부통령으로 취임 선서를 하기 직전 위스키 석 잔을 들이켰다. 거나하게 취해 발그레한 얼굴을 하고 상원 의회당 연단으로 비틀거리며 걸어갔다. 그러나 한때 재단사였던 그의 정치 인생에서 가장 자랑스러운 사건으로 기록되었어야 할 취임사는 자신의 '평민 출신' 배경에 대해 두서없이 늘어놓는 장광설이 되고 말았다.《런던타임스London Times》의 기록에 따르면 "글도 모르는 천박한 주정뱅이 같은" 남자가 "요란스러운 몸짓에 새된 소리를 지르며" "광대의 언어"로 취임사를 하고 있었다. 상원의원 재커리아 챈들러 Zachariah Chandler도 충격에 빠진 다른 의원들과 이 광경을 지켜보고 있었다. 그는 아내에게 보내는 편지에서 "살면서 그렇게 당황스러웠던 적은 처음이었다. 구멍이라도 있으면 당장에라도 숨고 싶었다"고 썼다.

역사상 최고의 명연설 중 하나로 꼽히는 두 번째 취임사를 마친 에이브러햄 링컨은 그가 뽑은 부통령의 행동을 변호해야만 했다. "앤드루 존슨을 안 지 여러 해입니다. 일전에는 보기 안 좋은 실수를 저질렀지만 걱정하지 않아도 됩니다. 앤드루는 주정뱅이가 아닙니다." 한 달 후 링컨이 죽자 갈가리 찢긴 연방군을 재결집시키는 까다로운 임무가 황소고집에 자부심 강한 후임에게 떨어졌다. 간담을 서늘하게 한 취임사가 끝나고도 계속됐던 그 사악한 숙취는 링컨의 뒤를 이어 대통령직을 수행하는 동안 그의 상징이 되어 결국 **1868년 2월 24일** 탄핵 심판을 받게 되었다.

남부 출신 민주당원이었던 새 대통령 존슨에게는 무엇보다 중요한 한 가지 목표가 있었는데, 바로 반항하는 주들을 가능한 한 신속하고 부드럽게 연방군으로 재편입시키는 것이었다. 자유가 된 흑인들은 대다수가 노예나 다름없는 잔인한 삶으로 고통을 받았지만 이들의 고통은 사실 그에게 중요하지 않았다. 부통령 취임식에서 존슨과 마주친 후 "앤드루 존슨이 어떤 사람이건 우리 인종의 친구가 아닌 것만은 확실하다"고 말한 프레더릭 더글러스 Frederick Douglass는 이미 그런 사실을 알고 있었던 듯하다.

존슨은 참정권 부여에서 완전한 시민권 인정에 이르기까지 자유를 용인하는 법안마다 사사건건 거부권을 행사했다. 이것으로 의회 공화당원들의 깊은 원한을 사 탄핵의 간접적인 원인으로 작용했다. "앤드루 존슨은 포악한 노예 소유자를 흉내 내고 있다. 그 안에서 노예 제도가 되살아나고 있다"고 상원의원 찰스 섬너Charles Sumner는 선언했다.

그러나 탄핵의 직접적인 원인은 육군장관 에드윈 스탠턴Edwin Stanton을 해임하려 한 데에 있었다. 남부를 군사력으로 통제하게 되면 링컨 행정부에서 유임된 인물이자 지조가 굳은 공화당 협력자인 스탠턴이 너무 많은 힘을 갖게 될까 두려웠던 것이다. 스탠턴 장관(실제로 자리에서 내려오길 거부하고 집무실에서 방어벽을 쳤다)의 해임은 대통령이 상원의 승인 없이 정부 각료를 해임시키는 것을 금지한 관직보유법에 정면으로 반하는 조치였다. 존슨 대통령은 스탠턴과의 싸움으로 인해 경고를 받았지만 고집을 꺾지 않았다. "탄핵하려면 해봐, 빌어먹을." 의회는 기꺼이 응답했다.

"나는 앤드루 존슨을 공직에서 끌어내리는 데 찬성이오. 술에 취해 대통령 임기를 시작한 자가 범죄로 임기를 끝낸다 해도 놀랄 게 없소." 백악관에서 탄핵에 대한 논의가 진행되는 가운데 한 인디애나 의원이 말했다.

온갖 욕설이 뒤따랐다. 한 의원은 존슨을 가리켜 "술에 취해 정신을 못 차리는 비열한 반역자 … 암살범의 총알로 뜻하지 않게 대통령이 된 자"라고 묘사했다. 또 다른 의원은 "높은 공직에 있으면서 사람들을 선동하여 추악한 반역죄를 저질렀다"고 평했다. 심지어 존슨과 미친 로마 황제 네로를 비교하는 사람도 있었다.

존슨이 '쇼'라고 경멸하며 참석을 거부한 탄핵 심판 내내 이어진 앙심에 가득 찬 발언들은 차기 대통령 제임스 가필드James A. Garfield가 다음과 같은 말을 남기게 했다. "공인들 사이에서 발언하는 것을 무모하리만큼 좋아하는 … 우리는 말, 말, 말을 헤치며 걷고 있습니다. … 그러나 탁한 강물을 절반쯤 건넌 것이나 마찬가지입니다."

하지만 결국 말은 충분하지 않았다. 앤드루 존슨은 겨우 한 표 차이로 탄핵이 부결되며 대통령직을 유지했다.

1836년

25일

'위대한 쇼맨'의 진실

젖먹이 조지 워싱턴의 161세 '유모'라고 알려진 조이스 헤스Joice Heth가 북서부 관객들 앞에서 포즈를 취하고 있었다. 그녀는 '위대한 쇼맨' P. T. 바넘P. T. Barnum의 첫 사이드쇼 명물로서 그에게 이미 많은 득을 주고 있었다. 그래서 눈도 멀고 사지도 거의 마비된 이 늙은 노예가 **1836년 2월 25일** 사망하자 바넘은 이 여인을 더 이용해 먹을 수 있는 방법을 고안했다. 그리고 "세상에서 가장 궁금한 자연발생적이고 국가적인 존재"라는 홍보 문구를 내걸고 뉴욕의 시티살롱에서 헤스를 공개 해부하는 무대를 꾸몄다. 1,000명을 훌쩍 넘는 사람들이 의사 데이비드 L. 로저스David L. Rogers가 펼치는 피투성이 공연을 보려고 한 장에 50센트인 티켓을 구매했다. 사실 로저스는 기껏해야 여든에 불과했던 조이스 헤스를 내세운 공연이 사기였음을 알아챘고, 《뉴욕선New York Sun》에서도 당시 "어수룩한 지역 주민들을 대상으로 벌인 가장 비싼 사기극 중 하나"였다고 평가했음에도 바넘은 전혀 동요하지 않았다. 사실 그는 해부 장면을 보려고 미친 듯이 몰려드는 매체 앞에서 공짜로 유명세를 타게 된 상황을 즐기고 있었다. 오히려 한술 더 떠서 한 순진한 편집자에게 "헤스는 사실 죽지 않고 코네티컷에서 잘 살고 있다"고 말하기도 했다.

1577년, 1616년, 1815년, 1860년, 1918년, 1936년, 1965년, 1987년, 1993년, 1995년

26일

기억에 남을 만한 불행의 날

2월 26일은 얼마나 형편없는 하루였을까. 심각한 재해와 테러, 학살로 얼룩진 역사 속 그날을 기려보자.

- **1577년**: 스웨덴의 폐위된 미친 왕 에리크 14세는 감옥에서 독이 든 완두콩 수프로 마지막 식사를 했다.
- **1616년**: 로마의 종교재판에서 멈춰 있는 태양 주위를 지구가 돈다는 코페르니쿠스의 발견이 "철학적으로 어리석고 터무니없으며, 많은 부분에서 성경의 의미와 명백하게 모순된다는 점에서 형식상 이단"이라고 선언한 지 이틀 만에, 교황 바오로 5세는 갈릴레오에게 이 같은 결정을 알리면서 "코페르니쿠스의 주장과 의견을 가르치거나 옹호하거나 논의하는 일을 철저하게 자제할 것"을 명령했다.
- **1815년**: 유럽의 골칫거리이자 왕들에게는 공포의 대상이었던 나폴레옹 보나파르트Napoleon Bonaparte는 엘바라는 지중해의 작은 섬에 유배되었다가 탈출한 후 워털루에서 최종적으로 패배하기 전까지 100일을 더 유럽을 휘젓고 다녔다.
- **1860년**: 오늘날 인디언 아일랜드라고 알려진 캘리포니아 유리카 인근의 한 섬에서 평화롭게 지내던 약 100명의 위요트Wiyot 부족이 이 지역 백인 정착민에 의해 한밤중에 학살당했다.《노

던 캘리포니안Northern Californian》은 이 사건을 다음과 같이 기록했다. "사방에서 피가 웅덩이를 이루었다. 원두막과 들판이 핏빛으로 물들었다. 남녀노소 할 것 없이 젖먹이 아기에서부터 나이 든 노인에 이르기까지 시체가 사방에 널려 있었다. 도끼에 머리가 두 동강 난 시체도 있었고 몽둥이로 곤죽이 되도록 맞아 죽은 시체도 있었으며 사냥용 칼로 갈기갈기 찢긴 시체도 있었다. 일부는 진흙탕에 처박혀 있었고 일부는 물가까지 도망가다가 잡혀 죽었다."

- **1918년**: 홍콩경마클럽에서 경마 경기가 벌어지던 중 관중석이 무너지면서 화재가 발생해 600명의 사망자를 낸 역사상 최악의 스포츠 재난 중 하나가 발생했다.

- **1936년**: 일본 근대사에서 가장 큰 규모의 봉기가 일어났다. 급진적인 젊은 군 장교 무리가 1,400명의 병사를 이끌고 도쿄의 총리 거주지를 비롯한 다른 정부 기관 및 군사 시설을 공격해 사이토 마코토齋藤實 내무부장관과 다카하시 고레키요高橋是清 재무부장관, 육군 군사 훈련 감찰관 와타나베 조타로渡邊錠太郎를 살해했다.

- **1965년**: "피부가 흰 병사가 아무리 무장을 하고 훈련이 되어 있어도 아시아의 숲과 정글에서 게릴라전을 펼치기에는 적합하지 않다. 프랑스도 시도했지만 … 실패했다. 미군이라고 더 나을 것 같진 않다"라는 맥스웰 테일러Maxwell Taylor 대사의 신랄한 경고를 무시하고 린든 B. 존슨Lyndon B. Johnson 대통령은 미 지상

군의 베트남 투입을 승인했다. 2개 해병 대대가 성공적으로 전
진한 것을 확인한 대통령은 "이제 호치민의 새를 손에 넣었다"
라며 북베트남 지도자의 실패를 고소해 했다. 자축하기에는 시
기상조였다는 것이 나중에 드러났지만 말이다.

- **1987년**: 레바논에 붙잡혀 있는 미국 인질을 석방하는 대가로
  이란에 무기를 팔아 그 돈으로 좌파 정부에 반대하는 니카라과
  반란군에 자금을 댄, 소위 '이란-콘트라 스캔들'을 조사하기 위
  해 형성된 타워위원회는 최종 보고서에서 로널드 레이건Ronald
  Reagan 대통령에 대한 비난의 수위를 낮췄다. 위원회의 눈에 레
  이건은 법을 무시하려고 작정한 광적 책략가로 비춰지기보다
  는 자기 정부 사람들이 테러리스트와 거래하고 다른 나라 전쟁
  에 불법으로 자금을 대며 날뛰는데도 아무것도 하지 못하는 힘
  없는 늙은이로 보였던 것이다.
- **1993년**: 뉴욕 월드트레이드센터의 북쪽 타워 주차장에서 알카
  에다가 심어놓은 차량 폭탄이 폭발했다. 북쪽 타워와 함께 남쪽
  타워까지 무너뜨리려는 테러리스트의 계획은 실패했지만 여섯
  명이 사망했고 1,000명 이상이 부상했다.
- **1995년**: 영국에서 가장 오래된 은행이자 엘리자베스 2세가 돈
  을 보관했던 베어링스 은행이 무너졌다. 놀랍게도 이 참사는 사
  기와 투기성 무단 거래로 은행에 총 13억 달러의 손실을 입힌
  닉 리슨Nick Leeson이라는 파생상품 브로커 한 사람에 의해 발생
  한 것이었다.

1859년

27일

불륜과 치정, 살인극의 총집합

가장 외설적이었던 성 추문을 기념한다면 일 년 열두 달 달력을 다 채울 수 있을 만큼, 미국의 수도는 수많은 성 추문을 목격해왔다. 그중에서도 특히 하나가 낯 뜨거운 즐거움을 준 스캔들로는 단연 최고이지 않을까 싶다. 물론 끝내 죽음을 맞이한 그 주인공에게는 전혀 즐거운 일이 아니었겠지만 말이다.

〈성조기The Star-Spangled Banner〉라는 애국적인 시를 남긴 프랜시스 스콧 키Francis Scott Key의 아들 필립 바튼 키Philip Barton Key 2세는 친구인 대니얼 시클스Daniel Sickles 의원의 젊은 아내와 격정적이고도 무분별한 정사를 나누고 있었다. 사실 시클스 본인도 매춘업을 하는 패니 화이트Fanny White라는 자신의 정부를 버킹엄 궁전 연회에서 빅토리아 여왕에게 소개했을 정도로 불량한 구석이 있는 인물이었다. 워싱턴 전역이 라파예트 광장에 있는 시클스의 집에서 일어난 노골적인 외도 행각에 시끄러웠지만 정작 바람난 아내를 둔 이 의원은 그 사실을 전혀 모르고 있었다. 그러던 어느 날 그는 부인의 추악한 외도가 자세히 적혀 있는 익명의 편지를 받게 되었다. "당신의 아내는 당신만큼이나 (키에게도) 쓸모가 많더군."

다음 날인 **1859년 2월 27일**, 아무것도 모르는 키는 시클스의 집 앞에 나타나 자신의 정부에게 한바탕 즐길 준비가 됐다는 신호를 보냈다. 그러나 이번에 집 밖으로 나온 사람은 두 자루의 권총으로

무장한 분노에 찬 남편이었다. "이런 나쁜 놈!" 시클스는 한때나마 친구로 여겼던 키를 향해 소리치며 대낮에 라파예트 공원까지 쫓아갔다. "너는 우리 가문을 모욕했어! 죽여버리겠어!" 이 말과 함께 방아쇠가 당겨졌지만 총알은 절묘하게 스쳐갔다. "사람 살려! 사람 살려!" 키가 비명을 질렀다. 몇 발의 총알이 더 사타구니와 가슴에 박히는 동안에도 키는 계속해서 살려달라고 비명을 질렀다. 그는 결국 쓰러졌다. "죽었소?" 시클스가 살인 현장을 목격한 사람에게 물었다. "내 침대를 더럽힌 놈이오!"

한편, 보니츠Bonitz라는 젊은 수행원이 근처의 백악관으로 달려가 제임스 뷰캐넌James Buchanan 대통령에게 그의 오랜 친구인 시클스가 방금 저지른 짓을 알렸다. 뷰캐넌은 보니츠가 살인의 유일한 목격자라고 믿고선 그의 입을 막아 사건을 은폐하려고 했다. 뷰캐넌은 이 순진한 수행원에게 법적 절차가 진행되는 동안 보석 없이 감금될 수도 있다는 등 목격자가 재판 과정에서 겪어야 할 힘든 상황에 대해 경고하며 고향인 사우스캐롤라이나로 내려가 피해 있으라고 부추겼다.

친구를 위한 뷰캐넌 대통령의 노력은 그러나 쓸데없는 짓이 되고 말았다. 시클스가 부끄러운 줄도 모르고 즉시 자수했기 때문이다. "당연히 그를 죽일 작정이었지. 죽어 마땅한 놈이었으니까." 시클스는 친구들에게 말했다. 그 후 3주간 이어진 재판은 센세이션을 일으켰다. 특히 시클스의 변호인단이 날조한 일시적 정신 이상이 무죄의 근거로 법정에 처음 등장해 눈길을 끌었다. 배심원단은 겨우 한 시간에 불과한 숙고 끝에 살인자에게 무죄를 선고했다.

워싱턴은 무죄 선고 소식에 축포를 터뜨렸다. 그런데 자유의 몸이 된 이 살인자는 생각지도 못한 일을 했다. 아내와 화해를 한 것이다. 아내의 정부에게 복수한 그를 안타깝게 바라보던 호의적인 시선들이 순식간에 사라졌다. "키가 죽기 전에 시클스 부인이 유죄였다면 지금도 유죄이다. 부인이 지금 죄를 용서받을 수 있다면 키는 2월에 용서받았어야 했다"는 《필라델피아프레스Philadelphia Press》의 워싱턴 특파원의 보도에서 당시 키에 대한 대중의 감정을 읽을 수 있다. 시클스는 재선에 실패했고 사실상 워싱턴에서 쫓겨났다. 그러나 그의 일부는 여전히 워싱턴에 남아 있다. 남북전쟁 중에 잃은 그의 다리가 현재 국립건강의학박물관에 전시되어 있는 것이다.

1927년

28일

과학자의 엽기적인 유인원 강간

1927년 과학계에는 기괴한 사건이 있었다. 소비에트 정부의 후원을 받은 일리야 이바노비치 이바노프Ilya Ivanovich Ivanov가 최초로 인간 진화 스펙트럼의 양쪽 끝에 위치한 현존하는 표본으로 전혀 새로운 종을 만들어내는 시도를 한 것이다. 말하자면 인간과 유인원의 혼합체를 만들겠다는 것이었다. '휴먼지humanzee'를 만들기 위한 수년간의 연구가 실패를 거듭하던 차에, 프랑스령 기니의 총독이 수도 코나크리 근처의 식물원에서 극악무도한 번식 프로그램을 운영할 수 있는 무제한적인 자유를 주면서 이바노프는 드디어 기회를 얻게 되었다.

2월 28일, 이 사이비 과학자와 그의 아들은 바베트와 시예트로 이름 붙인 암컷 침팬지 두 마리를 데려와 그물로 움직이지 못하게 한 뒤 확인되지 않은 그 지역 남성에게서 채취한 인간의 정자를 주입했다. 러시아 학자인 키릴 로시아노프Kirill Rossiianov의 기록에 따르면 "실험이 급조된 방식으로 야만스럽게 진행된 탓에 실험에 대한 설명이 마치 강간을 묘사하는 것 같았다".

인류에게는 다행스럽게도 어느 침팬지도 임신하지 않았고, 그 해 6월에 클로로포름으로 기절시킨 뒤 수정시킨 세 번째 침팬지인 블랙도 마찬가지였다. 그래서 이바노프는 전략을 바꾸기로 했다. 이번에는 침팬지의 정자를 입원한 여성 환자에게 몰래 주입하는 방법을 써보기 위해 총독을 찾아갔다. 이바노프가 일기장에 기록한 바로는, "청천벽력" 같은 불호령이 떨어졌고 "세게 얻어맞은" 것 같은 기분이었다.

낙담한 이바노프는 소련으로 돌아와 그곳에서 여성들을 임신시켜도 좋다는 허가를 받았다. 다만, 자발적인 의지에 의한 것이어야 하고 1년 동안 격리되어 생활한다는 데 동의한 경우에 한해서였다. 놀랍게도 지원자가 있었다. 'G'라고만 신분을 밝힌 이 여성이 이바노프에게 보낸 편지의 내용은 이러했다. "이미 망친 인생, 더 이상 살아야 할 의미가 없습니다. 하지만 과학을 위해 가치 있는 일을 할 수 있다고 생각하니 연락할 용기가 생겼습니다. 부탁입니다. 거절하지 말아주세요."

'G'와 연결해 줄 짝이라고는 '타잔'이라는 오랑우탄이 유일했다. 그러나 타잔이 급성 뇌출혈로 죽자 인간-유인원 프로젝트도 함께 끝을 맞았다. 그 후 정부 관료들은 이바노프의 경악할 만한 실험에 대한 지원을 재검토했다. 실제로 이바노프는 반혁명 활동을 했다는 혐의로 수감되었다. 1930년에 출소하고 얼마 지나지 않아 이바노프는 사망했다. 다행히, 휴먼지나 휴랑우탄 같은 유산은 남기지 않았다.

March

3월

"3월은 신이 술을 마시지 않는 사람들에게
숙취가 무엇인지 보여주기 위해 만든 달이다."

*개리슨 케일러*Garrison Keillor

1일

한순간에 바보가 된 슈퍼맨 탄생의 영웅들

제리 시걸Jerry Siegel과 조 슈스터Joe Shuster는 세계에서 가장 상징적인 초인적 영웅 중 하나인 슈퍼맨을 탄생시켰지만, 그나마도 둘이 나눠야 했던 130달러라는 푼돈에 슈퍼맨을 팔아 넘겼다. 슈퍼맨은 새로운 주인들을 위해 수십억을 벌어들였지만 시걸과 슈스터는 거의 무일푼으로 사망했다. 렉스 루터에 버금가는 기업의 부정행위로 슈퍼맨에 대한 권리를 크립톤 행성에서 낚아채갔기 때문이거나, 자신들의 창작품을 세계에 알리기 위해 필사적이었던 두 젊은 청년의 놀랄 만한 무지함 때문이거나, 둘 중 하나였다.

슈스터를 만나기 전까지 슈퍼맨은 클리블랜드에서 쫓겨난 외로운 낙오자인 시걸의 상상 속에 오래도록 머물러 있었다. 마찬가지로 소외된 공상가 동지였던 슈스터는 힘과 덕을 모두 갖춘 이 별세상 영웅을, 그의 또 다른 자아 클라크 켄트, 그리고 그의 연인 로이스 레인과 함께 생동감 있는 삽화로 살려냈다.

"조와 처음 만났을 때 화학 작용이 제대로 일어나는 것 같았다"며 시걸은 둘이 처음 만났던 순간을 떠올렸다. 문제는, 아무도 관심을 갖지 않았다는 것이다. 슈퍼맨은 6년 동안 줄곧 출판사들에게 거절당하다가 드디어 내셔널 얼라이드 퍼블리케이션스National Allied Publications(디씨 코믹스DC Comics의 전신) 편집자 빈 설리번Vin Sullivan에 의해 1938년 6월 첫 번째 《액션 코믹Action Comics》 표지에 실리게 되었다. 마침내 슈퍼맨은 하늘로 날아올랐지만 시걸과 슈스터는 그 비행을 함께 즐기지 못했다.

1938년 3월 1일, 슈퍼맨이 발매되기 직전 두 젊은이는 자신들이 만든 영웅에 대한 모든 권한을 양도한다는 데 서명하고 말았다. 슈퍼맨을 넘겨주고 받은 130달러짜리 수표에 이름도 잘못 써 가며 말이다(취소된 수표는 2012년 경매에서 16만 달러에 낙찰되었다. 한편 슈퍼맨 만화책 초판본은 극도로 희귀한 것인지라 한 수집가는 2011년 슈퍼맨 초판본에 200만 달러가 넘는 돈을 지불하기도 했다). 대신 10년 동안 출판사 직원처럼 슈퍼맨을 살려둔다는 데는 합의했다. 하지만 그것은 가히 '의사결정 크립토나이트'라 할 만한 엄청난 실수였다. 그 결과 시걸과 슈스터는 자신들의 대표적 캐릭터에 대한 권리를 되찾기 위해 수십 년 동안 법정 다툼을 벌여야 했다. 결국 1970년대에 슈퍼맨 프랜차이즈의 최종 소유자인 워너커뮤니케이션즈Warner Communications는 경제적으로 어려움을 겪고 있는 둘에게 각각 매년 2만 달러의 연금과 의료보험을 제공하기로 했다.

당시 워너 커뮤니케이션즈의 부사장이었던 제이 에멧Jay Emmett은 《뉴욕타임스》와의 인터뷰에서 "법적 의무는 없지만 도덕적 의무는 있다고 생각한다"고 말했다.

조 슈스터는 1992년에, 제리 시걸은 1996년에 사망했다. 그러나 둘의 상속인은 그 후로도 오랫동안 법정 다툼을 이어갔다. 한편 슈퍼맨은 이런 논란에 휘말리지 않고 계속해서 많은 돈을 벌면서 진실과 정의와 미국의 방식을 지키는 데 앞장섰다.

2001년

2일

"신성모독에도 수고가 필요한 법"
부처를 학살한 탈레반

도로 매립을 위한 불도저에 깔려 사라진 벨리즈 마야 사원. 도굴꾼에게 더럽혀진 고대 이집트 미라. 이라크에서 강탈당한 중요한 유물들. 현대 시대에 자행된 문화적 신성모독의 예는 '문명사회'라는 개념에 대한 착각을 불러일으키는 듯하다. 하지만 **2001년 3월 2일** 아프가니스탄에서 발생한 사건만큼 극악무도한 신성모독은 다시 없을 것이다. 이날 탈레반 정권은 세계에서 가장 유려한 두 가지 보물인 바미얀 석불에 대한 공격을 감행했다.

한때 불교 순례지였던 곳의 산비탈을 깎아 만든 두 석상(각각 높이가 53미터와 36미터에 이른다)은 적어도 15세기 동안 그 지역을 내려다보고 있었는데, 탈레반은 단 몇 주 만에 두 석상을 무참히 파괴했다. 파괴를 명령했던 탈레반의 최고 지도자, 물라 모하메드 오마르Mullah Mohammed Omar의 주장은 이러했다. "이 석조상은 신앙이라곤 없는 자들이 신으로 모셨던 우상이다. 알라만이 진정한 신이다."

이 거대한 석조상을 보존해야 한다는 국제 사회의 탄원에도 불구하고 대공포와 대포의 공격이 시작되었고 세계는 그 모습을 경악하며 지켜보았다. 하지만 집중 포화에도 불구하고 부처상은 여전히 서 있었다. "이 파괴 작전이 생각만큼 간단하지 않다. 두 석상이 모두 절벽에 조각되어 있어 폭격으로는 무너지지 않는다. 상이

파괴되기 전 바미얀 석불의 모습.

산의 일부처럼 단단히 고정되어 있다"고 탈레반의 정보부 장관 쿠드라툴라 자말 Qudratullah Jamal은 아쉬워했다. 결국 마지막 수단으로, 전략적으로 배치한 폭발물을 사용해야 했다. 폭발 후 남은 것이라곤 한때 부처상의 보호막이 되어 주었던 텅 빈 공간뿐이었다. "무슬림은 우상을 무너뜨린 것을 자랑스러워해야 한다. 우상 파괴는 신에 대한 찬미다."

하지만 유네스코 사무총장 마츠우라 고이치로松浦晃一郎는 그보다 훨씬 더 적절한 말로 전 세계의 안타까운 마음을 표현했다. "(그것은) 문화에 대한 범죄이다. 아프가니스탄 국민은 물론이고 사실상 전 인류의 유산이라 할 수 있는 문화적 자산을 계획적이고 무차별적으로 파괴하는 모습을 지켜보는 일은 끔찍하다."

2006년

3일

슈워제네거 주지사의 반히스패닉 정책의 이유는 "너무 뜨거워서"

"그녀는 푸에르토리코 사람이거나 아니면 쿠바 사람이나 마찬가지입니다. 그러니까 둘 다 굉장히 뜨거운 국민들이잖아요. 흑인의 피도 흐르고 라틴계의 피도 흘러서 그런 거죠."
_아널드 슈워제네거Arnold Schwarzenegger 주지사의 말

알고 보니 나중에 자신의 사생아를 낳은 것으로 밝혀진 밀드러드 퍼트리샤 바에나Mildred Patricia Baena를 가리킨 게 아니라 **2006년 3월 3일**에 열린 비공개 회의 녹음테이프에서 언급된 캘리포니아 여성 의원 보니 가르시아Bonnie Garcia를 가리킨 것이었다.

4일

치명적일 만큼 어리석고 길었던 취임사

그는 미국 최초의 '만들어진' 후보였다. 버지니아의 한 귀족이 휘그당에 의해 통나무집에 살고 발효된 사과주를 매우 좋아하는 평범한 남자로 둔갑한 것이다. 윌리엄 헨리 해리슨William Henry Harrison이 1812년 전쟁에서 유능한 장군으로 복무했고 원주민 족장 테쿰세Tecumseh의 연합에 반대했다는 공적은 분명했지만, 그 뒤로 수십 년 동안 그를 돋보이게 할 만한 것은 거의 없었다. 사실 그가 대통령 입후보자로 완벽했던 이유도 바로 특별한 점이 없기 때문이었다. 말하자면 휘그당이 원하는 이미지를 마음껏 그릴 수 있는 '하얀 캔버스'와도 같은 인물이었던 것이다. 이렇게 해서 해리슨은 이전에 잘 알려지지 않았던 티피카누 전투의 변경에서 승리한 전설이자 영웅이 되었다. 재임 중인 마틴 밴 뷰런Martin Van Buren 대통령에 맞선 캠페인에서 그가 할 일이라곤 논란이 될 만한 문제를 피하고 입을 함부로 놀리지 않는 것뿐이었다.

해리슨이 함구령을 너무도 철저하게 따랐기 때문에 민주당에서는 그를 '평범한 엄마'로 부르기로 했다. 안타깝게도 이 별칭이 오래가진 않았으니, 부통령 후보 존 타일러John Tyler(〈티피카누와 타일러도Tippecanoe and Tyler, Too〉라는 짤막한 슬로건 송으로 사람들에게 알려졌다)와 함께 밴 뷰런을 가볍게 물리친 후 해리슨은 그동안 참아왔던 말들을 마구 쏟아내며 역사상 가장 길고 지루한 취임사를 남긴 것이다.

얼어붙을 정도로 추운 **1841년 3월 4일**(대통령 임기 시작을 1월 20일로 변경하는 1933년 20차 헌법 개정안이 승인될 때까지 취임식은 3월 4일에 열렸다), 워싱턴에 모인 군중은 해리슨이 다음과 같이 잔뜩 힘을 준 문장으로 취임사를 시작했을 때 그 후 이어질 고문에 대해 어느 정도는 짐작했을 것이다.

"저는 이 위대하고 자유로운 나라를 이끌 최고의 자리를 채우기 위해 제 인생의 남은 기간 동안 계속되리라 생각했던 은퇴 생활을 접고, 헌법에 있는 대통령으로서의 의무를 수행하기 위해 필요한 취임 선서를 하고자 여러 시민들 앞에 섰습니다. 그리고 우리 정부와 여러분이 기대하고 믿는 바에 따라 제가 준수해야 할 원칙들을 요약해서 말씀 드리고자 합니다."

두 시간이 넘도록 이어진 취임사에서 해리슨은 상황에 맞지 않는 고대 로마를 언급하는 등 곳곳에 양념을 뿌렸다. 하지만 그만하길 다행이었다. 해리슨이 대니얼 웹스터Daniel Webster에게 취임사 수정을 맡긴 덕분에 그 길이가 조금은 줄어든 것이다. 실제로 웹스터는 후에 "아무 재미도 없는 열일곱 명의 고대 로마 지방 총독 하나하나"를 자신이 골라냈다고 자랑하듯 이야기했다.

군중에게는 끝나지 않는 시련이었던 것만큼이나 그 취임사는 해리슨에게도 치명적이었던 것으로 밝혀졌다. 외투도 입지 않고 취임사를 한 탓에 감기에 걸렸는데 이것이 폐렴으로 발전해 재임 중 한 달 만에 사망한 최초의 미국 대통령이 된 것이다. 말 그대로 지루해서 죽을 지경에 이른 것이다.

5일

기념비의 탄생을 망친 기념비적 편견

오늘날에는 훌륭한 석조 오벨리스크로 인정받고 있는 워싱턴 기념탑도 1854년에는 그루터기에 지나지 않았다. '아메리칸 파티American Party' 또는 다른 이름으로 '아무것도 모르는 자들Know-Nothings'이라 불리는 반가톨릭, 반이민자 정치 선동 집단의 조치 덕분에 20년이 넘도록 그런 식으로 남아 있었다.

문제는 교황 비오 9세가 로만 포룸Roman Forum의 콩코드 사원 유적지에서 가져온 검정 대리석을 기념식에서 기부하면서 시작되었다. 다른 많은 주와 조직 또한 건설에 힘을 보태기 위해 명문이 새겨진 판돌을 제공했지만 '아무것도 모르는 자들'은 교황의 선물을 가톨릭 이민자의 대거 유입을 통해 미국을 지배하려는 바티칸의 의도가 담긴 혐오스러운 선언으로 보았다.

교황의 이른바 '모욕'에 분개한 아무것도 모르는 자들의 한 패거리가 **1854년 3월 5일** 늦은 시각 공사 현장에 나타나 경비병을 제압하고 바티칸의 돌을 탈취했다. 전해지는 이야기에 따르면 패거리는 획득한 전리품을 조금씩 조각 내 포토맥강에 던졌다. 어떤 일이 일어났든지 간에 교황의 선물은 다시 보이지 않았다. 이 뻔뻔한 도둑질로도 성이 차지 않은 아무것도 모르는 자들은 그 후 부정 선거를 통해 워싱턴국가기념물협회를 장악했고 건설 현장을 넘겨받았다. 하지만 그리 오래 가진 못했다. 내부 대리석을 몇 층밖에

쌓지 못했는데(그나마도 나중에 교체해야 했다) 간담이 서늘해진 한 의원이 프로젝트 자금 지원을 전면 중단한 것이다.

공사가 중단되고 10년이 넘도록 마무리되지 못한 기념탑을 보고 마크 트웨인Mark Twain은 "어느 누구의 세속적인 용도로도 쓰이지 못하고 장식용으로도 전혀 쓸모가 없는 … 볼품없고 오래된 굴뚝"이라면서 "그저 평범한 크기와 모양에 위엄이라곤 사탕수수 압착기 굴뚝보다 나을 게 없는 … 흉물이다. 폭파시키든지 계속 올려서 완성하든지 해야 한다"고 썼다.

그 후 아무것도 모르는 자들이 소멸되고 한참이 지난 1877년에 와서야 비로소 워싱턴 기념탑에 대한 작업이 재개되었다. 워싱턴 기념탑은 1884년에 마침내 완공되어 세계에서 가장 높은 독립된 석조 구조물로 우뚝 서게 되었다. 하지만 아무것도 모르는 자들의 유산임을 보여주는 증거가 여전히 뚜렷하게 남아 있으니, 오벨리스크 외부에 선명하게 남은 대리석 음영이 그것이다. 많은 세월이 흘러 기념탑 건설이 재개되었을 때는 건설의 첫 단계에서 사용된 돌을 더 이상 구할 수가 없었던 것이다.

1835년

6일

화재로 시험에 든 철학자와 역사학자의 우정

잉글랜드 철학자 존 스튜어트 밀John Stuart Mill은 **1835년 3월 6일** 저녁 몹시도 고통스러운 임무에 직면했다. 아량이 아무리 넓은 사람이라도 용서해줄 수 있을지 확신할 수 없을 만큼 통탄할 만한 충격적인 소식을 친구에게 전해야 했던 것이다. 새까맣게 불에 탄 원고의 남은 부분을 손에 쥐고, 후에 칼라일이 기록한 바에 의하면, "헥터의 유령처럼 창백한" 얼굴을 하고 그는 런던의 칼라일 집에 도착했다. 그 원고는 토머스 칼라일Thomas Carlyle이 맡긴 프랑스 혁명의 역사를 무게 있게 적은 유일한 기록물이었다.

절망에 빠진 밀은 떨리는 목소리로 하녀가 불을 붙이다가 실수로 원고를 태워버리고 말았다고 설명했다. 칼라일에게 그 원고는 셀 수 없이 많은 시간의 고통스러운 노동이 담긴 결과물이었으나 긴 밤 친구를 위로해야 하는 일이 그에게 남겨졌다. "이 불쌍한 친구가 크게 상심하고 있어. 이번 일이 우리에게 얼마나 중요한 일이었는지는 되도록 드러내지 않도록 하지." 자신의 실수를 창피해 하는 철학자 친구를 떠나보낸 뒤 칼라일이 아내에게 남긴 말이었다.

말할 것도 없이, 다음 날 칼라일은 밀에게 너그러움이 넘치는 전갈을 보냈다. "지난 밤 집을 나서는 자네의 얼굴이 쉬이 잊히지가 않네. 자네의 상심을 덜어주기 위해 내가 할 수 있는 일이 있을까? 아니면 듣고 싶은 말이라도? 내가 대신 겪어줄 일이라도? 자네가 나보다 훨씬 더 비통할 텐데……. 힘내게, 친구!"

잃어버린 원고에 대한 후한 보상을 제안하겠다는 밀의 전갈이 칼라일의 전갈과 엇갈려 전달됐다. 칼라일은 제안을 고맙게 받아들였지만 원고를 다시 작성해야 하는 상상할 수도 없는 작업은 여전히 남아 있었다. 아무리 생각해도 원고를 다시 쓴다는 것은 불가능했다. "기억은 하지만 그렇게 고생하면서 쓴 내용을 완벽하게 기억할 수는 없어. 이미 끝났어"라며 그는 한탄했다. 그가 이미 없애버린 메모도 마찬가지였다.

그럼에도 불구하고 칼라일은 서서히 나아갔다. "지금껏 해야 했던 그 어떤 일보다 부담이 크고 맥이 빠지는 일임은 분명"하다고 칼라일은 남동생에게 이야기했다. 그리고 마침내 "가슴에서 불꽃처럼 솟구치는" 영감이 떠올랐을 때 토머스 칼라일은 영국 문학사상 가장 위대한 작품 중 하나인《프랑스 혁명사The French Revolution: A History》를 완성했고, 예상했겠지만 존 스튜어트 밀은 3권으로 이뤄진 이 대작에 대해 아낌없이 극찬하는 서평을 써주었다.

1997년

7일

"그 많던 소시지가 다 어디로 갔지?"

어쩌면 하인리히 크레이머Heinrich Kramer가 그렇게 미친 것은 아니었는지도 모른다. 이 15세기 종교 재판관은 마녀의 세계를 안내하는 권위 있는 입문서인《마녀를 심판하는 망치Hammer of the Witches》(12월 5일 참고)에서 사탄과 작당하여 악을 행하는 자는 남자의 중요 부위가 사라지게 만들 수도 있다고 경고했다.

그로부터 5세기가 지나 마법에 대한 믿음이 여전히 강하게 살아 있는 수많은 서부 아프리카 국가에서 '남근 탈취'가 급속히 확산되었다. 다행히 아이보리연안 사람들은 가나에서 남근 탈취 사건(이라고 들은 것)이 빈발하고 있다는 소식을 듣고 미리 적절한 조치를 취했다. **1997년 3월 7일**, 결국 쿠마시Koumassi에서 한 주술사가 불에 타 죽고 포르부에Port Bouet에서는 또 다른 주술사가 맞아 죽는 사건이 일어났다. 안타깝지만 이 같은 보복도 생식기 절도 소문이 인근 국가 베냉으로까지 퍼져나가는 것을 막지 못했다. 공포에 질린 현지 주민들은 휘발유와 성냥, 마법의 묘약으로 무장을 하고 위협에 대비하고 있었다. '그것'을 도둑질할 것으로 보이는 주술사들이 더 죽임을 당했고 그 결과 많은 남자들이 음경을 지킬 수 있었다. 적어도 그 해 여름, 세네갈에서 다시 문제가 튀어나오기 전까지는 말이다(전염성이 강한 공포에 질린 남성들이 자신의 성기가 사라진다고 믿는 '코로koro'라는 심리적 증후군이 실제로 존재한다).

1702년

8일

두더지가 왕을 굴복시키다

잉글랜드의 윌리엄 3세라는 역사적 인물에게는 두더지가 파 놓은 흙더미가 여느 산보다 훨씬 더 많은 의미를 지니고 있었다. 실제로 이 왕은 말이 두더지 흙더미에 걸려 넘어지면서 생긴 상처로 **1702년 3월 8일** 사망했다. 이에 윌리엄의 정적들은 치명적 흙더미를 만들어 놓고선 좀처럼 나오지 않는 이 '벨벳을 입은 작은 신사'에게 경의를 표하며 축배를 들었다.

1974년

9일

"우린 29년 전에 졌어, 집에 와서 컬러 TV를 보라고"

한 번도 방송 앞에 선 적이 없는 황제가 뼈아픈 패배 후 "견딜 수 없는 것을 견디고 참을 수 없는 것을 참으라"고 명령하며 대부분의 일본 국민에게 절망적인 굴욕을 안겨 주었던 1945년 8월 15일, 패배 소식이 오노다 히로小野田寬郎에게만은 바로 전해지지 않았다. 실제로 이 충성스러운 병사는 제2차 세계대전에서 일본이 무조건 항복했다는 사실을 모르고 **1974년 3월 9일** 전 지휘관이 나타나 전쟁이 진짜로 끝났다고 확인시켜주던 그 끔찍한 날이 그에게 찾아오기 전까지 30년 가까이 필리핀에서 게릴라전을 벌이고 있었다. 히로는 자신의 저서 《항복은 없다No Surrender》에서 이렇게 회고했다. "갑자기 사방이 깜깜해졌다. 내 안에서 폭풍이 일었다. (전 사령관을 만나기 위해) 여기까지 오는 길에 그토록 긴장하고 조심스러웠던 내가 바보 같았다. … 최악은, 그 오랜 세월 동안 나는 무엇을 하고 있었단 말인가, 하는 것이다."

1962년

10일

에디 피셔,
〈클레오파트라〉에게서 업보를 얻다

장편 서사 영화 〈클레오파트라Cleopatra〉 촬영 차 떠난 로마에서 시작된 엘리자베스 테일러Elizabeth Taylor와 그녀의 다섯 번째(그리고 여섯 번째) 남편이 될 리처드 버튼Richard Burton과의 흥미진진한 연애 사건은 네 번째 남편 에디 피셔Eddie Fisher의 얼굴에 계란을 익힐 수 있을 만큼 뜨거웠다. 더 이상 테일러의 심장을 뛰게 하지 못해 멀어져 가던 피셔는 1962년 겨울 예고 없이 촬영장을 찾았다가 아내의 불륜 현장을 목격했다.

"내가 언제 간다고 전갈을 보냈어도 크게 달라지진 않았을 겁니다. 손은 말할 것도 없고 눈도 서로 떼지 못했으니까요." 피셔가 당시 상황을 떠올리며 말했다.

전부인 데비 레이놀즈Debbie Reynolds가 자신을 버리고 테일러에게 간 남편을 보며 느꼈던 것만큼의 치욕적인 배반이었지만 바람난 아내를 둔 한물간 가수가 할 수 있는 일은 아무것도 없었다. 테일러에게 생일 선물로 사다 준 다이아몬드도 도움이 되지 않았고 그녀의 머리를 향해 겨눈 총도 도움이 되지 않았다. 이제 버튼의 득의양양한 얼굴에 비치는 격렬한 정사를 비밀에 부쳐 외관상의 자존심이나마 지키는 방법밖에 없었다. 안타깝게도 그 점에 있어서도 피셔는 성공하지 못했다.

3월 10일 할리우드 가십 칼럼니스트 루엘라 파슨스Louella Parsons 는 이렇게 썼다. "사실이다. 엘리자베스 테일러와 리처드 버튼이 미친 듯이 사랑에 빠졌다. 엘리자베스 테일러와 에디 피셔 부부가 한계에 이르렀다."

피셔는 그날 보도를 부인했지만 뉴욕으로 가기 위해 로마에서 출발한 지 얼마 되지 않아 암페타민 과다 복용으로 입원했다. 병원에서 퇴원한 피셔는 마지막으로 공개석상에 나와 버튼이 'Le Scandale'이라고 부르던 사건을 부인했다.

"엘리자베스 테일러와 리처드 버튼 사이의 유일한 로맨스는 클레오파트라와 마르쿠스 안토니우스 사이의 로맨스뿐입니다. 아주 강력한 로맨스라고 할 수도 있겠네요." 피셔가 모인 기자들에게 말했다. 기자회견이 한창인 그때 로마에 있는 테일러에게서 전화가 걸려왔다. 피셔가 일찍이 자신이 부인하는 내용을 확인해 달라고 테일러에게 부탁을 했던 것이다. 하지만 테일러는 소문을 가라앉히길 거부했다. 당황한 피셔는 말했다. "아시죠. 여자들은 부탁을 들어주는 법이 없잖아요."

11일

인류 역사상 가장 건방진 아이

네로와 칼리굴라처럼 악명 높은 전임자를 살펴보면 한낱 소년이 이들과 맞먹는 부패를 저지를 수 있다는 것은 말도 안 되는 일 같다. 하지만 로마 황제 엘라가발루스는 겨우 14세였던 218년에 황제의 자리에 올라 4년을 통치하면서 용케도 그런 일을 해냈다.

이 10대 황제가 신하들과 소원해졌던 것은 어쩌면 베스타를 섬기는 처녀와의 강제 결혼을 포함한 다섯 차례의 결혼 때문인지도 모른다. 혹은 수많은 남자친구들 때문일 수도 있고, 매춘부 복장 도착증 때문일 수도 있으며, 어쩌면 복장 도착이 있는 것처럼 행동했기 때문일 수도 있다. 또는 잠든 사람들의 침실에 야생동물을 놓아둔다든지 사람들이 앉는 의자에 방귀 소리가 나는 장난감 쿠션을 놓아둔다든지 하는 황제의 '기묘한' 유머 감각을 사람들이 그저 이해하지 못했기 때문일 수도 있다. 어떤 경우가 됐든 엘라가발루스는 불행한 운명을 피할 수 없었다. 실제로 그는 너무나 인기가 없었던 나머지 할머니조차도 등을 돌리고 손자의 암살 계획을 도왔을 정도다.

222년 3월 11일, 18세가 된 황제는 실제 능력보다 더 인정받고 있는 게 아닌가 싶던 사촌 알렉산데르와 함께 공개석상에 모습을 드러냈다. 황제의 의심은 사실로 드러났다. 병사들이 엘라가발루스는 완전히 무시한 채 알렉산데르에게 환호하기 시작한 것이다.

엘라가발루스의 꽃잎을 퍼붓는 사치스러운 퍼포먼스를 묘사한
로렌스 알마 타데마Lawrence Alma-Tadema의 작품.

뻔뻔한 불복종 행위에 화가 난 황제는 병사들 전원을 사형에 처하라고 명령했다. 하지만 사형에 처해진 것은 다름 아닌 황제 자신이었다. 고대 작가 카시우스 디오Cassius Dio는 엘라가발루스에 대한 잔혹한 심판의 기록을 다음과 같이 세세하게 남겼다. "황제를 끌어안고 떨어지지 않던 황제의 어머니도 함께 목숨을 잃었다. 두 사람의 머리는 잘려나갔고 몸은 발가벗겨져 도시 곳곳으로 끌려 다녔다. 그 후 어머니의 몸은 어딘가에 버려지고 황제의 몸은 테베레 강에 던져졌다."

1951년

12일

국가를 팔아넘긴 스파이, 가족을 팔아넘긴 스파이

에설 로젠버그Ethel Rosenberg는 1940년대에 소련에 미국을 팔아넘기면서 분명히 남편인 줄리어스Julius와 공모했을 것이다. 하지만 정부는 이를 입증할 만한 증거가 너무 없었다. 그러니까 로젠버그의 남동생이자 자백한 핵무기 스파이인 데이비드 그린글래스David Greenglass가 재판에서 자신의 누나를 싱싱 형무소의 전기의자로 곧장 보내버린 위증을 하기 전까지는 말이다.

뉴멕시코 로스알라모스에서 비교적 낮은 직위의 군 정비공으로 맨해튼 프로젝트Manhattan Project(제2차 세계대전 중에 미국에서 진행한 핵폭탄 개발 프로그램)에 참여하고 있던 그린글래스는 기밀을 흘리고 이를 인정한 터라 누나에게 불리한 증언을 할 때 많은 것이 걸려 있었다. 범죄로 기소됐지만 아직 판결은 나지 않은 상태였다. 그린글래스 앞에서 관용이 달랑거리고 있었다. 그의 아내이자 공모자인 루스Ruth도 마찬가지였다. 사실, 그린글래스가 협조를 약속한 대가로 아내는 아직 자유의 몸이었다. 하지만 당국은 확실한 보답으로 에설 로젠버그를 원했다. **1951년 3월 12일**, 증언 둘째 날, 데이비드 그린글래스는 자신의 누나를 접시에 담아 당국에 바쳤다.

그 전까지는 에설이 불법적인 일을 했음을 가리킬 만한 게 거의 없었다. 그렇다. 에설은 공산당에서 활동하는 당원이었고 논리적으로 봤을 때 적어도 남편 줄리어스의 간첩 활동을 알고 있어야만 했다. 하지만 소련의 통신을 비밀리에 가로채 해독해 보아도(후에 베노나 프로젝트Venona project로 밝혀졌다) 그녀가 소련에 협조했다는 명시적인 흔적은 나오지 않았다. "(사법) 당국은 에설 로젠버그를 기소할 만한 충분한 증거가 있는 것 같지 않다고 충고했다"고 FBI의 윌리엄 웰런William Whelan은 언급했다. 하지만 어쨌든 에설은 체포되었다. 주요 소련 스파이인 줄리어스 로젠버그가 더 많은 스파이의 이름을 불도록 압박하기 위해서였다.

하지만 에설도, 줄리어스도 협조하지 않았기 때문에 이제는 에설이 유죄 판결을 받도록 하는 것이 중요했다. 당국에게는 다행스럽게도, 여전히 자유의 몸으로 활보하던 루스 그린글래스가 재판에 앞서 갑작스럽게 전에 잊어버리고 언급하지 않았던 사실 하나를 기억해냈다. 데이비드 그린글래스가 로스알라모스에서 알게 된 것을 타이핑해서 기록과 요약으로 남긴 사람이 시누이인 에설이라는 것이었다. 검찰 측은 이제 소위 말하는 '스모킹 건'을 쥐게 되었다. 데이비드는 얼굴에 역겨운 미소를 띠고 증언대에 서서 루스가 말한 내용을 그대로 읊었다. 그런데 아뿔싸, 그건 거짓말이었다.

검사장 어빙 세이폴Irving Saypol은 최후 진술 중에 그린글래스의 거짓 증언을 극적으로 잘 이용했다. "소련에 전달하기로 되어 있던 원자폭탄에 관해 설명하는 이 기록을 피고인 에설 로젠버그가 타이핑했던 것입니다. … 타자기 앞에 앉아 소련에 득이 되고 조국에 해가 되는 정보들을 하나하나 정성스럽게 타이핑해 나갔던 수 없이 많은 다른 순간들처럼 말입니다."

2년 후, 모든 항소에서 패하고 대통령 사면까지 거부된 에설 로 젠버그는 남편과 함께 1953년 6월 19일 싱싱에서 처형되었다. 누이를 전기의자로 보낸 동생은 15년형 선고를 받았지만 아내가 한 순간도 철창신세를 지지 않았다는 데 기뻐했다. 그는 10년 후 출소해 신분을 감췄지만 비열한 배신자라는 꼬리표는 사라지지 않았다.

"저는 더 이상 '누나'라는 말을 쓰지 않습니다. 그냥 마음에서 지워버렸어요." 몇 년 후 그린글래스는 저널리스트 샘 로버츠Sam Roberts와의 인터뷰에서 이렇게 말하면서 자신이 에설에 대해 거짓말을 했다는 사실도 인정했다.

13일

도망가는 황제, 도망가는 운

그들은 그에게 반복해서 총격을 가했고 그의 기차 아래 폭탄을 심었으며 심지어 상트페테르부르크 겨울 궁전의 식당을 날려버리기도 했다. 그런데도 테러리스트들은 러시아의 알렉산드르 2세를 죽일 수 없었다. 무자비한 암살 시도로 신경에 끔찍한 손상을 입혔는데도 불구하고 말이다. "죽을 때까지 쫓아다닐 만큼 내가 지독한 야수 같은가?" 또 한 번의 암살이 실패로 끝난 후 충격을 받은 황제는 울부짖었다. 안타깝게도 그의 물음에 대한 대답은 '그렇다'였다.

1881년 3월 13일, 암살자들의 운이 바뀌게 된다. 알렉산드르가 마차를 타고 상트페테르부르크 거리를 이동 중일 때 한 청년이 마차에 폭탄을 던졌다. 폭탄이 터지면서 행인 여럿이 목숨을 잃거나 불구가 되었지만 황제는 다치지 않았다. 하지만 암살자가 될 뻔한 청년과 피해를 확인하려고 일어난 황제가 토막 난 마차에서 내리는 순간 두 번째 암살자가 또 다시 폭탄을 던졌다. 이번에는 명중이었다. 오랜 세월 고통 속에서 살아온 러시아의 농노를 해방시켜 '자유를 준 황제Tsar-Liberator'로 알려져 있던 알렉산드르 2세는 양다리를 완전히 못쓰게 되어 겨울 궁전으로 옮겨졌고, 그곳에서 과다출혈로 사망했다.

1899년

14일

자기 팀을 벤치로 불러들인 구단 소유주

크리스 본 더 아헤Chris von der Ahe는 진정한 원조 야구팬 중 한 사람이었다. 참견 많은 세인트루이스 브라운스(카디널스의 전신) 구단 소유주로 자신의 야구장 바깥에 직접 세운 자기 동상만큼이나 대담한 쇼맨십을 갖춘 야구밖에 모르는 인물이었다. "내가 프라운스의 싸장이야!" 그는 독어 악센트가 강하게 남아 있는 영어로 자랑스럽게 외치곤 했다. 하지만 슬프게도 수많은 채권자가 세인트루이스 법원 청사 계단에서 팀을 경매에 내놓으라고 압박하는 바람에 1899년 3월 14일 그토록 아끼는 '프라운스'를 잃고 말았다. 후에 찰스 코미스키Charles Comiskey가 "야구 역사상 가장 위대한 인물"이라고 칭송한 이 싹싹한 소유주는 슬픔을 가눌 수가 없었다. 하지만 브라운스의 매각이 그에게 안겨준 절망은 라이벌인 클리블랜드 스파이더스가 느낀 절망에 비하면 절반에도 미치지 못하는 것이었다.

브라운스는 독점 매각 방식(당시에는 완벽하게 합법이었다)을 통해 마침 스파이더스 구단도 소유하고 있던 프랭크 드 하스 로비슨 Frank De Haas Robison에게 넘어갔다. 스파이더스는 후에 명예의 전당에 오른 사이 영Cy Young을 포함해 훌륭한 선수들이 뛰고 있는 꽤 괜찮은 팀이었다. 스파이더스의 유일한 문제는 성의가 없는 클리블랜드 팬과 이들의 저조한 경기 참석률이었다. 이들은 로비슨을 싫어했고 당연히 로비슨도 이들을 혐오했다. 브라운스의 상황은 정반대였다. 경기에 패해도 열정적인 응원을 보내주는 팬들이 있었다. 로비슨은 문제 해결을 위해 영을 포함해 스파이더스 최고의 선수들을 골라 세인트루이스로 옮겼는데, 이는 클리블랜드가 결코 회복하지 못할 작전이었다. 실제로 스파이더스는 1899년 시즌에서 야구 역사상 최악의 실적을 기록한 팀으로 떠올랐다(스파이더스는 시즌 후반을 인정 없는 '팬들'을 피해 도로에서 시간을 보낼 정도로 애처로웠다. 기자단에서는 궁지에 몰린 스파이더스를 "부적응자들", "유랑자들", "버림받은 자들", "자투리들", "따돌림 당한 자들", "표류자들", "방황하는 남자들", "떠돌이들", "꼬리다리들", "노숙자들" 등으로 부르며 선수들을 더욱 처량하게 만들었다).

15일

정말로 조심할 것,
두 번의 3월 15일과 두 명의 황제

"3월 15일을 조심하라."

_《줄리어스 시저Julius Caesar》, 1막 2장

셰익스피어의 불멸의 작품 덕분에 시저는 **기원전 44년에 운명을 다한 그 날**로 많은 관심을 받고 있다. 분명 그는 브루투스에게 배신당해 로마 원로원에서 칼에 찔려 사망했지만, 러시아의 니콜라이 2세에게도 3월 15일은 소풍날이 아니었다. 20년이 넘는 격동의 통치가 끝나고 식량 부족과 제1차 세계대전 패배에 대한 불만의 만연으로 촉발된 대규모 혁명이 정점으로 치달으며 황제는 **1917년 3월 15일** 왕위에서 물러나야 했다. 이렇게 해서 니콜라이는 수 세기를 이어온 왕조의 마지막 황제로 기록되었다(이듬해인 1918년 7월 17일, 젊은 시절 할아버지인 알렉산드르 2세가 발아래에서 폭탄이 터지며 과다출혈로 사망하는 장면을 목격했던 이 폐위된 군주는 시베리아의 예카테린부르크를 벗어나자마자 볼셰비키에 의해 전 일가와 함께 살해당했다).

1861년

16일

남부연합 가입에 맞선 텍사스 주지사 최후의 저항

샘 휴스턴Sam Houston은 멕시코에서 텍사스를 독립시키기 위해 용감하게 싸운 인물로, 텍사스 공화국 대통령을 두 번 역임하고 남북전쟁 당시 텍사스를 북군에 교묘히 편입시켰으며 텍사스를 대표하는 상원의원을 지냈고 그 후 텍사스 주지사가 되었다. 여러 모로 보아 샘 휴스턴은 그 자체가 텍사스였다. 하지만 **1861년 3월 16일**, 텍사스 주민들이 그를 공격하는 일이 벌어졌다.

1860년 에이브러햄 링컨이 당선된 이후 텍사스의 남부연합 가입을 향한 움직임이 있었다. 휴스턴은 이 움직임에 격렬하게 반대했다. 노예해방론자의 감정 때문이거나(휴스턴 본인도 노예를 소유하고 있었다) 텍사스의 권리에 대한 모순된 감정 때문이 아니라 그저 분리독립을 포기했다가는 돌이킬 수 없는 재앙을 맞게 될 것이라는 믿음 때문이었다. 그러나 아무도 그의 말을 듣지 않았다.

사실 휴스턴 주지사의 반대 의견은 묵살되었을 뿐 아니라 그보다 훨씬 더 강한 세력에 의해 적극적으로 회피되었다. 1861년 2월 1일, 불법으로 개최된 한 대표 협의회는 텍사스를 북군에서 분리하겠다고 선언했다. 나중에 실시된 주민투표에서도 분리 쪽 표가 많았다. 이제 휴스턴은 결정을 공식적으로 인정하고 남군에 충성을 맹세하느냐 결과에 맞서느냐의 갈림길에 섰다.

3월 16일 아침, 그 전날 고통스러운 밤을 보낸 주지사는 마침내 결정을 내렸다. "마거릿, 나는 결코 이번 결정을 받아들일 수 없소." 휴스턴은 아내에게 이렇게 말하고는 의사당으로 출근해 자신의 사무실에 자리를 잡고 앉아 심난한 마음을 달래기 위해 나무를 잘게 조각내는 데 몰두하면서 곧 있을 추방과 불명예를 기다렸다.

이날 인정사정없이 공직에서 퇴출당하기 전 휴스턴은 텍사스 주민들에게 보내는 메시지를 준비했다. "친애하는 텍사스 주민 여러분, 저는 무참히 짓밟혀버린 여러분의 권리와 자유의 이름으로 이 (남부연합 가입) 맹세를 받아들이지 않겠습니다. … (그러나) 저는 텍사스를 너무나 사랑하기에 갈등과 유혈 사태를 일으킬 수는 없습니다. 저는 텍사스 대통령이라는 자리를 유지하기 위한 어떠한 노력도 하지 않겠습니다. … 제가 … 고통 받는 이유는 제가 싸워온 그러한 원칙들을 포기하지 않을 것이기 때문입니다. … 가장 극심한 고통은 이 타격이 텍사스 주라는 이름으로 들어온다는 것입니다."

1990년

17일

흥분의 도가니에서 벌어진 심판의 아찔한 반칙

"천둥과 번개"라 일컬어진 경기였다. **1990년 3월 17일**은 우열을 가리기 힘든 무패 전적의 세계 챔피언 홀리오 세자르 차베스 Julio César Chávez와 멜드릭 테일러Meldrick Taylor 간의 라이트 웰터급 최종 결전의 날이었다. 차베스가 천둥을 가득 실어 펀치를 날리면 테일러는 번개와 같은 아찔한 속도로 빠르게 주먹을 휘둘렀다. 득점에서 우세한 쪽은 테일러였지만 차베스의 지칠 줄 모르는 공격은 테일러를 완전히 무너뜨리기 직전이었다. 그렇게 12회전이 시작되었고 이미 흥분 가득한 경기는 역사적인 사건으로 기록되기에 이르렀다. 예의 천둥이냐 번개냐의 문제 때문이 아니라 최악의 타이밍 감각을 가진 리처드 스틸Richard Steele 심판 때문이었다.

차베스가 경기에 이기려면 KO가 필요했지만 테일러는 12회전을 무사히 살아남기만 하면 됐다. 하지만 테일러의 코너에서는 안전한 경기보다는 공격적 경기를 주문했다. 이미 심하게 얻어맞아 피를 흘리면서도 테일러는 코너의 말에 따라 강하게 나갔다. 바로 그때 차베스가 라이트로 일격을 가했고 테일러는 링 한쪽 모퉁이에 쓰러졌다. 테일러는 바로 일어섰지만 너무 어지러웠는지 스틸의 질문에 제대로 대답하지 못했다. 바로 그때 스틸은 많은 사람들이 테일러가 정당한 영광을 도둑맞았다고 말하는 결정을 내렸다. 바로 겨우 2초를 남기고 경기를 중단시켜버린 것이다.

1990년

18일

대담하기 그지없는 보스턴 박물관 강도 사건

그렇다. 1911년 루브르 박물관에서 〈모나리자Mona Lisa〉를 도둑
맞은 일은 확실히 불행한 사건이었다. 다행히 도둑(후에 박물관 직원으
로 밝혀졌다)이 훔쳐간 레오나르도 다빈치의 수수께끼 여인은 2년 동
안 트렁크에 숨겨져 있다가 다시 루브르 박물관의 자기 자리로 돌
아왔다. 그러나 보스턴의 이사벨라 스튜어트 가드너 박물관Isabella
Stewart Gardner Museum에서 탈취된 가격을 매길 수 없는 그림과 다른
미술 작품은 (아직?) 그러한 해피엔딩을 맞이하지 못했다. 개인 소장
품 절도로는 미국 역사상 가장 큰 규모의 절도 사건이었다.

1990년 3월 18일 자정 직후, 보스턴 경찰관으로 위장한 두 명의
도둑이 박물관에 나타나 인터폰으로 소란 신고를 받고 왔다고 알
렸다. 취해 있기 일쑤였던 경비원은 서둘러 둘을 들여보냈다. 첫
번째 방어선을 성공적으로 무너뜨린 뒤 도둑은 두 번째 경비원과
마주쳤다. 둘은 예전에 구속 영장을 집행할 때 본 적이 있다면서
그를 아는 척하고 책상에서 물러서라고 말했다. 그는 그대로 했다.
비상벨을 울릴 생각은 하지도 못했다. 이제 침입자들에겐 거리낄
것이 없었다.

두 도둑은 두 경비병을 지하실 파이프에 묶어서 수갑으로 채
운 후 보물이 가득한 박물관의 전시실 곳곳을 누비며 렘브란트
Rembrandt, 페르메이르Vermeer, 마네Manet, 드가Degas의 작품을 액자에

10만 달러의 현상금이 걸린
나폴레옹 깃대의 독수리 장식.

서 떼어내기 시작했다. 그뿐 아니라 아름다운 중국 화병과 나폴레옹 시대 실크 깃발의 깃대 끝에 달린 장식도 쓸어갔다. FBI가 수많은 유력한 단서들을 쫓았지만 걸작들은 아직까지 행방이 묘연하다.

소설가 존 업다이크John Updike는 도난당한 그림을 두고 한 시에서 이렇게 말했다. "예술을 사랑하는 이들의 흥분과 기쁨이 가득한 얼굴이 아닌, 매터팬Mattapan 어딘가의 창고에 처박혀 자신들을 둘러싸고 있는 정육점 고기 포장지 뒷면이나 바라보고 있자니 예술 작품들이 얼마나 지루할지 생각해 보라." 한때 걸작이 차지하고 있던 빈 액자는 현재 막대한 손실을 되새기기 위한 슬픈 경종의 의미로, 그리고 결국엔 작품들이 자신의 자리로 돌아와야 한다는 희망을 담아, 원래의 전시 장소에 그대로 걸려 있다.

1919년

19일

엉큼한 군인을 색출하려는 엉큼한 수사

그 당시, 적어도 미 해군악대에게는 그것이 그토록 멋진 아이디어로 보였다. 일부 선원들이 마을 여인들과 부적절하게 어울리고 있을 뿐 아니라 서로 간에도 부적절한 관계를 맺고 있다는 소문이 로드아일랜드 뉴포트 해군 기지에 파다했다. 특별 조사 위원회가 열렸고 **1919년 3월 19일**, "노련한 조사관으로 구성된 위원회에 의해 … 가장 철저하고 엄중한 수사"가 진행되도록 정부가 "필요한 모든 비용과 시간"을 쏟아야 한다는 결론이 내려졌다. 그렇다면 이 용감무쌍한 진상조사원은 누가 되어야 했을까? 당연히 사건에 연루되지 않은 선원들이 되어야 했다. 조사단장의 말처럼, "변태와 관련하여, 이런 부류의 일에는" 19세에서 24세 사이의 "잘생긴 남자"가 제격일 터였다.

그러나 함정 수사를 위해 모집된 젊은 남자들이 게이 지하 조직에 잠입해 말 안 듣는 동료들을 찾아내는 것만으로는 충분하지 않았다. 그래서 목표를 발견하면 실제로 친밀한 관계를 맺어 확실한 증거를 가져오라는 지시가 내려졌다. 해군 차관보(이자 미래의 미국 대통령) 프랭클린 D. 루스벨트가 수사 계획에 서명한 후, 젊은 작전 요원들은 애국심을 불태우며 임무를 수행하러 나섰다. 수사망에 걸린 선원들은 비밀 요원들의 민망한 증언과 함께 군법회의에 회부되었다.

함정 수사에 성공한 해군은 뉴포트 시민들에게까지 덫을 놓았다. 하지만 그때 문제가 터졌다. 뉴포트의 한 인기 성직자가 체포되는 바람에 그의 친구들과 지지자들이 우드로 윌슨Woodrow Wilson 대통령에게 분노의 서신을 보낸 것이다. 서신의 내용은《프로비던스 저널Providence Journal》에도 실렸다.

"그처럼 사악한 방법은 필시 이 임무를 부여 받은 불운한 청년들의 인격을 깎아 내리고 사기를 꺾을 것이며, 이 공동체의 어느 시민도 의심과 중상으로부터 보호받지 못할 것이며, 이 도시를 부당한 비난의 대상으로 내몰 것이며, 해군 사령부의 지혜와 진정성에 대한 사람들의 믿음을 흔들 것임을 생각이 있는 사람이라면 누구나 똑똑히 알 것입니다."

여러 차례의 공식 청문회가 이어졌고 결국 상원 조사까지 있었다. 이번에 십자포화를 받은 것은 동성애자 선원들이 아니라 이들을 뿌리 뽑기 위해 상관들이 사용한 방법이었다. 조사위원회가 "가장 개탄스럽고 수치스럽고 비정상적인 행위들"이라고 표현한 일(《뉴욕타임스》가〈해군 성 추문 사건의 책임자 루스벨트… 자세한 설명은 인쇄하기 부적절〉이라는 요란한 제목의 기사에서 내린 결론이기도 했다)에 동조한 루스벨트는 신랄한 비난을 받아야 했다.

1966년

20일

행방불명이 되어버린 월드컵 최초의 트로피

1966년 3월 20일, 영국은 국가적 자존심에 극심한 상처를 입었다. 계속되는 패배로 입은 상처만큼은 아니었지만 그에 버금갈 만한 상처였다. 이날 오전 11시에서 정오 사이의 어느 시점에, 런던 웨스트민스터 중앙 홀에 안전하게 전시되어 있어야 할 귀중한 쥘리메컵Jules Rimet Trophy이 도난당했다. 쥘리메컵은 월드컵 승자에게 수여하는 최초의 트로피였다. 축구계는 그 해 여름 월드컵을 주최하기로 되어 있는 영국이 소중한 트로피를 부주의하게 관리하는 모습을 보고 경악을 금치 못했다.

"브라질에서는 일어나지 않았을 일이다. 브라질은 도둑조차도 축구를 사랑하기 때문에 이런 신성모독은 저지르지 않는다"고 챔피언브라질연맹의 아브레인 테벨Abrain Tebel은 선언했다.

다행히 트로피는 일주일 후 발견됐다. '피클스'라는 개가 주인과 산책하다 우연히 트로피의 냄새를 맡고 찾아낸 것이다. 영국의 상처 입은 이미지를 우연한 기회로 구원해 준 피클스는 국가적 영웅이 되었다. 하지만 쥘리메컵의 행운은 그리 오래가지 않았다. 그 후 브라질로 보내진 쥘리메컵은 축구를 신성시하는 브라질 국민은 다르다는 테벨의 대대적인 공표와 달리 1983년 다시 도난당해 지금까지 되찾지 못하고 있다.

21일

'편협의 날' 모음

혹시라도 '국제 무지와 편협의 날'이 제정된다면 **3월 21일**이야 말로 완벽한 선택이 될지도 모르겠다. 어쨌거나 이 비운의 날은 이성과 정의와 기본적인 인간의 품위가 짓밟히는 모습을 수 세기에 걸쳐 드러내보였기에 충분히 인정받을 만한 자격이 있다.

- **1349년**: 수천 명의 유대인이 흑사병이라고 알려진 엄청난 살상력을 지닌 전염병을 일으켰다는 죄목으로 고발당해 독일의 에르푸르트라는 도시에서 학살당했다.
- **1556년**: 영국 종교개혁을 이끈 인물이자 영국 국교회 기도서Book of Common Prayer를 편찬하기도 한 대주교 토머스 크랜머 Thomas Cranmer가 '피의 여왕' 메리 1세에 의해 이단이라는 이유로 화형 당했다.
- **1861년**: 남부연합 부통령 알렉산더 스티븐스Alexander Stephens는 자신의 '주춧돌 연설Cornerstone Address'에서 이렇게 선언했다. "우리의 새로운 정부는 (미합중국 헌법과는) 정확히 반대되는 이념을 바탕으로 건국되었습니다. 우리 정부는 니그로는 백인과 동등하지 않다는 위대한 진실의 토대 위에 세워졌습니다. 열등한 인종이 우수한 인종에 종속되는 노예제도는 지극히 자연스럽고도 정상적인 것입니다."

- **1925년**: 테네시 주지사 오스틴 페이Austin Peay가 공립학교에서 "성서의 가르침대로 신에 의해 인간이 창조되었다는 이야기를 거부하고 하등 동물에게서 인간이 유래했다고 가르치는 것"을 불법으로 규정하는 일명 '버틀러법Butler Act'에 서명했다. 쉽게 말해 다윈의 진화론이 교실에서 쫓겨났다.

- **1933년**: 나치가 수많은 사람들을 잡아들이게 될 최초의 강제 수용소 다하우의 개소를 발표했다.

- **1960년**: 남아프리카 흑인 거주구 샤프빌Sharpeville 경찰이 백인 정부의 심각한 인종차별 정책에 반대하는 대규모 시위대에게 발포하여 69명이 사망하고 180명이 부상했다. 후에 한 경찰서 장은 터무니없는 변명으로 이 끔찍한 사상자 수를 정당화하려 고 했다. "원주민의 심리 상태가 시위를 평화롭게 진행하는 것 을 허락하지 않습니다. 그들에게 모인다는 것은 폭력을 의미합 니다"라고 피에나D. H. Pienaar 중령은 주장했다.

그래도 3월 21일이 순전히 인간의 광기를 기념하기 위한 날로 썩 와 닿지 않는다면……. 자, 우리에겐 언제나 3월 22일이 있다.

1144년, 1630년, 1692년, 1871년, 1943년, 1984년

22일

잠깐, 아직 더 남았다

어쩌면 3월 21일을 '국제 무지와 편협의 날 이브'로 치고 **3월 22일**을 '국제 무지와 편협의 날'로 보는 게 더 적절할지 모르겠다. 그냥 넘어갈 수 없을 정도로 너무나 많은 온갖 가증과 혐오가 난무했기 때문이다.

- **1144년**: 잉글랜드 노리치를 막 벗어난 곳의 한 숲에서 '윌리엄'이라는 열두 살 난 소년의 시체가 발견되었다. 잔혹한 어둠의 시대였던 만큼 흔히 있는 사건이었다. 몬머스의 토머스Thomas of Monmouth라는 열정에 넘치는 수도승이 나타나 윌리엄을 순교자로 만들기 전까지는 말이다. 이 수도승은 자신이 쓴 《노리치 윌리엄의 삶과 수난The Life and Passion of William of Norwich》이라는 대단한 전기에서 윌리엄이 십자가에 못 박힌 예수를 흉내 내 소름 끼치는 의식을 행하는 유대교도들에 의해 희생당했다고 적었다. 대단히 파괴적인 결과를 초래할 수 있는 지어낸 이야기였다. 많은 전문가들이 이 책이 역사학자 앨런 던데스Alan Dundes가 "인간의 상상력이 만들어 낸 가장 별나고 위험한 전설 중 하나"라고 부른 것, 즉 '피의 비방Blood Libel'의 시초였다고 생각한다. 유대교도들이 비밀 의식에서 기독교도 아이들을 일상적으로 살해했다는 이 음흉한 믿음은 9세기 가까이 계속되며 마르

틴 루터Martin Luther에서 아돌프 히틀러에 이르는 반유대주의자에게 영향을 미쳤고 수백만의 결백한 사람들에게 수 세기에 걸쳐 말로 다할 수 없는 불행을 안겼다.

- **1630년**: 주지사 존 윈스럽John Winthrop이 "사탄의 매개체"라 불렀던 앤 허친슨Anne Hutchinson은 감히 제국의 신정정치 지배층에 맞섰다가 매사추세츠에서 추방당했다. 허친슨은 제도화된 법을 준수하거나 성직자의 계율에 따르는 것이 아닌 개인의 '직관'으로 신에 이를 수 있다고 믿었다. "내가 이해하기로 법, 명령, 규칙, 그리고 칙령은 길을 분명히 밝혀주는 빛이 없는 사람들에게나 필요한 것이다"라고 그녀는 적었다.

- **1692년**: 주지사 윈스럽의 "언덕 위의 빛나는 도시" 매사추세츠에서 더욱 깊은 깨우침이 있었다. 세일럼 주민 대표단이 레베카 너스Rebecca Nurse의 집을 찾아와 그녀가 주술을 써서 마녀로 고발당했다고 알려주었다. 그날, 그 일이 있는 동안, 앤 카 퍼트넘Ann Carr Putnam은 레베카 너스의 망령이 자신을 느닷없이 방문해 "사탄을 섬기길 거부하면 육신에서 영혼을 떼어낼 것"이라고 협박했다고 주장했다.

- **1871년**: 노스캐롤라이나의 윌리엄 우즈 홀든William Woods Holden이 미국 최초로 주지사 자리에서 물러난 사람이 되었다. 쿠 클럭스 클랜Ku Klux Klan에 다소 심한 엄벌을 내렸다는 죄목이었다.

- **1943년**: 나치가 벨라루스의 카틴Khatyn이라는 마을 주민 전체를 오두막에 몰아넣고 짚으로 덮은 뒤 불을 놓았다. 가까스로

화염을 탈출한 주민은 그 자리에서 사살당했다.

- **1984년**: 캘리포니아, 맨해튼비치의 집단 히스테리가 수백 명의 아이들을 학대했다는 혐의를 맥마틴McMartin 유치원의 교사 및 관리자 일곱 명에게 씌워 기소하는 것으로 막을 내렸다. 국제아동연구소 '전문가들'의 꼬임에 넘어간 어린 아이들은 성적 학대뿐 아니라 영유아 절단, 시체 발굴이 포함된 사탄 의식도 있었다고 증언했다. 역사상 가장 길고 많은 비용이 소모된 재판 중하나인 '맥마틴 7인'의 재판은 피고들의 증언이 명백히 입증되면서 막을 내렸지만 수많은 억울한 인생이 망가진 것을 고려하면 피상적 승리에 불과했다.

1989년

23일

과학자들을 얼어붙게 만든 '발견' 또는 '혼란'

그것은 세기의 과학적 돌파구였다. 아니, 분명 그렇게 보였다. **1989년 3월 23일**, 저명한 화학자였던 유타대학교University of Utah 화학 교수 스탠리 폰스B. Stanley Pons와 그의 동료인 잉글랜드 사우샘프턴대학교University of Southampton의 마틴 플라이시먼Martin Fleischmann은 기자회견에서 (그들의 표현에 따르면) '상온 핵융합'이라는 프로세스를 통해 태양에너지를 복제하여 분명 프로메테우스 같은 위업을 달성했다고 발표했다. 더욱 놀라운 사실은 실온에서 단순한 유리 물병 하나로 그 일을 해냈다는 것이었다.

"기존 기법에 비해 상당히 단순한 방법으로 지속되는 융합 반응을 설정했습니다." 폰스 교수가 선언했다.

이 발견이 가져올 결과는 충격적이었다. 기존 원자로는 원자를 쪼개서 에너지를 생성하지만 상온 핵융합은 본질적으로 비교적 단순한 공정을 통해 원자를 하나로 모으는 방식이어서 세상에 싸고 깨끗한 에너지를 무한정 공급하게 될 것이기 때문이었다.

《월스트리트저널》과 다른 주요 언론 매체들은 폰스와 플라이시먼의 발견을 일면 기사로 내보내며 대대적으로 알렸지만 다른 과학자들은 회의적이었다. 매우, 회의적이었다. 한 예로, 캘리포니아공과대학Caltech의 스티븐 E. 쿠닌Steven E. Koonin 박사는 상온 핵융합 발표가 "폰스와 플라이시먼의 무능과 망상"을 드러내는 것에 지나

상온 핵융합에 성공(했다고 착각)하며 웃고 있는 세기의 과학자 폰스와 플라이시먼.

지 않는다고 직설했다.

　과학자들이 기자회견을 열면서 즉시 논쟁이 시작됐다. 대중매체는 확실히 과학계가 중요한 발견에 대한 정보를 받는 데 익숙한 방법이 아니었다. 그러한 문제는 학술지에 먼저 게재해 검증을 받는 것이 관례였는데, 유타대학교의 폰스와 플라이시먼 후원자가 이를 무시한 것이다. 설상가상으로 과학적 질문에 답변하거나 상온 핵융합 공정에 관한 세부 사항을 제공하는 것도 거부했다.

　《부두 사이언스: 어리석음에서 사기로 가는 길Voodoo Science: The Road From Foolishness to Fraud》의 저자 로버트 L. 파크Robert L. Park는 다

음과 같이 썼다. "이것은 단순한 실례의 문제가 아니다. 과학의 진실성은 동료 과학자들과의 직접적인 대립을 겪으면서도 자신의 아이디어와 결과를 검증해보고자 하는 의지에서 나온다. 과학자라면 마땅히 지녀야 할 이 같은 행동 기준을 유타대학교는 노골적으로 무시하고 있었다." 그리고 핵 방사선이라는 작은 문제가 있었다. 핵물리학자 프랭크 클로스Frank Close에 따르면 폰스와 플라이시먼이 주장하는 것이 사실이라면 둘의 실험실은 "체르노빌 서쪽으로 가장 뜨거운 방사선원"이 되었어야 했다. 심지어 유타대학교 물리학 교수들 사이에서도 두 동료의 발견을 두고 다음과 같은 농담이 오갔다. "폰스 실험실에서 일하는 보조 연구원에 대한 안 좋은 소식 들었어? 몸이 너무 건강하다지 뭐야."

하지만 과학계의 온갖 비아냥에도 불구하고, 얻을 만한 정보가 거의 없는 세계 곳곳에서 어떻게든 상온 핵융합 실험을 복제해 보려고 미친 듯이 실험실로 몰려들었다. 누구도 성공하진 못했지만 의문이 남았다. 폰스와 플라이시먼은 엄청난 거짓말을 영구화했던 것일까 아니면 그저 중요한 데이터를 잘못 해석했던 것일까? MIT의 핵융합 과학자 리처드 D. 페트라소Richard D. Petrasso는 1991년 뉴욕타임스와의 인터뷰에서 이렇게 말했다. "한때는 그것이 완전한 사기극이었다고 확신했는데 지금은 마음이 누그러졌다. 어쩌면 둘은 진짜로 그렇게 믿었던 것인지도 모르겠다."

1603년

24일

무지막지한 대우를 받은 월터 경

엘리자베스 1세는 그녀의 늠름한 조신이었던 월터 롤리Walter Raleigh 경을 흠모했다(엘리자베스 여왕이 롤리와 충돌하지 않았다는 의미는 아니다. 특히 1591년 그가 자신의 시녀와 몰래 결혼한 사실을 알았을 때는 결혼 선물로 그를 신부와 함께 런던타워에 처넣기도 했다). 대영제국의 등장에 가장 큰 공을 세운 이가 아마도 월터 경이었을 것이다. 엘리자베스 여왕의 후계자 제임스 1세로 말할 것 같으면, 간단히 말해, 그의 선임 군주에 대한 존경은 엘리자베스와 함께 사망했다. 새로 왕위에 오른 제임스 1세는 위대한 시인이자 탐험가인 월터 경을 처음 만난 자리에서 이렇게 말했다. "롤리, 롤리, 그대에 대한 이야기는 노골적으로밖에 듣지 못해서 말이오." 월터 경의 이름을 가지고 부정적으로 말장난하는 것이 뻔했다(월터 경의 이름 Raleigh와 '노골적으로'라는 의미의 단어 rawly의 발음이 같다–옮긴이). 사실 엘리자베스 집권기에 롤리의 세력과 여왕에 대한 영향력에 분개하며 그를 험담했던 수많은 정적들이 이미 롤리에 대한 안 좋은 이야기들로 새로운 왕을 철저하게 물들인 상태였다. 그래서 엘리자베스가 사망하고 **1603년 3월 24일** 제임스가 즉위하자 롤리의 운도 가파르게 곤두박질치기 시작했다. 하지만 실제로 롤리의 목이 날아가기까지는 15년이 더 걸렸다.

제임스 왕은 옹졸하게도 롤리의 특권을 빼앗는 것으로 그의 통치 활동을 시작했다. 롤리의 주 수입원이었던 수익성 좋은 전매권을 빼앗고 런던 저택인 더럼 하우스도 반환할 것을 주장했다. 4개월 후, 꺾이지 않을 것 같은 세력을 과시하던 롤리는 스페인과 공모하여 제임스 1세를 왕위에서 끌어내리고 자신의 사촌인 아벨라 스튜어트Arbella Stuart를 왕위에 앉히려 한다는 반역죄로 기소되어 목숨이 걸린 재판을 받게 된다. 절차가 완전히 엉터리였다고 재판에 참여했던 한 판사가 나중에 말했다. "잉글랜드의 정의가 그토록 타락하고 상처받은 것을 본 적이 없다."

월터 경을 기소한 에드워드 코크Edward Coke 경은 제임스 왕이 원하는 평결을 받아내기로 결심하고 황금기였던 엘리자베스 시대를 상징하는 바로 그곳에서 온갖 욕설을 쏟아냈다. "한 마리 독사 … 온 잉글랜드를 통틀어 가장 지독한 악취를 풍기는 반역자 … 지옥의 거미 … 괴물 … 밑바닥이 없는 저 깊은 지옥에서 가져온 최악의 관례(를 만든 자)." 하지만 그러한 노력에도 불구하고 코크 경에게는 충분한 근거가 없었다. 롤리의 적들에게서 전해들은 이야기가 다였다. 주요 고발인과 대면하게 해 달라는 피고의 탄원은 갑자기 거부되었다. "피고의 요청을 들어주었다가는 왕(곧 국가의 사건)을 파괴하기 위한 틈을 열어주게 될 것이므로 허락할 수 없다"고 수석 재판관은 선언했다.

예정된 유죄 평결에도 불구하고 월터 경은 조작된 재판에서 무죄로 풀려났다. 당시 재판을 참관했던 어떤 사람은 월터 경을 이렇게 회상했다. "자기 자신을 그렇게 잘 변호하는 사람을 본 적이 없

런던타워에 갇힌 시인이자 탐험가 월터 롤리 경.

다. 그의 행동이 너무 훌륭하고 너무 현명하고 너무 절제되어 있어 반나절 만에 모든 배심원단의 마음이 극도의 증오에서 극도의 동정으로 바뀌었다." 교수형 예정일 전날, 제임스 왕은 월터 경에게 대단할 것도 없는 집행유예를 허락했다. 월터 경은 교수대가 아닌 런던타워로 보내졌고 이후 그곳에서 13년을 죄수로 보내면서 무게감 있는 《세계의 역사 History of the World》를 집필하게 된다. 그러다가 1616년, 월터 경은 석방되어 전설적인 금의 도시 엘도라도를 찾는 일에 다시 도전하고자 신세계로 가는 항해에 보내진다. 이 신화

속 도시에 묻혀 있다는 금의 유혹이 왕의 오랜 원한보다 컸음에 분명했다. 그러나 애초에 부 같은 것은 없을 운명이었다. 오직 복수만 있을 뿐이었다.

재앙과도 같은 탐험 중에 잉글랜드의 탐험가들은 남아메리카에서 스페인 사람들과 충돌하게 됐다. 아들을 잃은 이 싸움에서 월터 경은 멀리 떨어져 있었지만 스페인 대사는 그럼에도 불구하고 응징을 요구했다. 제임스 왕은 더할 나위 없이 기쁜 마음으로 스페인의 요구에 응했다. 이번에는 공개재판이 없을 터였다. 제임스 왕은 "(롤리의) 재치 있는 입담으로 사람들의 미움이 동정으로 바뀌었던" 지난번 재판을 똑똑히 기억하고 있었기 때문이다. 기본적으로 월터 경은 오래된 반역죄로 즉결 처형될 터였다.

1618년 10월 29일, 왕의 부인이 직접 나서 탄원했음에도 불구하고 월터 경에 대한 사형이 집행되었다. 곧 자신의 목을 자를 도끼를 보며 월터 경은 이렇게 혼잣말을 했다고 한다. "참으로 날카로운 약이구나. 하지만 모든 질병과 불행을 고쳐주는 의사이기도 하지."

25일

… 그리고 에이즈는 깡총이다

"그 바이러스는 야옹이다."

_캘리포니아대학교 버클리 분자생물학 교수 피터 듀스버그

피터 듀스버그Peter Duesberg 교수는 **1988년 3월 25일**자《사이언스》에서 'HIV'로 알려진 인체 면역 결핍 바이러스를 에이즈의 원인으로 설정한 데이터를 거부하며 이 같이 말했다.

1953년

26일

조너스 소크의 경우 비평가를 퇴치할 백신은 없다

"그는 민중의 영웅이다. 비록, 그다지 똑똑하진 않아도 말이다."

_소아마비 백신 개발자 조너스 소크Jonas Salk를 두고 유명한 과학자
로저 르벨Roger Revelle이 한 말

폴리오 바이러스가 확산되면서 수천 명의 아이들을 마비시키고
어떤 경우에는 소위 말하는 '철의 폐'에 들어가지 않고서는 호흡할
수도 없는 상태가 되자 공포가 극에 달했다. 그러나 미국에서 3만
5,000건의 소아마비 사례가 추가로 보고되기도 했던 해인 1953년 겨
울, 잠재적 백신에 대한 새로운 소식이 피츠버그에서 흘러나오기
시작하면서 무서운 재앙으로부터 구원받을 날이 곧 올 것만 같았
다. 조너스 소크는 그것이 걱정이었다. 아니, 과학계의 수많은 비
평가들이 주장한 대로라면, 유명인이 될 상상으로 조너스 소크는
오히려 흥분했다. 이 젊은 연구원은 실제로 실험에서 어느 정도 긍
정적인 결과를 얻긴 했지만 백신이 완벽해지려면 조금 더 기다려
야 했다. 그래서 소크는 (소아마비 환자였던 프랭클린 D. 루스벨트 대통령과
함께) 자신의 후원자이자 소아마비구제모금운동March of Dimes으로
알려진 조직의 공동 설립자 바실 오코너Basil O'Connor를 찾아가, 소
크가 주장한 대로 대중의 지나친 기대를 누그러뜨리기 위한 것인
지 아니면 그의 적들이 주장한 대로 시기상조의 찬사를 받기 위한

것인지 그 의도가 모호한 라디오 발표 시간을 얻었다. **1953년 3월 26일** 방송된 이 전국 라디오 프로그램에 대한 반응은 예상대로 둘로 나뉘었다.

작가 폴 오피트Paul A. Offit는 다음과 같이 썼다. "소크는 머지않아 소아마비로부터 세상을 구할 백신의 화신이 되었다. 대중에게 그는 목전의 영웅이었다. 하지만 과학계는 소크가 발표되지 않은 데이터를 이야기하고 언론에 영합한다며 비판했다. 라디오 발표는 소크에게 남은 인생 내내 고통을 안겨 줄 적대감의 시작을 알렸다."

실제로 동료 과학자들은 소크에 대한 분개와 질투가 펄펄 끓었다. "그가 믿든 안 믿든, 그날 밤 소크는 대중의 환호를 받으며 영웅이 되기 위해 방송에 나간 것이다"라고 한 비평가는 논평했다. "그래서 그렇게 된 것이다." 소아마비 백신 연구 분야에서 소크와 쌍벽을 이루며 특히 원한이 컸던 앨버트 새빈Albert Sabin(새빈은 약화된 형태의 바이러스가 함유된 경구용 소아마비 백신을 개발했는데 이것이 결국 한동안 소크의 '매장된' 백신을 대체했다)은 후에 이렇게 말했다. "그건 부엌에서 하는 화학에 지나지 않았다. 소크는 아무것도 발견한 게 없었다."

소크의 명성을 보잘것없는 순회공연 정도로 치부하는 동료들의 평가 때문에 이후 소크의 연구는 대부분 진지하게 받아들여지지 않았다. 노벨상을 받지 못했을 뿐 아니라 명망 있는 내셔널아카데미오브사이언스National Academy of Sciences에서도 환영 받지 못했다. 모욕이 그를 괴롭혔지만 1995년 사망하기 몇 년 전에는 모든 비난에 달관한 듯 보였다.

1991년 인터뷰에서 소크는 다음과 같이 말했다. "나는 과학에 기여한 바에 비해 분에 넘치는 관심과 인정을 받았다. 그것은 전적으로 병에 대한 두려움이 사라져서 일어난 일이다. 대중의 입장에서 보면 그것은 인간의 당연한 반응이었다. 하지만 과학계의 시각에서는 다르게 보였을 것이다. 그것은 부작용이었다. 하지만 다른 면에서는 기회이기도 했다. 지금 이 상황은 그 대가이다. 긍정적 결과에 대해서도 값을 치러야 하지만 부정적 결과에 대해서도 값을 치러야 하는 것이다."

27일

누가 무절제하다는 것인지!

미국 하원의원 제임스 토머스 헤플린, 일명 '코튼 톰'(1월 12일 참고)이 결코 참을 수 없는 것 두 가지가 있다면, 하나는 흑인이 백인과 함께 대중교통을 이용하는 것이고 다른 하나는 주류를 소비하는 것이었다. 그렇기에 워싱턴 D.C. 전차 승객을 흑인과 백인으로 분리하는 조치(한번은 "전능하신 신은 흑인을 백인의 하인으로 창조하셨다"고 자랑스레 주장하기도 했다)를 도입하려다 막 실패한 헤플린이 **1908년 3월 27일** 금주 회의에 가는 길에 국회의사당 근처에서 루이스 럼비Lewis Lumby라는 흑인이 전차에 올라 앉아 위스키까지 마시고 있는 모습을 보고 적잖이 동요한 것도 충분히 납득할 만한 일이었다.

그 당시《뉴욕타임스》기사에 의하면, 병을 치우라는 자신의 충고가 "그 흑인의 용납할 수 없는 욕설"과 맞닥뜨리자 격분한 헤플린은 럼비를 전차 밖으로 던져버렸다. 거리로 내던져진 후에도 그가 욕설을 멈추지 않자 헤플린은 너무나 자연스럽게 그에게 총을 쐈다. 하지만 총알은 빗나가 지나가던 사람의 발가락을 맞혔다. 그래도 단념하지 않고 헤플린은 다시 총을 쐈고 이번에는 럼비의 머리에 상처를 입혔다. 헤플린은 살해 의도를 가진 폭행으로 체포되어 기소되었고 경찰서에서 온갖 마땅한 예우는 다 받고 보석으로 석방되었다. 코튼 톰은 총격으로는 재판을 받지 않았는데, 후에 그는 이를 두고 자신이 이룩한 최고의 업적이라 칭했다.

193년

28일

"더 없습니까? 없습니까?
네, 왕위가 낙찰되었습니다!"

1세기 남짓 잦은 왕족 암살이 이어지던 로마제국에서 **193년 3월 28일** 건방진 정예 근위병이 페르티낙스 황제가 감히 통치권을 되찾으려 한다면서 황제에 오른 지 3개월밖에 되지 않은 그를 살해했다. 그런데 같은 날, 이 근위병은 한층 더 무지막지한 일을 벌였는데, 바로 경매에서 가장 높은 값을 부르는 자에게 황제의 옥좌를 주겠다고 선언한 것이다.

고대 역사학자 헤로디언Herodian of Syria이 남긴 기록에 따르면 "이 같은 선포 내용이 알려지자 고귀하고 근엄한 원로원 의원들과 귀족 집안 및 태생의 사람들은 모두 더럽혀진 통치권을 얻기 위해 그토록 비도덕적인 방법으로 돈을 내지 않겠다며 (근위병) 막사에 접근하려고도 하지 않았다".

하지만 (결과적으로) 딱히 고귀하지도, 근엄하지도 않은 디디우스 율리아누스Didius Julianus라는 돈 많은 의원이 있었으니, 사실 그는 방탕한 것으로 악명이 높았다. 율리아누스는 야심 많은 아내와 딸에 떠밀려 서둘러 입찰을 위해 막사로 달려갔다. 그러나 근위병은 그를 들여보내주지 않았다. 하는 수 없이 율리아누스는 막사 바깥에 서서 막사 안쪽의 경쟁자에 맞서 자신의 입찰가를 목청껏 외쳤다. 그런데 마침 그 경쟁자는 살해당한 황제 페르티낙스의 장인이었다.

율리아누스는 상당한 돈을 내고 결국 입찰에서 이겼지만 이 경우 반만 이긴 것이나 다름없었다. 로마 시민들은 가식에 역겨워하며 새 황제에게 존경을 보내는 대신 돌을 던졌다. 헤로디언이 기록했듯이, "경매에서 돈을 주고 왕위를 샀다며 콧방귀를 끼면서 그를 비웃었다". 두 달 후, 율리아누스는 셉티미우스 세베루스 Septimius Severus에 밀려났다. 율리아누스는 참수대로 끌려가면서 이렇게 울부짖었다고 한다. "내가 뭘 잘못했다고? 누굴 죽이기라도 했나?"

1683년

29일

집을 불태워서라도 소년을 만나고 싶었던 소녀

17세기 일본에 살았던 식료품 잡화상의 딸 야오야 오시치八百屋お七. 이 평범한 열여섯 살 소녀의 사랑이야기는 너무나도 비극적이어서 일본의 문학과 영화 속에 영원히 간직되었을 정도다.

1682년, 에도(지금의 도쿄)에서 발생한 대형화재로 야오야와 그녀의 가족은 한 지방 사원으로 피신해야 했다. 그런데 야오야는 그곳에서 이쿠타 쇼노스케라는 시동을 만나 곧 사랑에 빠졌다. 하지만 슬프게도 이제 막 싹튼 사랑은 가족이 사원에 피신해 있는 동안만 가능한 것이었다. 야오야가 가족과 함께 집으로 돌아가면서 어린 연인은 헤어졌다. 연인을 만나고 싶은 간절한 마음에 야오야는 상사병에 걸린 10대만이 할 법한 일을 저지르고 말았다. 바로 이쿠타를 처음 만난 상황을 재현하기 위해 자신의 집에 불을 낸 것이다.

당시 일본에서 방화를 저지른 자는 화형에 처하게 되어 있었는데, 15세를 넘은 경우에만 집행이 허용되었다. 사건을 들은 치안 판사는 자비를 베풀어 야오야를 끔찍한 처벌에서 모면하게 해주고 싶었다. "너는 열다섯 살이야, 그렇지?" 판사는 말했다. 그런데 안타깝게도 야오야는 판사의 말을 오해하여 자신은 열여섯 살이라고 대답했다. 답답한 판사는 단호한 어조로 다시 물었다. 놀란 야오야는 이번에도 진짜 나이를 말했다. **1683년 3월 29일**, 힌트를 알아차리지 못한 야오야는 결국 불꽃에 사라지고 말았다.

30일

두 명의 위대한 작곡가에게서 시력을 잘라낸 의사

그는 (그의 주장대로라면) 영국의 왕 조지 2세와 교황조차도 만족했을 만큼 대단한 권위를 지닌 안과 의사였다. 아니, 하지만 사실 존 테일러John Taylor는 자기 홍보에 능한 돌팔이에 지나지 않았다. "몰염치가 무지를 얼마나 멀리까지 데려갈 수 있는지를 보여주는 예"라고 유명한 작가 새뮤얼 존슨Samuel Johnson은 그를 묘사했다. 테일러는 '기사' 또는 '왕실 안과의'라는 작위를 달고 안구 그림으로 장식된 마차로 이 마을, 저 마을 돌아다니며 수술 때마다 모여든 관중 앞에서 거창한 연설을 늘어놓는 통에 그의 꽁무니를 쫓아다니는 사람들이 장사진을 이루었다. 요한 제바스티안 바흐Johann Sebastian Bach도 그중 하나였다.

이 위대한 작곡가는 오랫동안 시력이 안 좋아 고생했는데, 하필 시력이 악화되던 때에 순회 진료 차 대대적인 광고와 함께 라이프치히에 막 도착한 테일러를 만나는 불운을 겪게 되었다. **1750년 3월 30일**, 이 돌팔이 안과 의사는 뾰족하게 깎은 도구를 음악 천재의 눈에 대고 비둘기 피와 분쇄한 소금, 수은 약간을 넣어 만든 치료용 습포제를 도포했다. 며칠 후 같은 치료법이 반복되었지만 효과는 없었다. 바흐는 완전히 시력을 잃었고 극심한 고통에 시달리다 넉 달 후 사망했다. '기사' 테일러는 멈추지 않고 치료 행진을 계속했고 8년 후, 헨델의 눈마저 멀게 하고 말았다.

1981년

31일

골든 래즈베리로 할리우드 최악을 축하하다

끔찍한 영화는 마찬가지로 끔찍한 연기와 함께 조용히 사라지던 때가 있었다. 큰 관심이 쏟아지지 않으면 더더욱 좋은 일이었다. 그러다가 골든 래즈베리상Golden Raspberry Awards 혹은 래찌Razzies란 것이 등장하면서 난처한 영화에 가혹한 조명을 집중시키는 할리우드 사상 최악의 기념 파티가 시작됐다. 1981년 3월 31일 처음 개최된 이 수치스러운 시상식은, 훌륭한 영화와 형편없는 영화의 대비를 더욱 강조하려는 듯 늘 오스카 시상식 전날 개최되며 지금까지 많은 영화인들에게 '실력 없는 배우'라는 낙인을 찍었다.

마돈나Madonna와 실베스터 스탤론Sylvester Stallone은 특히 딱딱한 연기로 주목을 받아 각각 기록적인 횟수의 골든 래즈베리상을 수상했다. 음악에 완전히 사로잡혔던 이 '머티리얼 걸Material Girl'(마돈나의 대표곡)은 열다섯 차례나 수상 후보로 지명되는 경이적인 기록을 남겼고, 〈스웹트 어웨이Swept Away〉, 〈육체의 증거Body of Evidence〉 등의 주옥같은 영화에서 '연기'를 선보여 아홉 차례나 골든 래즈베리상을 수상했다. 스탤론 역시 후한 평가를 받아 로키, 람보처럼 미묘한 역할들로 서른 차례 후보자에 오르고 열 차례 수상자가 되었다. 이처럼 경이적인 골든 래즈베리 수상 기록을 축하하고자 2000년에는 이 둘을 20세기 최악의 남배우와 여배우로 선정하며 특별상을 수여했지만 둘 모두 시상식에 나오지 않았다.

Bad Days
in
History

April

4월

"4월은 가장 잔인한 달."

T. S. 엘리엇*T. S. Eliot*, 〈황무지*The Waste Land*〉

1998년

1일

울고 싶을 때 뺨 때리는 만우절

우다이 후세인Uday Hussein이 그렇게 재미있는 사람인 줄 누가 알 았을까? 이라크 독재자 사담 후세인Saddam Hussein의 광기 어린 아 들도 사람을 죽도록 고문하거나 사치스러운 생활을 영위하느라 국고를 거덜 내지 않을 때는 농담을 즐긴 것이 분명했다. 이라크에 서는 '4월의 거짓말'이라는 의미로 '키스벳 니산Kithbet Neesan'이라 고 부르는 만우절만큼 요란스럽고 횡포한 장난을 치기에 안성맞 춤인 날이 또 있을까?

1998년의 이 특별한 날, 우다이 소유의 《바빌Babil》 신문 1면에는 이라크의 쿠웨이트 침공 후 유엔이 이라크에 가한 징벌적 제재가 철회될 것임을 발표하는 기사가 실렸다. 그리고 2면에서 독자들에 게 이 기사가 농담임을 넌지시 알려주었다. 제대로 먹지도 못하고 궁핍하게 살아가는 수천 명의 이라크 사람들은 틀림없이 박장대 소했을 것이다.

국민을 상대로 또 다시 그런 기발한 장난을 생각해 내기가 쉽지 않았을 텐데 우다이는 이듬해에도 《바빌》에다 변변찮은 배급 식 량에 앞으로 바나나, 초콜릿, 청량음료가 추가될 것이라 거짓 발표 함으로써 기대를 저버리지 않았다. 하!

그 자신은 재미있었는지 모르겠지만 그 후 2년이나 만우절에 같 은 농담을 반복했던 것을 보면 더는 영감이 떠오르지 않았던 것 같

다. 다행히도 미 연합군이 이라크를 침공한 지 고작 몇 주 지난 2003년 4월 1일 아바스 칼라프 쿤푸스Abbas Khalaf Kunfuth 러시아 주재 이라크 대사가 기자회견에서 우다이의 엉뚱함을 그대로 흉내 낸 것을 보면 만우절 정신은 완전히 사라진 것은 아니었다. 대사는 쪽지를 든 채 자신을 로이터 뉴스 기자라고 밝히고 이렇게 말했다. "미국이 우발적으로 영국군에게 핵미사일을 발사하여 7명이 사망했습니다."

대사는 모여 있는 언론인들에게 뉴스의 충격이 전해지도록 잠시 뜸을 들였다가 다음과 같이 소리쳤다. "만우절입니다!"

1992년

2일

존 고티, '테플론 돈'이라는 별명을 지우다

존 고티John Gotti는 록 스타 같은 조직 폭력배였다. 그는 '대퍼 돈 Dapper Don'('말쑥한 두목'이라는 의미-옮긴이)이라 불리기도 했는데, 고티를 흠모하는 타블로이드 매체가 그의 고급 의상과 서글서글한 태도를 보고 그렇게 부른 것이었다. 그러나 감비노 범죄 조직의 두목인 존 고티는 무자비한 살인자였음에도 수년간 법 위에 있는 듯했다. 세간의 주목을 받는 숱한 소송에서 세 차례나 무죄 선고를 받은 그는 더욱 활개를 치고 다녔고, 이 때문에 '테플론 돈Teflon Don'('타격을 입지 않는 두목'이라는 의미-옮긴이)이라는 별명이 하나 더 생겼다. 그러나 **1992년 4월 2일**, 네 번째 재판의 배심원단 평결에서 고티가 손댈 수 없는 인물이 전혀 아님이 입증되면서 이 별명은 유명무실해졌다. 감비노 조직의 2인자였다가 FBI 고발자가 된 살바토레 그라바노Salvatore Gravano, 일명 '황소 새미Sammy the Bull'의 충격적인 증언과 유죄를 입증하는 듯한 녹음테이프의 대화 내용이 공개되자 고티는 직접적인 타격을 입었다. 그는 살인, 갈취를 포함한 13가지 죄목으로 유죄 판결을 받고 종신형을 선고받았다(고티는 유죄 선고를 받은 지 10년 후 감옥에서 사망했다). FBI 뉴욕지부 부지부장 제임스 폭스James Fox는 재판이 끝나고 이렇게 말했다. "테플론 돈이 찍찍이로 덮였는지 죄란 죄는 다 달라붙었어요."

1895년

3일

속수무책으로 무너지면서 날아오른 오스카 와일드

소설가 겸 극작가인 오스카 와일드Oscar Wilde가 그토록 자주 풍자했던 빅토리아 시대 후기의 사회적 관행은 와일드를 작가로 키우고 엄청난 예술적 성공을 거두게 한 동시에 그를 곧바로 무너뜨렸다. 모든 것이 와일드의 막역한 벗인 알프레드 더글러스 경Lord Alfred Douglas이 한때 시에서 썼던 "감히 그 이름을 말하지 못하는 사랑" 때문에 일어난 일이었다.

더글러스 경의 아버지, 퀸즈베리 후작Marquess of Queensberry은 와일드의 가파른 몰락의 출발점이었다. 1894년 6월 와일드의 집을 찾아가 자기 아들과 내연 관계라는 소문에 대해 거세게 따지고 들면서 악랄한 행동을 시작했던 것이다. 퀸즈베리와 와일드는 서로 신체적 위해를 가할 조짐을 보일 정도로 다툼을 벌였고, 결국 와일드가 퀸즈베리를 집 밖으로 내쫓아 다시는 자신의 집에 발을 들이지 못하게 했다.

와일드의 집에서 충돌이 있은 지 7개월 반이 지났을 무렵, 와일드의 걸작 《진지함의 중요성The Importance of Being Earnest》이 1895년 2월 14일 런던에서 첫선을 보였고 금세 성공을 거두었다. 퀸즈베리는 무대 위로 썩은 채소 다발을 던져 초연을 망칠 계획을 세웠지만 와일드가 미리 계획을 알아채고 극장에 못 들어오도록 막았다. 퀸즈베리는 포기하지 않고 사흘 후에 더욱 자극적인 것을 던졌다.

와일드의 사교 모임에 "남색꾼이라 자처하는 오스카 와일드에게"
라고 쓰인 방문 명함을 놓고 간 것이다. 그 당시 잉글랜드에서 남
색은 불법이었기 때문에 퀸즈베리는 사실상 와일드가 범죄를 저
질렀다고 공개적으로 비난한 것이었다. 아버지와 문제를 겪고 있
던 더글러스 경의 격려에 힘입어 와일드는 퀸즈베리를 상대로 명
예훼손 소송을 제기했다.

1895년 4월 3일 공판을 시작으로 일련의 사건들이 순식간에 벌
어졌고 결국 와일드는 징역형을 선고받아 구속되었다. 퀸즈베리
가 명예훼손 혐의를 성공적으로 변호하기 위해서는 와일드를 상
대로 제기한 혐의가 사실이라는 것과 그의 죄를 밝히는 것은 사회
에 더 득이 된다는 것을 입증해야 했다. 퀸즈베리의 변호사도 이
목표를 달성하기 위해 전력을 다했고, 와일드가 런던 청소년들을
타락시키려고 작심한 동성애 포식자라는 사실을 입증하기 위해
산더미 같은 외설적 증거를 내놓았다. 와일드가 법정에서 아무리
설득력 있게 주장해도 유죄를 시사하는 증거가 넘쳐났기 때문에
그는 재판 도중에 공소를 철회했다. 명예훼손 사건에서 나온 증거
로 인해 와일드는 곧바로 '성범죄'로 체포되어 기소되었다.

언론이 너도나도 앞다투어 사건을 선정적으로 보도하는 가운
데 1895년 4월 26일 다시 공소가 제기되었다. 와일드가 워낙 설득
력 있게 자신을 변호하는 바람에 배심원은 판결을 내리기 어려웠
다. 하지만 그 다음 달 재심에서 와일드는 유죄로 징역 2년을 선고
받았다. 이후 수감 생활을 하며 와일드의 몸은 망가졌지만 어쩐지

정신적으로는 성숙해졌다. 그는 더글러스 경에게 보내는 편지에 감옥에서의 경험을 찬양했고 이 내용은 나중에《심연으로부터De profundis》라는 제목으로 출판되었다.

"나는 세상이라는 정원에 있는 모든 나무의 과일을 먹고 싶었어. … 그래서 세상으로 나가 그렇게 살았지. 나의 유일한 잘못은 오직 정원의 양지쪽에서 자라는 것 같은 나무들에만 관심을 갖고, 그늘과 슬픔이 깃든 다른 쪽 나무들은 외면했다는 거야."

와일드는 1897년 5월에 출소한 뒤 3년 동안 자진해서 유랑 생활을 했다. 사람들의 괄시를 받았고 돈도 한푼 없었다. 1900년 죽음을 맞이하기 직전 그는 얼마 남지 않은 친구 중 한 명인 레지널드 터너Reginald Turner에게 끔찍한 꿈을 꿨다고 전했다. 와일드는 이렇게 말했다. "내가 죽는 꿈을 꿨어. 내가 망자들과 함께 저세상으로 가고 있더라고."

거기에 터너가 답했다. "분명 자네는 그 사람들의 삶이자 영혼이었던 게야."

1868년

4일

오페라 극장에 대한 모욕을 견디지 못하고 죽은 위대한 건축가

역사가 마르셀 프라비Marcel Prawy는 1969년에 발간한 그의 저서 《빈 오페라The Vienna Opera》에서 건축가 에두아르트 반 데어 닐Eduard van der Null과 아우구스트 지카르트 폰 지카르드스부르크August Sicard von Sicardsburg에 대한 칭찬을 아끼지 않았다. 프라비는 "두 건축가 사이에서 아름다움과 철저한 기능주의가 완벽히 결합된 빈 최고의 오페라 하우스가 설계되었다"라고 설명했다. 이제는 대표적인 건축물이 된 오페라 하우스지만 한 세기 전에 완공되었을 때만 해도 평가는 그렇게 열광적이지 않았다. 설계 팀에게는 비극적인 결과였다. 사람들은 주변의 화려한 건물에 비해 빈 국립 오페라 극

빈 국립 오페라 극장. 초창기에 가혹한 평가를 받은 건물.

장이 너무 낮다고 비난했다. "파묻힌 보석 상자"라고 말하는 이도 있었는데, 여기에 대해 오스트리아 황제 프란츠 요제프도 동의했다고 한다. 닐은 사람들의 비난, 특히 황제의 비난을 도저히 견딜 수 없어 오페라 장면처럼 **1868년 4월 4일**에 목을 매어 자살했다. 10주 뒤에는 닐의 친한 동료이자 사업 파트너인 지카르드스부르크도 목숨을 잃었는데 상심이 컸기 때문이라는 의견이 많다. 황제 또한 자신이 닐을 두고 한 말이 끔찍한 결과를 초래한 것을 보고 엄청난 충격을 받은 나머지 그 후로는 눈에 보이는 것이라면 뭐든지 다음과 같은 찬사를 늘어놓았다고 한다. "아주 아름다워요. 정말 마음에 듭니다."

1993년

5일

미시간대학교 '팹 파이브'의 고된 밤

그들은 울버린(미시간주의 속칭-옮긴이)의 록 스타였다. 다섯 명의
빛나는 선수들은 모두 미시간대학교 2학년생으로, 허리선 아래로
한참 내려오는 새기 팬츠를 한껏 흉내 낸 짧은 바지에 검은색 나이
키 운동화를 신고 검은 양말을 높이 끌어올린 복장으로 공격 태세
를 갖추었다. 일명 '팹 파이브Fab Five'로 알려진 이들은 1년 전 신
입생만으로 구성된 팀으로는 최초로 미국 대학농구선수권 대회
NCAA에서 우승을 차지했을 때부터 이미 유명세를 탔었다(듀크대학
교에 지긴 했지만 그들은 다시 돌아왔다). 우승을 놓고 노스캐롤라이나대
학교 타르 힐스Tar Heels팀에 맞서기 위해 농구장으로 느긋하게 들
어올 때는 자신만만하고 호기로웠다. "너희는 이번 게임에서 질
거야." 울버린의 포워드이자 NCAA 남자 농구 최초의 팀인 올어메
리칸All-American의 크리스 웨버Chris Webber는 이렇게 외쳤다. 그러나
1993년 4월 5일, 그날 밤이 지나가기도 전에 이 오만한 선언은 굴
욕적인 망신으로 바뀌면서 웨버는 뒷덜미를 물리고 말았다.

미시간 팀이 2점 뒤처져 있고 경기 종료 30초를 남겨둔 시점에
웨버는 디펜시브 리바운드를 잡았다. 울버린의 주요 공격수들은
이미 프런트코트 쪽에 나가 있었고 웨버는 프런트코트를 향해 가
면서 공을 베이스라인으로 가져갔다. 하지만 상대 선수 두 명의 마
크를 받고 있던 그는 농구 역사상 가장 큰 실수를 저지르고 말았

다. 타임아웃이 남아 있지 않았는데 타임아웃을 외친 것이었다.

이로 인한 테크니컬 파울 덕분에 타르 힐스는 2점을 더 얻었고 바로 뒤를 이어 자유투를 두 번 더 성공시키면서 점수는 77 대 71로 벌어졌다. 팹 파이브의 나머지 선수들이 망연자실하고 있는 사이 웨버는 이렇게 부르짖었다. "나 때문에 우리 팀이 졌어."

나중에 드러난 사실이지만 웨버는 우승을 놓친 것 이상으로 팀의 명예를 실추시켰다. 바로 농구 역사에서의 팀 입지마저 잃게 만든 것이다. 웨버를 비롯해 일부 울버린 선수들이 수년에 걸쳐 뇌물을 받았다는 엄청난 스캔들이 폭로되면서 미시간대학교는 심한 불이익을 입었다. 일부는 자초한 결과였다. 팹 파이브가 이룬 모든 공적이 기록에서 지워졌고, NCAA 준결승에 두 차례나 진출한 것을 기념하는 깃발도 크라이슬러 아레나 경기장 천장에서 사라졌다. 피트 타멜Pete Thamel이 《뉴욕타임스》에 쓴 것처럼 "팹 파이브가 남긴 유산이 검은 양말에서 검은 뒷거래로 바뀌었다. 미시간 농구 경기를 가득 채웠던 호기로운 함성은 사라지고 혼돈과 수치가 그 자리를 차지했다".

6일

모두가 용서 받았다 … 아니, 모두는 아니다

'사자왕The Lionheart'이라고도 불리는 용맹스러운 전사, 리처드 1세는 전투 중에 목숨을 잃었을 것 같지만 사실은 그렇지 않다. 오히려 전투가 뜸한 날 갑옷을 입지 않고 프랑스 샬뤼의 성 주변을 한가롭게 거닐다가 목숨을 잃었다. 한 젊은이가 느닷없이 위쪽 난간에서 활을 쏘아 왕의 어깨를 맞혔다. 리처드 1세는 화살을 맞고 곧바로 죽지는 않았지만 상처에 괴저가 일어났기 때문에 자신이 죽어가고 있음을 금방 알아차렸다. 당시의 수많은 기록에 따르면 바로 그때 왕은 누구도 예측하지 못한 행동을 했다. 화살을 쏜 젊은이를 붙잡아 오게 한 왕은 냉혹한 리처드 1세의 본래 모습이 아닌 로빈 후드 이야기에 등장하는 선한 군주를 연상시킬 만한 행동으로 젊은이를 용서했고 풀어 주라고 명령했다. 다른 날, 다른 시각이었다면 훈훈한 미담으로 남았을지도 모른다. 하지만 그때는 중세 말기였고, 자비는 어림도 없던 시대였다. 측근들은 왕의 유언을 무시하고 **1199년 4월 6일** 왕이 마지막 숨을 거두자마자 젊은이를 붙잡아 산채로 가죽을 벗겼다.

7일

동성애 사진은 음란물?

그 어디에서도 보지 못한 전시회 개막식이었다. 적어도 미국에서는 그랬다. **1990년 4월 7일** 오전 9시 25분, 신시내티 컨템퍼러리 아트센터에서 로버트 메이플소프Robert Mapplethorpe의 〈완벽한 순간 The Perfect Moment〉 순회 회고전이 문을 열었다. 하지만 그날 오후, 신시내티 당국은 대배심 기소장을 무기 삼아 일시적으로 전시관을 폐쇄했다. 문제가 된 것은 메이플소프가 사진으로 담은 꽃 이미지가 아니라 동성애적 성격의 이미지였다. 어떤 사진은 너무나 사실적이어서, 음란물을 철저히 금지하는 이 보수적인 도시의 일부 사람들 눈에는 외설적인 이미지로밖에 보이지 않았다.

"그런 사진은 이 지역에서 환영받지 못합니다." 경찰서장 로렌스 훼일렌Lawrence Whalen은 이렇게 말했다. "이 지역 사람들은 다른 사람들이 예술이라 표현한 것을 무조건 받아들이지 않습니다."

일부 걱정 많은 시민들에게 메이플소프 전시회는 가치관에 대한 직접적인 공격이었다. 하지만 다른 사람들에게는 경찰의 단속이 예술적 자유와 표현에 대한 공격이었다. 후에 전시회와 관련하여 외설 혐의로 재판을 받았다가 무죄로 풀려난 센터 소장 데니스 배리Dennis Barris는 경찰이 컨템퍼러리 아트센터에 난입했을 때를 두고 "우리나라의 모든 미술관에 침입한 것이나 다름없는 상징적 사건"이라고 주장했다.

1991년

8일

걸리면 누구도 무사할 수 없는 키티의 발톱

재클린 오나시스Jacqueline Kennedy Onassis와 엘리자베스 테일러를 갈기갈기 찢어발긴 전적이 있는 유명 전기작가 키티 켈리Kitty Kelly 는 **1991년 4월 8일** 사이먼 앤 슈스터Simon & Schuster 출판사를 통해 전 영부인 낸시 레이건Nancy Reagan을 낱낱이 파헤친 603쪽의 무시무시한 책을 출간하며 그 어느 때보다 날카롭고 악랄해진 발톱을 드러냈다. 한층 더 수위가 높아진 켈리의 폭로 중에는 프랭크 시나트라Frank Sinatra와 치정에 빠진 일(켈리의 또 다른 전기 소재이기도 했다), 잘 알려진 여배우로서의 기술을 이용해 배역을 따낸 일, 영화 〈존경하는 어머니Mommie Dearest〉처럼 딸 패티를 매질한 일, 로널드 레이건의 부통령 조지 H. W. 부시를 뒤에서 험담한 일이 포함되었다.

켈리가 책 속에 잘 차려놓은 구미 당기는 요리를 언론은 뿌리칠수가 없었다. PBS의 고리타분한 프로그램 〈맥네일/레러 뉴스아워MacNeil/Lehrer NewsHour〉조차 당장 달려들었고 《뉴욕타임스》 역시 켈리의 폭로를 1면에 실었다.

말할 것도 없이, 레이건 부부는 기분이 좋지 않았다. "낸시와 나는 정직하지 못한 키티 켈리와 그 책 때문에 이루 말할 수 없이 속상하고 화가 납니다." 레이건은 자신에게 위로의 메시지를 보낸 리처드 닉슨Richard Nixon 전 대통령에게 이렇게 썼다. "보내주신 편지덕분에 낸시가 애태우지 않게 할 수 있을 것 같습니다. 낸시야말로 켈리의 가장 큰 희생자라 화가 많이 났습니다."

다른 친구들과 지인들이 보낸 수많은 위로의 서신이 레이건의 집으로 쏟아져 들어왔다. 거기에는 켈리가 정보통이라고 기록한 사람들도 포함되어 있었다. 책에 대한 대중의 맹렬한 비난도 이어졌다. "감사의 말에 제가 도움을 준 사람으로 적혀 있더군요."《레이건 대통령, 일생의 역할President Reagan: The Role of a Lifetime》의 저자 루 캐넌Lou Cannon이《엔터테인먼트 위클리Entertainment Weekly》와의 인터뷰에서 불만을 토로했다. "하지만 켈리는 저와 얘기를 나눈 적이 없어요. 한 번도요."

켈리는 의기양양하게 인터뷰 녹음본을 내보이며 적어도 일부의 격앙된 정보통들은 쫓아버릴 수 있었다. 그 외 다른 사람들은 무시해버렸다. 기자로서의 진실성은 차치하고, 도대체 켈리가 원한 것은 무엇이었을까? 그녀는 이미 엄청난 베스트셀러 작가로, 300만 달러 이상의 인세를 미리 받았다. 게다가 맘껏 씹고 물어뜯을 다른 유명인들도 많았다. 그 다음 차례는 영국 왕가, 부시 가족, 그리고 막강한 영향력을 행사하는 오프라 윈프리였다.

1483년

9일

리처드 3세, 나쁜 삼촌의 원조

영국 왕실의 역사에서 리처드 3세가 가장 사악한 삼촌은 아니었을지도 모른다(사악하다는 특징은 어쩌면 선조인 존 왕에게 더 어울리는 것일 수도 있겠다. 존 왕은 술김에 화가 나서 조카이자 라이벌인 브르타뉴의 아서Arthur of Brittany를 살해했다고 전해진다. 젊은 아서를 눈멀게 하고 거세하라는 그의 명령에 신하들이 불복하자 손수 나선 것이었다. 존 왕은 죽은 아서의 몸에 돌을 달아 센강에 던져버렸다). 그러나 셰익스피어가 쓴 동명의 희곡 덕분에 리처드 3세는 삼촌의 악행을 상징하는 대명사로 유명해지게 되었다.

셰익스피어는 왕위를 호시탐탐 노리는 인물로 리처드 3세를 묘사하면서 조카인 에드워드 5세와 요크 공 리처드의 시신을 비롯하여 여러 시신 위를 기어 다니는 약삭빠른 거미에 빗대었다는 이유로 특히 리처드 3세 협회 회원들에게 지금까지도 원성을 사고 있다. 그들은 셰익스피어 때문에 역사적으로 선행의 귀감이 되는 중세시대 군주의 모습이 얼룩졌다고 여겼다. "제가 15세기에 살았더라면 리처드 3세에게서 설탕 한 컵도 빌릴 수 있었을 겁니다." 협회의 계간 회보 편집자 캐롤 리케Carol Rike가 불만이 가득한 말투로 말했다.

리처드 3세가 실제로 어린 조카들을 죽이라고 명령했다는 명확한 증거는 없지만, 1483년 4월 9일 조카들의 아버지 에드워드 4세가 사망한 이후에 아이들의 삶을 망친 것은 분명해 보인다. 새로

 왕위에 올라 수도로 가고 있는 에드워드 5세를 가로막은 사람이 리처드 3세였다. 열두 살의 군주를 동생이 있던 런던타워에 유폐시킨 것도 그였다. 게다가 두 조카가 서자라서 왕위에 오르기에 부적합하다고 선언한 사람도 리처드 3세였다. 그리고 결국 왕위에 오른 사람 역시 리처드였다. 어린 왕자들에게 무슨 일이 일어났는지는 오로지 추측만 가능하다. 확실한 사실은 두 왕자를 다시는 볼 수 없었다는 것이다.

1674년, 에드워드 5세와 그의 동생 요크 공 리처드로 여겨지는 어린 남자 아이들의 유골이 런던타워 보수 중 계단 아래에서 발견되었고, 나중에 적절한 장례식을 통해 웨스트민스터 사원에 매장되었다. 대다수 역사학자가 주장하는 것처럼 삼촌이 조카들의 처형을 명령했을까? 이 수수께끼는 어쩌면 영원히 풀리지 않을 것이다. 하지만 캐롤 리케는 리처드가 주는 설탕 한 컵을 거절하는 편이 좋을 것이다.

1917년

10일

독일의 비밀 병기, 레닌

러시아 혁명으로 니콜라이 2세는 이미 왕위에서 물러났지만, 그가 독일을 상대로 벌인 잔인한 전쟁에 관해서는 아무것도 변한 게 없었다. 니콜라이 2세를 대신한 임시정부 지도층이 무너진 군주의 강경 정책을 여전히 고수했던 것이다. 하지만 독일에게는 스위스에 숨겨 둔 비밀 무기가 있었는데 1914년부터 이어져 온 갈등을 영원히 종식하고도 남을 만큼 막강한 것이었다. 그 무기는 바로 열성적인 볼셰비키 선동가인 블라디미르 일리치 레닌Vladimir Ilyich Lenin이었다. 레닌이 공언한 목표는 러시아를 다시 적화하고 격동의 러시아가 더 이상 제1차 세계대전에 휩쓸리지 않게 막는 것이었다.

1917년 4월 10일, 취리히에서 레닌은 독일을 가로질러 러시아에 이르는 기차에 비밀리에 올랐다. 한때 레닌을 추방했던 러시아에 돌아가 역사에 남을 격변을 일으킬 작정이었다. 수년이 흘러 윈스턴 처칠은 이때의 사건을 떠올리며 다음과 같이 연설했다. "독일은 마치 장티푸스나 콜레라 배양균이 담긴 작은 유리병을 대도시로 보내 상수도관에 쏟아지게 하는 식으로 레닌을 러시아로 보냈는데 그 방식은 놀라울 정도로 정확하게 성공했다."

11일

"그럴 수도 있지. 가끔은 아닐 수도 있지만"

"그럴 수도 있지."

_미 국방장관 도널드 럼즈펠드 Donald Rumsfeld

2003년 4월 11일, 도널드 럼즈펠드는 기자회견에서 미국의 이라크 침공과 사담 후세인 몰락 후 바그다드에서 분출한 혼란과 약탈에 대해 놀라울 정도로 무신경하게 대답했다.

참고로 49년 전 4월 11일에는 아무 일도 일어나지 않았다. 적어도 영국의 컴퓨터 공학자 윌리엄 턴스톨-페도William Tunstall-Pedoe가 2010년 수행한 컴퓨터 분석에 따르면 그랬다. "그 날(1954년 4월 11일)에는 죽은 유명인이 아무도 없습니다. 중요한 사건도 안 일어났던 것 같고요. 20세기의 특정한 날에는 유명한 사람들이 많이 태어나기도 하는데 말입니다. 어찌된 셈인지 그 날에는 오직 한 사람만 유명을 달리했달 수 있겠네요. 터키 학자 압둘라 아탈라Abdullah Atalar입니다." 그러니 혹시라도 이 심심하디 심심한 날에 태어난 독자가 있다면, 이제 왜 다들 파티에서 당신을 피하는지 알 수 있을 것이다.

1945년

12일

엘리너 루스벨트의 세 배는 더 비극적인 날

1945년 4월 12일, 영부인 엘리너 루스벨트Eleanor Roosevelt는 엄청
난 충격에 휩싸일 상황을 앞두고 있었다. 사실 세 번의 충격이 있
을 예정이었다. 그날 오후 영부인은 워싱턴에서 회의에 참석 중이
었는데 집으로 돌아오라는 긴급한 전화를 받았다. 그녀는 나중에
이렇게 회상했다. "차에 올라타 백악관으로 돌아오는 내내 두 손
을 움켜쥐고 있었어요. 마음속으로는 무슨 일이 일어났는지 알았
어요." 그날 아침, 프랭클린 D. 루스벨트 대통령이 조지아주 웜 스
프링스에 있는 휴양지에서 기력을 회복하는 동안 심각한 뇌졸중
으로 쓰러지는 일이 있었던 것이다.

영부인은 그날 밤 늦게 웜 스프링스에 도착했는데 더욱 충격적
인 소식을 들었다. 남편이 홀로 죽은 것이 아니라 루시 머서 러더
퍼드Lucy Mercer Rutherford가 함께 있었다는 것이었다. 영부인은 거
의 30년 전에 우연히 발견한 연애편지로 남편과 루시가 내연 관계
임을 처음 알았다. 그 사건은 결혼 생활에 엄청난 타격을 주었으
나 프랭클린 D. 루스벨트가 다시는 루시를 만나지 않겠다고 약속
하면서 결혼 생활을 유지할 수 있었다. 엘리너는 슬픔과 함께 깊은
배신감을 느꼈다. 그런데 상황은 더욱 나빠졌다.

대통령의 사촌 로라 델라노Laura Delano 역시 웜 스프링스에 함께
갔었던 것이다. 루시가 거기에 있었다고 고소하다는 듯 소식을 전

해준 사람이 바로 로라였다. 게다가 뜻밖에도 대통령이 과거의 정부를 수년간 만나왔으며, 웜 스프링스에서 만난 것을 포함해 그들이 만남을 이어온 것은 딸 애나Anna가 주선했기 때문이라는 사실도 엘리너에게 알려주었다.

애나는 이렇게 떠올렸다. "엄마는 매사에 몹시 화를 냈고 이제는 제게도 매우 화가 나 있어요." 엘리너는 "화가 나면 얼굴이 굳을 대로 굳어 있었다". 애나의 아들 커티스가 보기에 엘리너가 화를 내는 것은 지극히 당연했다. "할아버지는 할머니의 남편이었고 할머니는 할아버지의 아내였어요. 할아버지는 대통령이었고 할머니는 영부인이었죠. 그런데 엄마가 그 상황에 끼어들어 루시를 대통령의 삶에 다시 들여놓았죠. 분명 용서할 수 없는 행동으로 보였을 거예요."

13일

"문제는 소설 부문의 퓰리처상을 수상한 게 아니라서 말이죠"

언론계에서 퓰리처상을 받는 것은 더할 나위 없이 멋진 일이다. 그래서 **1981년 4월 13일**에 재닛 쿡Janet Cooke 기자가 헤로인 중독에 걸린 여덟 살 난 아이에 관해 취재해 신문 1면을 장식한 〈지미의 세계Jimmy's World〉 기사가 이 영광스러운 상을 받았을 때《워싱턴포스트》보도국은 당연히 수상을 축하했다. 하지만 며칠 지나지 않아 이 특별한 표창은《워싱턴포스트》사상 최악의 표창으로 밝혀졌다.

1980년 9월 28일 보도된 〈지미의 세계〉는 즉각적인 반향을 일으켰다. 독자들은 쿡의 기사에 매료되었고 동시에 격분했다. 기사는 이렇게 시작했다. "여덟 살 난 지미는 헤로인 중독 3대째인 소년이다. 이 조숙한 소년은 엷은 갈색 머리에 벨벳처럼 짙은 밤색 눈을 가졌고 아기 피부처럼 매끈하고 가느다란 갈색 팔은 온통 바늘자국투성이다." 보도는 대성공을 거두었고,《워싱턴포스트》는 자랑스럽게 이 기사를 퓰리처 이사회에 제출했다.

그러나 퓰리처상 수상과 거의 동시에 재닛 쿡에 대한 이야기가 밝혀지기 시작했다. 이 아름답고 젊은 기자는《워싱턴포스트》가 보도국을 여러 모로 변화시키기 위해 채용한 신입사원이었다. 쿡은 똑똑하고 의욕적인 흑인으로, 흠잡을 데 없는 우수한 경력에 비범한 글쓰기 재능을 갖추고 있었다. 후에 벤 브래들리Ben Bradlee 편집국장은 그녀를 "백만 명 중에 하나 있을까 말까 한 거짓말쟁이"라고 부르기도 했다. 다른 언론사에서 쿡의 퓰리처상 수상에 관한 특집 기사를 준비하는 동안 충격적인 사실이 드러나기 시작했고 완벽해 보이던 그녀의 이력에는 사실과 다른 것들이 많았음이 밝혀졌다. 이 모든 내용이 곧바로《워싱턴포스트》에 전해졌다.

쿡은 자신의 주장처럼 소르본대학교에 다닌 적이 없었고 털리도대학교에서 석사학위를 취득하지도 않았다. 바사대학교에서 차석으로 졸업했다는 주장과는 달리 1년 만에 학교를 그만두었다. 그 후 브래들리가 프랑스어로 질문을 퍼붓기 시작했는데 쿡이 4개 국어를 유창하게 한다고 거짓말한 사실도 금방 드러났다.

얼마 지나지 않아 편집장들은 쿡이 자신의 이력서와 마찬가지로 '지미' 기사도 꾸며냈다는 사실을 알아차렸다. "어떤 면에서 보면 그녀와 기사가 믿을 수 없을 정도로 훌륭했습니다." 칼 번스틴Carl Bernstein과 함께 워터게이트 사건을 보도해 유명해진《워싱턴포스트》의 밥 우드워드Bob Woodward 편집장이 이렇게 말했다. "쿡이 복잡한 사건을 취재하러 나갔다가 한 시간 만에 멋진 기사를 들고 돌아온 것을 봤습니다. 글의 구성이 탄탄하고 응집력이 있었기 때문에 제 경고벨이 울리지 않았던 거죠. 일말의 의심도 하지 않았습니다. 제가 태만했어요."

우드워드뿐만이 아니었다. 보도국 직원 몇 명이 기사의 진실성에 대해 줄곧 우려를 표했지만 〈지미의 세계〉는 결국 편집장들의

또 다른 멋진 이야기를 꿈꾸는 재닛 쿡 기자.

결재 라인을 통과해 편집국장의 승인까지 얻어냈다.《워싱턴포스트》의 독립 옴부즈맨 빌 그린Bill Green의 말처럼, 브래들리에게 도착한 "기사는 승리의 깃발을 휘날리며 마지막 남은 가장 어려운 관문까지 거뜬히 통과했다".

그리하여 브래들리가 자서전에서 말한 "내 신문사 근무 경력 중 가장 어두운 시기"가 시작되었다. 결국 퓰리처상은 반납되었고 좋은 신문이라는 평판은 큰 상처를 입었다.《워싱턴포스트》사설에는 이렇게 적혔다. "사실 독자들이 '지미' 이야기에 관한 보도와 그 뒤로 이어진 온갖 시끌벅적한 사건들로 기만당했다고 느끼는 만큼 이곳에서 일하는 우리도 화나고 분하고 이용당했다고 느꼈다. 쿡의 기사가 의도했던 적극적인 보도는 계속 이어갈 것이며 정직하고 공정한 보도라는 최고의 규범 또한 지켜나갈 것이다."

14일

링컨이 총에 맞은 밤에 발생한 또 다른 사건

1865년 4월 14일 밤, 미국의 수도는 공포에 휩싸였다. 그러나 이 공포가 존 윌크스 부스John Wilkes Booth가 지척에서 에이브러햄 링컨 대통령의 머리를 향해 총을 발사한 포드극장에만 집중된 것은 아니었다. 실제로 그리 멀지 않은 곳에서도 사고가 발생했는데, 국무장관 윌리엄 H. 수어드William H. Seward가 자택에서 부스와 한패인 루이스 파월Lewis Powell(일명 루이스 페인Lewis Paine)로부터 무자비한 공격을 받은 것이다.

암살단은 대통령과 부통령, 국무장관을 살해해 정부를 근본적으로 무력화하려는 계획을 세웠다. 이 계획을 달성하기 위해 파월은 라파예트 스퀘어에 있는 수어드의 집으로 갔다. 국무장관은 9일 전에 치명적인 마차 사고를 당한 후 침대에 누워 기력을 회복하는 중이었다. 밤 10시가 막 지났을 때, 암살을 계획한 파월은 주치의의 처방전을 전하는 심부름꾼으로 위장하여 국무장관의 집을 찾았다. 그러나 하인은 장관이 잠들었다며 그를 들여보내주지 않았다. 그래도 파월은 하인을 밀치고 들어가 계단을 올라갔는데 이번에는 국무장관의 아들 프레더릭Frederick과 마주쳤다. 아들 역시 얼굴이 벌겋게 달아오른 덩치 큰 파월에게 아버지를 방해해서는 안 된다고 말했다.

"잘 알겠습니다. 그럼 이만 가보겠습니다." 파월은 대답하면서

THE ATTEMPTED ASSASSINATION OF SECRETARY SEWARD.

링컨의 암살단원 루이스 파월이 수어드의 집을 침입해 가족들을 공격하고 있다.

나가는 척하다가 갑자기 몸을 돌려 감춰둔 권총을 프레더릭의 머리에 겨누고 방아쇠를 당겼다. 불발이었다. 화가 난 파월은 권총으로 두개골이 깨질 정도로 프레더릭을 가격하기 시작했다. 자신보다 훨씬 힘이 센 파월의 살인을 저지하려고 프레더릭이 속수무책으로 그를 붙잡고 늘어졌기 때문이다.

수어드의 침실 문을 열어젖히고 들어선 파월은 보초를 서고 있던 사병 로빈슨Robinson을 칼로 사정없이 찔렀다. 로빈슨은 이마가 베인 채 비틀거렸다. 파월은 그런 다음 수어드의 딸 파니Fanny를 밀치고 무방비 상태가 된 수어드에게 달려들었다. 한 손으로는 수어드를 제압하고 다른 손의 칼로 머리와 목을 수차례 찔렀고 그 바람에 수어드의 볼이 거의 찢겨나갔다. 그 무렵, 갑작스러운 칼 공격을 받은 로빈슨이 정신을 차렸다. 로빈슨은 수어드의 다른 아들 오거스터스Augustus와 함께 파월을 힘껏 밀쳐냈다. 파월은 서둘러 집 밖으로 달아나면서 다시 로빈슨의 어깨를 두 번 찌르고 오거스터스의 머리를 찔렀다. 그리고 갓 도착한 국무부 심부름꾼을 거의 죽일 뻔했다.

놀랍게도 다섯 명 모두 그날 밤 루이스 파월의 습격을 받고도 살아남았다. 다만 국무장관은 영영 몸이 망가져 버렸다. "피가 모두 뽑힌 시체 같았습니다." 암살 시도 직후에 국무장관을 본 의사가 말했다. "장관님에게 다가가는데 발아래 피가 흥건했어요. 부풀어 오른 볼에 난 심각한 상처에서 피가 흘러나왔습니다. 그때 볼이 벌어져 있었거든요." 나중에 알고 보니 마차 사고를 겪은 후 턱을 고정하는 데 사용된 금속 교합 장치가 수어드의 목숨을 살린 것이었다(더 운이 좋았던 사람은 앤드루 존슨 부통령이었다. 암살자로 지정된 조지 애체롯George Atzerodt이 너무 겁을 먹은 나머지 암살 임무를 수행하지 못했던 것이다. 그런데도 석 달 후 애체롯은 루이스 파월과 함께 교수대에 올랐다).

수어드는 죽음의 문턱에서 벗어나 미국을 위해 알래스카를 사들인 것으로 유명해졌지만, 그의 아내 프랜시스Frances는 이 모든 수난을 감당할 수가 없었다. "수어드와 프레더릭(파월이 그의 두개골을 골절시킨 후 내내 심각한 상태였다)을 걱정하느라 몸과 마음이 다 지쳤어요." 프랜시스는 친구에게 이런 말을 남기고 사건이 발생한 지 두 달 후 사망했다. 아마 루이스 파월이 벌인 암살 소동의 유일한 사망자일 것이다.

15일

죽음과 죽음과 세금

이 끔찍하디 끔찍한 날에 있었던 지난 일은 지나간 일이다. 1865년 에이브러햄 링컨은 암살범의 공격으로 부상을 입고 쓰러져 결국 사망했다. 1912년에는 타이타닉호가 가라앉았다. 1927년에는 미국 역사상 가장 처참했던 미시시피 대홍수가 발생했다. 2013년에는 보스턴 마라톤 폭탄 테러범이 악랄한 테러를 저질렀다. 하지만 4월 15일의 정신을 생생하게 기리기라도 하는 듯, 미 정부는 언제나 이날 자정까지 우편으로 세금을 납부해야 한다고 알려준다.

16일

링컨을 향한 애도가 너무 격해지다 보면

1865년 4월 14일에 발생한 에이브러햄 링컨 암살 사건의 불똥이 며칠 후 두 명의 전직 대통령에게까지 튀었다. 사람들은 무리를 지어 돌아다니면서 남부를 동정한다고 의심되는 사람이나 제대로 경의를 표하지 않는다고 여겨지는 사람을 공격하는 방식으로 미국 역사상 처음 있는 충격적인 대통령 살인 사건에 대한 슬픔을 표출했다. 미국 전역에서 사람들이 구타를 당하고 칼에 찔렸으며 어떤 경우에는 약탈자들로부터 린치를 당하기도 했다. 일부 약탈자들은 4월 16일에 뉴햄프셔주 콩코드에 있는 프랭클린 피어스 Franklin Pierce 전 대통령 집 앞에 나타나기도 했다.

피어스는 과거에 링컨을 미국 내 "모든 악의 매개체"라 칭하며 노예해방선언은 "판단력 부족과 부정의 극치"이자 흑인들이 "나이와 성별 관계없이 강한 영향력을 행사"하는 데 빌미를 주었다고 심하게 비난한 적이 있었다. 링컨의 사망으로 험악한 군중은 왜 피어스의 집은 다른 사람들의 집처럼 검은색 천을 두르지 않았는지, 왜 국기를 달지 않았는지 알려달라고 요구했다. 피어스 전직 대통령은 밖으로 나와 선동가들과 대면했다. 피어스는 자신도 링컨을 애도한다고 응수하며 애국심을 증명하기 위해 꼭 국기를 달아야 할 필요는 없다고 점잖게 타일렀다. 그의 힘 있는 모습에 무장해제된 군중은 뿔뿔이 흩어졌다.

같은 날, 밀러드 필모어Millard Fillmore 전 대통령도 버펄로에서 위태로운 상황에 봉착했다. 피어스처럼 필모어도 링컨을 "내 피를 끓게 하는 … 독재자"라고 매도하며 신랄하게 비판한 적이 있었다. 게다가 필모어 역시 애도의 의미로 집을 검은색 천으로 두르지 않았다. 이런 뻔뻔한 모습에 몹시 화가 난 군중은 피어스의 집에 검은색 페인트를 덕지덕지 발랐다. 필모어는 사람들에게 사과하고 병든 아내를 보살피느라 여념이 없었다고 해명하면서 더 이상의 폭력적인 상황을 피할 수 있었다.

심지어 줄리아 타일러Julia Tyler도 공격을 받았다. 그녀의 작고한 남편이자 전직 대통령이었던 존 타일러는 남부의 연방 탈퇴를 옹호했고 결국 남부연맹 하원의원으로 당선되었다(의원직에 오르기 전에 사망하긴 했지만 말이다). 제10대 대통령의 미망인이 스태튼아일랜드에 있는 집에 남부연합기를 달았다는 소문이 돌자 폭력배 무리가 각목을 휘두르며 집을 급습해 불쾌한 반역자의 상징이라 생각되는 남부연합기를 뜯어냈다.

줄리아 타일러는 사건이 있는 직후 이렇게 썼다. "그렇게 무례하게 뜯어낸 국기는 10여 년 전에 제작된 고급 삼색기였어요. 그림 위에 장식 삼아 걸어둔 것이었죠. 집에 커다란 미국 국기 말고 다른 국기는 없었어요."

17일

"알라모? 따위 잊어버려!"

존 F. 케네디 대통령이 피그스만 작전을 개시하며 쿠바를 침공한 바로 그날, 존 '듀크' 웨인John 'Duke' Wayne은 자신의 실패작 때문에 난관에 부딪혔다. 프로듀서이자 감독이자 배우로서 자신이 가진 모든 자산을 쏟아 부으며 심혈을 기울여 만든 서사 영화 〈알라모The Alamo〉가 오스카상에 노미네이트되었지만 음향상을 제외하고 7개 부문에서 모두 수상에 실패했던 것이다. "제기랄." 웨인은 침울한 그날 밤 술에 취해 친구에게 이렇게 토로했다. "이렇게 공을 들였는데 뭐라도 탈 줄 알았지."

웨인은 다소 우쭐대고 설교하는 듯하긴 해도 열과 성을 다한 것만큼 부정할 수 없는 자신의 영화가 어째서 무참히 짓밟히고 말았는지, 그리고 **1961년 4월 17일** 아카데미 시상식에서 자신의 영화가 왜 배제되었는지에 대한 나름의 추론이 있었다. 그는 전기작가 마이클 문Michael Munn에게 이렇게 말했다. "동부 연안의 좌익 비평가들, 바로 그들이 내게 앙심을 품었습니다. 독재 정권에서 자유를 얻으려면 희생이 따를 수밖에 없다는 내 의견을 탐탁지 않게 여겼거든요. 비평가들은 내가 미국을 알라모에 빗대어 표현하는 것을 싫어했어요. 내가 멕시코인들을 품위 있게 표현하고 싶었던 것은 맞지만 이 영화는 우리의 자유를 빼앗은 것에 대한 경고였어요. 물론 공산주의도 거기에 포함됩니다. 비평가들은 그걸 싫어했어요.

그들은 영화가 아니라 제 정치적 견해를 비난했던 겁니다."

실제로 1960년 가을에 영화 〈알라모〉가 개봉했을 때 비평가들은 인정사정없었다. 《뉴스위크Newsweek》에서는 "역사상 가장 호화로운 B급 영화다. … 여기서 B는 진부하다는 뜻이다"라고 말했으며, 《뉴요커The New Yorker》는 웨인이 "영광스러운 역사의 한 장을 감상적이고 얼토당토않은 이야기로 탈바꿈시켰다. … 〈알라모〉에는 진지한 구석이 하나도 없다. … 그 어떤 것도 사실이 아니다. 〈알라모〉는 왜곡과 통속화의 전형이다"라고 전했다. 하지만 〈알라모〉가 아카데미 시상식에서 완전히 배제된 이유에는 영화적 가치에 대한 논란 말고도 다른 무엇인가가 있었다. 오스카 역사상 전례가 없을 만큼 득표를 위한 홍보가 과도했던 것이다.

웨인은 〈알라모〉를 아카데미에 선전하기 위해, 이전에 하워드 휴즈Howard Hughes의 영화 〈무법자〉를 홍보할 때 제인 러셀Jane Russell의 가슴에 사람들의 이목이 쏠리게 해 영화 홍보에 성공한 바 있는 러셀 버드웰Russell Birdwell과 관계를 유지하고 있었다. 이제 버드웰이 내세운 홍보 전략은 대중과 아카데미의 순수한 애국심을 적극적으로 공략하는 것이었다. 그는 기본적으로 〈알라모〉를 관람하는 것은 모든 미국인의 의무이며, 모든 아카데미 회원들은 이 영화에 투표해야 할 의무가 있다고 주장했다. 민주주의가 〈알라모〉에 달려 있다고 말이다. 알라모의 참상을 담은 사진 위에 "올해 오스카는 세상에 어떤 메시지를 던질 것인가?"라는 문구가 내걸렸다. 또 다른 광고는 "오스카에 달려 있다"고 주장하기도 했다.

버드웰의 애국심을 부추기는 홍보에 웨인의 말이 인용되기도 했다. "지금은 위태로운 시대입니다. 세계의 이목이 우리에게 쏠려 있습니다. 공산주의자에 지배당할 위험이 있는 나라에 미국을 알려야 합니다. 오늘날 우리가 누리는 소중한 자유를 얻고자 고군분투했던 선조들을 이해하기 위해서라도 이 영화는 중요합니다."

그러나 로스앤젤레스《미러Mirror》의 칼럼니스트인 딕 윌리엄스Dick Williams는 미국적 가치를 지나치게 강요하는 웨인의 홍보와 "〈알라모〉에 표를 던지지 않으면 미국적인 정신이 부족한 것일지도 모른다"고 시사하는 태도에 반대하며 "열성적인 애국자일지라도 〈알라모〉가 시시한 영화라고 생각할 수 있다는 점에서 이 홍보는 매우 불공정하다"고 비난했다.

그러나 버드웰의 노골적인 홍보도 오스카 남우조연상 후보에 오른 후 〈알라모〉에서 주정뱅이 양봉가 역을 맡은 칠 윌스Chill Wills의 홍보에 비하면 양반이었다. 윌스의 홍보담당자는 영화업계의 한 간행물에서 아카데미 전 회원의 명단이 기재된 광고를 실었다. 광고에는 "이기거나, 지거나, 비기거나. 여러분은 여전히 나의 형제들이며 나는 여러분 모두를 사랑합니다"라는 문구가 실렸다. 이에 대해 그루초 막스Groucho Marx는 《버라이어티Variety》의 다른 광고에서 비꼬듯 응수했다. "친애하는 칠 윌스씨, 당신의 형제가 되어 기쁩니다만, 저는 살 미네오Sal Mineo(윌스의 경쟁자)에게 투표할 겁니다."

또한 〈알라모〉 출연진 전체의 사진에 윌스의 커다란 사진을 끼운 광고가 실리기도 했다. 일부 지역에서는 상당히 모욕적인 문구가 실렸는데, 특히 텍사스에서 그랬다. "우리 〈알라모〉 배우들은 실제 텍사스 주민들이 알라모에서 살기 위해 기도했던 때보다 더 열심히 기도하고 있습니다. 칠 윌스가 오스카 남우조연상을 수상할 수 있도록 말입니다. 우리의 형제 윌스의 연기는 일품이었습니다. 당신의 〈알라모〉 형제로부터."

자신을 과대 포장하는(게다가 참혹한 희생을 모욕하는) 광고에 대한 반응이 너무 심각했기 때문에 존 웨인은 성명을 발표해야 했다. "칠 윌스의 광고는 … 사실이 아니며 비난받을 만하다고 말씀드리고 싶습니다. 배트잭Batjac 제작사(웨인의 프로덕션 회사)와 러셀 버드웰 사무실의 어느 누구도 윌스의 간행물 광고에 관여하지 않았습니다. 더 이상의 강한 표현은 삼가겠습니다. 칠 윌스의 의도가 그의 취향만큼 나쁘지는 않다고 확신하기 때문입니다. 존 웨인."

웨인이 사태를 수습하려고 시도했지만 오스카는 여전히 눈살을 찌푸렸다. 이 때문에 웨인은 계속 고통스러웠다. 웨인은 마이클 문에게 이렇게 말했다. "오스카에는 경쟁작이 많습니다. 지금까지 그랬고 앞으로도 그럴 테지요. 하지만 오스카 홍보 때문에 비난을 받은 영화는 〈알라모〉가 유일합니다. 대체 왜죠? 그 해 최우수 작품상이 어떤 영화였나요? 〈아파트 열쇠를 빌려드립니다The Apartment〉였습니다. 부하직원이 직장 상사에게 자신의 아파트를 빌려주고 직장 상사는 거기에서 바람을 피우면서 벌어지는 우스운 해프닝을 다룬 코미디 영화였지요. 〈알라모〉는 용기, 정의, 자유에 관한 영화였어요. 패배를 인정하기 싫으냐고요? 물론입니다."

18일

어떤 구명보트도 그의 명성을 구할 수는 없었다

J. 브루스 이스메이J. Bruce Ismay는 가라앉는 타이타닉호에서 목숨을 건졌지만 그의 명성은 배와 함께 침몰했다. 이스메이는 사흘 전에 운명의 타이타닉호에서 용케 탈출한, 대부분이 여성과 아이들인 다른 705명의 승객과 함께 구조선 카르파티아Carpathia호에서 내리자마자 언론의 공격을 받기 시작했다. 화이트스타라인White Star Line의 회장 겸 이사였던 이스메이는 곧바로 세상에서 가장 욕먹는 사람이 되고 말았다. 겁쟁이로 낙인 찍혔음은 말할 것도 없고, 타이타닉호에 구명보트를 충분히 마련해 두지 않았고 뉴욕에 더 빨리 도달하기 위해 선장에게 속력을 높이라고 지시하는 등 대참사를 설계했다는 이유로 비난받았다.

"목숨을 구할 구명보트가 충분치 않아 꼼짝없이 배 위에서 죽음을 맞이해야 했던 주변의 용감한 남자들, 고귀한 여자들, 가여운 아이들과는 상관없이, 이 한 '남자'를 위한 자리는 충분했다"며 1912년 4월 18일자《덴버포스트The Denver Post》는 그를 강력하게 규탄했다. 1면 기사는 다음과 같이 끝을 맺었다. "J. 브루스 이스메이, 이 이름을 기억하라. 그는 바다의 베네딕트 아널드다."

며칠이 지나자 공격은 점점 더 심해졌다.《허스트The Hearst》에서는 구명보트에 탄 이스메이가 타이타닉호의 침몰을 바라보는 삽화를 한 면 가득 싣고서 그 아래에 다음과 같은 설명을 덧붙였다.

"이 사람이 J. 브루스 이스메이입니다. 화이트스타의 상징을 저 겁쟁이로 바꿀 것을 정중히 제안하는 바입니다."

　뉴욕과 런던에서 조사가 이어졌지만 타이타닉 참사에서 이스메이의 실제 역할이 무엇이었는지는 분명하게 밝혀지지 않았다. 예를 들어 그가 타이타닉호를 전속력으로 운행하라고 막무가내로 지시했다는 증거도 없었고, 부족했다는 구명보트의 수도 당시의 여객선 요건을 충족하고도 남았다. 그러나 이스메이가 구명보트에 탑승할 때 주변에 여자와 아이들이 없었다는 그의 주장이 설령 사실이라도, 이스메이의 생존 자체에 대한 비난은 수그러들지 않았다. 냉혹한 운명에 맞서 숭고하게 목숨을 바친 용감한 남자들의 이야기가 넘쳐났기 때문에 혼자서 안전하게 몸을 피한 한 남자의 이미지는 쉽사리 잊히지 않았다. 실제로 이스메이는 수십 년의 여생을 불명예라는 치명적인 그림자 속에 억눌려 살았다. 거기에서 이스메이를 구할 수 있는 구명보트는 어디에도 없었다.

1912년

19일

모욕은 모욕이 모욕인 것

호평을 받긴 해도 좀처럼 이해하기 어려운 작가 거트루드 스타인Gertrude Stein은 **1912년 4월 19일** 런던의 출판인 아서 C. 필드Arthur C. Field로부터 그녀의 횡설수설하는 듯한 문체를 모욕적으로 흉내낸 거절의 편지를 받았다.

친애하는 부인,

저는 유일하고 유일하며 유일한 존재입니다. 유일한 존재이자 하나뿐인 존재입니다. 둘도, 셋도 아닌 하나입니다. 인생은 오로지 한 번만 살며, 한 시간은 60분에 불과합니다. 눈도 한 쌍, 뇌도 하나입니다. 단 하나입니다. 유일한 존재로서 한 쌍의 눈으로 단 한 번, 하나뿐인 인생을 사는 저는 부인의 원고를 서너 번 읽을 수가 없습니다. 한 번도 어렵습니다. 한 번 바라보는 것, 한 번 바라보는 것으로 족합니다. 여기에서는 한 부도 팔기 어렵습니다. 한 부, 단 한 부도요.

감사합니다. 원고를 등기우편으로 반송합니다. 하나뿐인 원고를 하나뿐인 우편물로 보내드립니다.

1889년

20일

히틀러가 알에서 깨어난 날

1889년 4월 20일, 오스트리아 브라우나우암인에서 아돌프 히틀러가 태어났다. 만약 히틀러가 여섯 살이 되기 전에 목숨을 잃은 형제들인 구스타프, 이다, 오토, 에드문트와 운명을 함께 했더라면 어땠을까? 니커보커 바지를 입고 다니던 어린 나치는 유년기를 살아남았을 뿐만 아니라 제1차 세계대전 동안 입은 두 차례의 심각한 부상은 물론이고 1933년에 권력을 잡기까지 여섯 차례나 암살 위협이 있었는데도 목숨을 건졌다. 바퀴벌레 같은 생명력에 힘입은 이류 화가 히틀러는 세계 일류 괴물이 되었다.

헨리 탠디Henry Tandey라는 잉글랜드인은 1918년 마흑꾸왕 Marcoing 전투에서 히틀러와 반대편에서 싸우다가 자신도 모르는 사이 이 미래의 총통을 도와주게 되었다. 당시 부상을 입은 히틀러가 탠디의 사정거리를 지나가고 있었다. "조준을 했지만 다친 사람을 쏠 수가 없었습니다. 그래서 그냥 보내줬어요." 수년이 흐른 뒤 그는 이렇게 회상했다. 이 어린 병사의 남은 인생 동안 뇌리에서 떠나지 않을 인도주의적 결정이었다. "그가 나중에 어떻게 될지 알았더라면 좋았을 겁니다. … 히틀러가 죽이고 상처 입힌 사람들, 여자와 아이들을 볼 때면 그를 그냥 보내게 한 신에게 유감스러운 마음이 듭니다."

2013년

21일

"이런 %#$ 같으니라고!"

'최악의 첫 출근일'로 기록에 남을 만한 일이 신인 뉴스 앵커 A. J. 클레멘트A. J. Clemente에게 일어났다. 비즈마크에 있는 NBC계 KFYR 방송국에서 데뷔하던 **2013년 4월 21일**, 그는 뉴스 시작 몇 초 만에 신인 방송인으로서의 커리어를 날려버리고 말았다. 초조한 클레멘트는 바로 몇 초 전 뉴스(사실상 마지막 뉴스)가 시작한 줄 모르고 "F#%*ing S#&t"라고 중얼거렸던 것이다. "그보다 더 최악일 순 없었다!"라고 TV 방송 사상 가장 짧은 기간의 앵커 직을 내려놓고 바텐더가 된 클레멘트는 트위터에 남겼다. 입이 거친 그에게는 바텐더가 조금 더 자유로운 직업이었을 것이다.

클레멘트의 방송 경력이 결딴난 것과는 달리, '보도 기자' 제랄도 리베라Geraldo Rivera는 전무후무한 대실수를 저지르고도 승승장구했다. 클레멘트의 불행한 데뷔로부터 17년 전에, 리베라는 알 카포네Al Capone의 비밀 금고가 열렸다는 내용으로 두 시간짜리 방송을 숨 가쁘게 이끌었으나 마지막에 가서 보니 금고 안에는 아무것도 없었다. 하지만 클레멘트와는 대조적으로 리베라는 성공 가도를 달렸다. "내 커리어는 끝난 게 아니라 이제 막 시작됐다는 것을 알았다." 리베라는 자서전에서 이렇게 밝혔다. "모든 것이 기대했던 약속을 저버리는 바보 같은 '하이콘셉트'(간결한 내용 소개로 실제 작품을 보고 싶게 만드는 영화-옮긴이) 곡예 덕분이었다."

2009년

22일

"맞아요, 지구를 구워버릴 만큼 많지만 않다면요"

"이산화탄소는 유해 물질로 묘사되죠! 하지만 이산화탄소가 유해한 기체라는 사실을 보여주는 연구는 하나도 없습니다. 이산화탄소가 유해한 기체가 아니기 때문에 이산화탄소가 유해하다는 연구가 없는 겁니다. 이산화탄소는 자연적인 겁니다. 유해하지 않습니다. 지구 수명 주기의 일부입니다."

_2009년 4월 22일, 미 하원의원 미셸 바크먼Michele Bachmann이 미국 의회에서 '지구의 날'에 발표한 메시지

23일

아일랜드의 위대한 왕을 둘러싼 혼탁한 해석

1014년 4월 23일, 아일랜드 왕 브리안 보루마Brian Bóramha에게는 좋은 소식과 나쁜 소식이 있었다. 좋은 소식은 치열했던 클론타프 전투에서 침략군 바이킹을 포함한 적군을 모조리 물리쳐 막강한 아일랜드 왕으로서의 위신을 세운 것이었고, 나쁜 소식은 그 과정에서 아들과 손자는 물론 자신까지 목숨을 잃은 것이었다.

더 나쁜 소식은 한참 후에 등장했다. 브리안 보루마는 수 세기 동안 아일랜드 영웅의 상징이었으나 현대 수정주의 역사학자들은 그의 명성을 조금씩 깎아내리기 시작했다. 역사학자들은 보루마가 클론타프 전투에서 덴마크인 무리를 압승으로 물리쳤다기보다는 라이벌 관계에 있던 국내의 한 왕과 벌였던 사소한 다툼의 연장일 뿐이라고 주장했다.

보루마의 전기작가 션 더피Sean Duffy는 이 의견에 반대했다. 그는 《아이리시타임스The Irish Times》에 이렇게 썼다. "올해(2014년) 개최될 수많은 기념행사에서 브리안 보루마가 이룩한 진짜 업적을 보지 못하는 일이 없길 바란다. 브리안 보루마는 아일랜드 사람들의 상상 속에 너무도 깊이 자리 잡고 있어 동전에서부터 기네스 맥주, 트리니티 대학에 이르기까지 모든 것에 아일랜드의 상징으로 등장한다. 그가 다른 이름으로 불린다는 것은 상상하기가 어려울 것이다."

24일

매니저가 다 먹어치워 순식간에 사라진 밴드

록 역사상 배드핑거Badfinger만큼 시작이 순조로웠던 밴드도 드물다. 비틀스의 총애를 받아 1968년 그들의 음반회사와 계약을 맺었을 뿐 아니라 첫 히트 싱글 앨범《컴 앤 겟 잇Come and Get It》의 작곡 및 제작에는 폴 매카트니Paul McCartney가 참여했고 그 다음 성공을 거둔《노 매터 왓No Matter What》,《데이 애프터 데이Day After Day》(조지 해리슨 제작),《베이비 블루Baby Blue》앨범에서는 가수 겸 기타리스트 피트 햄Pete Ham이 작사·작곡 실력을 멋지게 뽐냈다. 햄은 그룹 멤버 톰 에번스Tom Evans와 함께 〈위드아웃 유Without You〉를 썼고, 폴 매카트니는 이 곡을 "역대 최고의 죽여주는 노래"라고 설명했다. 실제로 가장 크게 히트한 노래이기도 했다(배드핑거는 〈위드아웃 유〉를 1970년 앨범《노 다이스No Dice》에 수록했고, 이듬해에 가수 해리 닐슨 Harry Nilsson이 이 노래를 커버곡으로 불러서 전 세계적으로 인기를 끌었다. 머라이어 캐리도 1994년에 다른 버전으로 이 노래를 불렀다. 미국 작곡가·작가·출판인 협회 ASCAP에 따르면 이 노래는 180개의 버전이 있다). 그러나 1970년, 창창한 앞날이 예견되던 때 배드핑거는 스탠 폴리Stan Polley라는 사기꾼과 계약을 맺고 말았다. 악마와의 계약과도 같았던 이 계약으로 밴드는 5년 만에 재정이 파탄나고 배드핑거에서 가장 재능 있는 두 명의 멤버는 비극적인 죽음을 맞이했다.

"피트 햄은 뉴욕에서 매니저(폴리)와 계약을 맺을 때 매우 들떠

배드핑거 최고의 히트작이었지만 앨범명이 말해주듯 그들에게 '더 이상의 기회는 없었다'.

있었다"고 배드핑거의 로드 매니저 브라이언 슬레이터Brian Slater가 전기작가 댄 마토비나Dan Matovina에게 말했다. "햄은 이제 돈 걱정은 안 해도 된다고 생각했어요. 그 친구가 다 관리해 줄 테니까요." 당연히 폴리는 오직 자신을 위해 모든 돈을 관리했고 밴드가 벌어들인 것뿐만 아니라 음반 회사(애플 레코드)의 수익도 횡령했다. 그 결과 헤어날 수 없는 재정난과 법적 문제에 휘말린 배드핑거는 활동을 멈출 수밖에 없었다. 돈도 없고 실의에 빠진 채 방탕한 생활을 하던 햄은 **1975년 4월 24일** 자신의 차고에서 목을 매 자살하고 말았다(8년 후 햄의 동료 톰 에번스도 자살했다). 스물여덟 번째 생일을 3일 앞둔 날이었다. 그는 유서에 이렇게 남겼다. "사람들을 사랑하고 신뢰하는 일이 내게는 허락되지 않을 것이다. 이편이 더 낫다." 추신도 있었다. "스탠 폴리는 비열한 작자다. 나는 그를 데리고 갈 것이다."

1989년

25일

골 때리는 학교

오하이오의 센트럴 주립대학교는 추악하기로 이름난 복싱 경기 기획자 돈 킹Don King에게 명예박사 학위를 수여한 지 1년 만에 당시 킹의 고객이자 상당한 전과기록을 가진 고등학교 중퇴자였던 마이크 타이슨Mike Tyson에게 같은 학위를 수여하기로 결정했다. 대학 총장 아서 토머스Arthur Thomas는 타이슨에게 학위를 수여하면서 세계적인 헤비급 챔피언 선수가 젊은이들에게 긍정적인 영향을 미쳤다고 언급했지만 걸핏하면 화를 내는 이 권투선수가 약속한 2만 5,000달러를 어서 기부해주길 내심 바라고 있었다. **1989년 4월 25일**, 토머스 총장의 비서 월터 셀러스Walter Sellers가 "장엄하고 역사적인 행사"라 칭한 수여식에서 타이슨 박사는 암적색과 금색으로 장식된 모자에 가운을 걸치고 졸업생들에게 감동적인 연설을 했다. "제가 어떤 분야의 박사인진 모르겠지만 여기 있는 아리따운 여학생들을 보니 부인과 의사가 아닌가 싶네요."

2007년

26일

인도에서 너무 나댄 리처드 기어

입맞춤은 그저 입맞춤일 뿐이다. 하지만 인도에서 그런 애정 표현은 사람들의 눈살을 찌푸리게 만든다. 그래서 인도 수도 뉴델리에서 에이즈에 대한 인식 개선 행사에 참석한 미국 배우 리처드 기어Richard Gere가 인도 여배우 실파 셰티Shilpa Shetty에게 진하게 입맞춤을 했을 때, 화를 참지 못한 사람들이 인도의 여러 도시에서 기어 인형을 만들어 불태웠고 **2007년 4월 26일**에는 인도 북서부주 라자스탄의 판사가 기어와 셰티를 상대로 구속 영장을 발부했다. 판사는 입맞춤이 "매우 야하다"며 "상스러움이 도를 지나쳤다"고 영장 발부 이유를 설명했다. 관련자들에게는 다행스럽게도 이듬해에 인도 대법원이 구속 영장을 기각했다.

리처드 기어의 공개적인 애정 표현으로 인도 각지에서 분노가 일었다.

1578년

27일

'왕의 남자'들의 목숨을 건 결투

프랑스 왕 앙리 3세는 여자들을 사랑했다. 더 정확히 말하면 외모와 행동거지가 여자와 꼭 닮은, 한껏 치장을 한 젊은 사내들을 좋아했다. 조롱의 의미로 '미뇽mignons(귀여운 사람 혹은 앙증맞은 사람)'이라 불리는 왕의 단짝 친구들은 예쁘게 보이기 위해서라면 어떤 사치도 마다하지 않았다.

당시의 연대기 기록자, 피에르 드 레스트왈Pierre de L'Estoile은 이런 기록을 남겼다. "그들은 길게 기른 머리를 기교를 부려 말고 또 말았다. 사창가 매춘부처럼 머리 위에는 벨벳으로 만든 작은 보닛을 썼고, 린넨 셔츠의 주름은 풀 먹인 옷과 같은 데다 15센티미터쯤 길어서 특별히 애쓰지 않아도 사도 요한의 머리처럼 보였다."

미뇽들이 왕에게 접근해 영향력을 행사하면서 프랑스에서 오랫동안 권력을 누려온 가문의 사람들은 깊은 분노를 느꼈다. 이 악한 감정은 일반 서민들에게까지 흘러드는 경향을 보였다. 레스트왈은 이렇게 기록했다.

"미뇽이라는 호칭이 … 입에서 입으로 전해졌는데, 사람들에게는 여자 같은 겉치장(화장)과 천박한 옷차림만큼이나 까불거리는 오만함이 혐오스러워 보였다. … 그들은 도박을 일삼고 신을 모독했으며 … 시도 때도 없이 왕과 내통하고 왕을 쫓아다닌다. … 온갖 말과 행동으로 왕을 기쁘게 할 궁리를 하지만 신이나 덕행에는 조금도 관심이 없으며, 신보다 더 두렵고 경외하는 존재인 왕이 베푸는 은혜에 만족한다."

미뇽은 프랑스의 극심한 종교분쟁 시기와 맞물려 등장했다. 앙리 3세와 그 무리는 막강한 기즈 공작Dukes of Guise이 이끄는 가톨릭 강경파와 상류 사회에서 맞붙었다.

1578년 4월 27일, '미뇽의 결투'로 알려진 폭력 사건에서 당장에라도 터질 것 같은 충돌이 일어났다. 불분명하지만 여섯 명 중 네 명이 치명상을 입었다. 여섯 미뇽 중 한 사람인 루이 드 모지롱Louis de Maugiron은 결투 중에 사망했고 또 한 사람 자크 드 케이뤼스Jacques de Caylus는 부상으로 한 달 넘게 고통스러워하다가 목숨을 잃었다. 앙리 3세는 친한 두 친구를 잃고 슬픔에 잠겼다.

레스트왈은 이렇게 기록했다. "왕은 모지롱과 (케이뤼스와) 각별한 우정을 나눴다. 죽은 두 사람에게 왕은 키스했고, 그들의 머리를 베고 금발을 잘라 소중히 챙겼다. 왕은 케이뤼스에게서 일전에 자신이 선물했던 귀고리를 빼내 직접 착용했다."

1983년

28일

람보가 담배 대기업을 알선하다

만화 캐릭터의 대명사, 고인돌 가족 프레드 플린스톤Fred Flintstone
과 바니 러블, 그리고 윌마는 담배를 뻐끔뻐끔 피우면서 자신들의
쇼를 후원하는 담배 브랜드의 장점을 극찬한 적이 있었다. 흡족한
플린스톤은 이렇게 말했다. "윈스턴 담배는 맛이 좋아. 담배라면 마
땅히 그래야지." 야구 영웅 미키 맨틀Mickey Mantle은 담배 브랜드 바
이스로이Viceroy만 홍보한 것이 아니라 카멜Camel도 피워댔다. 심지
어 산타조차 담배를 좋아했다. 수백 개의 담배 광고에 즐거운 모습
으로 등장하는 산타를 보면 아이들은 적어도 그렇게 믿었을 것이
다. 1983년 4월 28일, 실베스터 '로키·람보' 스텔론은 청년층 시장
에 수십 년간 침투해온 담배 산업에 기여하고 싶어서 다음과 같은
메모를 영화진흥기구연합Associated Film Promotion의 밥 코보로프Bob
Kovoloff에게 전했다.

밥에게,

이미 말한 것처럼 앞으로 다섯 편의 영화에서만큼은 브라운 앤 윌리
엄슨Brown & Williamson 담배를 피울 것을 약속합니다.

브라운 앤 윌리엄슨에서 50만 달러를 낼 것으로 알고 있습니다.

답변 기다리겠습니다.

실베스터 스텔론

1996년

29일

FDA는 '다이어트에 대한 치명적 무관심 (Fatal Diet Apathy)'의 약자?

"글쎄요, 한번 해 보세요. 이 나라에서는 절대 안 될 겁니다. 미국 식품의약국Food and Drug Adminstration, FDA은 그렇게 효능은 없고 위험성만 큰 의약품을 시장에 들이지 않을 겁니다. FDA는 우리의 안전을 지키는 감시 기구니까요. FDA의 주요 임무는 안전을 지키는 것입니다."
_미국 식품의약국 자문위원인 스튜어트 리치Stuart Rich 의학 박사

스튜어트 리치는 제약회사 아메리칸홈프로덕츠(오늘날의 와이어스Wyeth)가 펜펜Fen-Phen으로 알려진 다이어트 약품 '리덕스Redux'를 제조·유통하려는 움직임을 두고 이렇게 답변했다.

1996년 4월 29일, 수많은 내부 논의를 거친 후 FDA는 리덕스를 승인했다. 그러자 리치 박사와 여타 전문가들이 경고한 것처럼, 이 약품을 처방받아 복용한 수많은 사람들이 심각한 심장판막 질환과 치명적인 폐동맥고혈압에 시달렸다. 리치 박사는《프론트라인 Frontline》에서 이렇게 밝혔다. "(FDA의 결정에) 저는 절망했습니다. 왜 절망했느냐고요? 폐고혈압에 걸린 환자를 치료하는 것이 제 전문입니다. 심혈관 질환 중 가장 고통스러운 질병이 폐고혈압입니다. … 수개월, 수년에 걸쳐 익사하듯 서서히 죽어가죠. 그게 어떤 모습일지 상상해 볼 수 있다면 말입니다."

1978년

30일

"그래도 캣우먼과 살진 않겠어요"

1978년 4월 30일, 엄청난 부를 자랑하는 미술상 가문의 자손인 알렉 윌든스타인Alec Wildenstein이 조셀린 퍼리셋Jocelyne Perisset과 결혼했다. 퍼리셋은 후에 고양이 얼굴을 만들기 위해 성형수술을 했다는 악명을 얻게 된 인물이다. 그러나 이 결혼은 1999년의 이혼 합의로 윌든스타인에게 위자료 25억 달러라는 비용을 안겼다. '윌든스타인의 신부'라는 조소 섞인 별명을 얻게 된 퍼리셋이 행복하게 수염을 핥으며 살기에는 너무 많은 금액이었다.

Bad Days
in
History

May

5월

"거친 바람은 5월의 어여쁜 꽃망울을 흔들지."

윌리엄 셰익스피어, 〈소네트 18*Sonnet 18*〉

1948년

1일

민권 운동에 도움을 준 공안위원

즐겁고도 신나는 5월에 테오필루스 유진 '불' 코너Theophilus Eugene 'Bull' Connor의 피가 끓었다니 뭔가 있었던 게 틀림없다. 때는 바야흐로 봄, 무슨 수를 써서라도 인종차별을 유지해야 했던 이때, 앨라배마주 버밍엄의 과격한 인종 분리주의자 공안위원은 봄기운에 더욱 힘이 넘치는 것 같았다.

사건의 시작은 **1948년 5월 1일**에 있었다. 아이다호 상원의원 글렌 H. 테일러Glen H. Taylor는 후에 마틴 루서 킹이 "미국에서 가장 인종 차별이 심한 도시"라 부른 버밍엄에 와서 '백인 전용' 출입구 대신 흑인에게만 허용된 문을 통해 남부흑인청소년의회Southern Negro Youth Congress에 참석하려고 했다. 당시 진보당 부통령 후보자였던 테일러는 코너가 관할하는 경찰서에 즉각 체포되었다. "이봐, 입 다물고 있어." 경찰은 테일러를 구치소로 연행하기 전에 이렇게 말했다(코너는 10년 전에도 이미 인종이 섞이는 것에 대해 감정을 표출한 바 있었다. 당시 그는 남부인간복지협의회Southern Conference for Human Welfare의 통합 회의를 중단시키며 다음과 같은 모순적인 발언을 거리낌 없이 내뱉었다. "저는 이 동네에서 어떠한 깜둥이와 백인도 분리되지 않도록 가만두지 않을 겁니다").

그러다가 1960년대 초에는 기운 나게 하는 5월의 날들이 더 이어졌다. 당시는 백인우월주의에 대한 새로운 저항에 직면하여 코너의 극심한 편견이 꽃을 피운 시기였다. 프리덤 라이더(인종차별 철

폐를 위한 민권 운동 참가자-옮긴이)들이 시내로 오고 있었고 코너는 만만의 준비를 했다. 코너는 KKK단과 함께 1961년 5월 14일 어머니의 날을 위해 기억에 남을 만한 환영 행사를 준비해 두고 있었다. KKK단의 한 정보원에 따르면, KKK단은 코너의 버밍엄 경찰서로부터 15분 동안 일을 해치우라는 명령을 받았다. "불을 지르든, 폭탄을 던지든, 죽이든, 불구로 만들든, 처벌 안 할 테니 … 이 15분 동안은 여러분 중 단 한 사람도 체포되지 않을 거라고 장담합니다." KKK단은 할당된 시간에 맞춰 쇠파이프, 야구방망이, 쇠사슬 등을 가지고 시위대에 무참한 공격을 감행했다.

2년이 지난 5월 첫 주, 버밍엄의 아이들 수천 명이 평화 시위에 참여하기 위해 거리로 쏟아져 나오면서 코너의 화에 불을 지폈다. 소방 호스와 전투견을 동원한 대대적인 진압 및 검거가 이루어졌고, 이 모습이 영상으로 찍혀 전 세계로 퍼져나갔다. 미디어의 집중 보도와 전국적 분노가 이어지면서 그 해 5월은 코너가 감당하기 버거울 정도로 버밍엄이 들끓었다. 달갑지 않은 변화의 조짐이 보였다. 코너의 부주의가 가져온 변화였다. 5월 말 그는 해고되었다. 설상가상으로 그전까지 무관심했던 케네디 정부가 남부에서 벌어지고 있는 극심한 차별에 대해, 코너가 버밍엄에서 보여주었던 악랄한 행동에 대해, 마침내 입을 열기에 이르렀다.

케네디 대통령은 이렇게 말했다. "민권 운동의 성공은 불 코너 덕분입니다. 그는 에이브러햄 링컨 못지않은 도움을 주었습니다."

2일

베컴처럼 되고 싶었던 독재자의 아들

카다피 가문처럼 추악한 집안의 골칫덩이가 되려면 충분히 남다른 인물이어야 했다. 그런데 리비아 독재자의 구제불능 셋째 아들로 악명이 높은 알 사디 카다피Al-Saadi Gaddafi는 스파이크 운동화를 신은 역대 프로 축구선수로서는 최악임을 스스로 입증하며 좋다고만 할 수 없는 전적을 더욱 깎아먹었다. "현재 속도를 두 배로 높여도 그는 여전히 두 배 느리다." 젊은 카다피가 처음(이자 마지막)으로 2004년 5월 2일에 이탈리아 페루자팀의 대체 선수로 뛰었을 때 이탈리아 신문《라 레푸블리카La Repubblica》가 이렇게 보도했다. 게다가 작은 괴물 카다피는 스포츠맨십마저 기막히게 형편없음을 적나라하게 보여주었다. 4년 후에는 메이저리그 프로 선수로서 부질없고 불필요한 정치적 체면치레를 하기에 급급했다.

사디 카다피는 재능이 전혀 없었는데도 축구에 진지하게 몰두했다. 당연히 아무도 그가 재능이 있다 생각하지 않았다. 가족의 연줄(당연히 나라를 다스리는 독재자의 권위)로 어린 카다피는 트리폴리팀의 주장인 동시에 리비아축구연맹의 회장이 되었다. 그런데 카다피는 경기에서 이기는 것만으로는 만족하지 않았다. 그는 리비아의 데이비드 베컴 같은 축구 스타가 되고 싶었다. 그래서 유니폼 셔츠 위에 자신의 이름만 대문짝만하게 새기고, 나머지 선수들은 이름을 새기지 못하게 금지했다. 아닌 게 아니라 아나운서들은 선수들을 등 번호로 구별할 수밖에 없었다.

카다피가 리비아 축구를 쥐락펴락했지만, 축구 팬들과 벵가지의 알아흘리팀 선수들은 자주 카다피의 화를 돋우었다. 급기야 2000년 여름에 카다피는 악에 받쳐 발끈하고 나섰다. 리비아에서 두 번째로 큰 도시 벵가지는 오랫동안 독재자 카다피 정권에 대한 불만을 토로하는 중심지(결국 반란을 일으켜 2011년에 카다피를 실각시켰다)였는데, 축구에 푹 빠진 아들을 특히 경멸했다. 벵가지 축구 팬들은 조작된 실책이나 잘못된 페널티가 발생해도 참고 또 참다가 몇몇 미국 고위 인사들이 관중으로 참석한 경기에서 끝내 폭발하고 말았다. 성난 관중들은 여기저기서 야유를 퍼부으며 경기장을 급습했고 이어서 시내를 덮쳤다. 그리고 정말 기억에 남을 만한 행동을 벌였다. 당나귀에다가 사디와 똑같은 축구 셔츠를 입히고 시내를 활보하게 했다. 어린 카다피는 머리끝까지 화가 났다.

"너희 팀을 끝장내 주겠어!" 카다피가 당시 벵가지 축구 구단의 사장에게 이렇게 소리쳤다고 《로스앤젤레스타임스》가 보도했다. "쑥대밭으로 만들어 놓을 테니까!" 카다피는 군중들을 줄줄이 잡아들인 이후에도 공격을 감행했다. 벵가지 시민들이 기도하고 있을 때, 그들에게 복수하기 위한 불도저가 들이닥쳤다. "카다피의 부하들이 경기장을 허무는 와중에 어린 아이들더러 자기들을 응원하라고 시키더군요." 알아흘리팀의 전 축구선수 아흐메드 바쇼운Ahmed Bashoun이 영국 《가디언Guardian》에 이렇게 말했다. "우리 팀의 기록, 문서, 우승컵, 메달 등 전부 없애버렸습니다."

2003년

3일

"록 스타의 몰락"
큰 바위 얼굴이 무너지다

옛 친구를 잃는 일은 언제나 어렵다. **2003년 5월 3일**, 뉴햄프셔 사람들은 강하고 참을성 있는 친구가 갑자기 무너졌을 때 그 어느 때보다도 슬펐다. 그 친구는 큰 바위 얼굴로, 묘하게 사람을 닮은 화강암 덩어리이다. 그리고 수천 년 동안 주변을 굽어보다가 마침내 뉴햄프셔 지역에 자리 잡았다. 대니얼 웹스터는 이렇게 쓴 적이 있다.

"사람들은 자신의 직업을 나타내는 간판을 내건다. 구두장이는 커다란 신발을 건다. 보석상은 큼직한 시계를, 치과 의사는 금니를 건다. 그런데 뉴햄프셔 산에는 전능하신 하느님이 거기에다 당신이 인간을 만들었다는 표지판을 걸어두었다."

한 세기 전에 그 거대한 얼굴을 굵은 밧줄과 콘크리트로 보강하기 시작했을 때 큰 바위 얼굴은 이미 노쇠 현상을 보였다. 큰 바위 얼굴의 각 부분이 제멋대로 떨어져 나갔다.

"폭우, 폭풍, 혹한 등 큰 바위 얼굴이 낱낱이 떨어지기에 딱 맞는 조합이었습니다." 주립공원 관리자 마이크 펠챗Mike Pelchat이 AP통신을 통해 이렇게 말했다. "저희는 큰 바위 얼굴을 받치고 있는 것이 신의 손이라고 늘 생각했습니다. 이제 그를 놓아주었고요."

4일

자본가 록펠러 대 예술가 리베라

블라디미르 일리치 레닌이 아니었더라면 뉴욕의 록펠러 센터 RCA 빌딩 로비는 세계적으로 유명한 벽화가 디에고 리베라Diego Rivera의 작품으로 장식되었을 것이다. 뼛속까지 자본주의적인 록펠러가 공산주의자라 자인한 디에고 리베라에게 새 건물을 위한 인상적인 작품을 그려달라고 의뢰했다. 작품의 원대한 주제는 "새롭고 더 나은 미래를 선택하기 위해 희망과 고매한 비전을 품고 기로에 선 남자"였다. 이는 대공황 시기에 사회의 두 가지 상반된 견해, 즉 한쪽에는 자본주의, 다른 한쪽에는 사회주의가 있다는 특징을 보여주려는 것이었다. 누군가는 그런 전복적인 주제가 담기는 것을 망설였을 수도 있지만, 록펠러가의 안주인 애비 록펠러Abby Rockefeller는 디에고 리베라의 열렬한 팬이었기 때문에 그의 정치적 견해나 다른 작품에서 존 D. 록펠러John D. Rockefeller를 조롱했던 사실은 상관하지 않는 듯했다. 그리하여 리베라는 창작 활동을 시작했다. 천만뜻밖의 일을 몰래 준비해 두고서.

벽화가 한창 그려지고 있을 때, 미래의 뉴욕 주지사이자 미 부통령 넬슨 록펠러Nelson Rockefeller가 평소와 마찬가지로 리베라의 작업 경과를 살피러 방문했다. 그런데 이번에 그는 전혀 예상치 못한 뭔가가 작품에 포함되어 있는 것을 보았다. 레닌의 초상화였다. 록펠러는 충격을 받았고, **1933년 5월 4일**에 리베라에게 편지를 써서 레닌의 얼굴을 모르는 사람의 얼굴로 바꿔 달라고 호소했다.

예상대로 리베라는 자신의 예술적 비전을 바꾸라는 견해에 멈 칫했다. 록펠러의 편지를 받은 그 날, 리베라는 이렇게 답장했다. "그런 구상을 변형시킬 바에는 아예 구상 전체를 모조리 없애는 편을 택하겠습니다." 그리하여 리베라가 말한 '록펠러 센터 투쟁' 이 시작되었다. 리베라는 이 프로젝트 작업을 중단하고 모든 비용 을 지급해 줄 것을 요구했다.

한창 예술계에서 엄청난 논란이 일어나고 있을 때 넬슨 록펠러 는 합판을 댄 벽화를 제거하고 현대 미술관에 기증하는 방안을 제 안했다. 그렇지만 소심한 미술관 임원들은 여기에 관여하지 않았 다. 이듬해 2월이 되자 리베라의 작품은 생각지도 않게 갑자기 산 산조각으로 부서져 통에 던져졌다. 한 비평가는 이런 행동을 두고 "예술 죽이기"라고 평했다. 록펠러가는 벽화가 우연히 파괴된 것 이며, 작품을 원상태 그대로 치우려다 실패한 것이라고 주장했다. 그러나 리베라는 그 말을 믿지 않았고, 여러 예술 전문가 역시 마 찬가지 의견이었다. 리베라는 멕시코시티에서 전보를 보내 다음 과 같이 불만을 토로했다. "내 벽화를 없애버림으로써 록펠러가는 '예술품 파손 행위an act of cultural vandalism'를 저질렀습니다. 인간성 못지않게 인간의 창작품 또한 훼손되지 않도록 정당하게 처벌해 야 하고, 앞으로 그렇게 될 것입니다." 이윽고 그는 파괴된 벽화를 다시 그려 대작 〈인간, 우주의 지배자Man, Controller of the Universe〉를 완성했다.

1806년

5일

장작더미 속의 과부

마하라니 라즈 라제쉬와리 데비Maharani Raj Rajeshwari Devi는 권력이 막강한 여자로, 네팔의 왕비였을 뿐만 아니라 어린 아들을 대신하여 섭정하기도 했다. 그러다가 남편이 죽었다. 남편이 죽은 지 10일 후인 **1806년 5월 5일**, 그녀도 남편을 따라 죽었다. 자진한 일은 아니었지만 말이다. 당시 전 세계 여성들은 심하게 천대받았고, 네팔과 인도의 과부들은 그 정도가 더 심했다. 그들의 딱한 상황은 강제로 따를 수밖에 없는 '사티suttee'라는 전통 의식에서 비롯되었다. 즉 과부는 화장용 장작더미에 매여 남편과 함께 불탔다. 수 세기에 걸쳐 어마어마한 여성들이 이런 식으로 죽음을 맞았다. 자진해서 죽는 사람도 있었다. 그 대가로 사후에 영예를 얻고 신성한 순교자라고 공표되는 미미한 보상을 얻을 뿐이었다.

"아내가 남편에 대한 충절과 온전한 헌신을 입증해야 한다면, 남편도 아내에 대한 충절과 헌신을 입증해야 합니다." 마하트마 간디Mahatma Gandhi가 1931년 사티 사건 이후에 이렇게 발언했다. "그럼에도 우리는 죽은 아내의 화장용 장작더미에 오른 남편에 대해서는 한 번도 들은 적이 없습니다. 따라서 남편이 죽었을 때 과부를 불태워 죽이는 관습은 미신, 무지, 맹목적인 남자의 이기주의에서 비롯되었다고 볼 수 있습니다."

6일

지상 최대의 악마 또는 얼간이의 '일기'

어느 미치광이가 쓴 일기에 나온 구절이다. "에바의 바람대로 의사의 진찰을 철저히 받았다. 새 알약 때문에 속이 부글거린다. 에바의 말에 따르면 입 냄새도 심하다." 이렇다 할 특징 없는 도입에 불과하지만 분명 구미를 당길 만했다. 왜냐하면 세상에서 가장 악랄한 인물 중 하나로 손꼽히는 그의 내면을 들여다볼 수 있었을 뻔한 흥미진진한 역사 이야기의 일부였기 때문이다.

1983년 4월 22일, 독일 시사 잡지《슈테른Stern》은 아돌프 히틀러의 일기를 손에 넣었다고 발표했다. 오랫동안 모습을 드러내지 않았던 약 60권 분량의 일기는 1932년부터 1945년까지 이야기를 기록하고 있는데 잡지사가 수백만 달러를 지불하고 얻은 것이었다. 엄청난 액수였지만 그런 특종으로 얻게 될 명성은 값으로 따질 수 없었다.

오스트리아 출신의 언론계 거물 루퍼트 머독Rupert Murdoch도 일기장이 가져다 줄 잠재적 이익이 클 것이라 예상하고 자신이 운영하는 런던의《타임스》에 연재하기를 바랐다. 문건의 진위를 가려내기 위해 머독은 영국 사학자 휴 트레버 로퍼Hugh Trevor-Roper를 보냈다. 16~17세기가 전문인 그는 독일어를 거의 읽을 줄 몰랐다. 트레버 로퍼는《슈테른》편집자들로부터 1945년 비행기 추락 사고에서 일기장이 발견되어 동독의 한 고위 공무원이 일기장을 비밀리에 숨겨 왔다는 이야기를 듣고 엄청난 분량의 일기를 검토한 후 "문건이 진짜라 만족스럽다"고 말했다.

세상은 이 이해하기 힘든 괴물의 머릿속 생각을 읽어보고 싶어 안달했지만 일부 회의적인 이들은 의심이 들었다. 히틀러 전기작가 베르너 마저Werner Maser는 당시 로이터 통신을 통해 "모든 것이 모순된다. 단순히 선정성만을 노린 낌새가 보인다"고 말했다. 《슈테른》이 4월 25일에 일기장을 보도하는 화려한 특별호를 발간하며 보란 듯이 기자회견을 열었을 때 의심의 목소리는 더욱 커졌다.

열렬한 환호를 예상했던 편집장들은 일기장의 진위에 의문을 제기하는 달갑지 않은 질문 세례를 받았다. 게다가 의심 가득한 언론에 한마디 해 달라는 요구를 받은 트레버 로퍼가 갑작스럽게 태도를 180도 바꾸는 바람에 사태는 더 악화되었다. 그는 이렇게 말했다. "사학자로서 참 유감스럽습니다. 그, 그러니까, 일반적인 역사 검증 방법이, 에, 어쩔 수 없이, 언론의 특종 요구에 부합하기 위해 어느 정도 희생되었습니다."

일기장 보도는 참사로 밝혀졌다. **5월 6일**, 독일연방기록원German Federal Archives은 일기장이 "대충 만든 위조품"이며 "지적 능력이 부족한" 자가 "수박겉핥기 식으로 괴기스럽게" 지어낸 이야기라고 발표했고 비난은 극에 달했다.

《슈테른》은 콘라드 쿠야우Konrad Kujau라는 얼간이에게 속았던 것이다. 작가 로버트 해리스Robert Harris가 "자신감 충만한 광대 같은 인물"이라 표현한 쿠야우는 자신의 작품에 그다지 많은 시간과 노력을 들이지 않은 것이 분명했다. 쿠야우가 사용한 종이, 잉크, 풀(모두 1945년 히틀러가 사망한 이후 제조된 것들이었다)에서부터 총통의 연설문과 선언문 모음집에서 그나마도 잘못 표절한 구절에 이르기까지, 어느 것을 보더라도 위조임은 뻔했다. 심지어 가죽으로 양장한 모조 일기장마다 고딕체 양각으로 아돌프 히틀러의 이니셜을 새겼는데 그마저도 엉망이라 어떤 것은 'AH'가 아니라 'FH'였다.

"우리에게 이런 일이 일어났다는 데 한없는 부끄러움을 느낍니다." 《슈테른》 발행인 헨리 난넨Henri Nannen이 일기장 소동을 겪은 후 이렇게 발표했다. 실제로 부끄러움을 느끼는 게 맞았다. 《슈테른》 편집장들은 게르트 하이데만Gerd Heidemann 기자에게 출처를 밝힐 것을 요구하지도 않은 채 대대적인 일기장 보도를 내도록 허락했다. 편집장들 역시 보도에 앞서 위조를 경고하는 수많은 신호가 있었으나 무시했다. 그렇지만 난넨과 동료들은 '일기'에 적힌 내용 중 일부는 진짜였다는 사실을 그나마 위안으로 삼을 수 있었다. 실제로 히틀러 주치의는 총통이 "과거에는 한 번도 겪은 적이 없을 만큼 … 심하게 속이 부글"거렸다고 기록했다. 물론 끔찍한 입 냄새는 말할 것도 없었다.

1945년

7일

해리 트루먼의 백악관에 출몰한 장모님

황홀한 신혼여행이었다. 이후 오랫동안 해리 S. 트루먼은 아내 베스Bess에게 보내는 편지에 '포트 휴런Port Huron'이라는 지명을 써서 오대호에서 함께한 행복하고 로맨틱한 시간을 일깨워주기만 하면 됐다. 그러나 트루먼과 베스가 미주리주 인디펜던스로 돌아와 베스의 고압적인 어머니 마거릿 (매지) 게이츠 월리스Margaret (Madge) Gates Wallace와 함께 거주하면서 그런 시간은 돌연 끝나고 말았다. 그날 이후 미래의 대통령은 잔소리가 심한 장모와 꼼짝없이 한 지붕 아래 살게 되었다. 장모는 트루먼을 대놓고 멸시했고, 심지어 백악관에서도 그랬다.

마을 토박이의 말에 따르면 월리스는 "인디펜던스가 낳은 가장 여왕 같은 여자"로 알려져 있었고, 그녀에게 트루먼은 분수도 모르고 자기 딸과 결혼한 꼬질꼬질하고 건방진 농장 일꾼에 불과했다. 월리스는 "아주아주 까다로운 사람이며 마을에서 그녀에게 무시당하지 않는 사람이 없었다"고 해리와 베스의 학창 시절 교사 제이니 차일스Janey Chiles가 말했다. "당시에는 트루먼이 그리 미래가 밝은 사람이 아니었거든요."

사위를 무시하는 월리스의 태도는 전혀 사그라지지 않았고 트루먼이 정치계 스타로 급부상할 때도 마찬가지였다.

월리스는 트루먼이 1934년에 상원의원으로 당선되었을 때 사

위와 딸을 따라 워싱턴으로 갔고 상황은 더없이 나빠졌다. 프랭
클린 D. 루스벨트가 갑작스러운 죽음을 맞이한 지 한 달쯤 지난
1945년 5월 7일, 괄시받는 사위는 백악관까지 따라온 성가신 장모
의 존재를 더 이상 감내하기 어려울 지경에 이르렀다.

심술궂은 윌리스는 백악관 집무실이 짊어진 부담은 아랑곳하지
않고 대통령이 된 트루먼에게 가차 없는 비난을 쏟아냈다. 트루먼
이 명령에 불복한 주한 유엔군 사령관 맥아더를 해고한 유명한 사
건이 있은 후 윌리스는 이렇게 큰소리쳤다. "왜 맥아더 장군이 한
국에서 자기 방식대로 전쟁을 치르게 두지 않은 건가? 주 방위군
대위가 육군사관학교 대장을 호통 치는 꼴이라니!"

1948년, 주지사 토머스 듀이Thomas Dewey와 맞붙은 대통령 선거
전에서 트루먼이 당선될 가능성이 현저히 낮자 윌리스는 듀이를
지지하고 나섰다. 이번에도 윌리스는 자신의 생각을 감추지 않았
다. "대체 왜 듀이처럼 멋진 인물과 경쟁하려는 거지? 난 백악관의
트루먼 자리에 더 적합한 사람을 수십 명이나 알고 있어."

한번은 대통령의 시중을 드는 이가 말했다. "윌리스 부인은 언
제나 해리 S. 트루먼을 별 볼 일 없는 사람으로 여겼는데 백악관에
서 국가를 운영하는 그를 보니 분했던 거죠."

1632년

8일

성스럽기 그지없는 책

1631년도 판 킹 제임스 성서King James Bible를 읽은 사람들은 출애 굽기 7계명에 "너희는 간음할지어다"라고 쓰인 것을 발견하고 충격을 받았다(아니면 적어도 기분 좋게 놀랐다). 그리고 신명기 5장의 "우리 하나님 여호와께서 그의 영광과 위대한 엉덩이great asse를 우리에게 보이시매"라고 쓰인 구문은 누가 봐도 신성모독이었다(정확한 단어는 '위엄greatness'이었다).

이 어처구니없는 실수 때문에 1631년도 판 성서는 부도덕한 성서Wicked Bible 또는 간음 성서Adulterous Bible로 알려지게 되었고, **1632년 5월 8일** 인쇄업자들은 불경스러운 실수를 저질렀다는 혐의로 무시무시한 성법원에 소환되었다.

충격을 받은 캔터베리 대주교가 말했다. "과거에는 인쇄물, 특히 성서를 제작할 때 엄청난 공을 들였다. 진지한 태도와 해박한 지식을 갖춘 훌륭한 식자공과 뛰어난 교정자가 투입되었다. 하지만 요즘 성서에 사용되는 종이는 흔하디흔한 것이고 소년들이 식자공을 대신하며 교정자는 무식하다."

인쇄업자들은 무거운 벌금을 물고 영업 금지 처분을 받았다. 그렇지만 다행스럽게도 불구가 되거나 그와 유사한 당대의 섬뜩한 처벌은 받지 않았다. 한편 부도덕한 성서의 은총으로 얼마나 많은 부부 관계가 침해되었는지는 역사에 기록되지 않았다.

1914년

9일

"어머니의 날을 거룩하게 지키라!"

안나 자비스Anna Jarvis는 완곡하게 표현하자면 '집착'이라고 해
도 좋을 만큼 끔찍이 어머니를 사랑했다. 어머니에 대한 사랑 때문
에 이 노처녀 교사는 어머니들(특히 자신의 어머니)의 노고를 인정하
는 국경일을 제정해줄 것을 끈질기게 요구하기도 했지만, 어머니
의 날이 추악하게 상업화되는 모습에는 경악을 금치 못했다.

이야기는 웨스트버지니아주 그래프턴에서 시작한다. 1908년
5월, 자비스는 3년 전 고인이 된 사랑하는 어머니의 추도식을 준비
했다. 그러면서 교회 신도들에게 한 송이씩 나누어 줄 요량으로 어
머니가 생전에 좋아했던 카네이션 500송이를 주문했다. 상인이자
자선가인 존 워너메이커John Wannamaker의 후원으로 자비스는 자신
의 영웅인 어머니를 지속적으로 애도하기 위한 국경일 제정을 추
진하기 시작했다. 일부에서는 독하다고 말할 정도로 열심히 로비
를 펼친 결과, 마침내 **1914년 5월 9일** 노력이 결실을 맺었다. 우드
로 윌슨 대통령은 의회에서 공동결의안을 채택하여 5월의 두 번째
일요일을 "조국의 어머니들에 대한 사랑과 존경심을 공식적으로
표현"하는 날로 선포했다.

그런데 그때부터 일이 틀어졌다. 자비스의 성공적인 임무 완료
와 맞물려 사악한 모리배들이 매년 있을 어머니의 날 행사용으로
꽃, 카드, 사탕 등을 팔러 다니기 시작한 것이다. 자비스는 분통을

터뜨렸다. 자비스는 보도 자료를 통해 다음과 같이 비난을 쏟아냈다. "가장 경건하고 숭고하고 진실해야 할 운동이자 기념일을 탐욕으로 더럽히는 사기꾼, 노상강도, 약탈자, 협잡꾼 그리고 흰개미 같은 인간들을 퇴치하기 위해 당신은 무엇을 하겠습니까?"

자비스에게 어머니의 날은 공포의 휴일이 되고 말았다. 그런데 최악의 모욕은 1930년대에 들어 찾아왔다. 당시 미국 우체국장이 화가 휘슬러James McNeill Whistler의 어머니 초상이 담긴 어머니의 날 기념우표를 발행한다고 발표한 것이다. 뚱한 표정의 화가 어머니가 자비스의 어머니보다 기념우표에 더 적합한 인물로 뽑히다니! 그녀는 루스벨트 대통령과의 면담을 요청했고 기념우표에서 '어머니의 날'을 따로 떼어내는 데 성공했다. 하지만 어머니가 좋아했던 카네이션으로 우표가 꾸며진 것은 여전히 견디기 힘들었다.

자비스는 쌓여가는 분노만큼 정서적으로도 불안해졌다. 한번은 미국전우어머니회American War Mothers 모임에 난입해 어머니의 날을 기념한 카네이션 판매를 막으려다 경찰에 끌려나오기도 했다. 결국 자비스는 낯선 사람은 접근 말라는 표지판을 내건 채 집안에 틀어박혔다. 집안에서는 라디오 청취에 몰두했는데 어머니가 음파를 통해 자신에게 이야기하고 있다고 철석같이 믿었다.

끝내, 무일푼에 반쯤 정신 나간 늙은 여자가 갈 곳이라곤 요양원뿐이었다. 다행히 어머니의 날 창시자는 그토록 싫어했던《플로리스트 익스체인지Florists Exchange》에서 요양원 비용을 대고 있다는 사실은 알지 못했다.

1849년

10일

"대사나 읊어 … 화려한 춤은 집어치우고!"

사건은 야유와 함께 시작되었다. 1846년, 잉글랜드 배우 윌리엄 맥크리디William Macready가 햄릿을 연기하면서 독백과 함께 약간 춤을 곁들여 흥미를 돋우려고 했을 때 야유가 들려온 것이다. 맥크리디가 에든버러에서 무대 위를 바쁘게 오가며 연기에 심취해 있을 때 갑자기 관중석에서 불쾌감이 여실히 드러나는 휘파람 소리가 들려왔다. 동료 배우이자 미국 연극계의 아이돌인 에드윈 포레스트Edwin Forrest가 휘파람의 장본인이었다.

화가 난 맥크리디는 격앙된 어조로 심경을 일기장에 마구 휘갈겨 적었다. "포레스트의 연기가 연극 역사상 필적할 만한 대상을 찾을 수 없는 연기라는 데 동의할 수 없어. 치사한 악당 같으니라고! 살인도 저지를 인물이야. 감히 그럴 용기나 있다면 말이지." 포레스트로서는 전혀 미안할 게 없었다. 그는 런던《타임스》에 다음과 같이 편지를 썼다. "맥크리디 씨는 '햄릿' 연기에 화려한 춤을 곁들이는 것이 적절하다고 여깁니다만 그건 연극 장면에 대한 모독이라고 생각했습니다. 지금도 그렇게 생각하고요. 분명히 밝히지만 저는 그런 연기를 거부합니다." 이렇게 시작된 배우들 간의 사소한 불화는 결국 유혈 사태로 마무리된다.

운명적 야유를 들은 지 3년 후, 그때까지도 상극이라 알려진 두 배우는 뉴욕의 서로 다른 극장에서 맥베스를 연기하고 있었다. 미국 관객들은 준비가 되어 있었다. 영화배우가 출현하기 한참 전에는 포레스트가 미국의 영웅이었다. 이 다부진 미국의 아들은, 무대 위에서 더 그럴 듯하게 보이려고 오랫동안 잉글랜드인 흉내만 내온 지극히 무기력하고 틀에 박힌 미국 배우들이 보여줄 수 없는 열정과 에너지로 맡은 역할을 소화했다. 이와 반대로 맥크리디는 잉글랜드식 구식 연기의 전형을 보이며 미국 관객들을 업신여겼다. 그는 이렇게 썼다. "이 나라는 돈이 많든 적든 모두가 기본적으로 무지하거나 천박하고 취향이라고는 없으며 자신을 의심해보는 겸손함도 갖추지 못했다."

이 감정은 특히 맥크리디가 미국 출신인 포레스트에게 반감을 품고 있다는 점을 고려할 때 저절로 생겨난 것은 아니었다.

이 거만한 잉글랜드 배우는 뉴욕 애스터 플레이스 오페라 하우스에서 맥베스를 초연했던 날 밤 미국인들의 악감정을 일찍이 알아차렸다. 관객들은 썩은 달걀과 채소를 던졌고 급기야 의자까지 집어 던지는 바람에 어쩔 수 없이 일찍 막을 내려야 했다. 두려웠지만 좌절하지 않은 맥크리디는 **1849년 5월 10일** 애스터 플레이스 무대로 돌아왔다. 이때부터 진정한 아수라장이 시작되었다.

관객들의 행동은 시사회 때와 흡사했다. 드러내 놓고 싫은 내색을 했다. 한편 밖에서는 광분한 군중이 갑자기 극장을 공격하기 시작했다. 《뉴욕트리뷴New York Tribune》의 보도에 따르면 "창이 차례로 하나씩 깨지더니 테라스와 로비에서 벽돌과 포석 조각들이 덜그럭거렸다. 소란은 점점 심해지더니 급기야 (오페라 하우스는) 교양

애스터 오페라 하우스에서 일어난 난동은 군대까지 투입되고 나서야 겨우 진정되었다.

있는 사람들이 평화롭게 여흥을 즐기기 위해 찾는 장소가 아니라
침략군에 포위당한 요새 같은 꼴이 되었다". 난리 통에도 "이 고약
한 배우는 눈앞에서 벌어지고 있는 소란에는 아랑곳하지 않고 지
극히 침착하게 연기를 계속했다".

극장 외부의 폭동이 과격해지자 현장에 배치되어 있던 경찰을
지원하기 위해 군인이 투입되었다. 군과 경찰은 돌을 던지며 맞서
는 폭도들을 향해 몇 차례 경고 사격을 한 후 마침내 실탄을 발사
했다. 30명 이상이 사망했고 더 많은 사람들이 중상을 입었다. 그
와중에 맥크리디는 공연을 마친 후 털끝 하나 다치지 않은 채 빠져
나갔다. 야유를 퍼붓는 미국 관중에 대한 인상이 이제는 완전히 굳
어져 버렸다.

1846년

11일

아무도 진실을 묻지 않는 '전쟁의 동기'

1846년 5월 11일, 제임스 K. 포크James K. Polk 대통령은 멕시코가 미국에 당장의 위협이 되고 있다고 의회에서 발표했다. 그는 외국 군대가 이미 국경을 넘어 "미국 땅에 미국인의 피를 뿌리고 있다"고 했다. 사실이 아니었다. 멕시코는 멕시코 주민이 거주하는 분쟁 지역에서 미군과 충돌한 적은 있지만 미국을 침략한 적이 없었다. 사실 멕시코가 가한 유일한 위협은 미국이 '명백한 사명Manifest Destiny' 하에 서쪽으로 영토를 확장하려는 길목에 멕시코가 위치해 있다는 것뿐이었다. 포크 대통령은 속임수를 써서 전쟁을 시작했지만 그의 주장은 전쟁 내내 에이브러햄 링컨이라는 일리노이주 출신의 젊은 국회의원의 반대에 부딪혔다. 링컨은 포크에게 미국인의 피가 뿌려진 미국 영토가 어디인지 보여 달라고 요구했다. 일부 무리에서는 링컨을 매국노라 낙인찍었고 대부분은 링컨을 무시했다. 미국은 전쟁에서 승리했고 결국 넓은 지역을 새 영토로 얻었다. 그리고 애초에 전쟁이 발생한 이유에 대해서는 아무도 극성스럽게 문제 삼지 않았다.

1937년

12일

조지 6세의 우왕좌왕 대관식

부끄럼 많고 내성적인 앨버트 왕자가 가장 피하고 싶던 것은 왕관을 쓰는 일이었다. 실제로 앨버트 왕자는 자신보다 훨씬 카리스마가 넘치고 나이도 많은 에드워드 8세가 두 차례 이혼 경험이 있는 미국 여성과 결혼하기 위해 왕위를 포기하기로 했다는 소식을 듣자마자, 그의 표현을 그대로 빌리자면 "크게 상심해 어린애처럼 울었다". 하지만 **1937년 5월 12일** 조지 6세로 대관식을 올릴 즈음에 그는 왕위의 적합성을 두고 떠도는 항간의 우려(조지 6세의 말을 더듬는 증상 때문에 많은 사람들이 그에게 왕위는 버거운 짐이 되리라 여겼지만, 그들이 틀렸다. 이는 2010년 오스카 수상작 〈킹스 스피치The King's Speech〉에서도 다뤄진다)에도 불구하고 의무의 부름에 응하기 위해 마음을 단단히 먹었다. 다만, 새로운 왕이 신성한 대관식에서 왕답게 평정을 유지하고 있는 사이 주변 사람들이 걸리적거린다는 게 문제였다.

그날은 새벽 3시의 달갑지 않은 모닝콜로 시작되었다. 누군가가 버킹엄 궁전 밖에서 확성기를 테스트하기에 좋은 시간이라 여겼던 것이다. 이어서 더욱 떠들썩한 소동이 일어났다. 왕은 일기에 이렇게 기록했다. "행진 악대와 군인들이 대열을 맞추기 위해 새벽 5시에 모여들었다. 잠을 잘 수가 없었다. 아침 식사도 할 수 없었고 기분이 가라앉았다. 내 인생 최고로 중요한 대관식을 치르는 날에 매우 힘든 하루를 보내게 되리라는 것을 깨달았다. 웨스트민스터

성당으로 가기 전에 기다리는 시간이 가장 초조했다."

성당 안에는 더럼과 웰스의 주교가 있었다. 전통적으로 두 주교는 대관식 내내 왕 옆에 서서 왕을 돕는 역할을 하는데 조지에겐 전혀 도움이 되지 않았다. 조지의 기억에 따르면 "중요한 순간이 왔는데 두 주교 모두 (대관식 선서) 글귀를 찾지 못했다. 그래서 대주교가 내가 읽을 수 있도록 선서문을 낮춰 주었는데 이렇게 황당할 수가! 그의 엄지손가락이 선서문 일부를 가리고 있었다". 설상가상으로, 왕이 일어서서 왕좌로 자리를 옮기려고 할 때 어설픈 주교 한 명이 왕의 예복을 밟고 있었다. "하마터면 넘어질 뻔했기 때문에 상당히 날카로운 목소리로 발을 떼라고 말해야 했다."

앵커스터 백작은 왕에게 칼을 채워주다가 왕의 목을 찌를 뻔했고, 포틀랜드 공작과 솔즈베리 후작은 왕과 왕비의 왕관을 대주교에게 전달하려다 가터 훈장이 쿠션의 술과 엉켜버렸다.

대관식에서 여러 실수가 있었지만 왕은 아주 오래된 의례를 치르면서 정신이 깨어나는 것을 느꼈다. 캔터베리 대주교가 말하길, "왕은 대관식 내내 곁에 누군가가 있다고 느꼈다". 그리고 실제로 조지 6세는 훌륭한 왕이 되어 제2차 세계대전과 대영제국의 해체라는 위기를 겪으면서도 의연하게 왕국을 이끌었다.

1865년

13일

안타까운 부수적 피해자

남부군의 로버트 E. 리Robert E. Lee 장군은 이미 한 달 전에 애퍼매턱스 코트 하우스Appomattox Court House에서 항복한 터라 북군의 율리시스 S. 그랜트Ulysses S. Grant 장군에게 이렇게 말했다. "전쟁은 끝났소. 반란군이 다시 우리의 동포가 되었소." 리 장군이 항복할 때까지 남부 주와 북부 주 사이의 끔찍한 교전으로 62만 명 이상이 사망했는데, 존 제퍼슨 윌리엄스John Jefferson Williams라는 이등병은 용케 목숨을 건졌다.

하지만 전쟁은 완전히 끝난 것이 아니었다. 마지막 접전이자 의도된 최후의 전투가 남아 있었다. **1865년 5월** 12일과 **13일**, 북군과 남군은 텍사스 브라운스빌 근처 리오그란데 강둑에서, 나중에 팔미토 목장 전투Battle of Palmito Ranch로 알려진 전투로 또 한 차례 격돌했다. 하지만 규모도 작고 시시했으며 사상자도 거의 없었다. 그런데 참으로 안타깝게도, 북군을 위해 싸우던 윌리엄스는 이미 끝난 남북전쟁에서 그만 목숨을 잃은 마지막 병사로 이름을 남기게 되었다.

1912년

14일

자유 발언 금지! 고문의 부활

사람에게 뜨거운 타르를 입히고 깃털로 덮는 과정은 미국 식민지 시대의 기이한 옛 풍습처럼 보일지도 모른다. 당시 영국 세금 징수원들은 이렇게 모욕적이고 극심한 고통을 수반하기도 하는 대우를 받는 일이 잦았다. 그런데 자경단이 소위 샌디에이고자유연설운동San Diego Free Speech Fight 때 노동운동가들과 대치하면서 1912년에 이를 부활시켜 악명을 떨쳤다.

당시 노동운동은 많은 사람들의 눈에 기존 체제를 전복시키는 위험한 것으로 보였는데, 1910년에 극단적 노선을 지향하는 노동운동가들이 《로스앤젤레스타임스》 본사를 날려버린 일이 있었고, 이를 목격한 남부 캘리포니아에서는 특히 그들에 대한 경계가 심했다. 샌디에이고 시의회는 그중에서도 '워블리스Wobblies'로 불리는 세계산업노동자동맹Industrial Workers of the World, IWW 조합원들의 영향력을 약화시키고자 도심의 상업 지구에서 종종 벌어지던 거리연설을 금지하는 법령을 통과시켰다. 자유로운 발언을 제한한 이 법령으로 워블리스와 그 지지자들, 그리고 지역 언론을 통해 폭력을 부추기곤 하던 샌디에이고의 보수적인 시민들 사이에 불가피한 충돌이 일어났다.

《샌디에이고트리뷴San Diego Tribune》 사설에는 이런 내용이 실렸다. "그들에겐 교수형도 시원찮다. 차라리 죽는 편이 낫다. 인류 경제에 하등 도움이 안 된다. 세상의 쓰레기 같은 존재들은 망각의 하수구로 흘려보내 다른 배설물과 마찬가지로 차가운 공간에서 썩게 해야 한다."

이에 따라 한쪽에서는 경찰이 인정사정없이 연설금지령을 집행했고 다른 쪽에서는 자경단원들이 돌아다니며 감히 법령을 어기는 사람들을 잔혹하게 공격했다. **1912년 5월 14일**, 유명한 무정부주의자 엠마 골드만Emma Goldman과 그녀의 동반자 벤 라이트만Ben Reitman이 워블리스 운동에 힘을 보태고자 샌디에이고에 도착했고 그들은 이 거친 정의 집행에서 가장 피하고 싶은 형벌을 맛보았다.

"무정부주의자 나와라!" 골드만을 맞이하는 자경단 무리가 새된 소리를 질렀다. "발가벗겨서 내장을 갈기갈기 찢어줄 테다!" 골드만은 자경단에게 붙잡히지 않았지만, 그날 밤 라이트만이 호텔방에 납치되어 혹독한 시련을 겪었다. 마을 변두리로 끌려가는 내내 괴롭힘을 당한 라이트만은 입고 있던 옷을 모조리 빼앗겼다.

그는 당시 상황을 이렇게 회상했다. "저를 때려눕히더군요. 벌거벗은 채 바닥에 쓰러지자 의식을 잃을 때까지 발로 차고 때렸습니다. 담뱃불로 엉덩이에 I.W.W.라는 글자를 새겼어요. 그러더니 머리 위로 타르 한 통을 다 부었는데, 깃털이 없었는지 산쑥으로 제 몸을 문지르더군요. 항문에다 산쑥 줄기를 쑤셔 넣으려 하고 제 고환을 비틀었어요. 저더러 국기에 키스하고 국가를 부르게 하더군요." 실컷 재미를 본 자경단은 그를 풀어 주었다. 도시를 떠날 마지막 기회라며 편도 기차표와 함께 말이다.

1998년

15일

들러리만 열여덟 번

유명 배우 수전 루치Susan Lucci가 **1998년 5월 15일**에 '패자loser' 라는 단어에 새로운 의미를 부여했다. 루치는 데이타임에미상 Daytime Emmy Ward 시상식에서 최우수 여우주연상 수상에 18번째로 실패했다(루치는 결국 이듬해에 수상에 성공했다).

1966년

16일

마오의 무시무시한 10대 테러리스트

'대약진'이라는 실패한 정책으로 중국을 굶어죽을 지경에 빠트린 마오쩌둥毛澤東은 오랫동안 고통 받아온 국민에게 또 다른 이름의 고통을 안겨주었다. 공산주의를 정화한다는 명목으로 전근대적 문화의 흔적이나 서구의 영향을 모조리 씻어내고자 한 것이다. 더 끔찍한 사실은 이른바 문화대혁명이 10대 청소년들의 주도 하에 이루어졌다는 점이다. 나중에 홍위병이 된 수백만 명의 청소년들은, 로버트 엘레강트Robert Elegant 기자에 따르면 "마치 격분한 병정개미 떼처럼 광활한 대륙을 휩쓸었다".

철없는 아이들이 사람의 목숨, 개인의 재산, 인간의 존엄을 통제하는 막강한 권력을 휘두르며 **1966년 5월 16일** 시작된 광기의 소용돌이는 10년 동안 휘몰아치면서 노인을 공경하던 전통을 철저히 무너뜨렸다. 최고지도자로부터 승인받은 권력은 거리낄 것이 없었다. 1970년에 자신의 어머니를 고발해 즉결 처형에 이르게 한 장홍빙張紅兵은, 1976년 국가 주석 마오쩌둥의 사망으로 중국이 드디어 정신을 차렸을 때, 맹목적으로 권력을 쫓다가 자신들이 저지른 악행의 잔해와 함께 남겨진 수백만 명의 10대 중 하나에 지나지 않았다.

2013년 장홍빙은 이렇게 말했다. "꿈에서 어머니를 봅니다. 그때처럼 젊은 모습이에요. 저는 바닥에 무릎을 꿇고 어머니의 두 손

마오쩌둥이 쓴 《마오 주석 어록》을 읽는 10대 테러리스트.

을 꼭 잡습니다. 어머니가 사라질까봐 두려워서요. 그리고 외칩니다. '엄마, 부디 용서해 주세요!' 그렇지만 어머니는 말이 없습니다. 한 번도 대답한 적이 없어요. 벌을 받는 것이죠."

1536년

17일

두 배로 운이 나쁜 불린가 사람들

토머스 불린Thomas Boleyn은 헨리 8세의 궁정에서 하늘 높은 줄 모르고 날아오르고 있었다. 어쨌든 왕의 장인이었으니 그런 높은 자리에 따라오는 온갖 풍요를 다 누렸다. 그러나 1536년 5월, 불린의 자녀인 왕비 앤 불린Anne Boleyn과 로치퍼드 공작 조지 불린George Boleyn이 근친상간했다는 경악할 만한 혐의가 제기되었다. 앤 왕비를 고발하는 선정적인 기소장에는 앤 왕비가 "앞서 말한 조지의 입에 혀를 넣어 유혹했고, 앞서 말한 조지의 혀도 앤의 입에서 놀아나며 키스, 선물, 보석으로 유혹했다"고 쓰여 있었다. 대다수 역사학자는 이 기소장이 말도 안 된다고 여겼고, 심지어 조지의 무죄를 장담한 당대 여러 역사학자도 같은 생각이었지만, 5월 15일 따로 열린 재판에서 각각 유죄 선고를 받았다. 외삼촌인 노퍽 공작이 사형을 선고했다. 그리하여 5월 17일, 토머스 불린은 사형 집행인의 손에 외아들을 잃었고 이틀 후 프랑스의 검객에 딸 앤을 잃었다.

1721년

18일

96세 노인을 화형시킨 종교재판

노인은 잘못된 행동을 해도 어느 정도 눈감아주기 마련인데, 마리아 바바라 카릴로Maria Barbara Carillo의 경우 그렇지 않았다. 1721년, 이 96세의 미망인이 종교재판소에서 법정에 저촉되는 행동을 했다. 페르난도 2세와 이사벨 여왕이 스페인에 설치한 후 200년쯤 된 종교재판소는 그 어느 때보다도 바쁜 시절을 보내고 있었다. 특히 강제로 가톨릭으로 개종했지만 예전의 종교 생활을 재개한 것으로 보이는 유대인을 척결하는 문제에 관한 한 그랬다. 가여운 마리아 바바라 카릴로도 그런 사람 중 한 명이었다. 나이든 부인은 펠리페 5세도 참석했다고 전해지는 이교도 화형식(아우토다페 auto-da-fé로 알려짐)에서 절차에 따라 선고를 받은 뒤, 마드리드 외곽으로 끌려가 **1721년 5월 18일** 산채로 화형당했다.

1884년

19일

필레 미뇨네트(살코기 조각)

젊은 리처드 파커Richard Parker가 **1884년 5월 19일** 미뇨네트 Mignonette호에 올랐을 때, 그는 끔찍한 운명을 맞이할 것으로 이미 정해진 것 같았다. 약 50년 전, 에드거 앨런 포는 그의 유일한 장편 소설인《아서 고든 핌의 이야기The Narrative of Arthur Gordon Pym》를 발표했다. 바다에서의 모험과 재난을 다룬 이 소설에는 굶주린 난파 선 생존자들이 제비뽑기로 나머지 사람들의 식량이 되어 줄 사람을 고르는 장면이 나오는데 리처드 파커라는 인물이 짧은 제비를 뽑아 약속한 대로 나머지 사람들의 식량으로 희생된다.

마치 포의 이야기를 그대로 흉내 내려는 듯, 미뇨네트호는 사우 샘프턴에서 출발해 잉글랜드, 호주의 시드니를 거쳐 희망봉 주변 을 지다가 폭풍우를 만나 난파되었고 결국 가라앉고 말았다. 리처 드 파커는 난파선에서 살아남았지만 그리 오래가진 못했다. 젊은 파커와 세 명의 동행인은 엉성하게 만든 작은 배를 타고 몇 주 동 안 표류하면서 상어를 만나기도 했지만 난파선에서 가까스로 구 해 놓은 순무 통조림 2개로 근근이 버티고 있었다. 포의 이야기처 럼 그들도 바다거북을 잡아먹었지만 배고픔은 여전히 가시지 않 았다. 먹을 것이 간절했던 생존자들은 서로를 쳐다보았다. 전통적 인 바다 풍습에 따르면 그런 상황을 대처하는 해결책은 바로 식인 이었다. 그러나 식사가 되어 줄 사람을 제비뽑기로 결정하는 것이

먼저였다.

그런데 미뇨네트호 사람들은 이 규칙을 무시했다. 바닷물을 마신 리처드 파커가 위독한 상태였고 곧 죽을 것 같았기 때문이다. 세 명의 생존자는 어차피 죽게 될 사람을 기다렸다 변질되고 상한 고기를 먹는 위험을 감수하느니 바로 파커의 목을 찔러 죽여 버렸다. 그리고 그를 먹어 치웠다.

한 생존자가 당시의 상황을 이렇게 전했다. "분명히 말하지만 저는 그 섬뜩한 음식을 먹던 불운한 두 동행인의 모습을 잊을 수가 없습니다. 모두가 한 입이라도 더 먹으려는 미친 늑대들 같았죠. 인간으로서, 아이들의 아버지로서 어떤 정당한 이유로도 저질러서는 안 되는 일이었습니다."

필요에 의한 살인을 저지른 지 4일에서 5일 후, 세 명의 생존자는 독일 함선 목테주마Moctezuma의 돛을 발견했다. 그들은 구조되었고 그중 한 사람이 나중에 이렇게 말했다. "아침 식사를 하고 있었다고, 그렇게 말하기로 했어요."

1875년

20일

링컨의 아들, 어머니를 감금시키다

에이브러햄 링컨은 아내가 낭비벽이 심하고 잦은 역정을 내도 점잖게 분을 삭였다. 그러나 아들 로버트는 그렇지 않았다. **1875년 5월 20일**, 대통령이 암살된 지 10년이 지났을 때 로버트 링컨은 어머니를 정신병원에 가두었다. 메리 토드 링컨Mary Todd Lincoln이 꿈에도 생각지 못한 매우 급작스러운 일이었다.

감금되기 하루 전, 작고한 대통령의 변호사이자 고문이었던 레너드 스웨트Leonard Swett가 링컨 부인이 묵는 시카고 호텔에 예고도 없이 찾아왔다. 두 명의 경비원을 대동하고 나타난 스웨트는 판사, 사전에 선임된 배심원단, 여러 증인을 포함하여 사람들로 가득 찬 법정으로 링컨 부인을 안내했다. 이 모든 법정 절차를 지휘하고 있는 로버트 링컨 역시 그 자리에 있었다. 어린 두 아들을 잃는 비극을 견디고 남편이 암살되는 장면을 목격한 어머니였건만 로버트는 어머니의 별난 행동에 오랫동안 굴욕감을 느꼈다. 하지만 로버트가 가장 염려한 것은 돈이었다. 정확히 말하면 어머니가 돈을 너무 많이 쓰는 것이 가장 큰 골칫거리였다.

전 영부인은 그날, 그녀를 한 번도 만난 적 없는 일단의 전문가들이 로버트에게서 받은 보고서만을 가지고 링컨 부인의 불안정한 심리 상태에 관해 증언하는 동안, 어처구니없다는 표정과 분노의 표정을 번갈아 드러내며 법정에 앉아 있었다. 호텔 청소부를 비

롯한 여러 사람이 불려 나와 "링컨 부인은 신경질적이고 쉽게 흥분했습니다"와 같은 빼도 박도 못할 증언을 했다.

그런 다음 로버트가 증인석에 섰다. 그는 법정에서 이렇게 말했다. "어머니는 정신이상인 것이 확실합니다. 어머니는 오랫동안 저의 걱정거리였습니다. 집도 없고 이런 물건들을 살 이유도 없습니다."

피고 측은 반론을 제기하거나 증인을 신청하지 않았다. 로버트가 어머니의 지정 변호사를 쥐락펴락했기 때문에 변호사는 어떠한 반박도 할 수 없었다. 남성으로만 구성된 배심원단이 링컨 부인의 운명을 결정짓기 위해 퇴정한 동안 기만적인 아들이 다가와 링컨 부인의 손을 잡으려 했다. 메리 링컨은 아들의 뻔한 제스처를 거절하며 그날 처음이자 마지막 발언을 했다. "오, 로버트. 내 아들이 나한테 이런 짓을 하리라고는!"

10분 후 정신이상이라는 판결이 내려졌고, 다음날 메리 토드 링컨은 감금되었다.

1972년

21일

성모 마리아!
또다시 공격당한 미켈란젤로 작품

1972년 5월 21일 성령 강림 대축일을 맞아 성베드로성당은 신도와 관광객으로 발 디딜 틈이 없었다. 그때 갑자기 미친 사람이 "내가 예수 그리스도다!"라고 외치며 통제선을 뛰어넘더니 세상에서 가장 정교한 예술 작품인 미켈란젤로Michelangelo의 〈피에타 Pieta〉 상을 망치로 훼손하기 시작했다. 미켈란젤로가 유일하게 사인을 남긴 아름다운 대리석 조각상은 엄청난 피해를 입었다. 열다섯 번이나 망치로 내려친 바람에 십자가에 못 박혔던 아들을 안고 있는 성모마리아는 코가 떨어져 나갔고, 왼쪽 눈꺼풀, 목, 머리, 베일도 크게 훼손되었다. 왼쪽 팔도 떨어져나갔는데, 팔이 바닥에 떨어지면서 손가락도 산산조각 났다.

교황 바오로 6세는 그토록 아름다운 작품이 무자비하게 파괴되었다는 사실에 당연히 경악을 금치 못했지만 얄궂게도 5세기 전 미켈란젤로의 또 다른 걸작들을 공격한 이들이 바로 전 로마 교황들이었다. 교황 바오로 3세의 후원 하에 미켈란젤로는 시스티나 성당의 제단 뒤에 〈최후의 심판The Last Judgment〉이라는 거대한 프레스코화를 그렸다. 그런데 작업이 진행되는 도중에도 바티칸의 몇몇 고상한 사람들이 신성한 장소에 나체를 그려서는 안 된다며 반대하고 나섰다. 미켈란젤로는 그런 비판을 했던 교황청 전관 담당비아죠 다 체세나Biagio da Cesena에게 복수할 요량으로 그를 당나귀 귀를 하고서 성기가 뱀에 물리는 모습을 한 지하세계의 판관으로 벽화에 그려 넣었다. 체세나가 불평하자 교황은 지하세계에는 판관이 없으니 그런 노골적인 묘사는 그대로 두어도 된다고 농담 삼아 답했다.

하지만 그다음 교황들은 그리 관대하지 않았다. 르네상스 시기의 작가 미셸 드 몽테뉴Michel de Montaigne에 따르면 대단한 종교재판관이었던 바오로 4세는 "사람들의 시선을 타락시키지 않도록 도시의 아름다운 고대 조각상들을 대거 거세했고" 미켈란젤로의 프레스코화 또한 없애버리겠다고 맹세했다. 그런데 실제로 그 일을 실행에 옮긴 사람은 비오 4세였다. 그는 화가 다니엘 다 볼테라Daniele da Volterra에게 〈최후의 심판〉에서 문제가 되는 성기를 가리라고 지시했고, 이후 볼테라는 '팬티 화가'라는 굴욕적인 별명을 얻었다(〈최후의 심판〉에 대한 이른바 '무화과 나뭇잎 캠페인'은 비오 4세 이후에도 계속되었다. 사실 화가 엘 그레코El Greco는 프레스코화 전체를 "수수하고 품위 있고" "최후의 심판 못지않은" 그림으로 교체할 것을 제안했다. 추가로 덧칠한 부분들은 최근 시스티나 성당을 복원하는 작업을 진행하면서 거의 제거되었으나 다니엘 다 볼테라가 덧칠한 부분만은 그대로 남겨졌다. 미켈란젤로가 은밀한 부위를 그렸던 회반죽이 떨어져 나간 후 볼테라의 수치스러운 팬티가 그려지기 전에 교체되었다는 사실이 밝혀졌기 때문이다).

1856년

22일

말로 후려치고 지팡이로 되갚다

남북전쟁이 발발하기 수십 년 전, 노예제와 주의 권리에 대한 지역적 의견 대립이 도를 넘어서기 시작하던 당시, 신경이 곤두선 국회의원들은 권총과 단도를 지닌 채 의회를 돌아다니면서 사실상 반대편 정적들에게 으름장을 놓고 있었다. 한 목격자에 따르면 "호전적인 남부 사람들이 침착한 북부 사람들을 사납게 노려보면" 하원들은 "가마솥처럼 끓어올랐다". 의원들은 서로 싸움을 걸고, 가차 없는 혹평을 쏟아냈으며, 미국 서부의 술집을 연상시키는 어떤 장면에서는 총이 바닥에 떨어져 실수로 발포되자 겁먹은 카우보이들처럼 행동하는 모습이었다. 실제로 총이 발포되던 그 순간 "30~40자루의 권총이 허공으로 떠올랐다"고 인디애나주 하원의원 윌리엄 홀만William Holman은 말했다.

긴장감은 **1856년**에 일어난 특히 폭력적인 한 사건으로 더욱 팽배해졌다. 당시는 매사추세츠주 상원의원이자 노예해방론자 찰스 섬너Charles Sumner가 노예제 확대에 강력히 반대하고 캔자스 네브래스카 법안(해당 지역 주민들이 노예제 인정 여부를 결정할 수 있게 허용하는 법안-옮긴이)을 만든 사람 중 한 명인 사우스캐롤라이나의 앤드루 버틀러Andrew Butler를 유독 비난한 일이 있은 후였다.

섬너는 대단한 기세로 공격을 퍼부었다. "사우스캐롤라이나 상원의원은 기사도 책을 많이 읽어서 자신이 명예와 용기를 가진 정중한 기사라고 여긴다. 물론 기사도적 맹세를 바친 애인도 골라 놓았다. 다른 사람의 눈에는 추하지만 그에게는 언제나 사랑스러운 존재다. 세상의 관점에서 보면 타락했으나 그의 관점에서 보면 순수하다. 탕녀 노예제 말이다."

버틀러의 조카, 프레스턴 브룩스Preston Brooks 하원의원은 섬너의 선동적이고 성적인 암시를 곁들인 연설에 격분했고 이틀 후인 **5월 22일**에 보복을 가했다. 섬너가 거의 비어 있는 상원 의회당에서 조용히 일하고 있을 때 브룩스가 다가가 이렇게 말했다. "섬너 의원, 당신의 연설문을 두 번이나 꼼꼼히 읽었습니다. 그건 사우스캐롤라이나 그리고 제 친척인 버틀러 의원에 대한 모욕입니다." 그러더니 브룩스는 갑자기 지팡이로 섬너의 머리를 후려치기 시작했다. 섬너가 바닥에 피를 흥건하게 흘리며 쓰러졌는데도 공격을 멈추지 않았다. 섬너의 부상이 워낙 심각해 회복 후 다시 상원의원 자리로 돌아오기까지 3년이 걸렸다.

섬너가 폭행당한 사건을 보고 북부 사람들이 보인 반응은 공포였다. "그 범죄는 단순히 자유에 반하는 것이 아니라 문명에 반하는 것이다"라고 보스턴《이브닝트랜스크립트Evening Transcript》는 논설에서 밝혔다. 그러나 남부에서 브룩스는 영웅으로 묘사되었다. 찰스턴《머큐리Mercury》는 고소하다는 듯 "섬너는 우아하게 매를 맞았고 충분히 그럴 만했다"라고 썼다. 남부 사람들은 브룩스에게 "다시 혼내줘!"라는 문구를 새긴 기념 지팡이를 보냈다. 그러는 사이 미국은 남북전쟁에 한발 더 가까워졌다.

1976년

23일

능력이 한참 모자란 미 하원의원의 정부

"타자 못 쳐요. 서류 보관도 못 하고요. 심지어 전화도 못 받아요."
_미하원운영위원회의 영향력 있는 위원장이자 오하이오 국회의원
인 웨인 헤이스Wayne Hays의 '비서' 엘리자베스 레이Elizabeth Ray

상사와 염문을 뿌린 그녀의 업무 능력이 **1976년 5월 23일**자
《워싱턴포스트》칼럼에 처음으로 폭로되었다. 두 달 후, 레이 양이
납세자의 돈으로 상사를 위해 제공한 또 다른 서비스는 헤이스를
공직에서 물러나게 한 것이었다.

24일

10억 원으로도 살 수 없었던 1분

돈으로는 행복을 살 수 없다고들 한다. 혹은 이 불행한 억만장자의 경우라면, 그 어떤 것도 살 수가 없을지도 모르겠다. **2014년 5월 24일**, 이란의 사업가 마하파리드 아미르 코스라비Mahafarid Amir Khosravi는 대규모 금융 사기의 배후자로 유죄 판결을 받고 감옥에서 교수형을 당했다. 일부 기자에 따르면 형 집행이 너무 빠르게 진행되어 코스라비는 변호사와 이야기를 나눌 시간이 1분조차 없었다. "제 의뢰인의 교수형에 대해서는 들은 바가 없었습니다. 의뢰인의 전 재산은 검사실에 맡겨져 있습니다." 변호사 골람 알리 리아히Gholam Ali Riahi가 한 말이 뉴스 웹사이트 khabaronline.ir을 통해 보도되었다.

1878년

25일

"무덤 이후의 만남"
부활한 아버지를 만난 충격

1878년 5월 25일, 미국의 9대 대통령 윌리엄 헨리의 아들이자 23대 대통령 벤저민의 아버지인 전 오하이오주 하원의원 존 스콧 해리슨John Scott Harrison이 집무 중에 돌연 사망했다. 그의 갑작스러운 죽음은 가족에게 큰 충격이었으나 닷새 후 해리슨이 '부활'했을 때의 충격에 비할 바는 아니었다.

5월 29일에 치러진 장례식 중에, 얼마 전 사망한 친척 오거스터스 데빈Augustus Devin의 무덤이 파헤쳐지고 시체가 사라졌다는 사실이 알려졌다. 19세기 말에는 이런 일이 심심치 않게 일어났는데, 아직 인체 해부가 불법이었던 시절이라 '부활시키는 자'라고도 불리는 시체 도둑이 갓 매장된 시체를 파내어 의대에 팔곤 했다.

다음날, 가족 몇이 경찰관과 형사를 대동하고 오하이오의과대학에 데빈의 시체를 찾으러 갔다. 그러나 실종된 데빈의 흔적은 찾을 수 없었다. 막 포기하려던 찰나 경찰관이 미끄럼 장치에 달린 밧줄을 발견했다. 밧줄을 잡아당기자 천으로 머리만 가린 늙은 남자의 발가벗은 시체가 밧줄에 매달려 나왔다. 하지만 익히 알고 있는 데빈은 아니었다. 그는 젊을 때 죽었으니까. 그래도 존 스콧 해리슨의 아들이 확인 차 천을 걷어 냈는데, 놀랍게도 그는 데빈이 아니라 아버지였다(오거스터스 데빈의 시체는 결국 미시간의과대학에서 발

GRAVE-ROBBERS AT WORK.

19세기 무덤을 기웃거리는 '부활시키는 자'들은 유명 정치인의 시체를 훔치는 일도 서슴치 않았다.

견되었는데, 식염수에 절인 상태였다). 매장한 지 몇 시간 만에 무덤에서 훔쳐낸 것이 분명했다. 미래에 미국 대통령이 되는 벤저민 해리슨 Benjamin Harrison은 "파헤쳐진 아버지의 무덤과 마치 개처럼 목을 매단 채 늘어져 있는 아버지의 시체를 목격한 지옥 같은 경험"을 결코 극복하지 못했다.

1978년

26일

"웰컴 투 더 킬링 액션파크"

여름날을 즐기면서 극심한 고통을 함께 얻고 싶다면 뉴저지 버넌 밸리Vernon Valley의 '액션 파크Action Park'만한 곳이 없으리라. 그 어떤 성가신 안전 수칙도 소용이 없는 위험천만한 즐길 거리와 아찔한 재미를 선사하는 이곳은 마치 광란의 10대가 설계하고 꼭 그만한 나이의 무절제한 아이들이 운영하는 놀이공원 같다. 골절과 찰과상의 고통을 덜어주기 위한 간식 가판대도 충분히 마련되어 있으며 술 취한 청소년들이 마치 기름칠을 하듯 미성년자들에게 수입 맥주를 내어다 주기도 한다. '골절 놀이공원', '사고 놀이공원', '집단소송 놀이공원' 등으로 불린 이곳이 10대들에게 유독 인기를 끈 것도 놀랄 일은 아니다. 소설 《파리 대왕Lord of the Flies》과 같이 청소년들의 지옥도를 보여주는 이곳은 입장료가 무료다.

1978년 5월 26일 개장한 이래 거의 20년 동안 피범벅으로 고주망태가 된 입장객을 쏟아낸 이 위태로운 놀이공원에서는 다치거나 죽는 방법이 말 그대로 수백 가지에 이른다. 놀이공원을 찾았던 몇몇 사람들은 《이상한 뉴저지 제2권: 뉴저지 지역 전설과 최고의 비밀을 알려주는 여행 가이드Weird N.J., Vol. 2: Your Travel Guide to New Jersey's Local Legends and Best Kept Secrets》라는 유쾌한 책에서 끔찍한 추억담을 소개했다.

콘크리트와 섬유유리로 만든 '알프스 슬라이드'라는 흉물스러운 놀이기구를 타 보라. 최대한 다치지 않는다고 해도 화상과 찰과상 정도는 감안해야 한다. 불구가 되어 버린 희생자들의 사진 콜라주가 산 중턱의 스키 리프트에서 토하는 탑승객들을 맞이한다.

앨리슨 베커Alison Becker는 책에서 이렇게 회상했다. "'조종용' 막대와 바퀴가 달린 낮은 플라스틱 좌석에 앉으면 길고 금이 간 비탈진 트랙으로 옮겨진 후 곧장 출발한다. 헬멧도, 브레이크도 없다(어차피 작동이 안 되긴 하지만). 손을 잘못 두면 손가락이 잘려나간다는 경고도 없다. … 뻔뻔스럽게도 '느린' 코스와 '빠른' 코스까지 갖추어 놓았다. '부상' 코스와 '죽음' 코스로 불러야 마땅하다."

망각으로 빠져드는 물미끄럼틀을 선호하는 사람들을 위해 액션파크는 수많은 선택지를 제공했다. 얼마 못 가 철거된 '캐논볼루프'라는 놀이기구는 충돌 테스트 중에 인체모형의 목이 잘려나간 것으로 유명했다. 조금 덜 미끄러운 다른 고속 물미끄럼틀은 갈피를 못 잡고 만신창이가 된 아이들을 벼랑으로 몰고 가 더러운 연못이나 얕은 웅덩이로 빠뜨려 버렸다. 안내원들은 비키니가 벗겨지거나 우스꽝스러운 부상을 입은 사람이 없나 연신 곁눈질을 했다.

'급류타기' 카약은 이 놀이공원의 인기 놀이기구였다. 뒤집힌 배(종종 있는 일이었다)를 바로 잡으려다가 수중에 노출된 전선에 감전사한 불쌍한 탑승객이 나오기 전까지는 그랬다. 크리스 게타드Chris Gethard가 좋게 기억하고 있는 절벽 다이빙도 빼놓을 수 없다. "이 놀이기구가 기억나는 이유는, 다이빙으로 낙하하는 곳이 아무나 이용할 수 있는 수영장이었기 때문이다. 사람들은 수영장에 수영하러 간다고 생각하지만 30피트 상공에서 사람이 떨어져 덮치리라고는 전혀 예상하지 못한다."

안전구조요원은 거대한 '파도 수영장'에서 특히 분주한데, 인공파도에 익사하는 사람들이 속출하는 바람에 다시 '죽음의 수영장'이라는 별명이 붙고 말았다. 한 인정머리 없는 놀이공원 고객은 이렇게 말했다. "수영할 줄도 모르면서 뛰어들었다면 그건 그 사람 문제죠."

아수라장 놀이공원을 헤치며 '응급치료' 카트가 돌아다녔다. 앨리슨 베커Alison Becker는 이렇게 말했다. "골프 카트 같았다. 여드름 투성이에 큼지막한 응급구조요원 셔츠를 입은 두 명의 청소년이 카트를 조종했다. 오솔길, 잔디, 공원을 둘러싼 작은 숲을 뱅뱅거리며 돌아다니는 카트를 한번은 꼭 마주친다. 무릎이 까진 정도로는 카트에 타지도 못한다. 카트에 실린 아이들은 머리를 심하게 다쳐 피가 흥건한 수건을 대고 있거나 다리에 빅 걸프만한 상처를 입고 피를 철철 흘리고 있었다. 온통 피범벅이다. 기억나는 것이라고는 피뿐이다. 한 사람에 25달러도 안 되는 돈이면 그렇게 될 수 있다."

27일

솔즈베리 백작부인의 살풍경한 죽음

1478년에 포도주통에 빠져 익사한 클라렌스 공작 조지만큼 치욕스러운 죽음을 맞이한 사람은 찾기 어려울 것이다. 하지만 조지의 딸이자 솔즈베리 백작부인인 마거릿 폴Margaret Pole 역시 **1541년 5월 27일**에 그에 못지않은 죽음을 맞았다. 마거릿은 한 세기 전에 있었던 이른바 장미전쟁이라는 잔인한 왕가의 싸움에서 용케 살아남았는데, 헨리 8세는 마거릿의 아들이자 추기경인 레지널드 폴Reginald Pole이 헨리의 정책을 심하게 반대한다는 이유로 한때 아끼던 사촌 마거릿을 처형하라고 명령했다. 마거릿이 단두대에 올랐을 때는 67세로, 튜더 왕가 시대에는 아주 많은 나이에 속했다. 그러나 전해지는 이야기에 따르면 사형 집행인을 피해 달아날 정도로 기운이 넘쳤다. 런던타워 안마당에서 사형 집행인과 백작부인의 쫓고 쫓기는 추격전이 이어졌으나 결국 마거릿은 쓰러졌고 절차에 따라 머리가 잘렸다(칙사 유스터스 샤퓌Eustace Chapuys가 전하는 그에 못지않게 끔찍한 또 다른 이야기에 따르면, 백작부인이 런던타워 바깥의 처형장에 이르렀을 때 그곳에는 머리를 두는 낮은 틀만 있을 뿐 처형대가 없었다. 그녀의 지위를 고려하면 준비가 시원찮았다. 샤퓌가 전하길, 설상가상으로 "아둔하고 어설픈 젊은이"가 사형 집행인으로 뽑혀 백작부인은 "말 그대로 머리와 어깨가 산산조각날 만큼 몹시도 비참하게 난도질되었다").

1940년

28일

처칠의 전쟁 희생양 레오폴드 3세

"지구상에서 가장 타락했다는 왕들의 검은 기록을 아무리 뒤져도 벨기에의 왕이 남긴 것보다 더 어둡고 추한 배신과 비겁의 예는 찾지 못할 것이다."

_전 영국 총리 데이비드 로이드 조지David Lloyd Geroge가 벨기에의 왕 레오폴드 3세에 관해 쓴 글

벨기에는 필사적으로 저항했지만 작은 중립국을 향해 맹렬한 기세로 몰려오는 나치군을 막아낼 가능성은 없어 보였다. 용맹했으나 헛된 시도가 되어버린 18일간의 전투가 끝나고 영국군과 프랑스군이 덩케르크를 무사히 탈출하던 1940년 5월 28일, 마침내 벨기에 군사령관인 레오폴드 3세는 무조건 항복할 수밖에 없었다.

그날 레오폴드 3세는 충직한 군인들에게 이렇게 말했다. "역사는 우리가 끝까지 임무를 수행했다고 말할 것이다. 우리의 명예는 길이 남을 것이다."

독일군에게 포로로 잡혀갈 때까지 함께 버티고 있을 정도로 군인들 못지않은 용감함을 보여준 것을 보면 레오폴드는 철석같이 그렇게 믿었던 듯하다. 그러나 역사는 이 불행한 왕에게 매몰차기만 했다. 실제로, 레오폴드 3세가 항복하자마자 역사를 만드는 사람들과 상황 판단이 빠른 사람들이 주축이 되어 레오폴드에 부당

한 공격을 가하기 시작했다. 거기에는 역사학자 중 가장 존경받는 윈스턴 처칠도 포함되어 있었다.

프랑스가 무너질 위험에 처하고 영국 또한 히틀러에 맞서 싸우느라 위기를 겪자, 영국 총리 처칠은 6월 4일 하원에서 레오폴드의 항복을 "한심한 사건"이라 부르며 맹렬히 비난했다(벨기에 왕에 대한 공정한 평가가 내려진 것은 최근의 일이다). "사전에 상의도 하지 않고, 최소한의 공지도 없이, 대신들의 조언도 구하지 않고, 레오폴드는 갑자기, 독단적으로, 전권 대사를 독일군에 보내 벨기에군을 항복시키고, 우리 군 전체의 측면과 철수 방안을 노출시켰다."

이는 거짓이었고 처칠도 알고 있었다. 영국과 프랑스 모두 벨기에의 함락이 머지않았다는 사실을 여러 차례 경고 받은 상태였다. 레오폴드의 군사 고문 라울 반 오버스트래튼Raoul van Overstraeten 장군은 프랑스 대사에게 한 경고에서 다음과 같이 말했다. "우리는 더 이상 저항할 수 없는 상태로 도착했습니다. 다 쓴 끈이 끊어지듯 전선이 점점 줄어들고 있습니다." 레오폴드가 항복하기 하루 전에 육군 원수 고트 경에게 전달된 전보를 봐도 영국 총리가 벨기에의 위태로운 상황을 알고 있었음을 짐작할 수 있다. "우리는 그들에게 우리를 대신해 희생해 달라고 요구하고 있는 것입니다."

이 모든 진실을 외면한 채 처칠은 자신이 직접 쓴 제2차 세계대전 관련 역사서에서 레오폴드에 대한 비방을 되풀이했다. 왜 그랬을까? 처칠의 《우리 생애 최고의 순간Their Finest Hour》에서 인정받은 저자 프랑스 총리 폴 레노Paul Reynaud는 레오폴드 항복을 비열하고 기만적인 결정이라 여기며 이미 비판한 바 있었고(사실은 프랑스가 곧 무너지게 된 상황을 벨기에 왕의 탓으로 돌린 것이었다), 동맹을 맺은 처칠도 똑같이 행동하기를 기대했다. 처칠은 그의 의견을 잠자코 따랐다. 그리고 이렇게 썼다.

"6월 4일 하원에서 발언할 때는 당시 구할 수 있는 최대한의 정보를 주의 깊게 살핀 후 동맹국인 프랑스뿐만 아니라 영국과 (망명 중인) 벨기에 정부에게도 공평하게, 그리고 쉬운 말로 진실을 전하는 것이 나의 의무라고 생각했다."

하지만 처칠이 쉬운 말로 전한 진실은 사실과 거리가 멀었고, 전해지는 바에 따르면 이를 두고 아들 랜돌프Randolph는 아버지인 처칠을 비난했다. 당시에 그 자리에 있었던 대공 오토 폰 합스부르크 Otto von Habsburg에 따르면 어린 아들은 아버지에게 이렇게 말했다 (오토 폰 합스부르크의 저서《대륙의 탄생Naissance d'un Continent》에서 인용함). "이 사건에 대해 아버지가 말하고 쓴 것은 모두 거짓이에요. 아버지도 잘 알고 있는 것처럼요." 처칠이 화를 내며 대답했다. "물론 모두 거짓이지. 하지만 어떤 시기의 역사는 최고의 저자에 의해 결정된다는 사실을 명심해. 내가 바로 그 저자이고 앞으로도 그럴 거다. 그러니 내가 뭐라고 적든 사실로 받아들여져야 할 거야."

29일

"봄의 폭동"
광기에 휩싸인 발레 공연

록 공연에서는 폭동이 많이 일어났다. 심지어 셰익스피어의 작품을 연극할 때도 큰 소동이 일어난 적이 있다(5월 10일 참고). 그렇다면 발레는 어떨까? 이고르 스트라빈스키Igor Stravinsky의 〈봄의 제전Rite of Spring〉 초연이 열렸던 **1913년 5월 29일**, 파리에서 그런 일이 있었다. 수많은 관객이 〈백조의 호수〉나 〈잠자는 숲속의 미녀〉 같은 고리타분하고 전통적인 공연을 기대하며 속속 샹젤리제극장에 모여들었지만, 실제로 눈앞에 펼쳐진 것은 미래에 고전이 될 러시아 작곡가 스트라빈스키의 색다른 음악, 이교적인 주제, 그리고 생경한 안무였다. 바순이 첫 몇 음을 연주하자마자 야유가 터져 나오기 시작했고, 급기야 스트라빈스키의 아방가르드한 접근 방식을 이해한 소수의 관객과 그렇지 못한 대다수의 관객 사이에 싸움이 벌어졌다. 심지어 오케스트라까지 공격을 받았다. 지휘자 피에르 몽퇴Pierre Monteux가 당시를 회상하며 말했다. "손에 잡히는 물건은 닥치는 대로 집어던지더군요. 그렇지만 우리는 계속 연주했습니다." 경찰이 불려와 막간에 관객들을 진정시키려고 애썼지만 2막이 시작되자 다시 싸움이 일어났다.

스트라빈스키는 도입부의 첫 몇 마디만 듣고 조롱하는 사람들에게 화가 나 공연장을 떠났고, 난동이 점점 거세지자 무대의 날개

쪽에서 나머지 공연을 지켜보았다. "그렇게 화가 난 적은 처음이었다"고 스트라빈스키는 나중에 기록했다. 관객들이 광분한 것은 음악이 아니라 안무 탓이라는 의견도 있었지만 스트라빈스키에게는 전혀 위로가 되지 않았다.

〈봄의 제전〉에 대한 관객들의 반응처럼 비평가들 역시 둘로 갈라졌다. 〈피가로Le Figaro〉의 앙리 키타드Henri Quittard는 스트라빈스키의 작품을 가리켜 "이해하기 어렵고 유치한 잔혹 행위"라며 이렇게 덧붙였다. "스트라빈스키 같은 음악가가 이런 당혹스러운 모험에 동참하다니 유감이다." 반면 스트라빈스키의 작품에 매료된 구스타프 라이너Gustav Linor는 굴지의 공연 잡지 《코메디아 Comoedia》에 소란은 개탄스러운 일이었지만 무례한 두 집단 사이에 일어난 "시끄러운 논쟁"에 불과하다고 썼다.

결국 세상은 스트라빈스키의 작품이 지닌 가치를 인정하게 되었고, 음악해설가 마일즈 호프만Miles Hoffman은 이렇게 말했다. "그의 작품은 음악사뿐 아니라 예술사를 통틀어 창작 행위에서 가장 위대한 도약이다."

1806년

30일

불 같은 앤드루 잭슨의 비열한 한 방

과거, 특히 19세기 초는 개인의 명예를 성서처럼 신성시하던 시절이었다. 모욕이나 상처를 입었다고 생각되면 이른바 '종심재판소'에서 서로에게 권총을 겨누며 격렬하게 맞섰기 때문에 순식간에 목숨이 오가는 상황으로 치달을 수 있었고 실제로 그런 일이 잦았다. 결투에는 엄격한 규정이 있었고(어쨌거나 서로 총질을 해대면서도 품격을 따지는 문명화된 시대가 아닌가), 이 결투 규정에서 조금이라도 벗어나면 품위 없고 비열한 사람으로 여겨졌다. 아주 사소한 일에도 발끈하고 극도로 예민한 미래의 미국 대통령 앤드루 잭슨도 결투에 푹 빠져 있었다. 그러나 잭슨의 적수이자 테네시의 변호사인 찰스 디킨슨Charles Dickinson은 잭슨이 간간히 결투 규정을 무시한다는 사실을 너무 늦게 알아차렸다.

두 사람은 경마와 관련해 실없이 오간 승강이질을 두고 충돌하게 되었다. 모욕적인 언사가 오갔고 디킨슨은 명예를 아는 자라면 그 누구도 무시할 수 없을 행동을 하고 말았다. 바로 잭슨을 "아무짝에도 쓸모없는 건달 … 소심한 겁쟁이"라 일컬으며 내슈빌《리뷰Review》에 성명서를 낸 것이다. 적개심을 공개적으로 선언하듯 '게시'하자, 미래의 대통령은 그런 상황이라면 으레 예상되듯 디킨슨에게 공식적으로 결투를 신청했다. **1806년 5월 30일**, 둘은 24보 떨어진 거리에서 서로의 불화를 정리하자고 합의했다.

디킨슨은 치명적 명사수로 유명했기 때문에 잭슨은 디킨슨과의 맞대결이 자신에게 불리하다는 것을 알고 있었다. 실제로 디킨슨은 잭슨과 만나기로 합의한, 테네시주 경계 바로 너머의 켄터키주 로건을 가벼운 마음으로 찾아갔다. 디킨슨은 잭슨을 순식간에 해치우리라 확신했다. 디킨슨은 동행들에게 재미를 주고자 24보 떨어진 거리에서 실 한 오라기를 한 방에 명중시키고는 남은 자투리를 마을 여관 주인에게 맡겼다. "잭슨 장군이 오거든 이걸 보여주시오!" 디킨슨은 흐뭇해 했다. 그와 달리, 잭슨은 켄터키주로 이동하는 내내 동행들과 작전을 짜느라 여념이 없었다. 그렇게 잭슨과 동행들은 실력이 출중한 디킨슨이 먼저 쏘게 하는 편이 나을 것이라는 결론을 내렸다. 그렇게 하면 잭슨이 살아남는다고 가정했을 때 속도나 정확성에 대해 고민할 필요 없이 자기 차례에 신중하게 디킨슨을 조준할 수 있으리라 판단했던 것이다.

선정된 장소에 도착하자마자 두 사람은 각자의 위치에 섰다. 발포 명령에 디킨슨은 즉시 권총을 들어 잭슨의 가슴을 쏘았다. 그런데 잭슨은 쓰러지지 않았다. 대신 이를 악물고 가슴을 움켜쥐고 있었다(총알이 심장에서 고작 1인치 떨어진 곳에 박혔고 평생 그 자리에 남았다). "어이쿠!" 충격을 받은 디킨슨이 외쳤다. "내가 못 맞힌 건가?" 망연자실한 디킨슨이 표적이 될 차례였다. 규정이 그랬다. 잭슨은 이제 마음 놓고 디킨슨을 쏠 수 있게 되었다. 천천히 그리고 신중하게 총을 들어 올려 조준한 다음 방아쇠를 당겼다. 하지만 공이치기가 반밖에 움직이지 않았다. 이는 디킨슨이 정당하게 죽음을 모면

THE DUEL.

미래의 대통령 앤드루 잭슨이 비열한 운명적 한 방을 찰스 디킨슨에게 날리고 있다.

할 수 있다는 의미였지만 실상은 그렇지가 않았다. 잭슨은 기본적인 결투 규정을 무시하고 다시 팔을 올려 발포했다. 총알은 디킨슨의 몸을 관통했고, 디킨슨은 결국 과다출혈로 사망했다. "디킨슨이 내 머리를 쐈다 해도 나는 그를 맞혔을 거야." 잭슨이 자신의 부상도 잊어버린 채 이렇게 빈정댔다.

1990년

31일

"휴정이 언제죠?"
이멜다 마르코스의 사치

과거 필리핀 대통령의 영부인이자 천 켤레의 구두를 소유했던 이멜다 마르코스Imelda Marcos는 진저리를 쳤다. "여기서 백만 달러, 저기서 백만 달러 하는 소리도 지겹네요. 그게 얼마나 된다고." 런던《타임스》는 나랏돈 수억 달러를 갈취한 혐의로 기소된 이멜다의 불평을 보도했다. 그리고 이멜다는 실제로 얼마나 지겨웠는지 보여주기라도 하듯, **1990년 5월 31일** 갈취 혐의에 대한 재판이 이루어지던 날 법정에서 기절했고 들것에 실려 나가는 바람에 어쩔 수 없이 재판을 멈춰야 했다. 이멜다는 금방 회복했고, 한 달 후 무죄 선고를 받고 다시 수십억 달러를 쓸 수 있는 자유의 몸이 됐다. 구두수집광인 그녀는 나중에 이렇게 말했다(1998년 AP통신에서 인용). "저는 태생이 호사스러워요. 언젠가는 내 이름이 사전에 올라갈 거예요. 호사스럽다는 의미로 '이멜다스럽다'라는 말이 사용될 거라고요."

Bad Days
in
History

June

6월

"6월이면 장밋단을 묶는다.
그리고, 장미 장미마다, 잎을 떼어
폴린이 지날 길에 뿌리지.
그녀가 비켜가지 않을까? 이런!
그대로 두자. 모두 죽었다고?
혹시 그녀가 눈길을 줄지 모르지."

로버트 브라우닝Robert Browning, 〈사랑의 한 방식One Way of Love〉

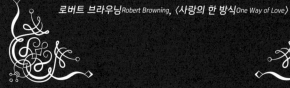

1809년

1일

위대한 작곡가 하이든(의 부패)

1809년 6월 1일 사망한 요제프 하이든Joseph Haydn의 장례식이 초라하게 치러지자, 그를 음악적 우상으로 여겼던 요제프 카를 로젠바움Joseph Carl Rosenbaum은 크게 상심했다. 당시 빈은 나폴레옹에게 포위당해 있었기 때문에 작곡가의 죽음은 합당한 애도를 받지 못했다. 사정이 나았더라면 수많은 조문객들이 그의 장례식에 참석했을 터였다.

로젠바움은 제대로 예도 갖추지 않고 위대한 작곡가를 떠나보내는 데 분개한 나머지, 바로 그날 묘지 관리인과 짜고 작곡가의 무덤을 파헤치기로 했다. 그의 목적은 고결했다. 최소한 그는 그렇게 믿었다. 이 하이든 신봉자는 온 세상이 위대한 작곡가의 천재성을 이해하기를 바랐다. 그리고 이를 위해서는 하이든의 머리가 필요했다.

작곡가가 사망할 당시에는 골상학이라는 비교적 새로운 '과학'에 대한 신뢰가 널리 퍼져 있어 두개골을 검사하면 인간의 정신을 이해할 수 있다는 믿음이 팽배했다. 두개골의 다양한 형태와 윤곽이 인간의 특징을 드러낸다는 것이었다. 예를 들어 후두부가 큰 사람은 자손의 번식을 위해 공격적으로 덤벼드는 경향이 있다는 식이었다. 로젠바움은 눈부신 창의성을 지닌 하이든의 머리를 펼쳐내어 그 재능을 지도로 그려내고자 했다.

그는 전리품을 손에 넣을 순간만을 기다리며 하이든이 병상에 누워 있는 시간을 참고 기다렸다. 마침내 하이든이 매장되고 4일 뒤 그의 인내는 결실을 얻었다. 허나 한여름의 무더위로 이미 부패가 상당히 진행된 상태였고 악취가 어찌나 심했던지 로젠바움은 밀폐된 마차에 앉아 하이든의 머리를 받아 든 순간 그 자리에서 구토를 하고 말았다. 물론 그렇다고 자신의 숭고한 임무를 포기하지는 않았다.

로젠바움은 근래에 사망한 여배우의 머리에서 살을 제거하다 실패한 전력이 있던 터라 자신의 친구이자 동료 골상학자인 외과 의사 레오폴트 에카르트Leopold Eckart에게 새로이 발굴한 유물을 맡겼다. 에카르트는 과연 전문가의 솜씨를 발휘해 하이든의 두개골을 덮고 있던 근육과 혈관을 정교하게 벗겨냈다.

그러나 당시만 해도 부패 중인 회색 덩어리로 보일 따름인 하이든의 뇌에 수많은 비밀이 담겨 있으리라 생각한 사람은 아무도 없었던 탓에 하이든의 뇌는 얼굴에서 벗겨낸 다른 피부와 함께 병원 소각로에 무참히 던져졌다.

한편 로젠바움은 6월 15일 자신의 우상을 위해 거행된 한층 성대한 장례식으로 기쁨에 들떠 있었다(하이든의 추도식에서는 모차르트의 진혼곡이 연주됐다. 몇십 년 전 모차르트의 머리 또한 '구조'된 바 있었던 것을 생각하면 흥미로운 선곡이었다. 이야기는 이렇다. 비엔나 성 마르크 교회St. Mark's Church의 관리인은 모차르트가 합장 묘지에 매장되기 전에 시신을 분별하기 쉽게 그의 목에 철사를 감아 표시를 해뒀다. 전기작가 피터 J. 데이비스Peter J. Davies의 묘사에 따르면 그 뒤 "음악적 열광이 폭발하는 순간"이 이어졌다. 교회 관리인은 후대를 위해 무덤을 파고 유해들을 뒤적인 끝에 목에 철사를 감아둔 시신을 찾아 그의 두개골을 빼돌렸다. 위대한 작곡가의 두개골에 대한 19세기의 기이한 집착으로 베토벤과 슈베르트의 유해 역시 훼손되었다). 그는 "하이든에 걸맞은 가장 근엄한" 장례식이었다고 기록했다. 어쨌거나 한쪽에서는 작곡가의 죽음에 대한 보다 적절한 애도가 진행되는 가운데 다른 한쪽에서는 《두개골 절도Cranioklepty》의 작가 콜린 딕키Colin Dickey가 묘사한 것처럼 고인의 머리가 "가까운 병원의 석회수에 푹 담겨" 있다는 모순된 사실을 로젠바움은 이해하지 못했던 것 같다.

부식성이 강한 석회수가 놀라운 마법을 부린 덕에 두개골은 이제 새하얗게 반짝이며 로젠바움이 심혈을 기울여 제작한 진열장에 들어갈 준비를 마쳤다. 그 뒤 하이든의 두개골은 숭배와 경외의 대상으로 10년이 넘도록 비밀리에 보관되다가, 하이든의 후원자였던 에스테르하지Esterhazy가의 왕자 니콜라우스 2세가 아이젠슈타트 궁을 오랫동안 훌륭한 음악으로 채워줬던 작곡가의 유해를 그에 걸맞은 기품 있는 장소에 안치하기로 결심하면서 세상의 빛을 보게 되었다.

세상 무엇보다 소름 끼치는 발견이 이루어지는 순간이었다. 관을 열어젖힌 왕자의 부하들은 머리가 사라진 시신과, 그 자리에 덩그러니 남아 있는 가발을 발견했다. 얄궂게도 묘비에는 '노놈니스 모리아Nonomnis moriar(내 전부가 죽지는 않으리라)'라는 비명이 새겨져 있었다. 분개한 니콜라우스 왕자에게서 반드시 범인을 밝혀내라는 불호령이 떨어졌지만 로젠바움은 전혀 걱정하지 않았다. 그는 이렇게 적었다. "우리는 왕자가 머리를 잃어버린 하이든의 유해를 아이젠슈타트 궁으로 보낸 일에 대해 얘기했다. 모두들 그 일에 왕자가 쓴 돈을 생각하며 배를 잡고 웃었다."

결국 경찰은 머리 도둑을 찾아냈다. 그러나 로젠바움은 하이든의 두개골이 아닌 다른 두개골을 경찰에 넘겼다. 경찰이 이 사실을 알아차리자 로젠바움은 또 한 번 속임수를 부려 진짜 두개골은 아픈 척 누워 있던 아내의 침대 밑에 숨겨둔 채 끝내 가짜 두개골을 넘겼다. 그 뒤 로젠바움은 자신이 "요제프 하이든의 가장 가치 있는 보물"이라 일컬은 하이든의 두개골을 평생 소장할 수 있었다. 이후 작곡가의 머리는 불명예스럽게도 이 사람 저 사람의 손을 거치며 떠돈 끝에 몸에서 잘려 나간 뒤 145년이 지난 1954년에야 비로소 자신의 몸을 되찾을 수 있었다.

1763년

2일

"아메리카 원주민의 급습"
라크로스 작전에 말려든 영국군

작전은 간단했지만 더없이 치명적이었다. **1763년 6월 2일**, 치페와족Chippewa과 소크족Sauk 전사들 수백 명은 우정의 탈을 쓰고 미칠리맥키낵Michilimackinac(지금의 미시간주 맥키낵 시티Mackinac City) 요새 앞에 모여 라크로스 시합을 벌였다. 최근 영국이 프랑스로부터 탈환한 미칠리맥키낵 요새의 사령관을 맡고 있던 조지 에더링턴 George Etherington 소령은 원주민이 겉모습보다 더욱 위험하다는 경고를 흘려들었다. 오만했던 그는 자신의 군대가 소위 야만인보다 훨씬 강하다고 확신하며 보고를 묵살했다.

착각에 빠진 에더링턴과 그의 군대는 경기장 바깥쪽에 자리를 잡고 진흙칠을 한 전사들의 시합을 구경했다. 원주민 전사의 아내들도 담요로 몸을 꽁꽁 싼 채 경기를 지켜봤다. 그러다 열기가 한창 무르익었을 무렵 나무로 만든 공이 요새의 벽을 넘어 날아가자 선수들은 공을 쫓아 달리기 시작했고, 여자들은 담요를 풀어 헤치고는 안에 숨겨뒀던 학살을 위한 무기를 전사들에게 건넸다.

젊은 모피 상인으로 다락방에 몸을 숨긴 덕에 운 좋게 학살

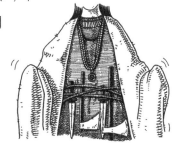

에서 살아남은 알렉산더 헨리Alexander Henry는 훗날 자신이 목격한 참상을 이렇게 술회했다. "작은 구멍을 통해 요새에서 벌어지는 일을 볼 수 있었다. 가장 끔찍하고 역겨운, 야만인 정복자들의 잔혹한 승리였다. 죽은 사람들은 머리가 벗겨지거나 몸이 난도질당했다. 아직 죽지 못한 사람들은 피에 굶주린 칼과 도끼 아래서 괴로움에 몸부림을 치고 비명을 질렀다. 살육자들은 시신을 갈라 흐르는 피를 두 손으로 떠서 벌컥벌컥 마시며 분노와 승리의 기쁨이 뒤섞인 소리를 질러댔다."

1956년

3일

악마의 로큰롤

드와이트 D. 아이젠하워 대통령이 여전히 재임 중인 그때는 겨우 **1956년**이었는데, 로큰롤은 벌써 커다란 위협이 되고 있었다. 특히 캘리포니아주 샌타크루즈 공무원들에게 특히 그랬다. 시 공회당에서 벌어지고 있던 광란의 파티를 경찰이 발견한 것은 **6월 3일** 자정을 막 넘긴 무렵이었다. 리처드 오버튼Richard Overton 경위의 말에 의하면 군중들이 "흑인으로만 구성된 밴드가 연주하는 도발적인 리듬에 맞춰 외설적이고 자극적이고 유혹적인 몸짓"을 하고 있었다. 10대들은 귀가 조치됐고, 경찰서장 알 헌츠먼Al Huntsman은 선을 넘은 행위에 대해 "이런 춤은 앞으로 샌타크루즈 어디에서도 허용되지 않을 것"이라 선언했다.

그러나 헌츠먼의 금지령이 내려진 지 이틀 만에 엘비스 프레슬리Elvis Presley가 록 음악을 방탕의 새로운 차원으로 인도했다. 그것도 전국 방송을 통해서 말이다. 떠오르는 킹King은 〈밀튼 벌 쇼The Milton Berle Show〉에 출연해 자신의 히트곡 〈하운드 독Hound Dog〉을 부르며 음탕한 엉덩이춤을 선보였다. 언론은 충격에 빠졌다. 뉴욕 《데일리뉴스》의 벤 그로스Ben Gross도 비판에 가세했다. 그는 곧 엘비스의 상징적인 춤이 된 그 동작에 대해 "동물적인 느낌을 자아내는 동작으로, 저속한 술집이나 매음굴에서나 허용되어야 한다"고 묘사했다. 마돈나는 아직 태어나기도 전이었다.

4일

선상 반란자들의 살육

해양 재난의 역사로 보자면 **1629년 6월 4일** 일어난 바타비아 Batavia호 침몰 사건은 가장 낮은 순위로 꼽힌다. 호주 서부 해안에서 발생한 이 참사에서 어린이를 비롯한 성인 남녀 대다수가 살아남아 무인도의 뭍에 닿았다. 하지만 산호초에 배가 파괴된 일은 끔찍한 시련의 서막일 뿐이었다. 식량과 식수도 부족하고 피난처도 마땅치 않은 상황에서 과대망상에 빠진 미친 살인자들의 손아귀에 들어 오도 가도 못하게 된 것이다.

바타비아호가 좌초한 뒤 선장과 다른 수석 항해사들은 구조 요청을 위해 작은 보트를 타고 바다로 나갔다. 그 바람에 섬에 남은 부선장 예로니무스 코르넬리스Jeronimus Cornelisz가 생존자들의 지휘를 맡게 되었는데, 알고 보니 그는 사람이 살 수도 없는 이 작은 왕국의 폭군에 다름 아니었다. 좌초 전에 이미 선상 반란을 계획했다가 사고가 발생하는 바람에 실행에 옮기지 못했던 코르넬리스는 이제 구조선을 탈취할 계획을 세웠다. 하지만 우선 구조선이 오기 전까지 살아남을 필요가 있었다. 이게 문제였다. 먹을 입은 수백이었고, 배가 침몰하기 전에 건져낸 보급품은 거의 없었다. 코르넬리스에게 문제의 해결책은 단순했다. 살인이었다.

정당성의 허울을 뒤집어쓴 살인이 시작되었다. 이를테면 결백한 사람들에게 절도죄를 뒤집어씌운 뒤 즉결 처형을 한 것이다. 그

코르넬리스의 지시에 따라 바타비아호 생존자들 사이에서 참혹한 학살이 벌어졌다.

러나 얼마 안 가 그런 거짓된 수고조차 하지 않았다. 자신을 따르던 무리들에게 생존자들을 마음껏 공격하게 하면서 성인 남녀와 아이들 수십 명을 칼로 찌르고 몽둥이로 때려 무참히 죽였다. 어느 날 밤에는 여덟 명의 형제자매가 한꺼번에 살해당하기도 했다. 다음이 누가 될지 아무도 알지 못했다.

"우리는 언제라도 살해당할 수 있다고 생각하며 신에게 자비로운 구원을 간청할 뿐이었다"고 살해당한 여덟 아이들의 아버지는 회고했다. 코르넬리스 자신은 살인 행각에 직접 가담하지 않았다. 다른 이들의 생과 사를 가르는 막강한 권력만으로(그리고 여성들을 성노예로 삼은 것으로) 충분했던 모양이다. 언젠가 시끄럽게 울어대는 아이를 독살하여 직접 제 손을 더럽힌 적이 있긴 했지만 말이다.

6주 동안 이어진 공포 통치는 구조선을 이끌고 돌아온 수석 항해사들이 생존자들과 힘을 모아 코르넬리스를 물리치면서 끝을 맺었다. 그 사이 수많은 사람들이 목숨을 잃었지만 그래도 구조선에는 자리가 부족했다. 사람들은 결국 코르넬리스가 끔찍한 죄를 지은 바로 그 무인도에서 그의 일당을 모두 처형하기로 결정했다. 두 손이 잘리고 목에 올가미가 걸린 우두머리는 아무런 뉘우침의 기색을 보이지 않았다. "복수하겠어!" 교수대에 선 그가 외쳤다. "복수하겠어!"

1888년

5일

클리블랜드 대통령, 과부의 연금을 변기에 처넣다

모든 것을 쏟아버릴 듯 멈추지 않는 설사에, 끔찍한 자살을 더하고, 마지막으로 무심한 미국 대통령을 추가하면, 짜잔, 조해나 로윙거Johanna Loewinger의 기구한 삶이 탄생한다. 사건은 미국 남북전쟁 중에, 로윙거 부인의 남편이 1861년 6월 입대한 뒤 1년이 채 못 되어 전역하면서 시작됐다. 군의관에 따르면 원인은 만성설사였다. 14년 뒤 그는 목을 그어 자살했다. 이때부터 문제가 복잡해졌다. 검시관은 이 참전 군인의 자살이 멈추지 않는 장 문제 때문이라고 결론을 내렸다. 하지만 로윙거 부인은 남편이 참전 경험 때문에 점점 미쳐가고 있었다고 주장했다. 따라서 그녀는 군이 거부한 군인 배우자 연금을 자신에게 지급해 줄 것을 요구했다. 미 상원은 그녀가 연금 지급 조건을 충족한다고 판단했지만 그로버 클리블랜드Grover Cleveland 대통령은 **1888년 6월 5일**, "조해나 로윙거 연금 지급법"이라 이름 붙인 739조 법안에 대해 거부권을 행사했다. 대통령이 직접 나서 로윙거의 남편은 전쟁이 아니라 설사 때문에 목숨을 끊었다고 선언하며 과부의 희망을 변기에 처넣은 것이다.

6일

'안전 성냥'을 팔아먹는
전혀 안전하지 못한 성냥회사

런던의 성냥 제조사 브라이언트 앤 메이Bryant & May는 자사의 안전 성냥을 홍보하는 데 완벽히 맞아떨어지는 비극적 사건을 발견했다. 1867년 6월 6일, 오스트리아 합스부르크 왕가의 마틸드 Mathilde 대공비가 드레스에 불이 붙는 사고로 심각한 화상을 입고 18세의 일기로 사망한 것이다. 아버지 몰래 등 뒤에 숨긴 담배 때문에 드레스에 불이 붙었다는 설명이 대다수였지만, 마찰이 일어나면 불똥이 제멋대로 튀는 이른바 '악마의 성냥'에 마틸드가 자기도 모르게 마찰을 일으켜 불이 붙었다고 하는 증언도 있었다. 하지만 브라이언트 앤 메리는 자사의 몰지각한 인쇄 광고에 후자의 관점을 채택했다. 광고 상단의 "화재 예방"이라는 문구 아래 마틸드 대공비의 끔찍한 죽음을 적나라하게 묘사한 신문기사가 실렸다. 광고는 이렇게 끝맺었다. "브라이언트 앤 메이의 특허 받은 안전 성냥을 사용했다면 위 사건은 일어나지 않았을 것입니다."

브라이언트 앤 메이가 불쌍한 마틸드를 팔아가며 자사의 안전 성냥을 자찬하던 당시, 역설적으로 런던의 이스트엔드에 위치한 성냥 공장의 저임금 노동자들은 '인산 괴사'라 알려진 끔찍한 질병으로 죽어가고 있었다. 당시 대부분의 성냥 제조에 사용되었던 백린에서 발생한 매연이 원인이었다. 브라이언트 앤 메이의 성냥 공

STRIKE COMMITTEE OF THE MATCHMAKERS UNION.

'인산 괴사'에 맞서 파업을 일으킨 브라이언트 앤 메이 성냥 공장 여공들의 모습.

장 여공들이 1888년 일으킨 유명한 파업으로 대중에게 알려진 이 병은 날카로운 치통으로 시작해 잇몸이 심하게 부풀어 올라 얼굴을 흉하게 만드는 것이 특징이었다. 턱뼈의 종기는 어둠 속에서 초록색이 섞인 하얀 빛을 내는 것으로 알려졌으며, 서서히 괴사하며 심한 악취를 풍겼다. 외과적으로 턱을 제거하는 것만이 유일한 치료법으로, 그대로 방치할 경우 심각한 뇌 손상과 장기 손상으로 사망했다. 불운한 마틸드 대공비 못지않은 끔찍한 죽음일 것이다.

7일

"별 볼 일 없는 사람"
이 케네디는 '잭'이 아닙니다

미 하원에서 의사표현도 못하는 얼간이가 되는 일이 드물지는 않지만, 그렇다고 자신의 부족함이 능숙한 솜씨로 부풀려져 기사화되는 것이 썩 기분 좋은 일은 아닐 것이다. 맷 라배시Matt Labash 가 1999년 6월 7일자《위클리스탠다드》에서 하원의원 패트릭 케네디Patrick Kennedy를 완전히 뭉개 놓은 기사를 보자. 외과의처럼 섬세한 라배시의 손길 아래 명망 있는 정치 가문의 젊은 의원은 과분한 혜택을 받으며 허튼 소리를 늘어놓는 재능 없는 얼간이가 되었다. 능지처참을 언론계로 옮기면 그런 문장이 나올 터였다. 하지만 라배시는 자격 없는 카멜롯의 왕자를 두고 군이 "SAT 시험을 볼 때 가장 훔쳐보고 싶지 않은 시험지가 패트릭 케네디의 답안일 것이다"라며 묘사할 게 아니라 케네디 본인에게 직접 말을 시켰으면 더더욱 파괴적인 효과가 있었을 것이다. 인맥 좋은 풋내기이자 국방위원회 신참 의원인 케네디가 군 내부의 인종차별 근절 문제와 관련해 미 해군 장관을 닦달하는 장면을 보자(패트릭 케네디의 아버지 테드 케네디 역시 바보 같은 의사표현 능력을 자랑한 바 있다. 11월 4일 참고).

"그러니까 상황인즉슨, 이번 일이 보고되지 않은 이유가, 장관께서도 아시겠지만, 아무것도 아닌 일을 키우지 말자, 그런 것이었다는 거지요. 제가 걱정하는 것은, 아시겠지만, 결점과 관련하여 무결점 사고방식이라는 겁니다. 지금 결점에 대해 얘기하는 것은 아니지만요. 그러니까 극단주의가 크게 대수롭지 않다면 그것만으로는 군대에서 축출할 이유가 되지 않는다는 것을 누구나 인정할 수 있다는 것이죠. 하지만 어떻게 보다 넓은 범위의 문제에 접근할 수 있을까요. … 소통의 관점에서 여기에 대해 답해 주시겠습니까?"

8일

마사 워싱턴 일가의 일급비밀 임무 수행

1863년 6월 8일, 유서 깊은 집안을 자랑하는 두 남자가 테네시 주 프랭클린에 위치한 요새로 말을 타고 들어왔다. 두 사람은 미국의 첫 번째 영부인 마사 워싱턴Martha Washington의 직계 후손(대니얼 파크 커스티스Daniel Parke Custis와의 첫 번째 결혼으로 생긴 후손들이며, 조지 워싱턴과의 두 번째 결혼에서는 후손이 없었다)이자 로버트 E. 리 장군 집안과 사돈 관계였다. 이들은 남부군 장교였던 윌리엄 오튼 윌리엄스 Willam Orton Williams(혹은 로렌스 오튼 윌리엄스Lawrence Orton Williams) 대령과 그의 사촌 월터 G. '깁' 피터Walter G. 'Gip' Peter 중위였으나 둘 모두 자신의 신분을 밝히지 않았다. 사실 그들은 군사 기지를 시찰 중인 북군 장교로 위장한 스파이들이었다. 그리고 두 사람은 그 일로 목숨을 잃었다.

북군 요새 사령관인 존 P. 베어드John P. Baird 대령은 두 사람이 보여준 태도와 품위에 깊은 인상을 받았고, 특히 윌리엄스의 지성과 그가 구사하는 어법에 매혹됐다. 두 사람에게 깊은 감명을 받은 베어드는 두 사람이 내민 위조문서를 대충 훑어보고 지나쳤다. 가명을 댄 윌리엄스와 피터는 자신들이 내슈빌로 향하는 중이니 통행증을 발급해 달라고 요청했고, 또 반군을 만나 강도를 당한 참이니 돈이 필요하다고도 했다. 베어드는 기꺼이 돈과 통행증을 제공했다. 두 반군 스파이들은 요새에서 밤을 지내고 가라는 사령관의 제안을 거절하고 다시 길을 떠났다.

두 사람이 떠나고 얼마 되지 않아 베어드는 의심이 들기 시작했다. 우선 두 사람은 아무런 호위 병사 없이 요새에 도착했는데, 이는 임무를 수행 중인 군 장교에게는 있을 수 없는 일이었다. 게다가 반군의 공격에서 살아남았다면서 돈만 빼앗기고 끝났다는 것도 이상한 일이었다. 무엇보다 자신들의 임무라고 밝힌 시찰 업무를 전혀 하지 않았다. 혼란에 빠진 베어드는 즉시 두 사람을 찾아 요새로 데려오라고 지시했다.

윌리엄스와 피터는 순순히 체포되어 돌아왔다. 베어드는 여러 차례 전신을 주고받은 끝에 두 사람이 사칭한 조사관은 존재하지 않는다는 사실을 알게 되었다. 그는 즉시 군사재판을 열고 만약 죄가 드러나면 교수형에 처하라는 지시를 받았다. "분노가 들끓는다"고 베어드는 적었다. "그들의 목을 매달면 좀 나을 것이다."

그날 밤, 윌리엄스와 피터는 촛불을 밝힌 천막에서 재판을 받고 스파이로 판명되었다. 사촌 관계인 두 사람은 임무의 세부 내용은 끝내 함구했지만, 일급비밀 임무를 수행 중이라는 사실은 인정했다. 두 사람은 다음날 처형되었고, 임무의 내용도 영영 알 수 없게 되었다.

9일

엉망진창 황제 세입자

잘 알려진 잉글랜드의 일기 작가 존 이블린John Evelyn은 애지중지하는 런던의 세이즈 코트Sayes Court 저택에 형편없는 세입자가 산다고 한탄한 바 있다. 그곳은 그가 엄청난 시간과 돈을 들여 가꾼 호화 저택으로, 그는 특히 정원을 사랑해 마지않았다. 이블린은 일기에 이렇게 적었다. "집을 벤보우Benbow 대위에게 빌려주었다. 그리고 돈과 노력을 기울여 만든 결과물이 엉망이 되어가는 꼴을 매일 봐야 하는 굴욕을 당했다. 나는 보다 정중한 세입자를 원한다." 그런 까닭에 1689년 러시아 황제가 영국에 체류하는 동안 저택을 통째로 대여하고 싶다고 제안했을 때 그는 기쁜 마음을 감출 수 없었다. 이 불쌍한 친구는 표트르 대제가 훌륭한 세입자일 거라 생각한 것이다.

그러나 얼마 지나지 않아 예상과 완전히 반대되는 불길한 소식들이 들려오기 시작했다. "저택은 사람들로 가득하고 그저 엉망"이라는 하인의 전갈이었다. 하인의 전갈은 거르고 또 거른 아주 절제된 표현이었다. 키가 2미터가 넘는 거구의 황제는 엄청난 술꾼이자 사소한 규칙에는 별 신경을 쓰지 않는 사람이었다(한번은 서구 세계를 보고 배우기 위해 신분을 숨기고 유럽 지역을 시찰하던 중 암스테르담에서 시체 해부 시연을 보고 비위가 상한 적이 있었다. 그는 시체 해부 장면을 보게 한 수행단 모두에게 해부한 시체의 살점을 한 입씩 삼키게 했다). 표트르와 그의 술 취한 일행들은 세이즈 코트를 황제의 은총을 받은 짐승 우리로 만들어 놓았다.

"황제가 나의 저택을 궁으로 삼고 지낸 3개월이 지나고, 저택이 얼마나 끔찍하게 변했는지 확인하기 위해 뎁트포드Deptford로 향했다"고, **1689년 6월 9일** 이블린은 적었다. 저택을 본 그는 경악하지 않을 수 없었다. 값비싼 그림들이 과녁으로 사용됐고 가구들은 부서졌으며 바닥과 깔개는 기름으로 얼룩져 있었다. 하지만 무엇보다 끔찍했던 것은 그가 아끼는 정원이었다. 한 원예가가 그 참상을 세세하게 묘사했다. "나무와 화초들이 회복할 수 없을 만큼 손상을 입었다. 벽을 타고 자라는 과수들의 가지가 부러졌고, 가장 잘 가꾼 필리레아 종 두세 그루가 죽었고, 호랑가시나무와 다른 훌륭한 식물들도 부러져 있었다." 그리고 작가 본인이 직접 공들여 가꾼 산울타리가 있었는데, 그는 산울타리를 이렇게 묘사한 바 있었다. "보고 있으면 기분이 좋아지는 눈부시게 아름다운 대상"으로, "확고한 자태를 뽐내며 … 일년 내내 알록달록한 나뭇잎으로 무장하고 반짝인다".

황제 일행은 손수레를 타고 신나게 놀다가 산울타리에 일격을 가한 것 같았다.

10일

대량학살을 한참 늘려 말하면

대변인의 가장 중요한 역할은 무슨 수를 쓰든 조직의 심중을 대변하는 것이다. 아프리카 르완다에서 후투족Hutus이 투치족Tutsis 수만 명을 조직적으로 살육하는 사건이 발생했을 때, 미 국무부 대변인 크리스틴 셸리Christine Shelly는 온갖 괴상한 관료주의적 표현들을 동원하며 '대량학살'이란 말을 피해가는 것이 얼마나 어려운지를 몸소 보여주었다. 아래는 1994년 6월 10일 기자회견에서 셸리와 로이터 통신 특파원 앨런 엘스너Alan Elsner가 나눈 문답이다.

엘스너: 르완다에서 발생한 일을 어떻게 정의하실 건가요?

셸리: 현지에서 조사한 증거들에 기초했을 때, 르완다에서 발생한 일을 대량학살에 해당하는 행위라고 부를 이유가 충분해 보입니다.

엘스너: '대량학살에 해당하는 행위'와 '대량학살'은 어떻게 다르죠?

셸리: 음, 제 생각에는, 아시겠지만 해당 용어를 정의하는 규정이 있잖아요. … 분명 르완다에서 발생한 모든 살인이 그 표현에 부합하는 것은 아닙니다. … 하지만 단어들을 구분하는 문제라면, 우리는 당면한 사건을 가장 잘 드러낼 수 있는 표현을 찾고 있습니다. 다시 한 번 말씀드리지만 증거에 입각

르완다 내전으로 희생당한 사람들(80만 명 이상으로 추정된다)의 사진이 기념관에 걸려 있다.

해 볼 때, 대량학살에 해당하는 행위가 일어났다고 믿을 만
한 모든 근거가 갖춰져 있습니다.

엘스너: 대량학살에 해당하는 행위가 얼마나 모이면 대량학살이
되는 건가요?

셸리: 앨런, 그건 제가 답할 수 있는 질문이 아닙니다.

1959년

11일

문학적 감각이 출중한 체신부 장관

"이 책은 등장인물들이 성적 행위를 벌이는 모습이나 이에 관해 대화하는 내용을 세세하게 묘사하고 설명한다. 이런 묘사는 추잡하고, 불쾌하고, 비속하기 그지없다. 이 책에 어떤 문학적 가치가 있다 한들, 책에 사용된 음란하고 외설적인 문장과 단어의 사용을 이겨낼 만큼은 아니다. 그러니 전체적으로 봤을 때 이 책은 음란하고 추잡한 작업의 결과라 할 것이다."

_미 체신부 장관 아서 E. 서머필드 Arthur E. Summerfield

1959년 6월 11일, 아서 E. 서머필드가 D. H. 로렌스 D. H. Lawrence의 고전《채털리 부인의 연인 Lady Chatterley's Lover》을 우편을 통해 보낼 수 없게 한 조치를 설명하며 한 말이다. 이후 연방법원에서 해당 조치를 뒤집는 판결이 내려졌다. 연방법원 판사는 다음과 같이 지적했다. "체신부 장관이 해당 주제에 관해 특별한 전문성이나 기술적 지식을 가진 것이 아니기 때문에 해당 발언이 법정에서 중시되어야 할 이유가 없다."

1996년

12일

쇼트가 자신의 입을 쏴 버린 날

"히틀러도 너무 멀리 나갔을 뿐 처음에는 괜찮았다."

_신시내티 레즈*Cincinnati Reds* 구단주 마지 쇼트*Marge Schott*

야구계에서 가장 입이 거친 마지 쇼트는 오래도록 인종차별 발언과 역겹도록 무분별한 발언을 여과 없이 뱉어낸 끝에, **1996년 6월 12일** 신시내티 레즈 구단주 자리에서 쫓겨났다. 쇼트가 야구장 밖에서 뱉은 차별적 발언들을 좀 더 소개한다.

- 스타 선수 에릭 데이비스Eric Davis와 데이브 파커Dave Parker를 가리켜 "내 백만 달러짜리 검X이들"이라고 칭했다.
- "게이들이나 귀걸이를 하지."
- "나는 그 사람들(아시아인)이 미국에 오래 살면서 우리 아이들보다 잘 되는 게 꼴 보기 싫어."

1977년

13일

말도 못하게 끔찍한 TV 마임 쇼

샤기 카펫부터 폴리에스테르 정장에 이르기까지 1970년대에 나온 온갖 끔찍한 발명품들도 시청자들을 조직적으로 괴롭히기 위해 덜 떨어진 방송사 간부들이 약에 취해 편성한 형편없는 예능 프로그램에 비할 바는 아니었다. 하워드 코셀Howard Cosell도 그런 프로그램을 했고, 노래 한 곡으로 먹고 사는 스타랜드 보컬 밴드(2월 19일 참고)도 마찬가지였고, 그 밖에 동시대 대중문화에 지극히 미세한 흔적이라도 남긴 이들이라면 모두 이 대열에 참여했다. 1976년에는 심지어 이미 종영된 시트콤 〈브래디 번치The Brady Bunch〉마저 무덤에서 일어나 스포트라이트를 받으며 무시무시한 댄스곡을 부르거나 원조 코미디가 얼마나 위대했는지 상기시키려는 듯 철 지난 코미디를 어설프게 따라하고는 했다.

하지만 모조 버라이어티쇼의 최악은 **1977년 6월 13일**, 마임 공연단 실즈Shields와 야넬Yarnell 부부가 CBS 예능 프로그램에 등장하면서 찾아왔다. 마임이 황금시간대 한 시간을 꽉 채운 것이다. 말 없고 소름 끼치는 기계 인간들이 얼굴에 하얀 분칠을 하고 화면에 나타나 과장된 표정과 몸짓으로 보이지 않는 상자에서 탈출하는 시늉을 했다. 이런 '예능인'들이 어찌나 짜증났던지 타락한 미친 로마 황제 네로마저 그들을 추방하는 분별력을 보였던 것이다.

14일

빛의 도시가 어둠에 빠질 때

나치가 점령하고 나면 으레 뒤따르는 공포의 분위기가 여기서는 거의 감지되지 않았다. 실제로 독일 병사들은 침묵에 빠진 파리 거리의 몇 안 남은 시민들에게 유례없는 자비를 보이는 듯했다. 그럼에도 **1940년 6월 14일** 아침, 빛의 도시 파리가 함락됐다는 사실에는 의문의 여지가 없었다. 개선문과 에펠탑을 비롯한 눈에 띄는 여러 장소에 스와스티카 문양을 굵게 새긴 거대한 붉은 휘장이 휘날렸다. 같은 날 오후, 점령군은 샹젤리제 거리를 따라 다리를 힘차게 뻗으며 승전 행진을 벌였고, 라디오에서는 독일어가 흘러나오기 시작했다. 히틀러도 새로운 영토를 시찰하기 위해 곧 프랑스에 도착했다. "예전에는 파리를 완전히 파괴해야 하는 것이 아닌가 고민했네." 총통은 자신이 가장 아끼는 건축가 알베르트 슈페어Albert Speer에게 말했다. "하지만 베를린 건설이 완료되면 파리는 베를린의 그림자에 지나지 않게 될 걸세. 그러니 군이 파괴할 이유가 있겠나?"

이후 1944년이 되어 파리의 해방이 가까워지자 히틀러는 마음을 바꿔 도시를 완전히 파괴하라는 명령을 내렸다고 한다. 다행히 이 명령은 무시되었다. 총통은 이렇게 물었다고 한다. "파리는 불타고 있나?"

15일

신임 황제, 죽은 아버지를 내팽개치다

독일 황제 프리드리히 3세가 임종을 앞두고 있을 때, 그의 아들이자 후계자인 빌헬름 2세는 아버지가 죽어가는 속도가 너무 느리게 느껴졌는지 침상 주위를 맴돌며 곧 황제의 자리를 꿰찰 생각에 흥분을 감추지 못했다. 그의 어머니는 빌헬름이 "황제가 되어 절대적이고 전제적인 권력을 휘두르는 자신의 모습을 상상한다"고 경멸스럽게 적었다.

1888년 6월 15일 프리드리히 3세가 드디어 숨을 거두자 신임 황제는 즉시 사전에 계획했던 군사 작전을 실행하여 궁을 감옥으로 탈바꿈시켰다. 빌헬름이 선왕 부부의 소유물을 휘젓고 다니는 동안 누구도 그곳을 떠날 수 없었다. 남편을 잃은 그의 어머니조차 고인의 침대에 놓을 장미꽃을 꺾으려다 병사들에게 떠밀려 들어가는 수모를 당했다.

빌헬름은 조금도 지체하지 않고 아버지의 시신을 처리했다. 친구인 오일렌부르크와 헤르테펠트의 왕자 필리프 프리드리히 알렉산더Philipp Friedrich Alexander마저 빌헬름이 보인 무례에 충격을 받았다. 필리프는 이렇게 적었다. "망자는 순식간에 제복으로 갈아 입혀졌다. 추도식도 없었고 … 예식도 없었다. … 종교적인 고려는 전혀 없었다."

빠른 매장을 위해 황제의 시신은 버려지듯 관에 넣어져 다음날로 예정된 장례식을 준비하고 있던 인근 예배당으로 보내졌다. 에밀 루트비히Emil Ludwig는 소음과 먼지로 가득한 그곳에서 "망치질 하는 인부들 틈에 관이 공구함 마냥 서 있었다"고 술회했다.

다른 국가 지도자라고는 전혀 초청되지 않은 장례식에서 바비큐 파티에나 어울릴 법한 엄숙함만이 자리를 메웠다. 필리프는 그날의 장례식을 다음과 같이 기록했다. "군인들은 아무런 예의도 보이지 않았다. 사제들은 웃고 떠들었다. 블루멘탈Blumenthal의 육군 원수는 어깨에 기를 걸친 채 건들거리며 떠들어댔다."

예의고 뭐고 없는 장례식은 그 꼴사나움만큼이나 상징적인 면이 있었다. 프리드리히 3세는 같은 해인 1888년 초에 빌헬름 1세가 사망한 뒤 즉위해 겨우 99일을 통치했지만, 빌헬름 2세는 자유주의자의 낌새를 보였던 아버지의 정치적 유산을 얼른 묻어 버리지 못해 안달했다. 어깨에 힘이 잔뜩 들어간 새 황제의 군사주의적 성향은 자유주의와는 상극이었다. 숙모인 웨일즈 공주는 그를 "자만에 찬 미친 놈"이라 불렀고, 그가 바로 세월이 흐른 뒤 제1차 세계대전 발발에 지대한 역할을 하게 되었다.

"신은 프러시아를 버리지 않으셨다"고 빌헬름은 선포했다. "프리드리히 부부(빌헬름 2세는 자신의 어머니이자 영국 빅토리아 여왕의 장녀인 빅토리아 역시 아버지 못지않게 경멸했다. 어머니가 아버지의 자유주의를 부추겼다 생각했고, 영국의 이익을 독일의 이익보다 우선한다고 여겼다)의 시대를 역사의 기록에서 삭제하는 것으로 이를 보여주신 것이다."

16일

의뢰인에게 목숨을 바친 변호사

미 하원의원이자 남북전쟁 반대파의 수장으로서 다채로운 이력을 남기고 결국 '제왕 링컨King Lincoln'의 정책과 남북전쟁에 반대한 대가로 남부연합 지역으로 추방당한 클레멘트 L. 밸런디검Clement L. Vallandigham은 오하이오주에서 변호사로 삶을 이어갔다. 웅변과 연설에 능한 그는 재판에서 지는 일이 거의 없었다. 술집에서 난투를 벌이던 와중에 상대를 살해한 혐의로 재판을 받게 된 토머스 맥게헌Thomas McGehan을 변호하게 됐을 때도 사정은 비슷했다. 문제가 하나 있다면 의뢰인의 무죄 선고를 받아내던 중 밸런디검 자신이 목숨을 잃었다는 것이다.

밸런디검은 피해자 톰 마이어스Tom Myers가 피고인 맥게헌과 다투는 도중에 자신에게 총을 쏴 사망했다는 것을 입증하고자 했다. **1871년 6월 16일** 오후, 법정이 휴정한 사이 교외로 나간 밸런디검과 동료 변호인들은 근거리에서 천 조각을 향해 권총을 발사했을 때 어느 정도 거리에서 얼마나 탄약흔을 발견할 수 있는지 확인하려고 했다. 실험을 마친 그들은 여전히 총알 세 발이 장전되어 있는 권총을 들고 호텔로 돌아왔다.

그날 저녁 밸런디검은 변호인단을 모아 놓고 마이어스가 사고로 자신을 쏘는 바람에 사망했다는 요지의 변론을 시연했다. 그 과정에서 장전되지 않은 총이 아닌, 그 옆에 놓여 있던 실험에 사용된 권총을 집어 들었다. 밸런디검은 가상의 배심원단을 앞에 두고 사건을 재연하며 자신에게 총을 겨눴다. 그리고 말했다. "이렇게, 마이어스는 총을 들었습니다. 다만 저처럼 서 있었던 것이 아니라 자리에서 일어나는 중이었죠." 밸런디검은 말을 마치고 방아쇠를 당겼다. 그러나 빈 공이를 때리는 찰칵 소리 대신 발포음과 섬광이 터져 나왔다. 밸런디검은 장전된 진짜 총을 사용한 것이다. "맙소사, 내가 나를 쏘다니." 그는 몸을 기대기 위해 벽 쪽으로 비틀비틀 걸어가며 비명을 질렀다.

고통스러운 열두 시간이 지나고, 한때 링컨이 "교활한 선동가" 라 불렀던 남자는 목숨을 잃었다. 하지만 맥게헌이 최종 무죄 선고를 받으면서 밸런디검의 승소 기록은 온전히 살아남았다.

17일

소설보다 더 무서운 진짜 드라큘라 이야기

"사방에 기이한 정적이 감돌았다. 하지만 귀를 기울이자, 저 계곡 깊은 곳에서 수많은 늑대가 울부짖는 소리가 들렸다. 백작은 눈을 반짝이더니 말했다. '저들, 밤의 아이들이 만들어낸 음악을 들어 보시오!'"

_브램 스토커Bram Stoker,《드라큘라》

브램 스토커가 피에 굶주린 유명한 백작의 이야기를 출판한 1897년보다 4세기 전에, '진짜' 드라큘라인 왈라키아Wallachia의 블라드 3세는 소설보다 한층 더 소름 끼치는 죽음의 장관을 연출했다('오더 오브 드래곤Order of the Dragon'이라는 단체의 존경 받는 회원이었던 블라드의 아버지는 '드라쿨Dracul'이라는 이름을 얻었다. 그는 자신의 아들을 '용의 아들'이라는 의미에서 '드라큘라Dracula'라고 불렀다. 브램 스토커는 역사적으로 실존했던 블라드 드라큘라와 이 '용의 가족'에서 자신의 고딕 공포 소설의 영감을 얻은 것으로 알려졌다).

그 일은 **1462년 6월 17일** 밤에 시작되었다. 사건에 어울리는 어두운 밤이었다. 블라드 드라큘라는 깊은 산 속에 매복해 있다가 오스만 제국의 침략군이 깊이 잠들어 있는 주둔지를 공격했다. 병사들이 늑대처럼 울부짖으며 그의 뒤를 따랐다. "그는 사방에서 번개와 같은 속도로 적군을 습격했고 밤새 엄청난 살육을 자행했다"고 동시대 연대기 작가는 적었다. 그런데 블라드는 그 살육의 현장에서 사냥감으로 찍어 두었던 오스만 제국의 술탄, 정복자 메흐메트를 놓치고 말았다. 하지만 고귀하신 적을 위해 준비해 둔 다른 선물이 있었다. 그 대단한 메흐메트 2세마저 몸을 떨게 만든 공포의 현장이었다.

블라드를 쫓아 왈라키아의 수도 트르고비슈테Târgoviste(왈라키아는 오늘날의 루마니아에 속한 지방이다)에 접근하던 술탄은 드라큘라가 특별히 연출해 놓은 장면과 마주했다. 2만여 명의 터키군 시체가 크고 날카로운 말뚝에 꽂힌 채로 거대한 숲을 이루고 있었던 것이다. 메흐메트가 아끼는 함자 파샤Hamza Pasha 장군의 시체는 가장 높이 솟은 말뚝에 꽂는 것으로 예우를 보였다. 이 무시무시한 광경과 흉포함이라면 누구 못지않게 잔인한 술탄마저 하얗게 질려 버렸으리라. 술탄의 병사들은 시체를 창에 꽂아 숲을 만들어 놓은 블라드의 잔혹한 솜씨를 목격한 뒤 완전히 사기를 잃었다. 메흐메트는 다음을 기약하며 퇴각할 수밖에 없었다.

18일

'완전히 미친' 하원의원, 정신병원을 탈출하여 다시 당선되다

누구나 루이지애나 주지사 얼 K. 롱Earl K. Long이 미쳐가고 있다는 것을 알았다. 늘 색깔이 다양한 사람이긴 했으나,《타임》의 표현에 따르면 이제는 "완전히 미친" 것 같았다. 여러 날에 걸쳐 매일 두 차례씩 열린 주 의회 양원 합동 회의에서 외설적인 표현과 독설을 끊임없이 늘어놓고, 코가 삐뚤어지도록 술을 마셨으며, 스트리퍼인 블레이즈 스타Blaze Starr와 공공연하게 어울렸다. 그의 한 친척은 "얼은 마치 오랫동안 엄격한 침례교 부모 밑에서 자라 담배도, 위스키도, 헤픈 여자도 처음 본 아이처럼 굴었다"고 전했다.

주지사의 고지식한 법적 부인 '미즈' 블란체'Miz' Blanche는 '엉클' 얼의 기행에 상심해 그에게 진정제를 투여한 뒤 텍사스의 치료 시설로 보냈다. 그러나 심각한 역효과가 발생했다. 주지사가 본인의 의지와 무관하게 자신을 주 경계 너머로 끌고 갔다며, 상원의원인 조카 러셀 롱Russell Long과 아내를 연방법 위반에 해당하는 납치죄로 고발하겠다고 위협한 것이다. 그는 직접 자신의 변호를 맡아 인신 보호 영장을 신청하고 신청서에 "루이지애나 주지사 얼 K. 롱, 완력 및 납치에 의한 추방 상태"라고 서명했다.

막무가내의 엉클 얼은 결국 뉴올리언스에 위치한 병원에 입원하겠다고 약속한 뒤 풀려났다. 그러나 그가 그곳에 머문 것은 고작

하루였다. 그는 다음날 미즈 블란체에게 퇴원한 뒤 자신의 농장에서 요양을 취하겠다고 통보했다. 미즈 블란체는 정신적 평형 상태를 잃은 주지사가 탈주하는 와중에 무슨 일을 저지를지 모른다는 생각에 불안했다. 그녀는 그를 적법하게 체포해 주립 정신병원에 입원시킬 수 있도록 조치했다.

경찰이 주지사의 차를 세우고 비협조적인 반응을 보이는 그를 거칠게 끌어내렸다. 그는 마치 광견병에 걸린 너구리처럼 행동했다. 그는 이후 법원 지정 정신과 의사에게 편집성 조현병 진단을 받고 **1959년 6월 18일** 맨더빌에 위치한 남동부 루이지애나 병원에 합법적으로 수감되었다. 그는 행복하지 않아 보였다. 그는 말했다. "내가 있는 곳으로 오려면 잠겨 있는 문을 열 개는 지나야 한다. 지옥의 지하 감옥도 맨더빌의 병원보다 심하지 않을 거다. 또 제공되는 음식은 거지의 집 선반처럼 빈곤하다."

얼은 강제 억류가 시작되고 8일쯤 지난 뒤 영리하게도 아직 남아 있는 주지사로서의 힘을 활용해 현 병원장을 내쫓고 자신의 사람을 그 자리에 앉혔다. 이후 얼 롱의 평판은 완전히 망가진 것처럼 보였지만, 그는 다음 해 벌어진 미 하원 선거에 당선됐다.

"제가 그렇게 미치지 않았다는 사실을 아실 겁니다." 그는 하원에 당선되고 겨우 열흘 뒤, 심장마비로 사망하기 직전에 이렇게 밝혔다. "그리고 저는 한 번도 미친 적이 없습니다. 하지만 이렇게 말하죠. 만약 그들이 제게 한 일을 여러분도 겪었더라면 여러분 역시 미치고 말았을 겁니다!"

1867년

19일

죽은 멕시코 황제가 겪어야 했던 방부 처리법

그냥 쓰러진 사람을 발로 차는 것과, 다시는 일어날 수 없는 사람을 발로 차는 것은 완전히 다른 일이다. 오스트리아 대공 막시밀리아노 1세가 바로 그런 대접을 받았다. 프랑스는 그를 멕시코 황제 자리에 앉혔으나 **1867년 6월 19일** 그가 총살당한 뒤 나 몰라라 했다. 그의 시신은 유럽에 있는 유족들이 마지막으로 볼 수 있도록 적절한 보존 과정을 거친 뒤에 유럽으로 보내져야 했지만, 실력도 없는 데다 그의 죽음을 기뻐하던 악랄한 외과의와 멕시코 군 장교가 현장에서 시신을 무참히 훼손하고 말았다.

"황제의 피로 손을 적시다니 얼마나 기쁜 일인가." 시신의 방부 처리를 담당한 리시아Licia 박사는 막시밀리아노의 시신에 칼을 넣어 내장을 제거하며 이렇게 외쳤다. 그 뒤 '하이에나'라 불리던 장교는 시신에서 꺼낸 창자를 죽은 황제의 머리 주변에 늘어놓았다. "왕관을 좋아했다지? 자, 이제 이게 네 왕관이야." 그는 이죽거렸다.

수중에 사용할 수 있는 방부처리제가 없었던 리시아 박사는 방부처리 목적으로는 절대 사용해선 안 될 용액을 대신 사용했다. 막시밀리아노의 시신은 순식간에 까맣게 변색됐다. 또 적출된 황제의 눈을 대신할 파란색 의안이 없어 인근 병원의 우르술라Ursula 성녀 상의 검은 눈을 떼어다 넣었다. 그는 사적으로 약간의 이익을 챙기기도 했는데, 막시밀리아노의 머리카락과 심장 조각을 유리

막시밀리아노 1세의 총살 현장을 묘사한 그림.

병에 방부제와 함께 적당히 담아 팔아 치웠던 것이다.

고인이 된 황제는 이제 알아볼 수도 없는 지경이 되어 그를 처형한 공화국 정부조차 당황할 정도였다. 베니토 후아레스Benito Juárez 대통령은 시신을 유럽으로 돌려보내 달라는 잇따른 요청에 뻗대며 시신 방부 작업을 다시 하라고 지시했다. 이번에는 제대로 하라고 말이다. 우선 막시밀리아노의 시신을 거꾸로 매달아 리시아가 주입한 부적절한 용액을 빼내야 했다. 후아레스가 새로 보존 처리한 시신을 확인한 후에야 가엾은 막시밀리아노의 시신은 유럽으로 돌아갈 수 있었다. 시신을 운송한 배는 그가 멕시코에 올 때 탔던 것과 같은 배였다.

20일

"전쟁의 명분" 무하마드 알리의 싸움

"나는 베트콩들에게 아무런 불만이 없다."

_무하마드 알리Muhammad Ali

1967년 6월 20일, 권투선수 무하마드 알리는 종교적 이유로 징집을 거부했고(그로 인해 헤비급 세계 챔피언 벨트를 빼앗겼다), 징병기피죄로 징역 5년, 벌금 1만 달러를 선고받았다(판결은 이후 미국 대법원에서 뒤집혔다).

21일

갈릴레오의 '지구가 멈춘 날'

명저《두 가지 주요 세계관에 관한 대화Dialogue Concerning the Two Chief World System》를 출판한 이후(교황 우르바노 8세는 이 책에 등장하는 시대에 뒤진 사고를 하는 인물 심플리치오Simplicio가 자신을 가리킨 것이라 믿었다) 로마 종교재판에서 만신창이가 된 갈릴레오 갈릴레이Galileo Galilei 는 **1633년 6월 21일** 재판관들 앞에서 자신이 태양계의 질서라고 주장했던 견해들을 모두 부정했다. "저는 지구가 멈춰 있고 태양이 움직인다는 프톨레마이오스의 주장이 무엇보다 옳고 반박할 수 없는 사실이라 믿어왔으며 그 믿음은 지금도 변함이 없습니다." 코페르니쿠스의 지동설을 포기한 갈릴레오는 다음과 같은 말로 끝을 맺었다. "그러므로 저의 양심을 걸고 이렇게 단언하는 바입니다. 저는 현재 (태양이 멈춰 있고 지구가 그 주위를 돈다는) 저주 받은 견해를 믿지 않으며 당국의 결정(1616년 2월 26일 참고) 이후 늘 그래왔습니다. … 저의 운명은 재판관 여러분의 손에 달려 있습니다. 원하는 대로 하소서." 이 위대한 천문학자는 "이단의 중대한 혐의"가 발견되어 남은 생을 가택연금 상태로 지내야 했다.

22일

북극 탐험대가 받은 얼음 같은 냉대

오래도록 기억에 남을 만한 모험담이었다. 북극의 가장 먼 지점까지 나아가 조난당한 탐험대는 3년이 넘는 기간 동안 굶주림과 동상과 절망으로 서서히 죽어갔다. 탐험대장 아돌푸스 그릴리 Adolphus Greely는 이렇게 썼다. "우리는 우리 자신을 파괴해 버릴 꾐에 넘어가 이곳에 온 것이다. 우리는 살아남기 위해 할 수 있는 모든 일을 했고 그 어느 때보다 처절하게 버텨냈다. 하지만 미래를 생각하면 미쳐버릴 것만 같다. 우리를 두렵게 만드는 것은 종말이 아니라 종말에 이를 때까지 거쳐야 하는 길이다. 죽는 것은 쉽다. 너무나 쉽다. 어려운 것은 싸우고 버티는 것이다. 사는 것이다."

기적처럼 탐험대원 가운데 여섯 명이 부츠 바닥과 새똥을 먹어가며 끝내 살아남았다. 그리고 나중에 밝혀진 것처럼 죽은 동료 대원들의 시신도 먹었다. 굶주림으로 죽어가던 대원들은 **1884년 6월 22일** 구조되었지만 지금껏 겪은 시련과 고통은 곧 다가올 극심한 괴로움의 서막에 지나지 않았다.

구조된 직후 그릴리와 탐험대는 압도적인 시련을 버텨낸 포기를 모르는 강인한 영웅으로 여겨졌다. 하지만 언론이 식인 행위의 낌새를 눈치 챘다. 선정적인 보도가 광풍처럼 몰아쳤고, 생존자들은 이제 혹독한 감정적 추위 속에 노출되어야 했다.

《뉴욕타임스》는 8월 12일 이렇게 선언했다. "끔찍한 겨울을 경험한 그들의 이야기는 온전히 전해져야 한다. 여태 숨겨져 왔던 사실들이 그릴리 탐험대의 기록이 될 것이며 … 북극 탐사 역사상 가장 끔찍하고 역겨운 장이 될 것이다.”

《로체스터 포스트 익스프레스The Rochester Post Express》는 탐험대 사망자인 프레더릭 F. 키슬링베리Frederick F. Kislingbury의 가족을 설득해 시신 발굴을 허락 받았다. 기사를 단독 보도하는 조건으로 상당한 대가를 지불하면서 말이다. 신문은 “무덤에서 꺼낸 증거”를 의기양양하게 전했다. 시신의 허벅지와 흉부에서 상당히 큰 살점들이 떨어져 나가 있었다.

《디트로이트 프리 프레스Detroit Free Press》도 이에 질세라 키슬링베리의 부검 보고서에 자신들이 상상한 섬뜩한 세부 정보들을 보태 내보냈다. “고성능 확대경을 들이대 보았더니”“근육과 힘줄 조각들”이 보였고, 이 증거들이 “키슬링베리가 사망한 동료의 인육을 먹는 데 강제로 동참할 수밖에 없었고, 이후 자신 역시 생존자들의 식량이 되었다는 사실을 가리킨다”는 내용이었다.

그릴리는 자신과 동료 대원들이 식인 괴물로만 비난받고 자신들이 이룬 과학적 성취는 병적 언론이 만들어낸 집단 흥분 속에 완전히 외면받자 크게 상심했다. 그는 키슬링베리 시신 발굴 기사를 접한 뒤 이렇게 말했다. “이것이야말로 기삿거리다. 내게는 아주 끔찍한 기삿거리다. 순식간에 각종 폭로와 극심한 비난이 쏟아졌다. 진심으로 말하건대, 지난 며칠 사이 북극에 머무르며 겪은 것보다 더 심한 정신적 고통을 겪고 있다.”

23일

버려진 위대한 탐험가

헨리 허드슨Henry Hudson의 유해는 그의 이름을 딴 거대한 허드슨만 어딘가에 있을 것이다. 그 정확한 위치를 아는 사람이 아무도 없는 것은 이 용감무쌍한 탐험가의 최후가 비밀에 가려져 있기 때문이다. 한 가지는 분명하다. **1611년 6월 23일**, 허드슨은 인도로 향하는 숨겨진 북서쪽 항로를 탐사하기 위해 디스커버리호를 타고 출항했다가 예상치 못한 선상 반란으로 임무를 마칠 수밖에 없었다. 북극해의 빙하 사이에 끼어 혹독한 겨울을 보내며 배고픔에 굶주리고 괴혈병에 걸린 탐험대 선원들은 날씨가 좋아져도 집에 돌아가지 않고 탐사를 계속하겠다는 선장의 계획이 마음에 들지 않았다. 그리하여 선원들은 허드슨과 그의 10대 아들, 그리고 선장에게 충성하는 몇몇 선원들을 강제로 작은 배에 태운 뒤, 이 불운한 희생자들에게 미지의 최후를 고하며 떠나 버렸다.

1783년

24일

도주하는 건국의 아버지들

"이 나라의 고귀한 의회는 침통하고 허무하게 프린스턴을 향해 떠나며, 오랜 세월 그들의 지혜에 의심을 품고, 미덕에 회의를 품고, 품위를 한낱 농담으로 치부할 만한 행동으로, 자신의 주를 버렸습니다."

_존 암스트롱John Armstrong 대령

존 암스트롱은 호레이쇼 게이츠Horatio Gates 장군에게 보낸 서한에서 **1783년 6월 24일** 갑자기 대륙회의 장소가 뉴저지 프린스턴으로 변경된 일을 두고 필라델피아 의사당에서 개최된 대륙회의(공식 명칭은 미합중국 연합회의United States in Congress Assembled로 연방 규약Articles of Confederation 아래 개최되었다)를 비꼬며 이와 같이 말했다.

독립전쟁에서 영국군을 물리치고 나라를 세운 지 얼마 되지 않은 신생 국가로서는 적잖이 부끄러운 일이었다. 군인들이 전시 중에 복무한 데 대한 급여를 소급 지불하라며 으름장을 놓자 대륙회의가 도주해 버린 것이다. 필라델피아에서 프린스턴으로 장소를 옮기자는 의견을 지지했던 알렉산더 해밀턴Alexander Hamilton은 대륙회의가 "경솔하고, 겁 많고, 무분별"하다는 비난을 듣지 않을까 우려했다. 그가 옳았다.

25일

불도저의 쉼터, 차우셰스쿠의 궁전

20세기에 접어들어 과대망상에 빠진 독재자들이 진행한 거대 건축 프로젝트들은 많지만 규모로 보나 천박한 취향으로 보나 니콜라에 차우셰스쿠Nicolae Ceauşescu가 부쿠레슈티Bucharest 한가운데 떡하니 세워 둔 대통령 관저에 비할 만한 것은 없었다. 토니 주트 Tony Judt는《뉴욕타임스》에 기고한 글에서 이를 "전체주의적 도시화에 대한 루마니아의 그로테스크한 공헌"이라면서 "너무 크고(로비가 축구장 크기와 비슷했다), 너무 추하고, 너무 육중하고, 너무 포악하고 저급한 탓에 은유적 가치 외에는 다른 가치를 찾아볼 수 없다"라고 묘사했다.

언젠가 스탈린주의의 거대한 결혼식 케익이라 묘사되기도 했던, 세계에서 두 번째로(펜타곤 다음으로) 큰 이 괴물 같은 건물을 건립하는 데에는 어마어마한 대가가 따랐다. 많은 루마니아 국민이 굶주리고 있는 와중에 수십억 달러를 지출해야 했을 뿐 아니라 유구한 역사를 담고 있는 부쿠레슈티의 상당 부분을 파괴해야 했던 것이다. 아닌 게 아니라 차우셰스쿠는 **1984년 6월 25일** 관저의 초석을 놓으며 수천 제곱미터에 달하는 면적에 자리 잡고 있던 역사적인 건물과 교회와 유적들을 불도저로 밀어버렸고, 한때 '발칸의 작은 파리'라 불렸던 도시는 영영 그 모습을 잃어버리고 말았다.

차우셰스쿠는 보물 같은 건축물의 손실에 분개하는 부르주아

'차우셰스쿠의 궁전'으로 불리던 루마니아 대통령 관저의 현재 모습.

들에 대수롭지 않다는 반응이었다. 그는 이미 오래 전부터 루마니아 전역의 건축물을 콘크리트로 통일하겠다는 정책을 추진해왔던 터라 오래된 마을과 다른 유적지들이 그의 '체계화' 방침을 버티지 못하고 사라졌다. 하지만 차우셰스쿠로서는 안타깝게도, 그는 자신의 권력의 상징이 된 거대한 건축물을 감상할 수 없었다. 완공전에 루마니아 혁명이 일어나 부인과 함께 즉결 처형을 당한 것이다. 건물의 초석이 놓이고 정확히 5년 반이 지난 뒤였다.

26일

기독교 흑역사 2부: 세 교황의 싸움

14세기 말 가톨릭 교인들은 상당히 혼란스럽고 또 조금 두렵기도 했을 것이다. 교황이 영혼의 목자라기보다는 타락한 시저 황제에 가까운 부도덕한 인물이었을 뿐 아니라, 현재는 서방 교회 분리 대란Great Western Schism이라 알려진 싸움이 일어나 교회가 두 개로 분열돼 두 명의 교황이 각자의 정통성을 주장했기 때문이다. 한 명은 로마에서, 또 다른 한 명은 프랑스 아비뇽에서 각각 추기경단을 거느리고 여러 유럽 군주와 학식 깊은 신학자들의 지원을 받으며 권력을 행사했다. 미래의 성인이 될 인물조차 편을 골랐다. "한 배에 두 주인이 타고서 서로 담을 쌓은 채 갈등하고 있다"고 1406년 파리 공의회Council of Paris에서 장 프티Jean Petit는 말했다.

30년간 이어진 교황들의 대립은 결국 참을 만큼 참은 양쪽 추기경들이 행동에 나서면서 파국을 맞았다. 그들은 로마의 그레고리오 12세와 아비뇽의 베네딕토 13세를 모두 폐위한 뒤 **1409년 6월 26일** 알렉산데르 5세를 교황 자리에 앉혔다. 문제는 그레고리오와 베네딕토 모두 순순히 물러나길 거부했다는 것이다. 그리하여 하나의 관할권을 가진 통합된 교회가 세워지는 대신 이제 막돼먹은 교황이 세 명이나 존재하게 됐다.

알렉산데르 5세가 교황이 된 지 10개월 만에 사망한 뒤로도 이런 말도 안 되는 상황은 나아지기는커녕 더 나빠질 뿐이었다. 요한

23세(20세기의 교황과 동명이인이다)가 사제 서품을 받고 하루 만에 알렉산데르의 자리를 이어 받은 것이다. 여전히 세 명의 교황이 군림하고 있었고, 이 위태로운 삼위일체 중 요한은 역대 최악이었다. 요한은 온갖 악행을 저질렀다는 비난을 받았으나, 위대한 역사가 에드워드 기번Edward Gibbon의 설명처럼 "그중에서도 가장 충격적인 죄목은 알려지지 않았다. 이 그리스도의 대리자가 비난받은 것은 해적 행위, 강간, 동성 성교, 살인과 근친상간뿐이었다".

요한은 1415년 폐위됐다. 그리고 2년 뒤 콘스탄츠 공의회Council of Constance가 열려 다른 두 명의 교황도 물러났다. 그들을 대신해서 마르티노 5세가 선출되었지만 1인 교황 체제 역시 어느 면에서도 좋은 시절이라고 할 수는 없었다(1월 21일, 5월 21일, 8월 11일, 11월 26일, 12월 5일 참고).

27일

가장 모욕적인 공격

빅토리아 여왕은 1837년 즉위한 이래 총을 사용한 암살 기도를 이미 네 차례나 경험했다. 하지만 그녀를 가장 기분 나쁘게 만든 것은 **1850년 6월 27일**, 전혀 생각도 못한 무기를 사용한 공격이었다. 이 젊은 군주는 세 자녀와 함께 마차를 타고 가던 길이었는데, 정신이상 증세가 있던 로버트 페이트Robert Pate라는 퇴역 장교가 군중 속에서 튀어나와 끄트머리가 쇠로 된 지팡이로 여왕의 머리를 내리쳤다. 가엾은 빅토리아는 넋이 나간 채 피를 흘렸고 이마에는 호두 크기의 혹이 생겼다. 그녀는 전례 없이 분개했다.

정신이상 증세가 있는 군 장교가 마차에 탄 빅토리아 여왕을 공격하고 있다.

"한 명의 여성으로서 아주 혹독하고 공포스러운 경험이 아닐 수 없다. 힘없는 젊은 여자인 내가 아이들까지 데리고 있는데 그와 같은 모욕적인 일에 무방비로 노출되어 있다니 어찌 마차를 타고 외출을 하겠는가. 남자가 여자를 가격하는 것은 용서할 수 없는 잔인한 일이며, 나는 물론 다른 모두가 이 일이 총을 사용한 공격보다 훨씬 나쁜 일이라고 생각한다. 총을 사용한 공격은 적어도 이해할 만하고 훨씬 용감한 일이다."

마음에 큰 상처를 입은 여왕에게는 다행스럽게도, 이후 그녀가 겪은 세 번의 공격은 모두 총기를 사용하는 전통적인 방식으로 되돌아갔다.

28일

프란츠 페르디난트의 운수 좋을 뻔한 날

운수 나쁜 날이 될 뻔했다. 1914년 6월 28일 세르비아의 민족주의자 무리가 오스트리아-헝가리 제국의 후계자 프란츠 페르디난트Franz Ferdinand 대공을 암살하려는 계획은 실패로 돌아갔다. 아니, 실패인 것처럼 보였다. 대공과 그의 아내 조피가 자동차 행렬을 이끌고 사라예보를 여행하는 동안 여섯 명의 암살자 무리 가운데 한 명이 차를 향해 폭탄을 던졌다. 하지만 폭탄은 차를 튕겨 나와 뒤따르던 차 아래에 굴러들어가 폭발했다. 뒤차에 타고 있던 사람들과 행렬을 구경하던 여러 사람이 큰 부상을 당했다. 대공 부부도 크게 놀랐지만 폭발로 다친 곳은 없었고, 행렬은 속도를 높여 목적지인 시청으로 향했다. 당연하게도 잔뜩 흥분한 프란츠 페르디난트는 시청에 도착해 말했다. "이곳에 오는 길에 우리를 향해 폭탄을 던진 이들이 있었소. 정말 충격이었지."

충격을 받을 만한 일이다. 하지만 그는 적어도 죽진 않았다.

시장의 환영을 받은 뒤 대공은 그날 남은 일정을 모두 취소하고 공격으로 부상당한 사람들을 방문하기로 했다. 그들은 도심을 피해 병원을 향해 곧장 이동하는 동선을 계획했다. 하지만 대공의 운전사는 내용을 잘못 전달 받고 프란츠 요제프 가에서 우회전을 했다. 이는 치명적인 실수였다. 하필 암살자들 가운데 한 명이 사건 현장에서 빠져나온 뒤 인근 식당에서 식사를 하다 대공의 차가 길을 잘못 들어 후진하는 모습을 발견한 것이다. 설상가상으로 운전사가 브레이크를 밟은 채 후진을 하는 바람에 차의 엔진이 꺼지고 변속기가 잠기고 말았다. 가브릴로 프린치프 Gavrilo Princip라는 이름의 청년은 전혀 생각도 못한 이 기회를 놓치지 않았다.

나중에 증언하길 프린치프는 겨냥도 하지 않고 총을 쐈다고 했다. "어디에 쏘는지도 몰랐다"고 그는 말했다. 그저 총을 들고서 "겨냥도 하지 않고 차를 향해 쐈다. 총을 발사할 때는 고개를 돌리기까지 했다". 하지만 그것으로 충분했다. 놀랍게도 아무렇게나 쏜 두 발의 총알 가운데 하나는 프란츠 페르디난트의 경정맥에 맞았고, 다른 한 발은 조피의 내장에 들어가 박혔다. 현장을 빠져나와 치료를 받을 수 있는 곳으로 내달리는 동안 부부는 몸을 꼿꼿이 세운 채였으나 그들의 생명은 꺼져가고 있었다. 대공은 이렇게 울부짖었다고 한다. "조피, 조피! 죽지 마시오! 우리 아이들을 위해 살아주시오!"

남은 이야기는 잘 알려져 있다. 프란츠 페르디난트 부부의 암살은 이후 제1차 세계대전으로 이어지는 고삐 풀린 행진의 방아쇠를 당겼다. 인류 역사에서 가장 많은 피를 흘린 분쟁 중 하나였다. 이 모든 것이 잘못된 우회전에서 비롯된 것이다.

29일

'소'해 복 많이 받으시길

영국의 수학 교수, 제임스 딘위디James Dinwiddie는 힌두교에서 소가 얼마나 신성한 동물인지, 그리고 사고로 소가 죽으면 어떤 일이 생기는지 확인해보라는 제안을 받고 인도를 찾았다. 딘위디는 인도에서의 경험을 다음과 같이 일기에 적었다. "어느 불쌍한 남자의 집이 화재로 불타면서 소 한 마리도 같이 불타 죽고 말았다. 이 사고로 그는 1년 동안 소 울음소리를 내며 거리를 걸어 다니라는 선고를 브라만들에게서 받았다. **1796년 6월 29일** 아침 그는 내가 있던 곳을 지나갔다. 그는 소를 죽게 한 죄로 벌을 받느라 소의 울음소리를 내고 있었다."

1920년

30일

셜록의 마음을 뒤흔든 요정

1917년 여름, 어린 프랜시스 그리피스Frances Griffiths는 사고를 치고 엄마에게 혼이 날 참이었다. 물에 젖은 생쥐마냥 진흙투성이가 되어 돌아온 열 살 소녀는 영국 시골 마을 코팅리의 집 뒤편 시냇가에서 "요정들과 놀다" 그랬다고 변명했다. 벌로 방에 갇히게 된 프랜시스는 열여섯 살 사촌 엘지 라이트Elsie Wright와 함께 그리피스 부인이 요정 얘기를 믿게 만들 계획을 세웠다. 둘은 엘지의 아버지에게 카메라를 빌린 뒤, 동화책에서 잘라낸 요정 그림들을 프랜시스 앞에다 핀으로 고정해 놓고 사진을 찍었다. 엘지가 연출해 찍은 이 사진은 그 후 세계적인 유명세를 탔다.

어느 모로 보나 아마추어적인 사진이었고 라이트 씨도 그렇게 생각했지만, 아이들은 계속해서 요정 사진을 찍었다. 그런데 사진에 완전히 매혹된 사람이 있었다. 설마 연출된 사진에 넘어갔을까 싶은, 아서 코난 도일 경Sir Arthur Conan Doyle이었다. 그는 문학계의 가장 훌륭한 탐정 가운데 하나인 셜록 홈즈Sherlock Holmes를 만들어 낸 인물로, 당시 제1차 세계대전으로 인한 파괴와 희생이 있은 후 영국을 휩쓸고 있던 새로운 종류의 심령술에 깊이 심취해 있었다. 도일에게 요정의 존재는 그렇게까지 터무니없는 문제가 아니었기에 그는 두근대는 마음을 안고 요정의 증거를 찾고자 코팅리로 향했다.

1920년 6월 30일, 도일은 엘지와 엘지의 아버지에게 등기 우편을 보내 그녀가 찍은 요정 사진에 대해 《스트랜드The Strand》에 글을 써도 좋은지 물었다. "엘지 양과 사촌 프랜시스 양이 찍은 멋진 요정 사진을 보았습니다. 그리고 무언가에 이렇게 흥미를 느낀 것은 참 오랜만입니다." 그의 글은 그 해 12월에 게재됐다. "우리의 이웃이자, 진동의 크기가 조금 다를 뿐 우리와 다를 바 없는 이 작은 친구들은 이제 곧 우리에게 친숙해질 것이다." 도일은 열정적으로 글을 써 내려갔다. "설사 우리 눈에 보이지 않는다 하더라도, 그들을 생각하면 교외를 산책할 때마다 낭만적 흥취가 더해지고 시냇가와 골짜기에는 새로운 매력이 감돌 것이다."

어린 친구들에 대한 도일의 엉뚱한 신뢰는 그의 남은 생애 내내 조금도 줄지 않고 그대로 남아 있었다. 70년에 가까운 세월 동안 엘지와 프랜시스는 비밀을 잘 지켜 주었다. 하지만 1983년, 76세가 된 프랜시스가 마침내 입을 열었다. "그냥 농담이라고 생각했어요. 그런데 아무도 멈출 생각을 안 하더라고요."

July

7월

"우리는 할 일을 하자,
여름에도 여름의 파리는 있는 법이니."

랠프 월도 에머슨*Ralph Waldo Emerson*

1일

최초로 일어난 죠스의 습격

찰스 엡팅 반산트Charles Epting Vansant는 한 번도 바란 적 없는 미국 최초의 기록을 갖게 됐다. 그것도 아주 끔찍한 기록을 말이다. **1916년 7월 1일**, 당시 25세였던 그는 뉴저지 해안에서 수영을 하던 도중 식인 괴물의 습격을 받아 목숨을 잃었다. 이는 미 대륙의 비열대성 바다에서 상어가 해수욕하는 사람을 공격해 죽인 첫 번째 사례로 기록됐다. 전례가 없던 무시무시한 사건이었다.

운명의 날 저녁 바다에 들어가기 전, 반산트는 체서피크만에서 리트리버 한 마리를 만나 친구가 되었다. 바다로 뛰어든 두 친구는 함께 파도를 헤치고 나아갔다. 일부 전문가들은 불규칙하게 물을 젓는 리트리버의 발길질이 상어의 관심을 끌었다고 믿고 있다. 리트리버 역시 상어의 존재를 알아차렸던 것 같다. 갑자기 방향을 틀더니 반산트가 부르는 소리에도 아랑곳하지 않고 해안가를 향해 헤엄치기 시작했던 것이다. 해변에 있던 사람들이 반산트의 뒤편으로 상어의 검은 지느러미가 다가오는 장면을 목격한 것도 그때였다. "조심해!" 누군가 큰 소리로 위험을 알렸다. 하지만 반산트는 듣지 못했다. 잠시 후 해변에 있던 사람들은 한 목소리로 소리를 지르기 시작했다. 바다의 포식자가 사냥감을 덮친 것이다.

고통에 찬 비명이 터져 나왔다. 반산트는 가족들 앞에서 상어에게 산 채로 잡아먹히고 있었다. 동생 루이즈Louise는 그날 일을 이

렇게 기억했다. "모두들 겁에 질려 오빠가 발버둥치는 걸 바라보고 있었어요. 마치 수면 아래 있는 괴물과 싸우는 것처럼 보였어요. 사력을 다해 싸웠지만 우리가 달려갔을 때는 피가 철철 흘러넘치고 있었어요."

반산트는 가까스로 해안가 코앞까지 다가왔다. 그를 끌어올리기 위해 구조대원이 수심이 얕은 곳으로 달려갔다. 하지만 상어는 끈질겼다. 반산트의 몸은 아직 상어의 날카로운 이빨에 걸려 있었다. 다시 공격이 시작됐다. 사람들이 몰려와 피로 붉게 물든 바다로 뛰어들었다. 이 '바다 괴물'은 끝까지 사냥감을 놓지 않다가 배가 모래사장 바닥에 닿을 때까지 함께 끌려와서야 희생자를 놓아주었다. 의사였던 반산트의 아버지가 그를 살리려고 온 힘을 다했지만 이미 너무 늦은 때였다. 괴물이 물어뜯은 다리는 완전히 찢겨나가 있었고, 반산트는 외상과 출혈을 이겨내지 못했다.

식인 상어는 이후 11일 동안 뉴저지의 해수욕객들을 사냥했고 세 명의 추가 희생자가 나왔다. 그중 한 건은 상어가 나타날 것이라고는 상상도 할 수 없는 곳에서 발생했기 때문에 더욱 끔찍했다. 상어가 나타난 곳은 좁은 마타완강Matawan Creek 어귀로, 조수가 들긴 했지만 바다에서 내륙 쪽으로 24킬로미터나 들어간 곳이었다.

1994년

2일

가장 값비싼 골

1994년 7월 2일 새벽, 한때 큰 사랑을 받았던 콜롬비아축구대표팀 주장 안드레스 에스코바르Andrés Escobar가 메데인Madellín의 한 나이트클럽 앞에서 총에 맞아 사망했다. 패배의 고통이 생사를 가를 만큼 컸던 것이다. 열흘 전 그는 미국과의 월드컵 예선 경기에서 치명적인 자책골을 기록했다. 미국과의 경기에서 패한 콜롬비아는 본선 진출에 실패했다. 실망한 팬들은 과거의 축구 영웅에게 등을 돌렸다. 등을 돌린 팬들 중에는 경기에 큰돈을 건 것으로 보이는 콜롬비아 마약 카르텔 조직원도 포함되어 있었다. "고오올!" 암살자 가운데 한 명은 에스코바르에게 38구경 권총을 쏘며 발사할 때마다 "고오올!"이라고 소리쳤다. 총 열두 발이었다. 가슴 아프게도, 그는 살해당하기 불과 며칠 전에 콜롬비아에서 가장 널리 읽히는 《엘 티엠포El Tiempo》 신문에 국민을 상대로 공개서한을 보낸 참이었다. "부디, 존경심을 잃지 말아 주십시오. 모든 선수들을 가슴 열어 포옹해 주십시오. (월드컵 경기에 출전하는 것은) 자주 찾아오지 않는, 제 생애 가장 멋진 경험이었습니다. … 다시 뵙겠습니다. 여기서 인생이 끝난 건 아니니까요."

3일

롤링 스톤스 멤버 브라이언 존스의 죽음

2012년, 롤링 스톤스는 '세계 최고의 로큰롤 밴드' 결성 반세기를 기념했다. 하지만 그로부터 43년 전인 **1969년 7월 3일**, 자택 수영장 바닥에서 안타까운 최후를 맞은 밴드의 핵심 멤버는 그 자리에 참석할 수 없었다.

브라이언 존스Brian Jones는 (적어도 초기에는) 밴드에 없어서는 안 될 존재였다. 그는 다양한 악기를 다룰 줄 알았을 뿐 아니라 록 스타의 카리스마를 갖추고 있었고 유행을 선도하는 감각이 있었다. 롤링 스톤스의 베이시스트 빌 와이먼Bill Wyman은 자신의 회고록에 "그가 밴드를 만들었다"고 적었다. "그가 멤버를 골랐다. 밴드 이름도 짓고, 연주할 곡도 선택했다. 공연도 잡았다. … 영향력이 컸고, 밴드에서 큰 비중을 차지했지만(그리고 아주 똑똑했다), 이 모든 것들을 서서히 잃어가다 결국 전부 내팽개치고 다 날려버렸다."

보컬 믹 재거Mick Jagger와 기타리스트 키스 리처즈Keith Richards가 엄청난 곡들을 함께 써내기 시작하면서 존스가 만들고 키운 밴드의 주도권이 둘에게 넘어가기 시작했다. 존스는 〈검게 칠해Paint It Black〉에서 독특한 시타르 연주를 선보이거나 〈루비 투스데이Ruby Tuesday〉에서 리코더를 연주하는 등 곡에 자신만의 독창적인 인장을 찍었지만, 그러거나 말거나 그 곡들은 어쨌든 믹 재거와 키스 리처즈의 작품이었다. 곡들은 큰 성공을 거뒀고 두 사람의 영향력은 점점 커져갔다.

존스는 밴드에서 입지가 점점 좁아지자 그렇잖아도 과용했던 마약과 술에 더욱더 빠져 들었다. 더 후The Who의 피트 타운젠드 Pete Townshend는 "내가 아는 사람들 가운데 그만큼 깊이 허무주의에 빠져 있는 사람은 없었다"고 술회했다. 존스는 심한 조울증도 앓았다. 존스는 "지구상에서 가장 달콤하고, 가장 부드럽고, 가장 사려 깊은 사람이 될 수도 있지만 동시에 가장 형편없는 인간이 될 수도 있다"고 와이먼은 적었다.

그가 밴드에 주는 부담이 밴드에 기여하는 바를 압도하게 되면서, 결국 존스는 1969년 6월 8일 롤링 스톤스에서 쫓겨나고 말았다. "우리는 그에게서 단 한 가지를 빼앗았다. 바로 밴드였다." 드러머 찰리 왓츠Charlie Watts는 다큐멘터리 〈25×5〉에 등장해 이렇게 말했다(키스 리처즈가 존스의 여자친구 애니타 팔렌버그Anita Pallenberg를 빼앗았다는 말도 할 수 있었을 테지만). 그로부터 한 달이 채 되지 않아 존스는 자택의 수영장 바닥에서 죽은 채 발견되었다(브라이언 존스가 사망하자 도어스The Doors의 짐 모리슨Jim Morrison은 〈죽은 브라이언 존스를 생각하며 L.A.에 바치는 시Ode to L.A. While thinking of Brian Jones, Deceased〉를 발표했다. 모리슨은 2년 뒤 그와 같은 날, 같은 나이로 사망했다). 27세의 일기였다. 검시관은 사인을 '사고사'로 기록했지만, 많은 사람들이 그가 살해당한 것이라 믿었다. 언제나 거침없던 리처즈는 《롤링스톤》과의 인터뷰에서 "솔직히 말하면, 그는 약간 개자식이었다"고 말했다. "그가 비참한 최후를 맞았다는 것이 전혀 놀랍지 않다."

1826년, 1831년

4일

황혼의 마지막 ··· 마지막 ··· 마지막 빛

미국의 첫 다섯 대통령들 가운데 세 명에게 미국의 독립선언기 넘일은 여간 중요한 날이 아니었다. 미국 건국의 아버지 존 애덤스, 토머스 제퍼슨, 제임스 먼로James Monroe는 모두 7월 4일 사망했다. 애덤스와 제퍼슨은 몇 시간 간격을 두고 **1826년 7월 4일** 사망했고, 먼로는 **5년 뒤 같은 날** 사망했다.

1975년

5일

코너스, 코트에서 패하고 자존심도 구기다

승자가 있으면 패자도 있는 법이다. **1975년 7월 5일** 윔블던 대회 결승전에서 예상치 못한 패배를 당한 지미 코너스Jimmy Connors는 품위와 상스러움이 걸린 마지막 싸움에서도 패하고 말았다.

테니스 코트에서 승부를 겨루기 직전에 코너스는 아서 애시Arthur Ashe를 명예훼손으로 고발했다. 이번이 처음은 아니었다. 그저 자신이 속한 여러 테니스 협회와 애시를 상대로 벌인 수많은 법정 소송 가운데 가장 최근 것일 뿐이었다. 데이비스컵에 미국 대표 팀으로 참가하기를 수차례 거부한 코너스를 애시가 "애국심이 없는 것 같다"고 공개적으로 비난하자 심통이 난 코너스가 수백만 달러를 보상하라고 소송을 벌인 것이다.

코너스는 애시가 사망하고 20년 뒤 자기 입장만 잔뜩 적은 자서전 《아웃사이더The Outsider》를 출간해 광풍처럼 잇따른 소송들에 대한 애시의 대처를 비난했다. "아서는 나를 마주할 배짱이 없었다"고 코너스는 적었다. 자신이 제기한 옹졸한 소송들이 마치 남자다운 행동이나 되는 것처럼 말이다. "대신 그는 윔블던에서 내 사물함에 자신의 입장을 간단히 적은 쪽지를 남겼다. 자, 그게 많은 것을 말해주고 있지 않은가? 그저 나와 얼굴을 맞대고 남자 대 남자로 이야기했으면 되는 것이다. 하지만 그는 그러지 않았다."

하지만 코너스를 정말 짜증나게 한 것은 애시가 "가슴팍에

애시가 승리를 확신하는 손짓을 하는 동안 코너스가 그를 노려보고 있다.

U.S.A.라 새겨진 데이비스컵 유니폼을 입고 중앙 코트에 입장"했을 때였다. 뻔뻔하기도 하지! 애시는 코너스를 6-1, 6-1, 5-7, 6-4로 꺾고 윔블던 최초의 흑인 우승자가 되었다. 그는 경기가 끝난 뒤 코너스의 실책 중 70%가 "네트 가운데로 날아왔다. 베이스라인 너머로 제대로 공을 보내지도 못했다. 그가 저물어가고 있다는 분명한 징후"라 지적하며 최후의 일격을 날렸다.

이 패배로 힘겨운 하루를 보내던 코너스는 또 다른 모욕을 겪어야 했다. 자신의 매니저인 빌 리오던Bill Riordan이 그가 결승에서 패하는 데 돈을 걸었던 것이다. "나는 강력한 우승후보였으니 빌은 큰돈을 챙겼을 것"이라고 코너스는 썼다. "믿어지는가? 그는 딴 돈을 나와 나누지도 않았다. 구두쇠 같으니라고." 그 사실을 알게 된 코너스는 리오던과 연락을 끊고 소송도 포기했다.

2008년

6일

제시 잭슨 목사가 약간 미쳐 있던 날

"봐, 버락이 흑인들을 폄하하고 있다고. … 그 놈의 고환을 잘라 버리고 싶군."

_제시 잭슨Jesse Jackson 목사

2008년 7월 6일, 한 방송에 출연한 제시 잭슨이 방송이 잠깐 중단된 사이 마이크가 아직 켜져 있는 줄 모르고 동료에게 버락 오바마Barack Obama 당시 대통령 후보에 대해 험담한 내용이 고스란히 녹음됐다. 몰지각하면서도 또 한편으로 흥미진진한 잭슨의 막말은 그때가 처음이 아니었다. 1984년에는 대통령 경선 캠페인을 벌이던 중 유대인들을 "유태놈"이라 일컫고 뉴욕을 "유태인들의 도시"라 불러 물의를 일으킨 바 있었다.

7일

"아, 그럼 그녀가 이제……"

죽임을 당한 지 한참이 지나서야 이단 혐의에서 벗어난 잔 다르크.

좋은 소식. 1456년 7월 7일, 잔 다르크Jeanne d'Arc의 이단 혐의가 결국 무죄 선고를 받으면서 종전의 사형 판결은 무효 처리되었다. 나쁜 소식. 그녀는 이미 사반세기 전 말뚝에 묶인 채 불에 타 재가 되고 말았다.

8일

대공황, 바닥을 치다

"이제 최악의 상황은 지나갔다고 확신합니다. 우리는 힘을 합쳐 빠르게 회복해 나갈 것입니다." 1929년의 주식시장 폭락 이후 6개월이 지나, 허버트 후버Herbert Hoover는 이렇게 선언했다. "지성과 능력을 갖춘, 미국인의 특성을 갖춘 국민들 앞에는 단 하나의 확실한 미래가 있을 뿐입니다. 그것은 바로 번영이라는 미래입니다!"

대통령이 낙관할 근거는 충분했다. 무엇보다 주가가 1930년 중반에 이르러 폭락 이전의 30% 수준까지 회복되었다. 하지만 최악의 상황은 아직 도착하지 않은 상태였다. **1932년 7월 8일**, 다우존스산업평균Dow Jones Industrial Average 지수가 대공황 최저 수준으로 곤두박질치며 이전의 폭락을 그저 대재앙의 시작을 알리는 신호로 만들어 버렸다. 거래량 역시 최악의 상황이라 여겼던 3년 전 10월 그날 거래량의 절반 이상까지 떨어졌다.

1640년

9일

미국의 '이상한 제도'가 시작되다

1640년, 버지니아 농장주 휴 그윈Hugh Gwyn에게 빚이 있던 고용 노동자 세 명이 메릴랜드로 달아났다. 그중 둘은 유럽계였고, 한 명은 아프리카 출신이었다. 결국 붙잡힌 세 사람은 채찍형 30대를 각각 선고 받았다. 하지만 이후의 조치는 동등하지 않았다. 두 백 인이 4년간의 노예 생활을 선고받은 데 반해, 흑인에게는 전혀 다 른 판결이 내려졌다. "그리고 세 번째 흑인 죄인 존 펀치John Punch는 앞서 말한 주인 혹은 양도인에게 이 지역에서든 다른 지역에서든 평생 봉사하도록 한다." 그리하여 **1640년 7월 9일** 법원의 명령에 따라 존 펀치는 미 대륙 식민지 최초로 문서에 기록된 노예가 되 었다.

10일

옷 입을 시간도 없이 납치된 영국군 장군

독립전쟁이 한창이던 당시, 현대 해군 특수부대의 활약을 방불케 하며 영국군에게 큰 굴욕을 선사한 잠입 작전이 벌어졌다. **1777년 7월 10일** 새벽, 미국의 로드아일랜드 우국지사 윌리엄 바턴William Barton 대령은 40여 명의 대원들을 이끌고 영국 군함이 득시글거리는 내러갠셋만Narragansett Bay을 은밀히 지났다. 보초를 피해 몰래 기지에 잠입한 대원들은 영국군 장군 리처드 프레스콧Richard Prescott의 처소에 들어가 잠들어 있는 그를 깨워 납치했다.

"제군들, 한 시가 급한 임무인 줄은 알지만 이 몸을 봐서 옷이라도 좀 걸치게 해주게." 프레스콧이 이와 같이 말하자 바턴이 능청스럽게 대답했다. "장군님께서 옷 입을 시간이 없다고 하시는군요." 대원들은 알몸의 포로를 태운 채 기적적으로 총성 한 번 듣지 않고 만을 다시 건너왔다.

"그렇게 아쉬운 사람은 아니다." 영국군 장교 앰브로즈 설Ambrose Serle은 프레스콧의 납치에 대해 이렇게 평했다(프레스콧 장군에게는 한층 더 부끄러운 일이겠지만, 그는 2년 전 캐나다에서도 포로가 된 적이 있었다). 그래도 말 그대로 마지막 존엄성까지 홀딱 벗겨진 채 포로가 된 장군을 데려오기 위해 영국군은 수중에 잡아 두었던 미국의 찰스 리Charles Lee 장군을 내주어야 했다. 얄궂게도 그 역시 지난 12월, 잠옷 차림으로 영국군에 납치됐었다.

11일

누가 죽어가는 건국의 아버지를 구원할까

친숙한 이야기일 것이다. 미국 부통령이 위대한 건국의 아버지들 가운데 한 명에게 지속적으로 모욕을 당한 끝에 결국 **1804년 7월 11일** 영광스러운 뉴저지 위호켄Weehaken 들판에서 자신의 정치적 적수와 결판을 내기로 했다. 이어 엄격한 관례에 따른 살인 의식이 집행됐다. 결투가 벌어져 에런 버Aaron Burr가 알렉산더 해밀턴에게 치명상을 입힌 것이다. 헨리 애덤스Henry Adams는 이를 "미국 초기의 정치사에서 가장 극적인 순간"이라 묘사했다. 하지만 배에 커다란 구멍이 난 채 끌려 나온 것으로는 충분치 않았던 모양이다. 해밀턴의 고난을 비로소 완성시킨 것은 지나치게 까다롭고 독실한 두 명의 성직자였다.

그동안 공개적으로 신심을 드러낸 적은 없었지만, 꼼짝도 못하는 상태로 피를 흘리며 죽음을 앞두게 되자 그도 영혼의 구원을 바라게 되었다. 그는 사제를 찾기 위해 거의 구걸을 해야 했다. 해밀턴이 종부 성사를 받기 위해 처음 부른 사람은 부인이 속한 트리니티 교회Trinity Church의 교구 신부이자 뉴욕 주교인 벤저민 무어Benjamin Moore였다. 하지만 무어는 해밀턴이 교회에 드문드문 다녔을 뿐 아니라 불경한 결투를 벌였다며 이를 거부했다.

저 혼자 독실한 고위 성직자로부터 거절을 당한 해밀턴은 필사적으로 다른 사람을 찾았다. 이번에는 자택 근처에 위치한 스코틀랜드 장로교회Scotch Presbyterian의 목사이자 자신의 친구이기도 한 존 M. 메이슨John M. Mason이었다. 메이슨은 중상을 입은 그에게 연민을 보였지만, 그래도 종부 성사를 하지 않는 쪽을 택했다.

건국의 아버지는 구원 받기 위한 마지막 몸부림으로 무어 신부에게 다시 돌아와 줄 것을 요청했다. 무어는 회고록에서 이렇게 썼다. "내가 방에 들어서서 침대 곁으로 다가가자, 그가 더 없는 평온과 평정 속에서 말했다. '존경하는 신부님. 신부님께서 제 불행한 상황을 들으셨고, 어쩌다 그런 상황이 벌어졌는지 역시 알고 계신 줄로 압니다. 신부님에게 종부 성사를 받는 것이 저의 소원입니다. 부디 제 요청에 다른 부적절한 이유가 있다고 여기지 않으시기를 바랍니다.'" 그러나 이번에도, 무어는 요청을 거절했다.

"그를 관찰한 바, 그는 내가 놓인 상황이 얼마나 미묘하고 힘든지 잘 알고 있는 게 분명했다. 마음이야 고통에 빠진 한 인간에게 위안을 주고 싶더라도, 복음을 전하는 목자로서 세상 다른 어떤 법보다 막중한 신의 법을 지키는 것이 나의 책무이기도 하다. 그런 상황에서 나는 그를 현재의 불행으로 몰고 간 결투를 비난해야 마땅할 것이다. 그는 나의 이러한 마음을 납득했고, 자신이 지난 거래(결투)를 참회와 비탄의 심정으로 돌아보고 있다고 말했다."

무어는 죽어가는 해밀턴에게 이와 같이 몇 가지 종교적 조정 절차를 거치게 한 끝에 결국 이 회개한 자에게 신의 자비를 허락했다. 다음 날 신부는 전했다. "그는 아무런 고통 없이, 거의 신음소리 한 번 내지 않고 숨을 거뒀습니다."

1979년

12일

"목요일 밤의 열기"
낡은 디스코를 날려버리다

시카고 화이트삭스Chicago White Sox의 홈구장 코미스키 파크 Comiskey Park에서 야구와 아무런 관련 없는 구호가 울려 퍼졌다. "디스코는 구리다!" 군중들은 울부짖었고 경기장 관중석에는 동일한 문구를 새긴 현수막이 걸렸다. 경기장 중앙에는 디스코 음반들이 거대한 쓰레기통에 처박힌 채 곧 폭파될 운명을 기다리고 있었다. **1979년 7월 12일** 벌어진, 그러나 결국 불행으로 끝난 '디스코 파괴의 밤'이라는 행사의 일환이었다. 하지만 행사가 끝나고 파괴된 것은 디스코 음반만이 아니었다.

디스코 반대 행사는 화이트삭스 구단주 빌 비크Bill Veeck의 아들 마이크 비크Mike Veeck의 아이디어였다. 그는 구단 성적이 저조한 상황에서 관중석을 채울 방법을 찾고 있었고, 마침 지역 라디오 방송 WLUP에서 〈루프the Loop〉를 진행하는 스티브 달Steve Dahl 역시 1970년대 후반을 지배해온 디스코 음악을 증오하고 있었다.

계획은 간단했다. 더블헤더로 진행되는 화이트삭스와 디트로이트 타이거즈Detroit Tigers 경기의 휴식 시간에 폐기처분할 디스코 음반을 가져오는 관중에게는 입장권 가격을 대폭 할인해주는 것이었다. 그런데 너무 많은 사람들이 몰렸다. 대다수는 입장권을 구입하지 않은 채 회전문으로 뛰어들거나 담을 넘어 경기장에 들어왔다. 경기장의 관중은 순식간에 수용 가능 인원을 넘어섰고 대마초 연기가 넘실거렸다. 곧이어 난장판이 벌어졌다.

실제 야구팬은 얼마 되지 않는 가운데 흥분한 관중들이 경기장에 폭죽을 쏘거나 빈 병을 던졌다. 입구에서 내지 않고 들고 온 LP 판을 던지기도 했다.

타이거스의 외야수 러스티 스타우브Rusty Staub는 《뉴욕타임스》와의 인터뷰에서 이렇게 회상했다. "사람도 잘라 바닥에 꽂을 것 같았어요. 한두 명이 아니었습니다. 아주 많았어요. 세상에, 그렇게 위험한 모습은 본 적이 없습니다. 동료들에게 제발 헬멧을 쓰라고 애원했을 정도에요."

드디어, 첫 번째 경기에서 화이트삭스가 4대 1로 패하고 난 뒤 본격적인 행사가 시작되었다. 군복 문양의 옷을 입은 스티브 달이 지프를 타고 경기장 안으로 들어왔다. 그는 소리치는 관중들을 향해 말했다. "세계 최대 디스코 반대 집회의 시작을 공식 선언합니다! 우리는 여러분이 오늘밤 가져온 디스코 음반들을 모두 모아 거대한 상자에 담았습니다. 이제부터 이 음반들을 시원하게 날려 버릴 겁니다!"

말이 끝나기가 무섭게 커다란 폭발과 함께 불붙은 LP판 조각들이 60미터 상공으로 날아올랐다. 관중은 함성을 질렀고 수천 명이 경기장으로 난입했다. 폭발로 부서지지 않은 음반들은 관중의 몫이었다. 부서지지 않은 음반들을 눈에 띄는 족족 박살내며 베이스를 훔치는가 하면(진짜다) 타격 연습용 철망을 무너뜨리고 불타는

경기장에 뛰어들어 혼돈의 디스코 파괴 집회를 즐기는 사람들.

음반 잔해들 주변에 모여 광란의 춤을 췄다. 어떤 말로도 그들을 다시 자리로 돌아가게 할 수 없었다.

"이런, 맙소사!" 유명한 스포츠 아나운서 해리 캐레이Harry Caray 는 커다란 스피커로 관중에게 자리로 돌아가 달라고 외쳤다. 간청 이 먹히기는커녕 외려 조롱이 날아오자 캐레이와 빌 비크는 코미 스키 파크의 오르간 연주자에게 〈나를 야구장 밖으로 데려가 주오 Take Me Out to the Ball Game〉를 요란하게 연주하게 했다. 이어 폭동 진 압 경찰이 투입되어 군중들을 해산했다. 화이트삭스는 두 번째 경 기를 몰수패 당했다.

1801년

13일

치명적인 아군의 포격

1801년 7월 13일 자정이 막 지났을 무렵, 112문의 함포를 갖춘 스페인 전함 레알 카를로스Real Carlos호가 지브롤터Gibralter 해협에서 폭침됐다. 15분 뒤 같은 편인 산 에르메네질도San Hermenegildo호 역시 폭침됐다. 두 배의 침몰로 수천 명의 전사자가 발생했다. 하지만 적군의 포격을 탓할 수는 없었다. 스페인의 거대한 두 전함은 영국군의 기지와 지독히도 나쁜 운 때문에 서로의 포격을 받고 침몰한 것이다.

수많은 목숨을 앗아간 이 치명적 착오는 프랑스와 스페인 연합군이 영국군과 해상에서 전투를 벌이던 와중에 발생했다. 사건 6일 전, 영국군 배들이 지브롤터만에 위치한 요새도시 알헤시라스Algeciras에 정박해 있던 프랑스 선단을 공격했다. 하지만 양쪽에서 집중 포화가 쏟아진 탓에 공격에 나섰던 영국군은 큰 피해를 입고 후퇴할 수밖에 없었다. 물론 프랑스군에게 붙잡힌 한니발Hannibal호는 함께 후퇴하지 못했다. 영국군은 자존심에 큰 상처를 입었지만 머지않아 이를 확실히 되갚아줄 터였다.

알헤시라스 전투가 벌어진 뒤 프랑스군 사령관은 병력 증강을 요청했다. 이에 스페인 전함 다섯 척이 지브롤터 해협을 따라 도착해 알헤시라스 앞에 방어선을 구축했고, 그 사이 프랑스는 손상된 배들을 수리했다. 그리고 연합군 소속 배 아홉 척이 스페인 항구

도시 카디스Cádiz를 향해 출항에 나섰다.

이전 전투에서 패배한 영국군 사령관 제임스 소머레스James Saumarez는 비록 보유한 전함 수가 적군의 반밖에 되지 않았지만 절대 연합군이 달아나도록 놔두지 않겠다고 결심했다. 두 번째 알헤시라스 전투는 큰 타격을 입고 수적 열세에 몰린 영국군이 끈질기게 상대를 물고 늘어지는 양상으로 전개됐다. 능력이 출중한 리처드 굿윈 키츠Richard Goodwin Keats 함장이 이끄는 슈퍼브Superb호는 비교적 최근에 건조된 데다 첫 번째 전투에서 프랑스군과 교전을 벌이지 않았기 때문에 아무런 손상을 입지 않은 상태였다. 키츠는 가장 선두에 나서서 연합군 호송대가 도주하는 것을 최선을 다해 저지했으나 자신의 노력이 그렇게 큰 성과로 이어지리라고는 상상하지 못했다.

스페인의 거함 레알 카를로스호와 산 에르메네질도호는 나머지 연합군 함대를 뒤쫓으며 어마어마한 저지선을 구축하고 있었다. 어둠을 방패 삼아, 키츠는 슈퍼브호를 끌고 조용히 레알 카를로스호 옆으로 다가가 포격을 퍼부었다. 레알 카를로스호는 심각한 피해를 입었고 곧 화염에 휩싸였다. 설상가상으로 슈퍼브호가 발사한 포탄 일부는 레알 카를로스호를 훌쩍 넘어 나란히 운항 중이던 산 에르메네질도호에 명중했다. 그 뒤 해군 역사상 가장 충격적인 일이 벌어졌다.

산 에르메네질도호 함장은 어둠 속에서 시야를 확보하지 못한 채 영국군 전함이 자신의 배와 레알 카를로스호 사이로 몰래 들어

두 스페인 함선의 충돌이 일어나자 영국 함선은 슬그머니 뒤로 빠졌다.

왔다고 여기고 존재하지 않는 유령선을 향해 포격을 퍼부었다. 물론 포탄은 아군의 배를 향해 날아갔고 포탄을 맞은 레알 카를로스 호는 즉시 대응 포격을 시작했다. 레알 카를로스호는 한쪽에선 적군의 포격을 받고 다른 한쪽에선 아군의 오인 포격을 받는 셈이었다. 이를 본 키츠는 공격을 멈추고 조용히 두 척의 거대한 스페인 전함들 뒤로 한 발 물러났다. 두 배는 아무것도 모른 채 서로 포격을 퍼붓다 영원한 망각 속으로 가라앉고 말았다.

14일

"애덤스 씨, 수정 헌법 1조를 기억하세요?"

1798년 7월 14일, 존 애덤스 대통령은 권리 장전Bill of Rights이라는 이름으로 유명한 수정 헌법에 서명한 지 10년도 채 지나지 않아 그와 정반대로 자유를 제한하는 법안을 승인했는데, 바로 그 해 통과된 여러 억압적 법규 중 하나인 선동금지법Sedition Act이었다. 토머스 제퍼슨이 꼽은 "너무나 노골적으로 헌법에 반하는" 여러 혐오스러운 조항들 중에서도 이 법안은 특히 "미국 정부 또는 의회나 대통령을 중상하거나 비방 혹은 모독하려는 목적으로 허위의 부도덕하고 악의적인 내용이 담긴 글을 집필, 인쇄, 발언, 출판하거나 이를 야기하거나 지원하는 행위"를 불법으로 규정했다.

애덤스 행정부를 "실소가 나올 만큼 당당하고 자화자찬에 빠져 있으며 사리사욕에 눈이 멀었다"고 비난한 버몬트주의 매슈 라이언Matthew Lyon 의원이 감옥에 가게 된 것도 이 법 때문이었다. 열의 넘치는 기자 제임스 캘린더James Callender 또한 선동금지법 위반으로 벌금을 물고 감옥에 갔다. 그는 특히 악명 높은 잡지 《우리의 전망The Prospect Before Us》에서 애덤스를 "훈장을 단 역겨운 인간" 또는 "철저한 위선자 … 남자다운 힘과 결단력도 없고 여자의 부드러움과 섬세함도 갖추지 못한 흉측한 자웅동체 같은 인간 … 백발의 선동가"로 부르면서 그가 "사생활의 측면에서 보면 미 대륙에서 가장 멍청하다"고 적었다.

1972년

15일

제인 폰다의 가장 폭발적인 사진

제인 폰다가 베트남 군인들 사이에서 박수를 치며 노래를 부르고 있다.

최종적으로 미국 군인 5만 8,000명의 목숨을 빼앗고 수만 명의 부상자를 남긴 베트남전이 한창이던 **1972년 7월 15일**, 여배우 제인 폰다Jane Fonda는 하노이의 적군 주둔지를 방문해 웃고 노래하며 카메라 앞에서 즐겁게 포즈를 취했다. 미국인은 국가 반역 행위라며 분개했고 폰다는 이 일로 '하노이 제인'이라는 조롱 섞인 별명을 얻었다. 그녀는 수십 년이 지나 한 TV 인터뷰에서 이렇게 말했다. "무덤에 들어갈 때까지 그 일을 후회할 거예요. ⋯ 너무 많은 군인들에게 상처를 줬어요. 커다란 적대감을 불러일으켰죠. 제 평생에 더 이상의 끔찍한 짓은 없을 거예요."

16일

"죄악의 싹을 잘라버려라"
링컨의 암살범을 죽인 거룩한 고자

성서 직역주의자들은 몇 세대 동안 마태복음 19장 12절의 "천국을 위하여 스스로 된 고자도 있도다. 이 말을 받을 만한 자는 받을지어다"라는 구절을 편리하게도 못 본 척해왔다. 하지만 토머스 P. '보스턴' 코빗Thomas P. 'Boston' Corbett은 이 구절에 각별한 주의를 기울였다. 잘 알려진 대로 그가 버지니아주의 담배 농장에서 에이브러햄 링컨의 살인범 존 월크스 부스를 사살하기 7년 전인 **1858년 7월 16일**, 그는 성적 유혹에 저항할 수 있는 가장 확실한 길을 발견했다. 그는 마취도 하지 않고 가위를 들고 자신의 죄 많은 악마의 기관을 잘라 버렸다.

17일

우당탕 디즈니 월드

1955년 7월 17일, 디즈니랜드가 공식적으로 개장한 날에는 별다른 마법이 일어나지 않았다. 오히려 백설공주의 못된 여왕이 마법을 휘둘러도 수습하지 못할 대재앙이 벌어졌다. 행사에 정식으로 초대된 인원은 1만 5,000명 정도였지만 위조 입장권이 나돈 탓에 그 두 배에 가까운 인원이 몰렸다. 공원은 발 디딜 틈이 없었고 애너하임 고속도로는 극심한 교통체증으로 몸살을 앓았다. 게걸스럽게 먹어대는 관객들 때문에 음식이 동이 났고 순전히 인원수 때문에 마크 트웨인 유람선은 뒤집힐 뻔했다. 설상가상으로 배관공들이 파업을 벌인 바람에 디즈니는 변기 물을 차단하든지 식수대 물을 차단하든지 둘 중 하나를 선택해야 했다. 그렇게 해서 화장실은 사용할 수 있었지만 물을 마실 수 없었던 사람들은 섭씨 38도에 달하는 맹렬한 더위 속 갈증으로 여기저기서 불쾌감을 드러냈다. 또한 포장을 한 지 얼마 되지 않은 메인스트리트 바닥이 높은 기온에 녹아내려 찐득찐득한 타르가 발에 들러붙었다. 놀이기구가 제대로 작동하지 않거나 무례한 경비원들이 방문객을 위협하는 일이 벌어졌고 가스가 새는 바람에 판타지랜드가 폐쇄됐다. 그러니 월트 디즈니Walt Disney가 개장일을 '검은 일요일'이라 부른 것도 전혀 놀랍지 않았다.

한 기자는 이렇게 적었다. "월트 디즈니의 꿈은 악몽이다. 나는 디즈니랜드의 언론 공개 개막식에 참가했다. 행사 취재를 30년째 다녔지만 그런 난리는 본 적이 없다. 디즈니의 마법이 만들어낸 창조물들이 내 몽상 속 높디높은 장소에서 굴러 내려와 상품을 팔고 공격적인 호객 행위를 벌이며 자신들의 매력을 죽여 버렸다. 마치 팅팅 소리를 내는 거대한 금전 등록기를 보는 것 같았다."

그러나 월트 디즈니의 불운은 여기서 끝이 아니었다. 디즈니랜드 개장 행사는 TV로 생중계되어 9,000만 명에 가까운 시청자들이 지켜보고 있었다. 로널드 레이건, 로버트 커밍스Robert Cummings, 아트 링클레터Art Linkletter 등 여러 스타들이 사회를 맡은 초호화 방송이었다. 하지만 여러 진행상의 실수와 착오들이 이미 벌어진 난장판을 더욱 확실하게 망쳐 놓았다. 이를 테면 영화와 TV에서 강인하고 다부진 데이비 크로켓Davy Crockett 역을 연기했던 배우 페스 파커Fess Parker가 메인스트리트에서 행진을 이끌고 있을 때 사회자들이 그를 사랑스러운 신데렐라라고 소개했다.

별 볼 일 없는 사람이었다면 그 암울한 실패에 주저앉고 말았을 것이다. 하지만 미키 마우스의 용기를 지닌 월트 디즈니는 계속 앞으로 나아갔다. 이후 3개월 만에 디즈니랜드는 백만 번째 관람객을 맞았다. 재미는 물론 효율성과 청결함, 그리고 무엇보다 잘 작동하는 식수대로 널리 알려진 테마파크 제국의 할아버지가 된 것이다.

18일

"비창(슬프고 가엾은, 불쌍한)" 차이콥스키의 결혼

1877년 7월 18일, 표트르 차이콥스키Peter Tchaikovsky는 신부 안토니나 밀류코바Antonina Miliukova와 나란히 제단에 선 채로 눈물을 흘리고 있었다. 기쁨의 눈물이 아니었다. 이 위대한 작곡가는 "어떤 고통이 나의 심장을 움켜쥐었다"고 술회했다.

신부에게 무슨 잘못이 있었던 것은 아니었다. 그녀가 여성이었다는 것을 제외하면 말이다. 사실 어떤 여자도 그에게 좋은 아내가 될 수 없었다. 그는 여자를 좋아하지 않았다. 그럼에도 불구하고 1877년 그가 제단 앞에 설 수밖에 없는 이유가 있었다. 차이콥스키는 그 이유를 운명이라 불렀지만 실은 부모의 압력에 더 가까웠다. 또한 동성애를 지탄하는 사회에 받아들여지기 위해서는 결혼이 필요했다. 그리하여 사랑을 고백하는 쪽지를 받기 전에는 잘 알지도 못했던 제자 밀류코바를 선택한 것이다. 그는 밀류코바에게 청혼하면서 그녀를 사랑하지 않는다고 솔직하게 말하고 자신의 단점들을 늘어놓았다. "나는 성미가 급하고 변덕이 심하네. 사회성도 없지. 마지막으로 내 상황도 있고." 밀류코바는 그가 친구 이상이 되지 않을 것을 알면서도 청혼을 받아들였다.

차이콥스키는 결혼식이 다가오자 불안에 사로잡혔고 결혼식 며칠 전 친구에게 이렇게 털어놓았다. "37년간 선천적으로 결혼을 혐오하며 살아왔어. 주변의 압력 때문에 눈곱만큼의 매력도 느끼지 못하는 신부에게 신랑의 역할로 끌려가는 상황이 정말 괴롭네. … 하루이틀 뒤면 결혼식이 열리겠지. 그 다음에 무슨 일이 벌어질지 나도 모르겠어."

결혼식도 끔찍했지만 신혼여행은 더 심각했다. "마차가 출발할 때 나는 목이 메어 울 준비가 되어 있었다"고 차이콥스키는 적었다. 그는 뜨거운 첫날밤을 보내는 대신 "시체처럼 잠들었다".

사랑과 섹스가 없는 결혼이 몇 주 정도 이어지는 동안 작곡가는 점점 불만이 쌓여갔다. 아내가 "육체적으로 혐오"스러웠을 뿐 아니라 같이 있다는 사실 자체가 점점 견디기 힘들었다. 그의 표현에 따르면 변덕이 심하고 깊이가 없었던 밀류코바는 남편과 공통된 관심사가 전혀 없었다. 심지어는 음악까지도 말이다. 게다가 그녀는 애초에 그가 약속했던 "형제애" 이상의 육체적 관계를 요구하기 시작했다. 차이콥스키는 결혼이 파경에 이를 거란 생각에 심한 압박을 느껴 자살까지 생각했다. 그러나 그는 자살 대신 그녀를 떠나는 쪽을 선택했다. 불운한 결혼식을 올린 뒤 겨우 6주가 지났을 때였다.

하지만 그가 평소답지 않은 잔인함으로 "파충류"라고까지 불렀던 별거 중인 아내는 여전히 그를 불안하게 만들었다. 화가 난 밀류코바가 자신의 성정체성에 관한 비밀을 밝히지 않을까 전전긍긍하다가 그녀의 편지만 받아도 신경발작을 일으킬 지경에 이르렀다. 사실 그녀의 이름을 듣기만 해도 신경이 곤두섰다. 언젠가

결혼을 혐오하는 남자인 차이콥스키와 그와 결혼한 아내 밀류코바.

그는 아내가 자신에게 퍼부었던 비난을 동생에게 자세히 말하기
도 했다. "내가 천성을 숨기기 위해 결혼한 사기꾼이라 그러더군.
… 내가 매일 그녀를 모욕했고 함께 있는 동안 엄청난 고통을 겪었
다고. … 내 수치스러운 악덕과 이런저런 것들 때문에 충격을 받았
고, 등등."

　　결국 차이콥스키가 자신의 불운한 결혼 시도를 설명할 방법은
하나밖에 없었다. "몇 달 동안 정신이 나갔던 게 분명하다."

19일

'9일간의 여왕'의 최후

9일 동안 런던타워는 본인의 의지와 상관없이 잉글랜드 여왕이 된 레이디 제인 그레이Jane Grey가 머무는 왕궁으로 존재했다가 그 이후에는 순식간에 열여섯 살 소녀가 절대 떠날 수 없는 감옥이 되고 말았다. 힘 있는 튜더 왕가의 가까운 친척이었던 신교도 제인 그레이는 시아버지이자 노섬벌랜드Northumberland 공작인 야심 가득한 존 더들리John Dudley의 손에 이끌려 억지로 왕위에 올랐다. 적법한 후계자는 헨리 8세의 딸인 메리였지만 존 더들리는 철저한 가톨릭교도인 그녀가 왕위에 오르면 잉글랜드가 다시 가톨릭 국가가 될 것을 우려했다. 그러나 결국 메리가 승리했고 2주도 못되는 기간 동안 왕국을 '통치'한 제인은 **1553년 7월 19일** 폐위됐다. 그때부터 런던타워는 '9일간의 여왕'에게 아주 잔인한 공간이 되었다. 그곳은 그녀의 감옥이었고 참수를 당한 사형장이었으며 결국 그녀의 무덤이 되었다.

1846년

20일

서로의 밥이 된 도너 일행, 잘못된 길을 선택하다

훗날 도너Donner 개척단으로 알려진 서부 개척자들의 **1846년 7월 20일** 좌회전은 그 어떤 좌회전보다 위험한 행로 변경이었다. 여정 도중 만난 갈림길에서 바른 길을 택했다면, 그리고 다른 사람들처럼 정해진 길을 따라갔다면, 도너 일행은 얼음 지옥 같았던 혹한의 시에라Sierra 산맥에서 서로를 씹어 삼키는 대신 캘리포니아와 오레곤 지역에 펼쳐진 새로운 가나안에서 풍요로운 젖과 꿀을 맛봤을 것이다. 그러나 그들은 랜스포드 헤이스팅스Lansford Hastings라는 모험가의 꾐에 넘어 갔다. 같은 시대를 살았던 누군가는 그를 "이주민을 만만하게 여기는" 냉소적인 인간이라며 "여행계의 뮌하우-젠Munchausen 남작"이라 불렀다.

캘리포니아에 자신의 영지(멕시코로부터 빼앗을 셈이었다)를 소유하겠다는 커다란 야심을 품고 있던 헤이스팅스는 더 편하고 빠른 지름길이 있다며 개척자들을 꼬드겼다. 사실은 자신도 발 한 번 들여놓은 적 없는 길이었다. 그는 《이주민들을 위한 오레곤과 캘리포니아 안내서The Emigrants' Guide to Oregon and California》란 책을 집필해 쉽고 간편한 이 길을 택하면 낙원을 향해 그냥 걸어 들어가는 것이나 다름없다고 설명했다.

오랜 경력의 등반가 제임스 클라이먼James Clyman은 헤이스팅스

가 말한 상상 속 경로의 위험에 대해 경고했다. 그는 도너 개척단이 만날 역경을 직접 눈으로 확인한 사람이었다. 그는 개척단에게 "일반적인 마차 길을 따르고 절대 길을 벗어나지 마시오. 길을 따라가면 목적지에 닿을 아주 약간의 가망이라도 있지만 길을 벗어나면 절대 불가능"할 것이라 경고했다. 하지만 쉬운 길이 있다는 생각에 눈이 먼 단장은 클라이먼의 말을 무시하고 왼쪽 방향으로 진로를 꺾어 파멸을 향해 나아갔다.

끔찍한 실수를 저질렀다는 사실을 깨달은 것은 이미 너무 늦은 뒤였다. 험로에서 빠져 나오려고 애쓰는 와중에 귀중한 날들을 허비했고, 그때쯤 기상 상황이 악화되는 바람에 개척단은 오도 가도 못하고 묶여 있어야 했다. 안전하게 쉴 수 있는 캘리포니아의 서터 요새Sutter's Fort에서 겨우 250킬로미터가량 떨어진 곳이었다. 잔혹한 겨울의 시련은 점점 혹독해졌다. 굶주림에 소를 삶아 먹던 개척단은 급기야 같은 일행을 먹게 되었다. 성인 남녀와 아이들까지 총 87명이었던 도너 개척단 가운데 식인의 악몽에서 살아남은 사람은 46명뿐이었다.

생존자였던 버지니아 리드Virginia Reed는 이렇게 썼다. "내가 적은 내용은 우리가 겪은 시련의 반도 채 안 된다. 하지만 우리가 어떤 시련을 겪었는지는 충분히 전달되리라 생각한다. 신께 감사하게도 우리 가족만은 유일하게 다른 사람의 살점을 먹지 않았다. 우리는 모든 것을 잃었지만 나는 개의치 않았다. 살아남았으니까. 이 편지가 그 누구의 마음도 상하지 않게 하길 바란다. 기억하라. 지름길은 쳐다보지도 말고 최대한 빠르게 가던 길을 그대로 가야 한다는 것을."

21일

해치와 함께 추락한 우주비행사의 명성

그렇게 환대받는 귀환은 아니었다. 버질 '거스' 그리섬 Virgil 'Gus' Grissom이 미국인으로서 우주에 간 것이 두 번째라서가 아니라 그가 탄 값비싼 우주선 리버티 벨 Liberty Bell 7호가 **1961년 7월 21일** 대서양에 추락한 뒤 가라앉아 버렸기 때문이다.

"전문 비행사인 저에게는 특히나 힘든 일이었습니다. 한국전쟁 참전 등 모든 비행 경력을 통틀어 제 비행기와 함께 돌아오지 못한 것은 처음입니다. 리버티 벨은 제 파일럿 인생에서 처음 잃은 비행선입니다"라고 그는 술회했다.

하지만 그리섬이 잃을 것은 아직 더 남아 있었다. 그의 명성도 리버티 벨 7호와 함께 가라앉고 만 것이다. 그리섬이 "개와 놀았다"는 얘기가 들려왔다. 항공계에서 흔히 하는 말로, 말하자면 그가 혼란에 빠져 시간을 허비했고 미숙한 실수로 작은 폭발을 일으켜 우주선의 해치hatch(항공기나 우주선 등 대형 구조물에 설치된 출입구-옮긴이)를 개방했다는 뜻이었다. 전문가들은 그 결과 그리섬이 헤엄쳐 빠져나오는 동안 리버티 벨 7호에 물이 찼고 결국 인양하기에 너무 무거워졌다는 가설을 제시했다. 비행사 역시 거의 목숨을 잃을 뻔했다. 온갖 선들이 몸에 엉킨 데다 우주복이 점점 그를 바다 밑으로 끌어내렸지만 헬리콥터가 제때 도착해 그를 거친 바다에서 건져냈다.

그리섬은 해치 폭발을 일으킨 것은 자신이 아니었다고 격렬하게 주장했다. 해치 혼자 저절로 터져 나갔다는 것이었다. 그는 기자회견에서 이렇게 말했다. "저는 그냥 누운 채로 제 일을 생각하고 있었습니다. 펑! 그러다 해치가 날아가 버렸습니다. 그리고 구멍으로 물이 들어오기 시작했어요." 하지만 그는 임무 수행 중에 생명의 위협을 느낀 적이 있냐는 질문에 솔직하게 답했다. "글쎄요, 상당 시간 동안 두려움을 느꼈습니다. 이 정도면 이해하시리라 생각합니다."

언론은 이 말을 무자비하게 물고 늘어졌다. 목숨을 걸고 임무를 수행한 비행사를 겁에 질린 고양이로 그려낸 것이다. 오랜 시간이 흐른 뒤 작가 톰 울프Tom Wolfe는《올바른 자질The Right Stuff》에서 혼란에 빠져 어쩔 줄 모른 채로 우스꽝스럽게 해치를 날려버리는 우주 비행사의 모습을 그리섬과 연결시켰다.《올바른 자질》이 영화화되어 큰 성공을 거뒀을 때 이런 인상은 더욱 널리 퍼졌다.

악질 언론들이 일으킨 눈사태에 묻혀 해치 폭발에 대한 조사 결과 그리섬에게 아무런 책임이 없음이 밝혀졌다는 사실은 거의 알려지지 않았다. 하지만 그를 전적으로 신뢰한 나사는 이후 두 차례의 우주비행 임무에서 비행사로 그를 선택했다. 하지만 많은 비난을 당했던 우주비행사는 해치의 자체 개방에 대한 기술적 설명이 제대로 이뤄지지 않았다는 점 때문에 불안을 느꼈다.

그는 말했다. "우리는 이후 몇 주 동안 무슨 일이 일어났고 어쩌다 그런 일이 발생했는지 찾아내려고 했다. 나는 다시 한 번 폭발을 일으킬 수 있는지 확인하려고 캡슐에 기어 들어가 우주선에서 했던 일을 그대로 반복하기까지 했다. 하지만 불가능했다. 볼트를 폭발시킬 때 사용하는 시동 장치는 일부러 치려고 해도 너무 멀리 있었고, 내가 일부러 칠 리도 없었다. 혹시 팔꿈치로 건드린 게 아닌가 싶어 이리저리 몸을 뒤척여 봤지만 전혀 닿지 않았다."

결국 그리섬은 운이 나빴던 거라 생각할 수밖에 없었다. "해치가 날아간 경위는 여전히 밝혀지지 않았다. 영원히 미지로 남는 것이 아닐까 걱정된다. 또 무슨 일이 벌어질지 모른다"라고 그는 말했다(1999년 대서양에서 리버티 벨 7호를 인양한 뒤 조사가 이루어졌지만 결국 해치가 날아간 정확한 이유는 밝혀내지 못했다).

이후 제미니Gemini 3호의 우주 비행을 지휘하게 된 그는 훌륭한 유머 감각을 발휘하며 여유를 보였다. 그는 우주선에 몰리 브라운Molly Brown이라는 별명을 붙였다. 브로드웨이 뮤지컬 〈가라앉지 않는 몰리 브라운The Unsinkable Molly Brown〉의 자신감 넘치는 제목에서 따온 이름이었다. 나사 관계자들은 난색을 표했지만 그리섬이 내놓은 대안을 들은 뒤에는 어쩔 수 없이 그 이름을 받아들였다. "그럼 타이타닉은 어때요?"

리버티 벨 7호의 해치 개방은 5년 반이 지난 뒤 끔찍한 농담이 되고 말았다. 1967년 1월 27일 아폴로 1호 사령선의 사전 비행 테스트를 시행하던 중 갑작스러운 화재로 그리섬을 비롯해 동료 비행사 에드워드 화이트Edward White와 로저 채피Roger Chaffee가 사망한 것이다. 비행사들은 해치를 끝내 열지 못했다.

22일

국가적 영웅에게 샘이 난 FBI 국장

1934년 7월 22일은 FBI로부터 '공공의 적 1호'라는 별명을 얻은 존 딜린저John Dillinger에게는 불운한 날이었다. 그는 그날 시카고 바이오그래프 극장Biograph Theater 뒤편에서 총에 맞아 숨졌다. 하지만 추적 끝에 그를 잡은 정부 요원 멜빈 퍼비스Melvin Purvis 역시 그에 못지않은 불운을 겪어야 했다. 그 날의 공로와 더불어, 이후 찰스 아서 '프리티 보이' 플로이드Charles Arthur 'Pretty Boy' Flyod까지 사살한 그는 국가적 영웅이 되었다. 그러나 그의 상관이자 스승이라 할 수 있는 J. 에드거 후버J. Edgar Hoover는 그 상황이 영 맘에 들지 않았다. 편집증적 광기에 사로잡힌 FBI 국장은 모든 영광이 자신에게 돌아와야 한다고 생각했고, 영광의 순간을 가로챈 퍼비스에게 반드시 대가를 치르게 하리라 다짐했다.

퍼비스는 원래 국장의 총애를 받는 요원이었다. 그는 입이 떡 벌어지게 잘 생긴 외모에 군건한 중산층 계급에 속해 있는 남부 출신의 신사였다. "모든 권력을 FBI의 클락 게이블Clark Gable에게." 후버는 젊은 자신의 후계자에게 보낸 수많은 서신에서 이렇게 적기도 했다. 그가 퍼비스에게 드러낸 친밀감은 FBI의 다른 요원들은 거의 받아보지 못한 것이었다. 국장은 퍼비스의 부친에게 말했다. "퍼비스는 가장 가깝고 가장 아끼는 친구랍니다."

후버의 축복과 지도 아래 퍼비스는 시카고 지부의 특수요원 책임자(SAC) 자리에 임명됐다. 막중한 임무가 그를 기다리고 있었다. 공권력을 비웃으며 미국 중서부 지역에 두려움과 열광을 동시에 일으킨 카리스마 넘치는 범죄자를 체포하는 것이었다. "그래, 친구. 정신 바짝 차리고 내게 딜린저를 데려오게. 세상은 자네 것이 될 걸세." 그는 퍼비스에게 보낸 편지에서 이렇게 썼다.

퍼비스는 딜린저가 7월 22일 바이오그래프 극장에 영화를 관람하러 온다는 제보를 받았다. 그날 밤 딜린저가 극장에 모습을 드러내자 그를 발견한 퍼비스는 미리 계획한 대로 담배에 불을 붙여 다른 요원들과 시카고 경찰들에게 신호를 보냈다. 이를 눈치 챈 딜린저는 점점 경계하는 모습을 보이다 근처 골목으로 뛰어들었다. "손들어, 존!" 퍼비스는 외쳤다. "너는 포위됐다!" 딜린저는 총을 빼 들었지만 방아쇠를 당기기 전에 사살됐다. 전설이나 다름없던 악당이 죽었고 이 작전으로 미국에는 새로운 영웅이 탄생했다. 그런데, 그 영웅은 J. 에드거 후버가 아니었다.

국장은 의무를 다해 퍼비스의 공로를 치하했다. "이번 작전의 성공에 큰 감사의 뜻을 전하네. 자네의 노력이 이와 같은 결과를 만들었네. 자네가 아주 자랑스럽네." 하지만 그는 자신의 부하 직원이 스타로 떠오른 것에 대해 남몰래 속을 끓이고 있었다.

후버가 "그를 질시했다"고 퍼비스의 비서 도리스 라커먼Doris Lockerman은 기억했다. "왕을 계속 즐겁게 해주지 않으면 결국 왕에게 버림받게 된다. … 그들은 대중에게 노출되는 업무는 절대 퍼비스에게 맡기지 않았다. 그는 몇 달 동안 요원 선발 면접관으로 일했다. 그를 깎아내리기 위한 모든 방법이 동원됐다."

딜린저를 잡아 유명세를 얻은 뒤 1년 만에 퍼비스는 FBI를 그만 두었다. 하지만 '제이'는 멈추지 않았다. 후버는 퍼비스가 하는 모든 일을 방해하고 FBI의 공식적인 역사에서 그의 이름을 지워버리는 것을 자신의 업으로 삼았다. "퍼비스를 없는 사람 취급하는 것이 수사국의 정책이 되었다"고 작가 리처드 기드 파워스Richard Gid Powers는 썼다. 그런 조치가 어찌나 열성적이었는지(또 터무니없었는지), 딜린저 체포 작전에서도 퍼비스의 존재는 삭제됐다. 수사국이 지원한 라디오 드라마 〈요원들G-Men〉에서 퍼비스는 넬리스Nellis라는 이름의 존재감 없는 허구의 인물로 대체됐다. 이제 후버가 진정한 스타의 자리를 차지했다. 그는 딜린저의 데스마스크를 진열해 놓은 것으로 유명한 워싱턴의 집무실에서 이 모든 일을 지휘했다.

1960년, 퍼비스가 머리에 총상을 입고 사망할 때까지 복수극은 계속됐다. 그의 사망이 사고였는지 혹은 타살로 인한 것인지는 정확히 밝혀지지 않았다. 하지만 퍼비스의 아들 알스턴Alston은 퍼비스가 사망한 직후 이를 자살이라 발표한 후버에게 진실은 전혀 중요하지 않았다고 썼다.

"그의 부고에는 아버지의 업적과 수사국에 헌신한 내용, 또 아버지가 역사에서 점한 자리에 대한 언급은 한 마디도 없었다. 재빠른 발표도 그렇고, 부고로서는 보기 드물게 기쁨의 기색마저 드러났다. 후버로서는 그토록 고대한 자신의 승리를, 원수의 영원한 침묵을 발표할 순간을 참고 기다리기 힘들었을 것이다."

23일

비극적인 연출

1924년 무성영화계의 스타 버스터 키튼Buster Keaton이 코미디 영화 〈셜록 2세Sherlock Jr.〉에서 직접 스턴트를 하다 목이 부러지는 부상을 당한 이후로 사람들은 영화 촬영 현장이 얼마나 위험한 곳인지 심심찮게 확인할 수 있었다(〈징기스칸The Conqueror〉의 경우 배우와 제작진의 절반 가까이가 네바다의 유카 평원 핵실험장에서 불어오는 바람을 맞으며 영화를 촬영하다가 암에 걸렸다. 존 웨인, 수잔 헤이워드Susan Hayward 등의 유명 배우와 감독 딕 파월Dick Powell을 포함한 마흔다섯 명이 결국 암으로 사망했다). 그 절정은 1982년 7월 23일 〈환상특급: 더 무비Twilight Zone: The Movie〉 촬영 현장에서 발생한 헬리콥터 추락 사고였다. 배우 빅 모로우Vic Morrow는 사고로 목이 잘려 사망했고 촬영 당시 불법 고용된 아역배우 한 명도 똑같이 사망했다. 여러 관계자들이 감독이 멋진 장면을 만들어낸답시고 뻔뻔하게 안전 문제를 무시했다고 주장한 가운데, 존 랜디스John Landis 감독(과실치사 혐의에 관해서는 무죄를 선고 받았다)은 이상하게도 이 비극적인 사건으로 별다른 타격을 입지 않은 것 같았다. 모로우를 위한 추도사를 하며 자신에게 유리한 말만 하는 모습이 특히 그렇게 보였다. "비극은 언제 갑자기 덮쳐올지 모릅니다. 하지만 영화는 죽지 않습니다. 빅은 영원히 살아 있을 것입니다. 마지막 테이크를 촬영하기 전 빅은 저를 옆으로 불러 이 역할을 줘서 고맙다고 말하더군요."

1684년

24일

"산 넘어 산"
라살의 뒤죽박죽 신세계

프랑스 탐험가 로베르 카벨리에Robert Cavelier, 일명 '라살 씨Sieur de La Salle'는 오랫동안 '대담'하고 '용기' 있고 '유능'하다는 평을 들어왔다. 하지만 '미숙'하고 '고압적'이고 '불쾌한 인간'이라는 표현도 못지않게 그를 잘 설명해 준다. 그 전까지 예수회 사제였던 그는 생존에 필요한 기초적인 능력도 부족하고 방향 감각조차 없으면서 분수에 넘치는 야심을 품고 부와 영광을 얻기 위해 북미의 오대호 유역을 더듬더듬 돌아다니고 있었다. 그는 채권자들에게 쫓기는 중이었고 반발심을 품은 선원들에게도 부담을 느끼고 있었다. 또한 이따금 불운이 닥쳐와 혼란에 빠지기도 했다. 그러니 라살이 자신의 요새 중 하나를 크레브쾨르Crevecoeur, 즉 '비통한 마음'이라 이름 붙인 것도 놀라운 일은 아니었다. 요새는 얼마 못 가 라살의 부하들이 약탈과 방화를 저질러 폐허가 되고 말았다. 이처럼 무능한 사람이었지만 그는 미시시피강에서 멕시코만으로 이어지는 항로를 발견하는 데 성공했다. 그는 해당 지역을 프랑스 왕의 땅이라 선언했다. 그리고 얼마 지나지 않아 정말 큰 낭패가 시작됐다.

루이 14세는 라살의 발견에 별 관심이 없었다. 그는 그 땅이 쓸모없는 곳이라 말했다. 왕이 시원찮은 반응을 보이자 루이지애나로 돌아가 식민지를 건설하고 커다란 이득을 남기려 했던 탐험가는 필요한 인력과 자금을 지원받기 위해 거짓말을 할 수밖에 없었다. 거짓말은 원래 라살의 천성이나 다름없었다. 이를테면 그는 처음 북미 지역을 탐험할 때 자신이 이로쿼이Iroquois어를 유창하게 구사한다고 주장했지만 실은 말도 못하고 알아듣지도 못했다. 하지만 이번에 루이 왕에게 늘어놓은 거짓말은 정말 걸작이었다. 특히 미시시피강 초입이 멕시코와 가까워 멕시코 정벌의 전초기지로 삼기에 제격이라고 말한 부분은 압권이었다. 그는 지도상의 거리만 속인 것이 아니었다. 라살의 능력으로는 지난 탐험과 달리 바다 쪽에서 접근해 강과 맞물려 흘러드는 지점을 찾기란 불가능한 일이었다. 과연, 이 점이 그의 파멸을 불러왔다.

1684년 7월 24일, 300여 명의 병사들과 개척민들을 태운 네 척의 배가 프랑스를 떠나 저주 받은 탐험을 시작했다. 하지만 탐험대는 출항 직후 다시 돌아와 배를 수리해야 했다. 끔찍한 여정의 전조였다.

멕시코만에 도착하기도 전에 배 한 척이 해적들에게 붙잡혔다. 프랑스 식민지 생도맹그Saint-Domingue에 잠시 들렀을 때는 꽤 많은 선원들이 라살과 함께할 수 없다며 남은 여정을 포기했다. 다시 배에 오른 사람들은 카리브해 연안에서 어찌나 흥청망청 놀았던지 다들 매독에 걸린 상태였다.

그러나 당시 여정에 참가한 앙리 주텔Henri Joutel이 그곳을 '죽음의 강'이라 부른 이유는 따로 있었다.

아뿔싸. 이후 라살이 도착한 곳은 미시시피강 입구를 서쪽으로

600여 킬로미터나 지나친 곳에 위치한 현 텍사스주 코르푸스 크리스티Corpus Christi 인근의 마타고다만Matagorda이었다. 라살은 비전문가 특유의 근거 없는 확신으로 탐험대가 방금 미시시피강 지류 유역에 상륙했다고 선언했고, 그 위치를 출발점 삼아 거대한 강의 본류를 찾겠다는 불가능한 목표를 세웠다. 탐험대는 보급선 애마블Aimable호가 난파하는 바람에 음식도 무기도 없이 살아남아야 했다. 라살은 애마블호의 선장 클로드 애그롱Claude Aigron이 악의를 품고 고의로 배를 파괴했다고 소리 높여 비난했고, 애그롱은 자신의 선원들과 함께 전함 르 졸리Le Joly호를 타고 프랑스로 돌아가 버렸다.

남은 개척민들은 독사들로 가득한 사람이 살 수 없는 땅에서 라살의 형제가 쓴 것처럼 "야만의 땅에 표류된" 느낌을 받았다. 그곳은 "영원한 감옥"이었다. 굶주림과 질병, 그리고 위협적인 원주민들의 공격으로 사망자는 점점 늘어갔다. 결정적인 한 방은 마지막 남은 라 벨르La Belle호가 태풍으로 파괴된 일이었다.

아직 생존해 있는 개척민들은 모두 라살을 증오했다. 그는 도움을 요청하기 위해 길을 떠났지만, 선원들이 매복하고 있다가 그의 머리에 총알을 박아 넣었다. 참혹하게 실패한 탐험가의 시신은 벌거벗겨진 채로 풀숲에 버려져 짐승들의 먹이가 되었다. 라살은 미시시피강 하류 지역을 프랑스의 땅으로 만들겠다는 꿈을 꾸었다. 하지만 주텔이 쓴 것처럼 "하늘이 그의 성공을 거부했다".

25일

그렇게 편히 잠들지는 못하고

토마스 아 켐피스Thomas à Kempis는 어느 모로 보나 성인에 가까운 사람이었다. 그는 독일의 수도원에서 성스러운 글들을 번역하며 평온하고 검소한 삶을 살았고 가장 널리 읽힌 종교 서적 가운데 하나인《그리스도를 본받아The Imitation of Christ》를 저술했다. 그 뒤 **1471년 7월 25일**, 켐피스는 91세의 일기로 사망했다. 그런데 정말 그랬을까? 몇 년이 지나 그의 무덤을 발굴했을 때 관 내부에는 손톱자국이 잔뜩 나 있었다. 그가 죽지 않고 공포에 사로잡혀 탈출을 시도했다는 뜻이었다.

의학이 충분히 발달하지 못해 생사를 확실히 판단하지 못하던 당시, 산 채로 땅 속에 묻히는 악몽은 종종 일어나는 일이었다. 관을 발굴해 열어봤더니 유해는 극심한 고통으로 뒤틀려 있고 관에서 빠져나오기 위해 미친 듯이 몸부림친 흔적들이 남아 있었다는 일화는 역사적으로 드물지 않다.

조지 워싱턴은 자신이 행여나 그런 끔찍한 죽음을 맞지 않을까 우려했다. 그는 임종을 앞두고 자신의 비서를 가까이 끌어당겼다. "나는 이제 가네!" 미국 초대 대통령은 속삭였다. "나를 잘 관에 넣어주게. 그리고 내가 죽고 3일간은 땅에 묻지 말고 그대로 두게. 무슨 말인지 알겠나?" 작곡가 프레데리크 쇼팽Frédéric Chopin 역시 죽기 전에 이렇게 말했다. "땅 밑은 숨막혀 … 내가 죽으면 내 배를 갈라주게. 산 채로 묻히지 않도록 말이야." '생매장 공포증'이라 알려진, 당시 그리 드물지 않았던 공포에 대처하기 위해 사람들은 관에 호흡을 위한 배기관을 설치하기도 했고, 땅 위로 종을 달아 혹시 관 속에 들어간 사람이 깨어나면 자신의 상황을 알릴 수 있도록 조치하기도 했다. 어떤 사람들은 필요한 경우 못 다한 죽음을 마무리하기 위해 무기와 함께 매장되기도 했다.

다시 토마스 아 켐피스의 끔찍한 시련으로 돌아가 보자. 그가 성인이 못된 것이 그 일 때문이라는 이야기가 있다. 관에서 빠져 나오려고 애쓴 것을 보니 신의 부름을 받을 준비가 되어 있지 않았다는 것이다. 만약 이 이야기가 사실이라면 켐피스의 성인 추대를 심사한 이들은 그의 저서의 주제가 그리스도를 본받는 일이었다는 점을 잊고 있었던 게 틀림없다. 기독교의 기본 교리 중 하나가 예수가 무덤에서 부활했다는 것이니 말이다.

26일

"문제는 경제야, 바보야!
당신이 아무리 처칠이라도!"

1945년 5월 8일 V-E(유럽에서의 승리Victory in Europe) 기념일, 영국인들은 불굴의 전시 지도자 윈스턴 처칠에게 격렬한 환호를 보냈다. 그는 히틀러의 제3제국을 물리친 굴지의 영웅이었다. 그러나 고작 2개월 뒤에 영국인들은 그를 총리 관저에서 내쫓았다. 이 놀라운 반전은 위대한 인간의 마음속 깊은 곳에 상처를 입혔다. 자신의 패배를 전혀 예상치 못했기 때문에 그의 충격은 더 심했다.

선거 결과가 집계되는 동안 총리는 독일에서 전후 유럽의 운명에 점점 더 적대적인 태도를 취하던 스탈린의 소비에트 연방과 어려운 협상을 벌이는 중이었다. 향후의 역사를 결정지을 만한 중대한 문제였다. 처칠은 조국에서 유권자들의 결정을 받은 뒤 다시 협상 테이블로 돌아와 일을 처리할 수 있으리라 예상했다. 하지만 **1945년 7월 26일** 아침, 잠에서 깬 그는 자신과 자신이 속한 보수당이 압도적인 표 차이로 노동당에 참패했다는 소식을 들었다.

"이렇게도 달래보고 저렇게도 구슬려 봤지만, 유권자들이 뭘 원하는지 아직도 모르겠네"라며 처칠은 황망한 마음을 토로했다.

만약 선거의 쟁점이 폭군과 맞서 싸운 그의 능력에 대한 평가였다면 처칠의 예상대로 그는 확실한 승리를 거뒀을 것이다. 하지만 치열한 전쟁으로 인한 내핍 상태와 더불어 경제적 불황이 몇 년

1945년 영국 총선에서 노동당의 승리와 처칠의 패배를 다룬 당시 뉴욕타임스 기사.

째 지속되고 있었던 탓에 영국 국민들은 노동당이 약속한 경제적으로 편안한 삶을 갈구했다. 만약 처칠이 이와 같은 냉혹한 정치적 현실을 깨닫고 있었다면 유권자들의 결정을 개인적인 상처로 받아들이지 않았을 것이다. 하지만 그도 결국 사람이었고, 감사할 줄 모르는 영국인들의 결정에 깊은 상처를 받았다. 아내인 클레멘타인Clementine이 위로를 건네며 이번 패배가 불행을 가장한 축복일지 모른다고 말하자 처칠은 심통 사납게 대답했다. "그렇다면 정말 훌륭하게 위장한 셈이군."

27일

그리스도의 대리자 대 진짜 대부

교황 요한 바오로 2세가 이탈리아 마피아가 열렬히 경배하는 '죽음의 문화'를 격렬하게 비난한 뒤, 마피아는 교황에게 경고를 보내기로 했다. 영화 〈대부The Godfather〉에서 코를레오네 가문이 그런 것처럼 그들에게 비협조적인 사람의 침대에 말의 목을 잘라 놓거나 하는 수준이 아니었다. 진짜 살인자들인 시칠리아의 코를레오네시 가문Corleonesi Mafia clan은 겁 없는 교황을 좀 더 분명하게 공격하고자 했다. 그리하여 **1993년 7월 27일**, 교황청의 가장 중요한 교회 중 하나인 산 조반니 인 라테라노 대성당San Giovanni in Laterano 바로 앞에서 커다란 자동차 폭발 사건이 발생했다(그날 마피아는 두 건의 폭발 사고를 더 일으켰다. 두 번째 폭발은 7세기에 건립된 로마의 산 조르조 인 벨라브로San Giorgio in Velabro 교회 앞에서 발생했다. 세 번째 폭발은 밀라노 현대미술관을 산산조각으로 만들었고 이로 인해 다섯 명이 사망했다. 이날에 발생한 세 건의 테러 공격은 그 해 마피아가 자신들을 억누르려던 이탈리아 정부를 상대로 벌인 더 큰 전쟁의 일부였다). 그로 인해 교회 건물은 막대한 피해를 입었지만 '교황의 대성당'을 공격한 마피아는 로마에서 최초로 승인 받은 기독교 교회인 이 고대 건축물의 강력한 회복력을 호락호락하게 본 모양이었다. 4세기 건립된 이래 손상을 입고 또 복구하기를 반복한 이 대성당은 과연 20세기가 끝날 무렵 복원이 완료되어 다시 우뚝 설 수 있었다.

1835년

28일

명사수는 못 되는 암살자들

암살자들도 안 풀리는 날이 있다. 가엾은 고점리高漸離의 경우를 보자. 그는 뛰어난 재능을 지닌 비파 연주자로 기원전 3세기 중국 제국의 첫 번째 황제인 진시황에게 뿌리 깊은 원한을 품고 있었다 (진시황은 영생을 원했다. 9월 10일 참고). 그의 동료들이 진시황을 암살하려다 실패한 후, 고점리는 몸을 숨기고 비파 연주 기술을 갈고 닦으며 고용 인부로 지냈다. 그러다 황제의 귀에 그의 비파 실력이 출중하다는 소문이 들어갔고 황제는 고점리를 불러 연주를 하게 했다. 그러나 그는 궁에 들어가자마자 일찍이 황제 암살 계획에 가담했던 사람의 눈에 정체를 들키고 말았다. 하지만 진시황은 고점리의 연주에 매혹되어 있었기 때문에 그를 쉽게 뿌리칠 수 없었다. 그리하여 진시황은 행여나 그가 해를 입히지 못하도록 그의 눈을 멀게 만들었다. 시간이 흐르면서 황제는 고점리의 연주를 더 잘 듣기 위해 그가 자신의 곁에 조금씩 더 가까이 다가올 수 있도록 허락했다. 비파 연주자이자 암살자인 고점리는 때를 기다렸다. 그는 완전히 황제의 신임을 얻은 뒤 악기 끝에 쇳덩이를 달아 진시황의 머리를 향해 휘둘렀다. 하지만 눈이 먼 그의 공격은 빗나갔고 그는 그 자리에서 처형당했다.

코르시카 출신 사기꾼이자 위조범이었던 주세페 마르코 피에스키Giuseppe Marco Fieschi의 불운도 만만치 않았다. 그는 프랑스 왕 루이

암살자가 특별히 제작한 '지옥의 총'은 수많은 사람들에게 피해를 입혔다. 아, 왕은 빼고.

필리프 1세를 살해할 완벽한 무기를 만들었다고 생각했다. 그는 살상 능력을 극대화하기 위해 20여 개의 총을 한데 묶은 뒤 **1835년 7월 28일** 높은 건물의 창 뒤에 숨어 있다가 왕이 세 아들과 함께 파리의 템플가를 지나는 순간 난사하기 시작했다. 총알 하나가 왕의 말을 죽였다. 다른 총알은 왕의 이마를 스쳤다. 하지만 루이 필리프와 그의 아들들은 비교적 멀쩡했다. 왕의 다른 일행들은 그리 운이 좋지 못했다. 열여덟 명이 사망했고 여러 사람이 크게 다쳤다. 안타깝게도 피에스키 본인도 큰 부상을 입었다. 그가 묶어둔 총들 가운데 하나가 역발된 것이 분명했다. 하지만 걱정할 필요는 없었다. 훌륭한 의사가 암살에 실패한 범인을 건강하게 되살려 놓았다. 그 덕에 그는 늦지 않게 단두대에 올라 참수 당했다.

29일

이 반지를 끼면 불행이 시작됩니다

"나는 도살자 앞에 선 양이 된 기분이었어요."
_웨일스 공주 다이애나, 찰스 왕자와의 결혼식을 떠올리며.

1981년 7월 29일 거행된 공주와 왕자의 결혼식을 지켜보던 전 세계 수백만 명의 사람들은 동화가 현실로 이루어졌다고 믿었다. 하지만 15년 뒤 두 사람이 이혼하면서 동화는 끝났다. 그 후 다이애나Diana, Princess of Wales는 1997년 8월 31일 파리에서 자동차 사고로 사망했다.

30일

어느 산부인과의 더러운 진실

비엔나종합병원에 뭔가 문제가 있는 게 분명했다. 두 곳의 산부인과 병동 중 제1병동에 입원한 산모들 가운데 상당수가 치명적인 박테리아 감염인 산욕열로 출산 중 사망했던 것이다. 그러나 이상하게도 제2병동 입원 산모들의 사망률은 미미한 수준이었다. 이에 임신부들은 무릎을 꿇고 제2병동에 입원시켜 달라고 애원했다. 그 가운데에는 제1병동 입원이 결정되자 이미 잘 알려진 제1병동의 위험을 감수하기보다 길에서 출산하는 게 낫겠다고 여긴 이들도 있었다. 산부인과 과장 이그나즈 필리프 제멜바이스Ignaz Philipp Semmelweis는 병동 간의 사망률이 지나치게 큰 차이를 보이자 충격을 받고 원인을 밝혀내기로 결심했다. 그는 이렇게 썼다. "설명할 수 있는 것이 전혀 없다. 모든 게 비밀에 싸여 있다. 수많은 사망자가 발생했다는 것만이 유일하게 확실한 현실이다."

상당한 난제였다. 두 병동의 환경은 거의 완벽하게 동일했다. 하지만 제멜바이스는 두 병동을 면밀히 관찰한 끝에 중요한 차이점을 발견했다. 제1병동의 산모들은 대체로 수련의들의 진료를 받았다. 이들은 시체 해부를 한 뒤 회진을 도는 경우가 많았다. 옷에는 시체에서 나온 피와 다른 체액들이 묻어 있었고, 선혈에 젖은 손에서는 악취가 풍겼다. 반면 제2병동의 산모들을 돌보는 것은 대개 청결한 조산사들이었다.

결국 제멜바이스는 산모들과 접촉하는 의사들의 더러운 손이 죽음을 부른다는 사실을 알게 됐다. 해결책은 항균 염화석회를 이용해 손을 씻게 하는 것이었다. 사망률은 급격하게 떨어졌다. 하지만 놀랍게도 의사들은 제멜바이스의 해결책에 회의적이고 경멸 섞인 반응을 보였다.

"의사들은 신사들이고, 신사들의 손은 청결하다"고 미국 출신의 저명한 산부인과 의사 찰스 메이그스Charles Meigs는 거드름을 피우며 말했다. 당시는 파스퇴르가 미생물과 질병의 관계를 분명히 밝혀내기 수십 년 전이었고 위생 관념은 바보 같고 불편한 것으로 받아들여졌다.

"청결한 사물 같은 건 없었다"고, 훗날《엘리펀트 맨Elephant Man》작가로 유명한 프레더릭 트레비스 경Sir Frederick Treves은 썼다. "청결은 제 자리를 찾지 못한 상태였다. 청결은 유난스럽고 가식적인 것으로 받아들여졌다. 사형집행인들은 사형수의 머리를 자르기 전에 우선 제 손톱부터 자르는 게 좋았을 것이다."

제멜바이스는 거센 반발에 굴하지 않고 청결의 중요성을 거의 광적으로 주장했고 그 와중에 병원 고위층의 눈 밖에 나고 말았다. 결국 그는 해고되었다. 다시 의사들은 더러운 손으로 진료를 하기 시작했고 산모들은 고통 속에 사망했다. 그를 지지하는 명망 있는 인사들도 더러 있었지만 제멜바이스는 자신의 발견을 의학 학술지에 발표하거나 강의를 통해 알리기를 거부했고 이는 그의 명분을 깎아내리는 결과로 이어졌다. 어떤 역사가들은 이와 같은 제멜바이스의 태도를 열등감이 깊었기 때문이거나 자신이 무엇을 발견했는지 정확히 이해하지 못했기 때문인 것으로 여기고 있다. 그는 점차 세상에 적대감을 품기 시작했고 자신의 말에 반박하는 이들을 맹렬하게 모욕하고는 했다.

자신이 주장한 소독의 중요성이 조직적으로 거부된 데 따른 반작용이었는지, 정신병이 발병한 것이었는지, 또는 두 가지 모두가 원인이었는지는 여전히 확실하지 않지만 그는 점차 정신이상 증세를 보이기 시작했다. **1865년 7월 30일**, 한 친구가 신축 병원을 둘러보자고 제멜바이스를 꾀어낸 뒤 정신병원에 입원시켰다. 훗날 '산모들의 구원자'로 불리게 된 의학계의 선구자는 2주 뒤 사망했다. 시신을 부검했을 때 그의 몸에는 어찌 된 일인지 심하게 맞은 자국들이 있었다.

하지만 그의 주장은 결국 사실로 입증되었다. 제멜바이스가 마련한 위생 관리 규칙을 보편적으로 받아들임으로써 의학계 전체가 그에게 커다란 박수를 보내고 있는 셈이다. 물론 박수를 치는 손은 장갑을 끼고 있을 것이다.

31일

"부서진 유적"
엘긴 가문의 파괴 행위

엘긴The Elgins가의 유전자에는 고대 유물을 부수지 않고는 못 견디는 뭔가가 있는 게 틀림없다. **1801년 7월 31일**이 시작이었다. 그날 7대 엘긴 백작 토머스 브루스Thomas Bruce가 파견한 인부들이 그리스 파르테논 신전에 부조된 고대 대리석 조각들을 뜯어내기 시작했다(1687년 베네치아의 파르테논 공격에서 살아남은 조각들이었다. 9월 26일 참고). 쉽지 않은 작업이었다. 신전의 기둥 윗부분을 이루는 메토프를 비롯한 벽면들은 2,000년도 더 전에 만들어진 것이었다. 막무가내식 해체 작업을 감독했던 지오반니 바티스타 루시에리Giovanni Battista Lusieri는 엘긴 경에게 보낸 편지에서 특히 떼어내기 어려웠던 부조 장식에 대해 설명했다. "이 부분 때문에 작업이 힘들어집니다. 어쩔 수 없이 조금 야만적인 방법을 택해야 했습니다."

잉글랜드인 여행가 에드워드 대니얼 클라크Edward Daniel Clarke는 해체 작업 중 한 조각상이 미끄러져 넘어지는 처참한 장면을 눈앞에서 목격했다. "육중한 펜텔리콘 대리석 덩어리가 천둥 같은 소리를 내며 쓰러져 부서졌다. 하얀 파편들은 폐허 속으로 흩어졌다. … 가슴에 구멍이 난 듯한 기분으로 고개를 들어보니 조각상이 있던 자리는 휑하니 비어 있었다. 지구상 온갖 나라의 대사들이 모이고 그들이 대표하는 모든 국가들이 힘을 합쳐 제 아무리 큰돈과 뛰

파르테논 신전의 파괴된 부분은 석고로 듬성듬성 메워졌다.

어난 장인들을 투입한다 해도 이를 복구할 수는 없을 것이다."

신전 훼손 행위는 1811년까지 조금씩 진행됐다. 바이런 경Lord Byron은 대서사시 《차일드 해럴드의 편력Childe Harold's Pilgrimage》에서 "피 흘리는 땅을 마지막으로 덮친 어리석은 약탈 행위"에 대해 한탄했다. 유물은 잉글랜드로 운송됐고 또 다른 잉글랜드인이 말했듯 한때 찬란한 영광을 자랑했던 파르테논 신전은 "산산이 부서진 폐허"가 되고 말았다.

한 세대가 지난 뒤, 토머스 브루스의 아들이자 제8대 엘긴 백작인 제임스 엘긴James Elgin이 이번에는 지구 반대편 중국에서 또 다른 유적의 약탈을 지휘했다. 베이징 외곽에 위치한 아름다운 황실 별장으로, 여름 궁전이라 알려진 원명원圓明園이었다. 1860년 10월 8일, 엘긴 경의 명령으로 강탈은 시작됐다(제2차 아편전쟁 중에 벌어진 청나라의 공격에 대한 보복의 일환이었다). 영국군의 청년 장교 찰스 조지 고든Charles George Gordon은 그 일을 이렇게 묘사했다.

"우리는 그곳을 약탈한 뒤 건물 전체에 불을 질렀다. 4백만 파운드와도 맞바꿀 수 없는 더없이 값진 유산을 파괴한 것이다. … 우리가 불태운 곳이 얼마나 아름답고 웅장한 곳이었는지 상상도 하지 못할 것이다. 불을 지를 때는 가슴이 찢어지는 것 같았다. 게다가 우리는 시간에 쫓기고 있었고 워낙 넓은 곳이었기 때문에 주의를 기울여 물건을 빼낼 수도 없었다. 금으로 만든 수많은 장식품을 놋쇠인 것마냥 불태웠다. 군인으로서 도저히 제정신으로 할 수 있는 일이 아니었다."

Bad Days
in
History

August

8월

"꽃을 활짝 피웠을 때 많은 야생벌을 유혹했던 딸기류 식물들은
8월이 되자 벨벳처럼 진홍색으로 물들기 시작했고,
스스로 열매의 무게에 굽어지며 연약한 팔다리를 부러뜨렸다."

헨리 데이비드 소로 *Henry David Thoreau*

1907년

1일

남자다운 보이스카우트 단원이 되려면

1907년 8월 1일, 로버트 베이든 파월Robert Baden-Powell 중장이 잉글랜드의 브라운시 섬Brown-sea Island에서 열린 캠프를 통해 보이스카우트를 공식적으로 창설했다. 그 후 '자위'는 결코 예전과 같지 않았다. 파월이 그 문제에 열성적으로 매달린 덕분에 청년 세대는 자위라는 '추잡한' 행동에 두려움을 느끼게 되었다.

파월은 자신의 유명한 저서《소년을 위한 스카우트: 선량한 시민 교육 지침서Scouting for Boys: A Handbook for Instruction in Good Citizenship》에서 이렇게 밝혔다. "자위를 할 경우 언제나 사내아이는 점점 허약해지고 겁을 집어먹으며 부끄러워한다. 두통이 생기고 심장이 두근거릴 것이다. 자위의 도가 지나치면 수시로 정신이 나가고 결국 바보가 된다. 우리 정신병원에 있는 수많은 미치광이는 이런 나쁜 행동에 탐닉했기 때문에 실성했다. 그들도 한때는 여러분처럼 현명하고 쾌활한 소년이었는데도 말이다."

그게 다가 아니었다. 파월은 다음과 같이 충고했다. "생식기를 혹사하면 성인이 되었을 때 그것을 쓸 수가 없을 것이다. 제 기능을 하지 못하기 때문이다. 자위에 빠지면 여러 가지 끔찍한 질병이 발생한다는 사실을 명심하라. 어떤 병에 걸리면 입, 코, 눈 안쪽이 문드러진다. … 다음번에 욕구를 느낄 때면 절대로 무너지지 마라. 이겨내라. 할 수 있다면 생식기를 찬물로 씻어서 진정시켜라. 몽정

로버트 베이든 파월이 '혹사당한 생식기'가 없는지 잉글랜드 웸블리의 스카우트 단을 살피고 있다.

은 성적 욕구에서 비롯하는데, 기름진 음식이나 고기를 너무 많이 먹거나 지나치게 따뜻한 담요를 몸에 덮고 자거나 혹은 너무 푹신 푹신한 침대에서 자거나 정자세로 누워 잘 때 잘 나타난다. 그러므로 앞서 말한 행동은 하지 마라. 음담패설은 듣지도 읽지도 생각지도 마라."

달리 말해 사내아이같이 굴지 말라는 얘기였다.

1830년

2일

왕위가 유보된 부르봉가 사람들

1793년 1월에 루이 16세가 처형되고 이어서 그 해 말 마리 앙투아네트 왕비가 무참히 처형되면서 이른바 프랑스의 '앙시앵 레짐'이 끝났다. 그렇지만 남은 부르봉가 사람들에게 왕과 왕비의 죽음은 그들이 겪게 될 고난의 시작에 불과했다. 불행이 잇따르고, 희망은 산산이 조각났으며 놀라울 정도로 어리석은 판단을 내리는 등 왕가는 30년간 줄곧 곤경에 빠졌다. 그러다가 1830년에 이르러 마지막으로 한 번 더 운이 트이기 시작했다.

살아남은 부르봉가 사람들이 보기에 군주제는 단두대의 이슬로 사라진 것이 아니었다. 적어도 그들 생각엔 그랬다. 루이 16세의 머리가 칼날에 잘려나간 그 순간, 하나 남은 아들이 저절로 루이 17세가 되었다. 하지만 일곱 살 난 사내아이는 왕위에 오르지 못했다. 인질범들의 손에 붙들려 감옥에 격리되고 푸대접을 받기만 할 뿐이었다. 그를 진료했던 의사는 이렇게 전했다. "극심한 고통에 시달리고 처참하게 방치된 희생자였죠. 모진 학대를 당했던 터라 저로서는 도저히 살릴 수가 없었습니다. … 이런 범죄가 없습니다!"

불행한 아이가 1795년에 병으로 쓰러졌을 때 망명 중이던 삼촌(루이 16세의 동생)이 그 자리를 이어받아 루이 18세가 되었다. 그러나 프랑스를 다스릴 운명은 나폴레옹 보나파르트Napoleon Bonaparte에게 맡겨졌다. 그는 퇴위한 부르봉가 사람들은 설 자리

가 없다는 뜻을 노골적으로 드러내면서 그들 왕족인 앙갱 공작
Duc d'Enghien을 납치하여 즉결 처형하라고 명령했다. 그럼에도 루이
18세는 때를 기다렸다. 무일푼으로 다른 왕국에 머물면서도 최선
을 다해 국왕의 위엄을 지켰다. 나폴레옹은 끝내 러시아의 침략에
휘청거렸고 결국 엘바섬으로 유배되었다.

루이 18세가 입헌 군주로서 나라를 통치하기 위해 1814년에 프
랑스로 귀환했을 때 부르봉가의 왕정복고는 확실해 보였다. 비대
한 몸에 통풍을 앓았던 루이 18세는 이듬해에 나폴레옹이 엘바섬
을 탈출하여 프랑스를 재공격했을 당시 잠깐 피신한 경우를 제외
하고는 1824년에 죽음을 맞이할 때까지 비교적 평화롭게 나라를
다스렸다(나폴레옹은 워털루 전투에서 패한 뒤 머나먼 세인트헬레나 섬에 종신
유배된다). 뒤이어 초왕당파인 그의 동생 샤를 10세가 왕위를 물려
받았다. 그 후 샤를 10세는 부르봉가를 완전히 망쳐버렸다.

어리석게도 새로운 왕은 루이 18세가 허용한 헌장을 폐지했고
선조들처럼 절대왕정을 고집했다. 프랑스 혁명의 교훈이 그에게
는 전혀 통하지 않는 것 같았다. 하지만 샤를 10세는 폭군의 목을
베는 데 거리낌 없는 민중이 또 다시 왕을 끌어내리기 위해 만반의
태세를 갖췄다는 사실을 혹독한 대가를 치르고서야 깨달았다. 그
러니까 **1830년 8월 2일**, 두 번째 혁명이 싹트는 가운데 부르봉가
의 마지막 직계 혈통이 자리에서 물러나야 했다.

1943년

3일

"노장의 전쟁 스트레스"
패튼 대장의 '과격한' 리더십

1943년 8월 3일, 당시는 제2차 세계대전의 발발로 시칠리아 섬을 맹렬히 침공하던 때였다. 조지 S. 패튼 대장이 야전 병원으로 성큼성큼 들어오다가 이병 찰스 컬Charles H. Kuhl을 발견했다. 그는 스툴에 구부정하게 앉아 있었는데, 병원에 있기에는 상태가 꽤 좋아 보였다. 패튼이 컬에게 어디를 다쳤는지 물었고, 컬은 어깨를 으쓱하며 다친 데는 없다고 말했다. 그러면서 "신경쇠약 증세가 있습니다. 더는 견딜 수 없을 것 같습니다"라고 덧붙였다. 진료기록부에는 "정신신경증으로 인한 불안 상태, 증세 약간 심각"으로 기록되어 있었다. 오늘날 '외상 후 스트레스 장애'라 일컫는 증상이었다. 백전노장인 패튼은 이 사실을 조금도 받아들이려 하지 않았다.

"패튼 대장은 바로 불같이 화를 냈다." 전기작가 마틴 블루멘슨Martin Blumenson은 이렇게 썼다. "컬에게 온갖 욕설을 퍼부으며 겁쟁이라 비난했고, 장갑으로 그의 뺨을 후려치더니 멱살을 잡아 야전 병원 천막 밖으로 끌어냈다." 화가 머리끝까지 난 패튼은 컬에게 당장 전선으로 가라고 명령했고, 이어서 다음과 같이 말했다. "내 말 알아들었나? 배알도 없는 자식. 전선으로 돌아가라고!"

그날 밤, 여전히 분을 삭이지 못한 패튼은 일기장에다 노여움을 쏟아냈다. "이 군대에서 여태껏 지켜본 병사 중에 가장 겁 많은 놈을 만났다. 중대는 그런 놈들을 처리해야 한다. 그자들이 본분을 게을리 한다면, 그러한 비겁한 행동에 대해 법의 심판을 받게 하고 사살해야 한다." 이틀 후 패튼은 이런 생각들을 제7군사령부의 공식 정책에 반영시켰다.

일주일이 지나 패튼은 병원을 방문했고, 마치 그의 매정함을 조롱이라도 하듯 그곳에서 또 한 명의 '꾀병 부리는 사병'을 만났다. 패튼이 바라던 바와는 달리, 이병 폴 베넷Paul G. Bennett은 '전쟁 피로'라는 병의 갖가지 증세에 시달려 전선에서 돌아온 상태였다. 패튼은 고열로 덜덜 떨고 있는 젊은 병사에게 다가가 어디가 아프냐고 물었다. "신경과민입니다." 베넷이 대답했다. "포격을 더는 견딜 수가 없습니다."

그때 패튼은 또다시 분노에 차 베넷의 얼굴을 후려갈겼다. "신경과민이라고? 제기랄!" 패튼이 고함을 질렀다. "넌 그냥 망할 겁쟁이야. 빌어먹을, 우는 소리 집어치워. 여기서 울고 자빠져 있는 겁쟁이를 살피다가 용감한 병사들이 총 맞게 두진 않을 거라고." 그러면서 패튼은 다시 뺨을 올려붙였고, 그 바람에 베넷의 철모가 풀썩 떨어지고 말았다.

"전선으로 돌아가. 총 맞고 죽는다 해도 싸워야지." 패튼은 계속해서 심한 말을 퍼부었다. "그렇지 않으면, 내가 널 벽에 세워 놓고 총살하겠어. 실은 내가 직접 총을 쏠 거야. 이 빌어먹을 겁쟁이 울보 새끼야." 그러고는 총을 위협적으로 꺼내 들었다. 병원장 도널드 커리어Donald E. Currier 대령이 즉시 그 둘을 떨어뜨려 놓았다. 패튼이 천막을 나가면서 군의관에게 베넷을 전선으로 돌려보내라고 고래고래 소리를 질렀다.

패튼의 상관인 드와이트 D. 아이젠하워 사령관은 따귀 사건을 듣고 충격을 받았고, 패튼에게 다음과 같이 썼다. "당신이 앞으로도 쓸모 있는 사람일지 강한 의구심이 들 정도로 당신의 높은 식견과 자제력에 대해 심각하게 의심할 수밖에 … 없습니다."

격렬하게 감정을 터뜨린 후 패튼은 울며 겨자 먹기로 자신이 학대했던 병사들에게 사과해야 했다. 이후 11개월 동안은 실제로 출전하지 못했다. 그런데도 컬 이병은 8월 3일에 일어난 사건에 대해 비교적 관대한 견해를 보였다. 그는 나중에 이렇게 말했다. "(패튼이) 상당히 지쳐 있었어요. 그도 전쟁 피로에 약간 시달리고 있었다고 생각해요."

4일

마릴린 먼로와 갈매기의 미스터리한 죽음

8월 4일에는 불가사의한 살인 사건이 많이 벌어졌다. **1962년 8월 4일**에 케네디가 마릴린 먼로를 살해했을까? 그 문제의 여인이 케네디 대통령과(어쩌면 그의 동생이자 법무장관과도) 저지른 불륜을 폭로할 수 없도록? 아니면 정말 자살이었을까? 흥미진진한 이야기는 또 있다. 뉴욕 양키스의 데이브 윈필드Dave Winfield는 토론토에서 열린 블루제이스와의 경기에서 갈매기를 고의로 죽였을까? 아니면 그저 불행한 사고였을까? 후자에 초점을 맞춰 보자.

때는 **1983년** 실안개가 낀 여름날 저녁이었다. 토론토에는 3만 6,000명 이상의 사람들(과 우익수와 중견수 사이에 자리 잡은 갈매기 한 마리)이 엑스포지션 스타디움Exposition Stadium에서 열리는 야구 경기를 보러 모여들었다. 5회 말이 시작될 무렵, 윈필드가 외야에서 던진 공이 빠른 속도로 느닷없이 날아 들어와 아무런 낌새도 못 느끼던 갈매기를 맞추고 말았다. 갈매기는 고꾸라져 몇 차례 움찔거리다가 숨을 거뒀다. 관중들이 갈매기를 죽인 양키스 선수에게 야유를 보내는 사이 공 줍는 소년이 등장해 갈매기 사체를 수건으로 감싸 쥔 뒤 구장 밖으로 치워버렸다(부검 결과 머리와 목에 심한 외상이 발견되었다). 양키스가 승리한 그 경기가 끝나자마자 스타 외야수는 범죄 혐의로 체포되었다. 그렇다면 윈필드는 유죄일까? 갈매기를 고의로 맞췄을까?

"증인의 말에 따르면 일부러 그랬던 것처럼 보였습니다." 당시 토론토 경찰서의 머레이 리Murray Lee 경장이 이렇게 말했다. 윈필드를 체포했던 콘스터블 웨인 하터리Constable Wayne Hartery 경사는 처음으로 사고를 목격한 사람으로, 마찬가지 이유에서 연행을 결심했다고 한다. 사고가 난 지 30년이 흘렀는데도 하터리는 2013년에 토론토《스타Star》에 밝힌 바와 같이 윈필드에게 과실이 있음을 굳게 믿고 있었다. "윈필드가 갈매기를 맞히려 했고, 그걸 노리고 있었다고 100퍼센트 확신합니다."

그럼에도 윈필드는 죽은 갈매기가 냉동고에 안치되어 있던 바로 그 경찰서에 한 시간가량 구금되었다가 보석금을 내고 풀려났다. 그리고 자신은 결백하다고 강경하게 주장했다. "저는 (좌익수) 돈 베일러Don Baylor가 던진 공을 받은 참이었고 … 몸을 돌려 배트보이한테 그걸 휙 던졌는데, 갈매기가 어쩌다 거기에 있다가 목을 맞은 겁니다"라고 기자들에게 말했다. "운이 없었어요. 하지만 그건 사고였습니다."

미심쩍게 여기는 일부 사람들은 그의 주장이 살인자가 말하는 수법에 딱 들어맞는다고 지적하곤 했다. 그렇지만 양키스의 매니저 빌리 마틴Billy Martin이 자신의 선수를 위해 어쩌면 가장 설득력 있는 변론을 내놓았다. "그가 일부러 갈매기를 맞혔다고들 하더군요. 만약 윈필드가 1년 내내 던진 공을 지켜봤다면 그런 말은 못할 겁니다. 컷오프맨cutoff man(외야와 내야 사이 송구 중계를 위해 자리를 잡은 야수-옮긴이)을 맞힌 건 그 날이 처음이었어요. 장담컨대 윈필드는 공을 수천 번 던질 수 있어도 새를 때려잡을 수는 없습니다."

그렇다. 지금도 세계적인 스타로 자리매김하는 죽은 여배우 한 사람과 기억 속에서 까맣게 잊힌 갈매기 한 마리는 영원히 **8월 4일**의 미스터리로 남아 있다.

2001년

5일

말도 안 되게 무능한 캐디

이해를 잘 못하는 사람들이 있다. 그런가 하면 구제불능으로 이해를 못하는 사람들도 있다. 프로 골프선수 이언 우즈넘Ian Woosnam의 캐디인 마일스 바이른Miles Byrne의 경우를 보자. 바이른은 **2001년** 로열 리덤Royal Lytham에서 열린 브리티시오픈에서 어처구니없는 실수를 저질렀다. 우즈넘은 1991년에 남자골프 세계랭킹 1위를 달성한 이후 수년째 내리막길을 걷고 있었다. 하지만 웨일스 출신의 체구가 작은 이 남자에게 한 번 더 행운이 깃드는 듯했다. 우즈넘의 티샷이 1번 홀에서 홀인원이 될 뻔했기 때문이다.

그때 생각지도 못한 일이 벌어졌다. "화가 많이 나실 거예요." 2번 홀 티샷을 할 때 캐디 바이른이 말했다. 알고 보니 우즈넘의 가방에 클럽 15개가 들어 있었고, 이는 최대 허용치보다 1개 더 많았다. 바이른이 연습 라운드가 끝난 후 깜박하고 여분의 클럽을 치우지 않았던 것이다. 바이른의 실수 때문에 잘하고 있던 골프 선수는 졸지에 2벌타를 받았고, 브리티시오픈에서 처음으로 타이틀을 거머쥘 기회와 함께 거액의 상금이 날아가 버렸다. 바이른이 예측했던 것처럼 우즈넘은 분통을 터뜨리며 문제가 된 그 클럽을 잔디 위로 내동댕이쳤고, 차마 책에 담지 못할 욕설을 캐디에게 퍼부었다. 그렇지만 놀랍게도 우즈넘은 그를 그 자리에서 해고하지는 않았다.

"바이른 생애 최대 실수일 겁니다." 우즈넘은 영국《데일리텔레

그래프Daily Telegraph》에서 이렇게 밝혔다. "다시는 그러지 않을 겁니다. 제가 들어가면 혼쭐날 테니까요. 그래도 그를 해고할 생각은 없습니다. 좋은 사람이에요. 바이른도 자신이 하는 일을 지켜봐야죠."

바이른은 기적처럼 잠시나마 구제되었다. 하지만 아무래도 그 뜻을 이해하지 못했나 보다. 2주 후 그는 직업상 가장 기본적인 규칙 하나를 어겼다. 아예 모습을 보이지 않았던 것이다. 바이른은 늦잠을 잔 나머지 **8월 5일**에 열린 스칸디나비아 마스터즈에서 라운드 출발시각이 다 되도록 티그라운드에 나타나지 않았다. 우즈넘의 경기용 신발을 꺼내기 위해 골프 클럽 관계자들은 선수를 도와 개인 물품 보관함을 억지로 열어야 했다. 잠 많은 캐디만 열쇠를 갖고 있었기 때문이다. 이제 바이른에게 자비란 없을 터였다. 우즈넘은 이렇게 말했다. "제가 기회를 줬잖아요. 한번 경고를 받은 셈이에요. 그것으로 끝입니다."

1945년

6일

두 번의 피폭을 겪은 남자, 93세까지 살다

야마구치 쓰토무山口彊가 겪은 쓰라린 경험은 관점에 따라 완전히 다르게 볼 수 있다. 역사상 가장 불운한 사람 아니면 억세게 운이 좋은 사람이었다. 당시 스물아홉 살이었던 야마구치는 미쓰비시 중공업의 엔지니어로, **1945년 8월 6일**에 일본 히로시마에 출장 중이었다. 바로 그때가 미국이 세계 최초로 원폭을 투하하여 도시를 불태운 날이었다. 야마구치는 폭심지에서 2마일 정도 떨어져 있었는데도 눈앞이 잠시 안 보이고 고막이 손상되었으며 상반신 전반에 끔찍한 화상을 입었다. 이튿날에는 더 심한 방사능에 노출됐는데, 집에 가는 길을 찾으려고 도심지로 향했기 때문이다. 그곳은 다름 아닌 나가사키였다.

핵폭발로 인한 대규모 참사가 야마구치를 거의 죽음으로 몰고 간 지 사흘 만에 그는 다시 업무에 복귀했다. 그런 다음 믿기 힘든 일이 일어났다. 야마구치가 상사에게 지난 며칠간의 사건에 대해 말하는 동안 두 번째 원폭이 나가사키에 떨어졌다. 7만 명이 죽고 도시가 완전히 폐허가 되었다. 나가사키 시장의 말에 따르면 "벌레 소리조차도 들리지 않았다". 야마구치와 그의 상사가 대화를 나누던 그 순간, 어딘가 익숙하면서 눈이 부신 불빛이 갑자기 사무실을 가득 메웠다. "버섯구름이 히로시마에서 절 따라온 줄 알았습니다." 시간이 흘러 야마구치는 영국의《인디펜던트 Independent》에서

두 번의 피폭에서 살아남은 유일한 남자, 야마구치 쓰토무.

이렇게 밝혔다. 놀랍게도 그는 다시 살아남았다. 비록 고통이 가시지 않았지만 말이다.

"피부 상처 때문에 오랫동안 붕대를 감고 있었고, 완전히 대머리가 되셨어요." 야마구치의 딸 토시코가《인디펜던트》에 다음과 같이 언급했다. "어머니도 검은 비(원폭이 두 차례 투하된 뒤 내린 방사능 비)에 흠뻑 젖었고 방사능에 중독되었습니다." 그럼에도 야마구치는 93세까지, 그의 아내는 88세까지 살았다.

1974년

7일

꼴불견으로 전락한 닉슨 대통령

하루를 골라보라. 아무 날이라도 상관없다. 아마 그 날이 리처드 닉슨에게는 운수 나쁜 날일 것이다. "더는 닉슨을 막 대할 수 없을 겁니다." 1962년 캘리포니아 주지사 선거에 실패한 후 분개한 이 정치인은 언론에다 이렇게 선포했다. 훗날 37대 미국 대통령이 된 닉슨은 여전히 공격 세례를 받았고, 스스로 만들어낸 악마로부터 괴롭힘을 당하기 일쑤였다. 그리고 사악한 외부 세력이 자신을 망치려 든다는 확신을 품고 있어서 더 자주 시달림을 겪었다. 한번은 케네스 크로퍼드Kenneth Crawford 기자가 "닉슨 대통령에게는 살아 있는 적이 너무 많아서 그 자신은 최악의 적 축에도 끼지 못할 것이다"라고 썼다. 음울하고 피해망상적인 대통령을 끊임없이 비참하게 만드는 사람들과 그들에게 중얼거리는 닉슨의 육성을 들어보자.

- **아이비리그 출신 대통령들**: "그런 개자식들은 백악관에 다시는 들여놓지 않을 거야. 절대, 절대, 절대로!"
- **내각**: "빌어먹을 겁쟁이들……. 죄다 진절머리가 나!"
- **흑인**: "복지 혜택에 빌붙은 하찮은 검둥이 새끼들."
- **동성애자**: "호모!" "샌프란시스코 출신의 사람이라면, 누구와도 악수할 수가 없다."

- **미디어**: "언론은 적이라는 사실을 절대 잊지 마라. 언론은 적이다…… 칠판에 100번 써 두어라."
- **테드 케네디**: "그가 총에 맞는다면, 것 참 안 된 일이겠지."
- **대법원**: "있잖나, 우리가 저기 올려놓은 저 광대들 말이야. 저 치들보다 더 오래 살고 싶어."
- 《**워싱턴포스트**》 발행인 캐서린 그레이엄: "고약한 늙은 할망구."
- **국무부**: "무슨 얼어 죽을 국가! 국가가 항상 흑인들 편이라니. 지옥이나 가라."
- **연방수사국 부국장 마크 펠트, 나중에 '내부 고발자'로 드러남**: "그가 배신자라는 사실은 누구나 알고 있다. 그러니 그를 주의 깊게 살필 것."
- 《**뉴욕타임스**》: "그 빌어먹을 신문하고 싸울 것이다. 어떤 타격을 입을지 지금 그쪽은 모른다."
- **적 중에 가장 치명적인 적, '빌어먹을 유대인'**: "유대인 일당은 날 짜증나게 해." "유대인은 반종교적이고 무신론자인 데다 부도덕한 놈들이야." "대체 예수는 유대인하고 무슨 상관이야." "유대인들이 정부 부처 곳곳에 깔렸어." "유대인 대다수는 충직하지가 않아." "대체로 그놈들을 믿을 수가 없어. 갑자기 덤벼들거든."

1971년 2월, 대통령이 내뱉은 온갖 비방의 말들이 자신이 사무실에 설치한 녹음테이프에 고스란히 담겼다. 그뿐 아니라 숱하게

저지른 비열한 소행도 드러났다. 워터게이트 건물 내 민주당 본부를 침입했던 것을 덮으려고 한 혐의도 여기에 포함되었다. 워터게이트 수사 중에 결정적인 증거가 된 녹음테이프가 발견되면서 그나마 의회에 남아 있던 닉슨 지지자들도 사라졌고, 결국 닉슨 생애 최악의 날이 되고 말았다.

닉슨 대통령은 퇴임하지 않겠다고 단언했지만 **1974년 8월 7일**에 재판에 회부되는 것 말고는 달리 선택의 여지가 없었고 중죄가 거의 확실시 되었다. 닉슨은 눈물짓는 가족들에게 이 사실을 알린 뒤(가족에게도 자신의 과실을 계속 감추어왔다) 백악관에서 가장 좋아하는 장소인 링컨시팅룸으로 갔다. 그런 다음 국무장관 헨리 키신저 Henry Kissinger를 불렀다.

"역사는 동시대인들보다 날 더 대우해줄까?" 술에 취해 마음이 심란해진 닉슨이 국무장관에게 물었다. 닉슨은 유대인인 키신저에게 무릎을 꿇고 기도해 달라고 청했다. 그러고는 자신도 무릎을 꿇은 채 울기 시작했다. "내가 뭘 한 거지? 무슨 일이 일어난 걸까?" 그는 이렇게 한탄했다. 술에 잔뜩 취해 무너져 버린 대통령 앞에 있던 키신저는 하는 수 없이 최선을 다해 닉슨을 달랬고, 괴로운 마음에 바닥에 몸을 웅크렸다.

다음날 리처드 닉슨은 사의를 표명했다. 사임한 대통령은 그가 유일했다. 이후 닉슨은 《워싱턴포스트》의 밥 우드워드Bob Woodward 기자가 "역사와 대단히 공격적으로 싸우고 있다. 워터게이트 사건의 오점과 기억을 지우려는 시도다"라고 언급한 바로 그 일에 20년을 바친다. 그렇지만 백악관 녹음테이프가 닉슨이 어떤 사람인지 계속해서 알려주므로 분명 먼 미래에도 역사는 닉슨을 함부로 대할 것이다.

1588년

8일

전쟁에서 신이 다른 편을 든다면

신은 에스파냐 출신의 열렬한 가톨릭교도로서 이단자들을 불태우는 냄새를 즐기고 잉글랜드 여왕을 곁들여 맛 좋은 소고기를 즐기는 게 틀림없다. 아니, 적어도 펠리페 2세는 그렇게 믿었다. 수백 년에 걸쳐 숱한 군주가 그랬듯이 펠리페 2세도 자신이 신의 뜻을 전하는 실체라고 확신했다. 그는 군사령관에게 "자네는 신과 짐을 위해 봉사하는 것이니라. 다시 말해 신은 곧 나다"라고 말한 적도 있었다. 하지만 **1588년 8월 8일**, 엄청난 해전을 치르면서 펠리페의 그러한 생각은 시험대에 올랐다.

신과 펠리페는 개신교도인 잉글랜드 여왕의 간계에 빠져 난처해졌다. 잉글랜드 여왕은 엘리자베스 1세로, 이전에 펠리페의 처제였다(펠리페 2세는 엘리자베스의 이복언니와 결혼한 적이 있었는데, 그녀는 '피의 메리 여왕'이라 알려진 가톨릭 군주였다).

엘리자베스 1세는 눈짓으로 에스파냐 배를 강탈하는 데 암묵적으로 동의했다. 배 안에는 펠리페가 광활한 신세계 영토에서 갈취한 보물이 가득했다. 그런 배를 약탈하는 데에는 특히 엘리자베스가 어마어마한 돈을 한몫 챙길 수 있다는 구실도 있었다. 그뿐만 아니라 엘리자베스는 에스파냐령 네덜란드의 개신교 반란군에게 군사 지원도 베풀었다. 그러나 무엇보다 고약한 점은 영국 여왕 본인이 이단자라는 사실이었다. 헨리 8세와 두 번째 부인 앤 불린의 부정한 관계에서 태어난 엘리자베스 1세는 당시 교황으로부터 나라를 통치하기에 적합하지 않은 인물이라는 평을 받기도 했다. 펠리페라는 전지전능한 신은 잉글랜드 이세벨(부정한 여자)을 세상에서 없애기 위해 침략을 감행하기로 했다.

"이번 침략을 꼭 완수하고 싶다." 펠리페는 이렇게 선언했다. "짐이 진심으로 애착을 느끼고 있고, 우리 그리스도께서 이번 계획을 당신의 뜻으로 받아들이실 것이기에 나로서도 단념할 수 없다. 달리 받아들이거나 생각할 수가 없다."

1587년 2월, 엘리자베스는 가톨릭교도들이 잉글랜드 통치자로 적합하다고 여겼던 스코틀랜드 여왕 메리를 처형하라는 명령을 내렸다(2월 8일 참고). 이는 펠리페가 잉글랜드에 대항하는 성전에 임하는 데 신선한 자극이 되었다.

메디나 시도니아 공작Duke of Medina Sidonia은 펠리페가 주도하는 이른바 잉글랜드 정벌 계획에 낙관적이지 않았다. "제 건강 상태로는 그런 항해를 감당할 수 없습니다. … 바다에서의 짧은 경험으로 보건대 저는 언제나 뱃멀미를 하고 감기에 걸렸습니다. … 전투 경험도 시원찮아서 그토록 중요한 정벌 계획을 제가 지휘해야 한다고 생각하지 않습니다."

신의 가호가 있었기에 펠리페는 그를 이렇게 안심시켰다. "주 그리스도의 손에 달린 일이오. 주께서 보우하실 겁니다." 1588년 5월 말, 새로 합병된 포르투갈에서 에스파냐의 무적함대가 출항했다. 배 130척(그리고 많은 사제)과 족히 3만 명은 될 법한 병사와 선원들이 잉글랜드를 향해 돛을 올렸다. 한 병사가 교황 사절에게 적군이 만만치 않다고 전했다. "적들은 우리보다 빠른 배를 갖고 있습니다. 장거리포도 훨씬 더 많고요. 우리만큼이나 자기네 강점을 잘 알고 있습니다. (그들은) 절대 가까이 다가오지 않을 겁니다. 접근하지 않고도 컬버린포(대포의 일종)로 우리를 박살 낼 수 있어요. 자신들은 하나도 피해를 당하지 않고 말이지요. 그러니 기적이 일어나기를 희망하면서 꿋꿋이 잉글랜드로 항해해야 합니다."

그러나 그런 기적은 기어이 일어나지 않았다. 결말이 나지 않는 접전을 몇 차례 한 끝에 펠리페의 신성한 임무는 **8월 8일**에 종지부를 찍게 되었다. 에스파냐의 무적함대가 그라블린의 작은 플랑드르 항에 정박하여 파르마 공작의 지상군을 기다리던 중이었다. 잉글랜드군의 총탄이 에스파냐 함대로 사정없이 날아들었고, 불타오른 배들이 나타나자 무적함대는 공포에 사로잡혀 허둥지둥 닻을 올렸다. 정벌 실패는 궁극적으로 잉글랜드 함대에 의한 것이라기보다는 신의 섭리였다고밖에 설명할 수 없었다.

강력한 '개신교의 바람'이 불어 에스파냐 함대는 저 멀리 북해로 흩어졌고, 스코틀랜드 주변과 아일랜드 서부 연안을 따라 에스파냐로 돌아오려 했을 때는 극심한 폭풍이 몰아쳐 남아 있던 함대마저도 대부분 초토화되고 말았다. 펠리페 2세가 개종했더라면 어땠을까? 잉글랜드도 그런 생각을 했었는지, 전승기념 훈장에 이런 글귀를 남겨두었다.

"신이 입김을 불자 그들은 흩어졌다."

1964년

9일

린든 존슨 대통령의 까다로운 바지 주문

1964년 8월 9일, 린든 B. 존슨 대통령은 높은 공직에 있다는 특권으로 해거Haggar사 사장에게 맞춤형 바지를 직접 주문했다. 유감스럽게도 조 해거와 대통령이 나눈 대화가 후세에 기록되었다. 대화에서 느껴지는 위풍당당함을 보자면, 게티즈버그 연설에 살짝 못 미치는 정도다.

자신의 허리둘레와 주머니 깊이를 자세히 알려주고 나서 존슨은 이렇게 덧붙였다. "자, 한 가지 더 있습니다. 가랑이 부분, 그러니까 고환이 달린 곳 말이오. 거기가 항상 좀 낍니다. 바지를 만들 때 1인치를 늘려서 널널하게 해 주십시오. 음, 긁혀서 그래요. 꼭 철조망을 타는 느낌이라니까요." 건강한 대통령다운 푸념을 늘어놓으며 존슨은 계속해서 이렇게 말했다. "지퍼가 끝나는 곳, 바로 그 밑에서 항문까지 1인치 정도 남기는지 두고 보겠습니다."

운 좋게도, 백악관 기록은 오디오로만 녹음되어 있었기 때문에 존슨 대통령이 화장실에 앉아 자신의 기호를 장황하게 늘어놓거나 의견을 분명히 밝히려고 은밀한 부분을 흔드는 장면은 역사 속에서 피할 수 있었다.

1628년

10일

육지에서만 빛을 본 바사 전함의 영광

17세기 초에 전쟁과 정복을 일삼은 구스타브 2세 아돌프 왕은 보잘것없던 스웨덴을 유럽 강국으로 만들었다. 이제 그는 스웨덴의 영광과 세력을 반영한 군함이 필요했다. 여태껏 만들어진 배 중에 가장 크고 인상적인 군함을 마련하고 싶었다. 최초의 초강력 전함인 바사Vasa를 만들기로 계획한 왕은 배를 건조하는 데 비용을 아끼지 않았다. 유감스럽게도 그는 거침없이 자신의 의견을 피력하고 설명을 거들었다. 왕은 어떤 배를 원하는지 정확히 알고 있었다. 그 덕분에 엄청나게 으리으리한 배를 만들 수 있었지만 항해에는 부적합했다.

장식이 화려한 데다 역사상 어느 배보다도 화력이 센 대포를 실은 바사는 1628년에 산들바람이 살랑살랑 불고 날씨가 좋았던 8월 10일 처음으로 공개되었다. 당시에 수천 명의 사람이 바사의 처녀항해를 보려고 몰려들었다. 그런데 상부가 무거운 이 배는 스톡홀름 항을 떠나자마자 바람 한 자락에 뒤집어지고 말았다. 바사는 순식간에 가라앉았고 왕의 자부심 또한 사그라졌다. 해안에서 1해리도 못 미치는 곳에서 30~50여 명의 선원이 익사했다. 몇 분 동안바다를 지배했던 거대한 배는 물속으로 가라앉아 약 400년간 잊혀있다가 1961년이 되어서야 비로소 발견되었다. 바사는 이제 영광을 되찾았다. 다만 육지에서만 무사할 뿐이다.

1492년

11일

타락한 교황의 알렉산더 대왕 흉내 내기

로드리고 보르자Rodrigo Borgia는 황홀했다. 경합이 치열한 선거를 앞두고 동료 추기경들에게 거액의 뇌물을 바쳤고, 그 결과 **1492년 8월 11일**에 성 베드로 성좌에 올랐다. 새 교황은 알렉산더 대왕의 이름을 본 따 '알렉산데르 6세'라 칭해졌고, 고위직에 따르는 상당한 권력과 부를 탐욕스러운 손으로 모두 움켜쥐었다. 당연히 교황은 정부情婦, 사생아(훗날 그중 한 명은 스무 살이 되기도 전에 교황이 된다)와 함께 대관식을 열고 마음껏 축배를 들었다. 고대 황제 시절 이후 그토록 방종하고 속물적인 예식은 로마에서 찾아볼 수 없었다. 화려한 대관식 행렬에서 새 교황은 다음과 같은 글이 새겨진 개선문 아래를 지나갔다. "로마는 카이사르 재위 시기에 강력했고, 알렉산더 대왕 재위 시기에 더 강력했다. 전자는 인간이고, 후자는 신이기 때문이다." 온 세상이 보르자의 차지였다. 가격이 터무니없이 비싸다 해도 원하는 물건이 있으면 손에 넣었다. 당시에 "알렉산더는 천국의 열쇠, 제단, 예수 그리스도를 판다"라는 경구가 곳곳에 퍼져 있었다. "직접 매수했으니 그에게는 그럴 권리가 있다."

2009년

12일

단체로 루게릭병에 걸렸다는 소식

이보다 더 나쁜 소식은 없을 터였다. 1,000명이 넘는 걸프전 부상 병사들은 국가보훈처가 보낸 **2009년 8월 12일**자 편지를 통해 자신들이 소위 루게릭병이라는 근위축성 측색경화증에 걸렸다는 통보를 받았다. 이 병에 걸리면 심신이 쇠약해지고 여지없이 치명적인 신경질환을 앓는다. 그들은 반신반의하며 괴로워하는 나날을 보냈고 몇몇은 완전히 공황 상태에 빠져 지냈다. 그러던 중 이 진단이 코딩 문제로 인한 오진이었다는 소식을 듣게 되었다. "얼마나 강렬한 감정이었는지 이루 말할 수가 없습니다." 노스캐롤라이나주 핸더슨 출신의, 두 아이의 아빠이자 전 육군 병장 사무엘 하그로브 Samuel Hargrove가 대혼란을 겪은 직후 AP 통신사에 이렇게 밝혔다. "그 소식을 듣고 가족에게 어떻게 다가가야 할지 모르겠더군요."

13일

이게 바로 D⁻를 준 대가야!

자신이 가르치던 학생들에게 가혹한 찔림을 당하는 성 카시아노.

교사 대부분은 무례하고 제멋대로 구는 아이들이 교실에 바글바글한 것을 싫어한다. 애석하게도 성 카시아노Cassian of Imola는 4세기에 유난히 골치 아픈 학생들을 만났다. 그리스도인이자 이제 막 성인聖人이 된 카시아노는 황제의 명령에 따라 로마 신에게 제물을 바치기를 거부했다. 이에 대한 벌로 그는 자기 학생들에게 맡겨졌다. **363년 8월 13일**, 학생들은 신이 나서 그를 장대에 묶은 다음 필기도구로 찔러 죽였다.

1779년

14일

애국자 폴 리비어가 겁쟁이라고 욕을 먹은 사연

애국심에 관해서라면, 미국인 중에서 폴 리비어Paul Revere보다 빛나는 명성을 누린 이도 없을 것이다. 비록 헨리 워즈워스 롱펠로 Henry Wadsworth Longfellow가 〈미드나이트 라이드Midnight Ride〉라는 시에서 약간 윤색했기 때문에 명성을 얻은 것이지만 말이다. 그러나 격변하는 삶의 후반기에 이르렀을 때 그는 그런 낭만적인 명예를 누리지 못했다. 리비어는 1779년에 근무를 게을리하는 겁쟁이라는 이유로 망신거리 신세가 되어 가택 연금되었다.

리비어가 부정한 일을 했다는 주장은 미국 독립전쟁 때 수행되었던 가장 참담한 군사작전에서 제기되었다. 1779년 6월, 영국군은 메인주 페놉스코트만에 위치한 반도를 차지했다. 영국의 보호 하에 국왕파의 식민지를 세우고, 뉴잉글랜드를 공격하기 위한 기지로 삼으려는 의도였다. 당시 메인주를 관할하던 매사추세츠는 영국군의 공격에 직면하자, 적을 격퇴하기 위해 해상원정대를 배치하기로 했다.

어마어마한 미국 함대가 7월 25일에 페놉스코트만으로 항해했을 때 그 모습은 실로 가공할 만한 것으로, 영국군보다 무기도 많고 병사 수도 많았다. 미완성 요새를 지키고 있던 영국군은 패배가 불가피하다고 생각했다. 그럼에도 미국은 영국과 어떻게 대항할지를 두고 우왕좌왕했고 의견 차이가 심했기 때문에 전투 초반에 우위를 차지했던 기회를 날려버렸다.

　포병대장이었던 리비어 중령은 8월 13일에 영국 지원군 배 5척이 도착했다고 일기장에 적었다. 그리고 **8월 14일** 굴욕적인 퇴각 명령이 내려졌다. 제대로 훈련받지 않은 식민지 민병대들은 꽁무니를 빼고 달아났고, 대부분의 함대는 진주만 공격 이전 사상 최악의 해상 참사를 맞이하며 전멸했다.

　리비어는 패전 후 책임 공방의 직격탄을 맞았다. 힐난이 난무하는 가운데 한 사령관은 리비어가 규율을 어긴 데다 군대를 버리고 도망갔다고 질책했다. 1779년 9월 6일, 리비어는 체포되었고 군에서 해고당했으며 자택에 격리되었다. 안타깝게도, 리비어는 군법 회의에 회부되지 않았다. 그는 군법 회의야말로 자신의 더럽혀진 명예를 회복할 수 있는 유일한 방법이라 생각했다. "재판장님께 간청합니다. 마땅한 때에 제 행동에 대한 엄밀한 수사가 이뤄지길 바랍니다. 저를 고소한 사람들을 대면할 수 있게 해 주십시오"라고 써서 9월 9일에 매사추세츠 의회에 보냈다. "저에 대한 찬반양론이 많지만, 저는 목숨보다도 제 명예가 더 소중하다는 점을 알아주십시오."

　리비어는 "악의를 품은 원수들이 지어낸 온갖 악평"에 시달렸지만, 2년 반이 흐른 뒤 끝내 정식 재판을 받았다. 그는 모든 혐의에서 벗어나긴 했으나 롱펠로의 시에 인용되어 페놉스코트 참사 이후 80년에 걸쳐 언급되면서 변함없는 미국의 전설로 남았다.

1434년

15일

'무고한 어린이를 위한 예배당'을 세운 아동 학살범

백년전쟁 동안 잔 다르크의 전우로 칭송받던 질 드 레Gilles de Rais
는 전장에서 은퇴한 후 다른 데 흥미를 느꼈다. 꼭 집어서 말하자
면, 아동 성추행과 살인이었다. 100여 명의 어린아이들이 그의 손
에 붙잡히고 학대받았으며 온갖 잔인한 방법으로 살해되었다.

지독한 행동을 벌인 데 대해 어떻게든 속죄하려고 그랬는지 질
은 아동에게 헌정하고자 성당 같은 웅장한 건축물을 짓는 데 기금
을 댔다. 역설적이게도 건물의 이름은 '무고한 어린이를 위한 예
배당Chapel of the Holy Innocents'이었다. 이 예배당은 **1434년 8월 15일**
에 봉헌되었고, 여기에 비용을 쏟아부었던 질은 푸아티에 생 틸레
르 성인 명부Canon of Saint-Hilaire de Poitiers에 자신을 추대했다.

"휴대용 촛대와 제단용 촛대, 향로, 십자가, 성배 … 이 모든 것
이 순금과 순은으로 만들어졌습니다." 그의 가족이 상속자 비망록
Memoire des Heriters에서 이렇게 회고했다. "귀한 석조로 아름답게 조
각했으며 반짝이는 에나멜을 박아 넣었습니다."

그러나 질이 정말로 돈을 쏟아부은 분야는 따로 있었다. 바로 예
배당에 천사 같은 목소리를 가진 소년 성가대를 유치하는 것이었
다. "음악이 질을 기쁘게 했습니다." 전기작가 레너드 울프Leonard
Wolf는 이렇게 썼다. "노래를 부르든, 고통에 찬 소리든 소년들의
목소리로 이루어진 음악이 특히 그랬습니다."

1962년

16일

피트 베스트, 몰락한 또 다른 비틀

비틀스는 수년간 작고 우중충한 클럽에서 공연을 하면서 주요 음반사의 숱한 거절에 낙담하다가 1962년 여름 무렵 갑작스레 음악사에 자리매김하게 되었다(데카 레코드 Decca Records 가 비틀스를 퇴짜 놓은 것은 이제 유명한 일화다. "우리는 너희 남자애들 사운드를 좋아하지 않아. … 밴드는 끝났어. 기타 치는 4인조 밴드는 더더욱 끝났지").

그렇지만 드러머 피트 베스트 Pete Best 는 그 자리에 없었다. 베스트는 같은 해 8월 16일에 이제 곧 전설적인 4인조 밴드가 될 이들로부터 가차 없이 해고당했고, 얼마 지나지 않아 링고 스타 Ringo Starr 가 그의 자리를 차지하게 되었다. "그 친구들이 네가 밴드에 남아 있는 걸 더는 원치 않아." 운명적인 날에 베스트가 들었던 말은 이게 전부였다고 한다.

훗날 비틀스의 프로듀서 조지 마틴 George Martin 은 비틀스가 첫 싱글 앨범 녹음을 준비할 때 베스트를 우발적으로 해고하는 데 관여했다고 인정했다. "드럼은 훌륭한 록 그룹의 중추 역할을 하는데, 베스트의 드럼 실력은 밴드를 충분히 받쳐주지 않는다고 생각했습니다"라고 마틴은 회상했다. 그러면서 그는 새 드러머를 스튜디오에 들일 것을 제안했다.

비틀스의 매니저 브라이언 엡스타인 Brian Epstein 은 "밴드의 개성을 형성해가던 시기여서 비틀스의 멤버 변경에 개의치 않았다. …

예전 모습의 비틀스에서 탈피하라고 주문했다"라고 자서전에 썼다. 그런데 알고 보니 나머지 밴드 멤버들은 드러머를 내보낼 만반의 준비가 되어 있었다.

비틀스가 성공하려고 고군분투할 때 베스트도 똑같이 애쓰긴 했지만, 측근에 따르면 베스트는 비틀스의 진짜 일원이 아니었다. 존 레논, 폴 매카트니, 조지 해리슨은 비슷한 감성과 유머를 공유했으나, 베스트는 마약이라든가 나머지 멤버들이 즐기는 괴상한 짓거리에서 한발 물러나 있었다. 그래서 드러머의 음악 재능을 문제 삼았을 때 다른 멤버들은 서슴없이 그를 쫓아냈다.

"그건 아주 프로다운 결정이었습니다." 시간이 흐른 뒤 매카트니는 이렇게 말했다. 그렇지만 비틀스 멤버들은 그 당시 문제를 처리한 방법에 대해서는 유감의 뜻을 나타냈다. 특히 레논은 다음과 같이 말했다. "베스트를 자를 때 우리는 비겁했습니다. 브라이언한테 해고하라고 했거든요."

홀대받던 전 멤버는 비틀스의 성공 가도를 지켜보며 견딜 수 없이 고통스러워했다. 적어도 한동안은 그랬다. 베스트는 해고당한 직후에 자살을 시도했지만, 결국에는 그때의 경험을 달관하게 되었다. "제가 막되고 비뚤어졌으리라 생각한 사람도 있어요. 하지만 사실 그렇지 않습니다. 전 운이 좋은 것 같습니다." 그는 2007년에 영국 《데일리메일》에서 이렇게 밝혔다. "신은 비틀스가 짊어진 중압감과 스트레스를 알고 있겠죠. 비틀스는 공공재가 되었어요. 존은 그 대가로 목숨을 잃었고요."

1661년

17일

"어디까지 오르지 못할까?"
태양왕의 노여움을 산 다람쥐

니콜라 푸케Nicolas Fouquet는 태양왕 루이 14세를 능가하려는 것은 결코 좋은 생각이 아니었음을 어렵사리 깨달았다. 루이 14세가 성년이 될 때까지 실질적으로 프랑스를 통치했던 마자랭Mazarin 추기경의 비호 아래 푸케는 고위직에 올랐고 종국에는 재무장관이 되었다. 이 자리에서는 막대한 부를 쌓을 수 있었는데, 마자랭 치세에는 정도가 특히 더 심했다. 부정 이득과 계급 특권, 그리고 왕국의 재정 관리 사이의 경계가 모호하기 짝이 없었다. 스페인에 대항하는 데 드는 전쟁 자금과 여타 국비에 마자랭이 책정하는 돈은 물론이거니와 추기경 개인의 사치품을 구비하는 데 드는 돈까지 척척 마련하는 등 푸케는 수완이 뛰어났다. 야심만만한 재무장관은 이 과정에서 상당한 재산을 모았고, 할 수만 있다면 자신의 위상을 가장 화려하게 과시하고 싶었다.

푸케는 그 꿈을 이루기 위해 웅장한 바로크식 성을 파리 외곽에 짓기로 했다. 프랑스에서는 한 번도 본 적이 없는 성이었다. 설계와 건축, 장식에 돈을 아끼지 않음으로써 자신의 원대한 뜻을 증명해 보였고, 건물에다가 '보 르 비콩트Vaux-le-Vicomte'라는 이름을 붙였다. 호화롭게 꾸민 방마다 한 가지 모티프가 일관적으로 나타났다. 그것은 푸케 가문의 문장紋章으로, 나뭇잎 사이를 높이 기어

오르는 다람쥐 그림과 함께 다음과 같은 문구가 덧붙여져 있었다. "어디까지 오르지 못할까? Quo non ascendet?" 루이 14세도 그 점이 궁금하긴 마찬가지였다.

1661년 8월 17일, 재무장관은 보 르 비콩트의 완공을 기념하는 행사에 왕을 초대했다. 성대한 파티답게 은 접시에 담긴 진수성찬이 차려졌고, 정성 들여 조성한 야외 정원에서는 몰리에르(2월 17일 참고)가 처음으로 새로운 곡을 연주했다. 그날 저녁은 휘황찬란한 폭죽으로 마무리되었다. 폭죽이 펑펑 터지면서 성의 커다란 돔이 반짝이는 불꽃에 휩싸이는 듯했다.

푸케가 이렇게 보란 듯이 자랑한 이유는 왕에게 좋은 인상을 주어 총리직 같은 더 높은 자리에 오르기 위함이었다. 그러나 루이 14세는 알고 보니 사실 파티 분위기를 깨는 사람이었다. 그는 푸케의 성대한 파티를 보고 분노에 차올랐고(그럼에도 이를 계기로 자신의 베르사유궁을 푸케보다 더 호화롭게 꾸몄다), 재무장관이 나랏돈을 훔쳐 자신의 배를 불렸다는 의혹을 확인했다. 더 높은 곳을 향해 오르는 다람쥐는 결국 우리에 영영 갇히고 말았다.

"국왕께서 이 세상 누구보다 저를 가장 높이 평가하신다고 생각했습니다." 급작스럽게 체포된 뒤 푸케는 망연자실하여 이렇게 한탄했다. 푸케의 급격한 추락에 대해 볼테르는 다음과 같이 비꼬았다. "8월 17일 저녁 6시에 푸케는 프랑스의 왕이었다. 새벽 2시가 되자 그는 별 볼 일 없는 사람이 되었다."

18일

사제가 악마와 계약하다

1644년 8월 18일, 위르뱅 그랑디에Urbain Grandier라는 프랑스 사제가 마법을 부린다는 이유로 화형에 처해졌다. 그러나 이 사건은 광적인 신앙에서 보이는 전형적인 사례와는 거리가 멀었다. 게다가 당대 최고 권력자인 리슐리외 추기경Cardinal Richelieu이 거침없이 입을 놀리는 사제에게 앙갚음한 사건과도 관련이 없었다. 알고 보니 위르뱅 그랑디에는 정말로 악마 무리와 한 통속이었다. 당국은 그랑디에 사제가 루시퍼를 비롯해 그의 일당들과 맺은 실제 계약서에서 증거를 찾았다. 서명이 되어 있고 공증까지 받은 계약서는 그랑디에의 재판에 제출되었다(현재 프랑스 국립도서관에 보관되어 있다). 내용은 다음과 같다.

"우리 위대한 루시퍼는 사탄, 베엘제붑, 리바이어던, 엘리미, 아스타로트, 그 밖의 다른 악마들의 명을 받들어 오늘 우리 위르뱅 그랑디에의 계약서를 받아들이노라. 우리는 그랑디에에게 여인들의 사랑, 꽃다운 처녀, 수녀들의 순결, 군주의 존경, 명예, 욕망, 권력을 제공할 것을 약속한다. 그랑디에는 3일 동안 매춘을 할 것이고, 도취는 그에게 중요하다. 그랑디에는 1년에 한 번씩 혈판을 제공하고, 교회의 신성한 물건들을 발로 짓밟고, 우리에게 여러 질문을 할 것이다. 이 계약서로 그랑디에는 20년을 지구상에서 행복하게 살며, 후일에 우리에게 합류하여 신을 배반할 것이다."

1692년

19일

주기도문을 완벽하게 외우는 악마

위르뱅 그랑디에와 사악한 계약을 한(8월 18일 참고) 루시퍼와 그 일당은 예의 수법을 다시 꾸미며 뉴잉글랜드의 조지 버로스George Burroughs라는 청교도 목사와 손을 잡았다. 매사추세츠주 세일럼의 영악한 권위자로 알려진 버로스는 단순히 사탄의 하수인이 아니었다. 오히려 악의 근원이었다. 이 사실은 버로스의 환영이 자신 앞에 나타났다 주장하는 세일럼의 10대 소녀로부터 확인되었다. "버로스는 마녀보다 한 수 위다. 그는 마법사이니라."

버로스 목사는 10년 전 급여 논란이 있던 중에 세일럼을 떠났다가 웰스(현재 메인주에 있다)에서 체포되었는데, 사람들에게 선행을 베풀었다는 허위 주장을 했다는 증거가 재판에 제출되면서 그가 악령의 힘과 타락한 권력에 빠져 있다는 사실이 밝혀졌다. 판결은 당연히 사형이었다. 그러나 교수대에서 문제가 발생했다.

버로스의 목에 올가미를 채우자, 그는 결백하다고 큰 목소리로 외쳤고 공포심에 사로잡혀 주기도문을 완벽하게 외웠다. 그 광경을 목격한 사람들은 동요하기 시작했다. 죄가 없는 사람이 최고형을 받게 되었나? 존경받는 코튼 매더Cotton Mather 목사가 재빨리 사람들의 우려를 잠재웠다. "악마는 종종 빛의 천사로 위장하기도 합니다." 그 덕분에 **1692년 8월 19일**, 세일럼의 악마 우두머리 조지 버로스는 곧장 지옥으로 갔다.

20일

"참담한 체코"
소련이 무자비하게 끝낸 프라하의 봄

1968년, 자유화 기운이 체코슬로바키아 공산당을 휩쓸었고 그 시기가 이른바 프라하의 봄이었다. 한때 꼼짝없이 소련의 영향권에서 억압받던 사람들은 개혁파 알렉산데르 둡체크Alexander Dubček가 집권하면서 새로 찾은 자유를 만끽했다. 그러나 그 해 늦여름에 소비에트라는 곰은 포악한 발을 들어 둡체크가 추구한 '인간의 얼굴을 한 사회주의'를 후려쳤고, 그 바람에 둡체크의 목표는 갈기갈기 찢기고 말았다.

1968년 8월 20일 밤, 소련은 급작스럽고도 신속하고 과감하게 체코슬로바키아를 침략했다. 제2차 세계대전 이후 최대 병력이 배치되었다. 저항하는 것은 소용없었고, 온 세계가 방관하는 동안 탱크의 엄호 하에 전제주의가 부활했다. "러시아의 침략을 예견할 수정 구슬을 갖고 있지 않았던 것이 문제였죠"라고 둡체크는 회상했다. "사실 1월 1일(체코 공산당의 제1인자가 되기 며칠 전)과 8월 20일 사이에 그런 일이 일어나리라고는 전혀 생각하지 않았습니다."

1745년

21일

예카테리나 대제, 남편 표트르를 쫓아내다

예카테리나의 애정 생활이 전설적인 이야기로 탈바꿈하기 전이었다. 훗날 러시아 여제가 될 예카테리나는 부끄럼 타는 처녀의 몸으로 부부 침실에 들었다. 그녀는 나중에 표트르 3세가 될 남편의 멍청함 덕분에 8년 동안이나 처녀로 있었다. **1745년 8월 21일**에 성대한 결혼식이 열렸는데, 미래의 러시아 국왕에게 걸맞은 예식이었다. 다만 신혼여행은 예카테리나에게 악몽이나 다름없었다.

"시녀들이 내 옷을 벗기고 침대에 눕혔다." 예카테리나는 결혼 첫날밤에 대해 나중에 이렇게 썼다. "다들 떠나고 난 혼자 남아 두 시간 넘게 기다렸다. 뭘 해야 하는지 모른 채. 일어나 있어야 하나? 아니면 침대에 그대로 누워 있어야 하나? 정말 알 수가 없었다. 마침내 새 가정부 크라우제가 들어오더니 들떠서 말했다. 황태자(표트르)가 저녁 식사를 기다리는 중인데 곧 나오실 거라고. 황태자 전하는 저녁을 먹고 침대로 왔고, 하인들이 우리 둘이 침대에 있는 걸 발견하면 얼마나 재미있겠냐고 입을 뗐다." 그러더니 표트르는 바로 곯아떨어졌다.

밤이면 밤마다 예카테리나는 지나치게 미성숙한 배우자로부터 관심을 받지 못했다. 표트르는 아내를 어루만지는 것보다 장난감 병정들을 침대로 가져오는 것을 더 좋아했다.

시간이 흐르면서 상황은 더 나빠졌다. 표트르는 아내를 무시하지는 않았지만, 끊임없는 잔소리를 늘어놓아 예카테리나를 지루하게 만들었다. 예카테리나는 이렇게 썼다. "두 인격체가 서로 조금도 닮지 않았다. 기호나 생각하는 방식 면에서 공통점이 하나도 없었다." 그 와중에 표트르는 기분전환 삼아 개 훈련 방법을 배웠고, 이는 표트르가 바이올린 연주자가 되겠다고 헛수고한 일과 더불어 달갑지 않은 처사였다고 예카테리나는 유감스럽게 언급했다. 더군다나 함께 사는 방에 사냥개를 들이겠다고 한 이유도 납득할 수 없었다. 예카테리나는 이어서 이렇게 썼다. "그 결과 아침 일곱 시부터 밤늦은 시각까지 바이올린으로 불협화음을 내거나 개 대여섯 마리가 끔찍하게 짖고 울부짖었다. 그는 거기에 온종일 빠져 있었고, 이런 상황이 내내 신경에 거슬렸다. 반쯤 정신이 나갈 정도였으니……. 개 다음으로 나는 세상에서 가장 비참한 동물이었다."

표트르는 딱한 아내를 점점 더 무자비하게 대했고, 1762년에 황제로 즉위한 이후에는 정도가 더 심해져 콧대 높은 정부 편을 들며 예카테리나를 내치겠다고 위협했다. 그러나 최후의 승자는 예카테리나였다. 표트르는 나라를 형편없이 통치했고, 국민은 그의 기이한 행동 때문에 등을 돌렸다. 그렇게 6개월이 지났을 때 예카테리나는 표트르를 폐위시키고 스스로 왕위에 올랐다.

1983년

22일

앤디 워홀과의 행복한 데이트

뉴욕의 사교계 명사 코넬리아 게스트Cornelia Guest는 **1983년** 월요일 밤에 앤디 워홀Andy Warhol과 영화를 보고 행복한 시간을 보낼 줄 알았다. 딱하게도 그녀는 워홀이 자신을 면밀히 뜯어보고 나서 수프보다도 덜 똑똑하다고 여긴 것에 대해 꿈에도 알지 못했다. 게다가 워홀이 후세에 전해질 일기장에다가 그녀를 본 첫인상을 기록해둔 사실도 알지 못했다. 그는 **8월 22일**에 이렇게 썼다. "영화 〈다니엘Daniel〉은 흥미진진했다. 코넬리아는 상당히 몰입했다. 그녀는 이상하다. 그녀가 똑똑한지 멍청한지 잘 모르겠다. ⋯ 코넬리아는 이랬다저랬다 하고 바보같이 굴 때도 있다. 그런데 세상에, 이 영화에 그렇게 빠져들다니. 이게 역사 수업 같았나. 나중에 퀴즈를 내서 전부 이해했는지 물어봤다."

23일

악마를 능가하는 악마

두 악마가 악수하면 어떤 일이 벌어질까? 그러니까 **1939년 8월 23일**, 소비에트 연방이 독일 나치와 불가침 조약을 맺을 때 그와 비슷한 일이 일어났다. 스탈린과 히틀러 두 괴물은 이웃 국가를 집어삼키기 위해 충분한 여지를 남겨 놓았다. 그들은 고소해 하며 탐욕을 부렸다. 그러나 악마가 달리 악마이겠는가. 한쪽이 그 조약을 깰 터였다. 아니나 다를까, 히틀러는 2년이 채 지나기도 전에 러시아를 침략했다. 스탈린은 망연자실했다. 이미 소련의 최고 군부 인사 대부분을 처형시켰기 때문에 그가 의지할 곳은 없었다. 스탈린은 몸을 숨기기 전에 낙담한 채 이렇게 말했다. "레닌이 나라를 세우고 우리가 다 망쳤다."

2006년

24일

"난쟁이 던지기"
명왕성의 강등

명왕성이 1930년에 태양계의 아홉 번째 행성으로 찬란한 데뷔를 했을 때는 엄청난 가능성이 있는 듯했다. 새로 추가된 명왕성이 천체에서 가장 클 것이라는 추측이 많았다. 거대한 목성보다도 훨씬 크다고 생각했다. 놀랍고도 새로운 행성을 발견했다는 흥분에 들떠 있었기에 누구도 꽁꽁 얼어붙은 이 덩어리 앞에 어두운 미래가 도사리고 있음을 예상하지 못했을 것이다. 로마 신화에 나오는 지하 세계의 신 이름을 따다 붙이기까지 했으니.

과학이 발전하면서 명왕성은 점점 작아졌다. 처음에 거대한 천체라고 생각한 것과는 달리, 지구에서 멀리 떨어진 이 행성은 상대적으로 작은 점에 지나지 않았다. 궤도 운동을 하는 9개의 행성 중 가장 작은 꼬마 행성이었다. 상황은 더 나빠졌다. 명왕성의 불규칙한 행로와 아주 작은 크기 때문에 어떤 사람들은 그것이 행성이 아니라 소행성에 불과하다고 주장했다. 천문학자들 사이에서 치열한 논쟁이 오고 갔고, 이 주장이 결국 설득력을 얻었다. 그러다가 **2006년 8월 24일**에 더없이 충격적인 일이 발생했다. 무수한 과학 학술 과제에서 신줏단지같이 모시던 웅대한 명왕성은 공식적으로 '왜소행성dwarf planet'으로 강등되었다. 해왕성 궤도 바깥인 카이퍼 벨트에서는 명왕성이 가장 크다고 상쇄할 수도 있었지만, 안타

조문객들이 장식한 스미스소니언 캐슬 로즈 정원 근처에 있는 명왕성 묘비.

깝게도 사실은 전혀 그렇지가 않았다. 또 다른 왜소행성 에리스가 명왕성보다 크다는 사실이 곧 밝혀졌다. "카이퍼 벨트에서 여태까지 발견된 것 중 명왕성이 가장 크다고 할 만한 마지막 기회였습니다." 에리스를 발견하고 나중에는 그 크기까지 확인한 마이크 브라운Mike Brown 캘리포니아공과대학 행성천문학 교수가 말했다. "명왕성과 에리스가 거의 같은 크기라고 볼 수도 있었습니다만, 새로운 연구 결과를 보면 명왕성은 기껏해야 2위에 불과해요."

1830년

25일

오페라가 일으킨 혁명

이날은 생일 축하연이 크게 실패한 날이다. **1830년 8월 25일,** 벨기에 브뤼셀에 있는 로열 모네 극장에서 다니엘 오베르Daniel Auber의 오페라 〈포르티치의 벙어리 소녀La Muette de Portici〉가 공연되었다. 이 공연은 벨기에를 획득한 네덜란드 국왕 빌럼 1세를 예우하기 위해 마련되었다. 국왕의 생일날이기도 했던 그날 밤 놀랄 만한 일이 일어났다. 오페라의 본래 취지는 국왕에 대한 충성심을 고취하는 것이었다. 그러나 이 오페라(나폴리를 차지한 스페인 통치자에 대항하여 평범한 어부가 반란을 일으키는 애국적인 이야기)는 관중들을 선동하여 민족주의 시위에 가담시켰고, 그 바람에 사람들이 브뤼셀 거리에 순식간에 몰려나왔다. 알고 보니 나라를 강압적으로 통치한 국왕을 모두들 탐탁지 않게 여겼던 것이다. 그날 밤 극장에서는 혁명의 불꽃이 피어올랐고, 1년 만에 벨기에는 신생 독립국이 되면서 빌럼 1세는 자리에서 물러났다.

1346년

26일

전시에 앞이 안 보인다? 눈먼 왕의 책임

보헤미아의 국왕 얀 루쳄부르스키는 용감한 전사였고, 여기에는 의심할 여지가 없었다. 하지만 그는 눈이 먼 상태였다. 어느 전투에서든 약점으로 작용할 것이 분명했다. **1346년 8월 26일**에 크레시에서 동지인 프랑스의 필리프 6세와 함께 에드워드 3세가 이끄는 잉글랜드군에 대항할 때가 바로 그런 경우였다. 잉글랜드군이 죽음의 병기인 대궁(중세 핵무기)을 도입했던 터라 보나마나 얀과 필리프 6세에게 불리한 전투였다. 그러나 얀은 단념하지 않았다. 참전을 바랐던 눈먼 군주(게다가 전성기가 꽤 지난 50세였다)는 가장 충직한 전우들을 모았다. 당시 연대기 작가인 장 프루아사르Jean Froissart에 따르면 얀이 그들에게 이렇게 외쳤다. "제군, 그대들은 이번 여정에서 나의 부하이자 동료이며 친구다. 나를 앞으로 이끌어주길 바라오. 그리하여 내 칼로 일격을 가할 수 있도록 말이오." 왕의 말씀을 받들어 부하들은 그를 격전지 가운데로 인도했고, 말고삐를 한데 묶은 채 돌격했다. 프루아사르는 이렇게 끝맺었다. "그들은 위험을 무릅쓰고 앞으로 나아갔고, 거기에서 전멸했다. 다음날 그들은 왕 근처에서 발견되었는데, 말들이 모두 서로 묶인 채였다." 그야말로 맹목적인 열망의 희생자들이라고 할 수 있겠다.

1896년

27일

잔지바르에 전쟁은 끝났다고 말하기 전에

잔지바르의 술탄 칼리드 빈 바르가시Khalid bin Barghash는 딱 이틀 동안 나라를 통치하다가 **1896년 8월 27일**에 왕위를 빼앗겼을 뿐만 아니라 역사상 가장 짧은 전쟁을 치렀다. 오전 9시경, 삼시간에 영국과 맞붙었지만, 한 시간도 채 되지 않았다.

영국은 아프리카 동해 연안에 있는 섬나라의 독립을 한동안 인정했다. 식민지를 둘러싸고 독일과 한창 충돌하던 중, 1890년에 알리 빈 사이드Ali Bin Said가 술탄 지위를 영국의 보호 하에 두는 일이 발생했다. 그게 불화의 씨앗이었다. 협정의 일부로서 향후 잔지바르의 술탄 취임에 영국이 거부권을 행사할 수 있기 때문이었다.

1896년 8월 25일, 알리 빈 사이드의 후계자인 조카 하마드 빈 투와이니 알 부사이드Hamad bin Thuwaini Al-Busaid가 갑자기 죽어버렸다. 사촌 칼리드 빈 바르가시가 독살했을 가능성이 가장 높았다. 그는 스스로 술탄이라 선포하고 궁전을 차지했다. 그러나 영국은 다른 후보자를 염두에 두고 있었다. 그들 입맛에 더 잘 맞는 사람을 술탄으로 세우고 싶었던 것이다. 영국은 칼리드에게 물러나라고 요구했지만, 칼리드는 무시해 버렸다. 대신 근위병을 비롯해 하인과 노예, 일반인으로 구성된 파견단을 소집했다. 그뿐만 아니라 잔지바르의 해군도 징발했다. 여기에는 다 낡아빠진 목조 범선 H.H.S. 글래스고Glasgow도 포함되어 있었다. 계속된 경고에도 불구하고 칼리드는 저항하며 궁전에 방어벽을 쳤고, 근처 항구로 모여드는 영국 군함을 향해 대포를 배치했다. 전쟁이 코앞에 닥친 것 같았다.

전투는 8월 27일 오전 9시에 시작되었고, 칼리드가 기를 내리고 궁전을 포기할 마지막 순간이 다가왔다. 전날 밤 잔지바르 수도에 있던 영국인 거주자들은 안전한 곳으로 대피했다. "잔지바르 전역에 팽배하던 침묵이 무서웠습니다." 미국 영사 리처드 도시 모훈 Richard Dorsey Mohun이 말했다. "대체로 북이 울리거나 아기가 우는데, 그날 밤에는 아무 소리도 안 났어요."

다음 날 아침 칼리드는 영국 영사 바질 케이브Basil Cave에게 메시지를 전달했다. "우리는 깃발을 내릴 의사가 없소. 당신네들이 발포할 거라 생각하지도 않는다오"라고 의견을 표명했다. 여기에 케이브는 이렇게 응답했다. "우리도 그럴 생각이 없지만, 우리가 말한 대로 하지 않으면 기필코 사격을 할 것이오." 술탄 자리를 꿰찬 이로부터 더는 연락이 없자, 영국은 계획대로 폭격을 시작했다. 약 40분이 지났을 때 궁은 무너졌고 글래스고는 물에 잠겼으며 칼리드는 도망쳤다. 그렇게 전투가 끝났다.

큰 승리를 거둔 대영제국은 또다시 바다를 제패했고, 칼리드 궁에 꼭두각시 술탄을 앉혔다.

2013년

28일

돈을 받고 꿈을 나눠 가진 마틴 루서 킹의 자녀들

마틴 루서 킹 주니어 목사의 "나에게는 꿈이 있습니다" 연설은 역사상 가장 인상적인 것이다. 좋은 일임이 틀림없다. 킹의 자식들이 연설에 대한 고액의 저작권료를 내지 않으면 연설 전문에서 아버지가 말한 인상적인 구절을 보지도, 듣지도 못하도록 확실히 해두었기 때문이다. 그렇다. 정의와 사랑, 관용에 대한 킹의 선언문은 동시에 상속자들이 애써 보호하는 상품이기도 하다.

위대한 민권 운동가는 이제 내셔널 몰에 영구 안치되어 워싱턴, 제퍼슨, 링컨 옆에 자리한다. 그런데 그들 유산 중에서 킹의 연설에만 유일하게 가격표가 붙어 있다. 실제로 킹 메모리얼King Memorial 설립자는 모금 활동을 위해 킹이 했던 말이나 이미지를 사용하는 데 저작권료로 80만 달러를 지급했다. 그만한 돈은 대체로 교육 사업이나 역사 다큐멘터리 제작 예산을 한참 벗어나는 것이었지만, 메르세데스 벤츠, 알카텔, 싱귤러 와이어리스같은 기업들은 킹의 문구를 광고에 쓰려고 비용을 기꺼이 냈다(개구리 커밋과 호머 심슨의 인용문에 쓰일 때도 비용을 냈다).

"아버지는 뭐든지 기부했다." 마틴 루서 킹 3세는《사회운동의 후손들Children of the Movement》에서 이렇게 밝혔다. "돈에 대해서는 걱정하지 않으셨다. 사람들은 우리가 아버지처럼 되기를 바랐다."

효도랍시고 아버지처럼 돈을 따지지 않는 모습을 기대하는 미

런한 사람들이 있을 경우, 툭하면 소송하기로 유명한 킹의 가족들은 그들이 그런 생각을 하지 않도록 즉시 바로잡아 주었다. 〈CBS News〉와 〈USA Today〉는 "나에게는 꿈이 있습니다" 연설을 재현했다는 이유로 고소당했고, 시민권 운동에 관한 다큐멘터리 〈목표를 향해 가다Eyes on the Prize〉 제작자들은 허가받지 않은 영상을 사용했다 하여 고소당했다. 가까운 친구들조차 그 탐욕스러운 가족의 표적이 되었다. 가수 해리 벨라폰테Harry Belafonte도 킹 가족의 친한 친구 중 한 명이었는데, 재산권을 침해한다는 이유로 그가 발매한 앨범 중 킹 기념 음반은 판매 금지되었다. 또한 킹의 최측근 앤드루 영Andrew Young은 킹과 자신이 시민권 운동의 영웅으로 출연하는 영상을 사용했다 하여 고소당했다.

다른 사람들을 고소하는 데 동요하는 법이 없는 세 명의 자식들은 서로를 소송하기에 이르렀다. 가령 2008년에는 마틴 3세와 그의 여동생 버니스Bernice가 그들 형제인 덱스터Dexter를 유산 분배 문제로 고소했다. **2013년 8월 28일**(킹이 워싱턴에서 행진한 지 50주년이 되는 날)에는 마틴과 덱스터가 한 편이 되어 버니스를 고소했다. 버니스가 비폭력 사회변화를 위한 마틴 루서 킹 주니어 센터의 대표 자리에 앉아 비행을 저질렀다는 게 이유였다.

법학 교수 조나단 털리Jonathan Turley는 마틴 3세, 덱스터, 버니스에 대해 《로스앤젤레스타임스》에 이렇게 썼다. "그들의 인격만 가지고 판결을 내린다면, 우뚝 서 있는 킹 동상은 판결 내용에 분명 부끄러워할 것입니다."

1533년

29일

잉카 황제의 실패한 거래

잉카 제국 최후의 왕 아타우알파Atahualpa는 에스파냐의 정복자 프란시스코 피사로Francisco Pizarro에게 붙들려 감금되었고, 말 그대로 몸값을 내고 자유의 몸이 되었다. 풍문에 따르면 아타우알파는 감금된 방안을 바닥부터 천장까지 금으로 가득 채웠다. 그게 아타우알파에게 여러모로 도움이 되긴 했다. 피사로는 금을 챙긴 다음 아타우알파를 처형시켰고, **1533년 8월 29일**에 그는 결국 매장되었다.

30일

적어도 뇌조에게는 투덜댈 거리가 있으니

보잘것없는 뇌조는 잉글랜드의 사냥터에서 언제나 목숨이 위태로웠다. 트위드 옷을 입은 19세기 귀족들은 하루 동안 최대한 많은 새를 사냥해 자루에 채우는 경쟁을 벌였다. 경쟁은 치열했지만, 아무도 6대 월싱엄 경인 토머스 드 그레이Thomas de Grey를 능가하지 못했다. 그는 **1888년 8월 30일**에 요크셔의 블러버하우스 사냥터에서 무려 1,070마리의 뇌조를 사냥했다.

월싱엄 경은 그런 엄청난 규모의 학살을 감행한 이후 예의 늙은 새에게 싫증을 느낀 나머지 다른 곳으로 눈을 돌렸다. 이듬해 1월 어느 날,《아웃도어 라이프Outdoor Life》가 설명한 대로 "이제까지 기록된 것 중 어쩌면 가장 다채로운 자루"를 손에 넣었다. "검둥오리 65마리, 꿩 39마리, 청둥오리 23마리, 토끼 16마리, 산토끼 9마리, 쇠오리 7마리, 자고새 6마리, 알락오리 6마리, 흰죽지 4마리, 백조 3마리, 도요새 3마리, 쇠물닭 2마리,

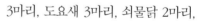
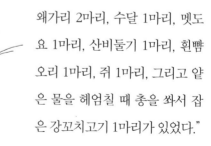

왜가리 2마리, 수달 1마리, 멧도요 1마리, 산비둘기 1마리, 흰뺨오리 1마리, 쥐 1마리, 그리고 얕은 물을 헤엄칠 때 총을 쏴서 잡은 강꼬치고기 1마리가 있었다."

1743년

31일

사형보다 서슬 퍼런 질투의 호통

국가의 무시무시한 흥기로 사형이 잔혹하게 집행되던 시절, 러시아 엘리자베타 여제는 국민 중 누구도 사형시키지 않겠다는 비교적 진보적인 약속을 했다. 그러나 불구로 만들어 버리는 일은 또 다른 문제였다. **1743년 8월 31일**에 법정에 선 한 불행한 여인은 자비심이란 상대적인 것임을 톡톡히 깨우쳤다.

나탈리아 로푸키나Natalia Lopukhina는 "상트페테르부르크에서 가장 빛나는 꽃"이라고 한때 일컬어진 인물이었다. 그런 그녀가 질투심 많은 여제 앞에 모습을 드러내는 것은 위험천만한 일이었다. 여제는 자신보다 더 밝게 빛나는 여자가 있다는 사실에 분개했다. 설상가상으로 로푸키나는 과거 안나 여제의 통치 기간에 눈 밖에 난 적이 있었는데, 그때 엘리자베타를 무시하는 엄청난 실수를 저질렀다. 그래서 거슬릴 정도로 미모가 출중한 로푸키나가 여제에 대한 음모에 가담했다는 혐의로 기소되었을 때 엘리자베타는 그녀를 마구 괴롭힐 준비가 되어 있었다.

그런데 수 주 동안 고문을 한 결과 그 음모라는 것은 잉글랜드인 목사 시릴 위치Cyril Wych에 따르면 "입버릇이 나쁘고 괄괄한 여자 두 명이 분별없이 내뱉은 대화에 불과했다". 그럼에도 로푸키나는 유죄로 판명 났다. 엘리자베타는 반역자가 겪는 끔찍한 운명(시간을 많이 끄는 고통스러운 사형)에 처하지 않도록 자신의 라이벌을 '자비롭게' 살려주었고, 대신 다른 방식으로 분노를 해소했다. 로푸키나는 완전히 발가벗겨진 채 구경거리가 되었고, 피부가 찢길 때까지 채찍으로 맞았다. 사람들은 아우성을 쳤고, 그때 로푸키나의 혀가 입 밖으로 떨어져 나왔다.

"아름다운 로푸키나 부인의 혀를 누가 가지겠소?" 고문하는 사람이 피가 뚝뚝 떨어지는 혀를 흔들며 이렇게 외쳤다고 한다. "멋진 부분이죠. 싸게 드리리다. 아름다운 로푸키나 부인의 혀를 1루블에 팝니다!"

September

9월

"슬픔과 진홍색 나뭇잎
슬픈 생각과 화창한 날씨
아, 내게 이런 영광과 슬픔은
잘 어울리지 않는구나!"

|

토머스 윌리엄 파슨스Thomas William Parsons,
〈9월을 위한 노래A Song for September〉

1904년

1일

여행비둘기의 마지막 무대

한때 북아메리카에는 새가 굉장히 많았고, 특히 동부 로키산맥의 원시림에 와글와글 모여 살았다. 1605년 여행가 사무엘 드 샹플랭Samuel de Champlain이 "개체 수를 셀 수 없다"고 기록했는가 하면 선교사 가브리엘 사가드 테오다트Gabriel Sagard-Theodat는 "새 무리가 무수하다"고 적기도 했다. 하지만 그들이 기록한 지 300년이 지나기도 전에 여행비둘기는 멸종되었다.

숲 서식지가 소실되면서 여행비둘기들이 죽는 일은 시작에 불과했다. 대량살상도 한몫 했던 것이다. 새들이 서로 다닥다닥 붙어 있는 습성 때문에 더욱 죽이기가 쉬웠다. 사냥꾼은 그물로 수많은 새를 단번에 잡아 싼 값으로 내다 팔거나 땅에 묻어 비료로 썼다.

사람들은 19세기 말에 이르러 비로소 여행비둘기가 곤경에 처했음을 인식하기 시작했다. 하지만 비둘기를 보호하기에는 때가 너무 늦었다. 번식에 성공하려면 새 무리 내에 떼를 짓는 성향의 새들이 필요한데, 그런 개체군이 애당초 불임 상태가 되거나 19세기가 끝날 무렵에 모조리 포획을 당해 죽어버렸다.

신시내티 동물원에 사는 '마사Martha'는 한때 번성을 누린 종의 마지막 새가 되고 말았다. **1904년 9월 1일**에 마사가 숨을 거두었을 때 우아한 여행비둘기는 영원히 자취를 감추었다. 이제 남은 것이라고는 보관소 한 편에 박제로 남은 몸뚱이와 내장뿐이다.

1960년

2일

국가대표(가 당한 올림픽 위원회)의 실수

뉴질랜드 육상선수 피터 스넬Peter Snell에게 그날은 더할 나
위 없이 좋았다. 1960년 9월 2일에 로마에서 개최된 하계 올림픽
800미터 달리기 경기에서 그는 우승을 차지했고 국민 영웅이 되었
다. 하지만 수리남 출신의 지그프리트 빔 에사자스Siegfried Wim Esajas
에게 그날은 최악의 날이었다.

에사자스는 군소 남아메리카 국가(당시 네덜란드 식민지) 중에서
최초로 올림픽에 출전한 선수였다. 그런데 그는 경기를 시작하지
도 못했다. 출전을 못한 것은 부상 때문이 아니라 이례적으로 타이
밍이 나빠서였다. 에사자스는 오후 예선전에 모습을 드러냈는데
알고 보니 예선 경기는 그날 아침에 개최되었던 것이다. 늦잠을 잤
다는 소문이 발 빠르게 퍼졌고, 결국 그는 수치를 느끼며 고국으로
돌아왔다.

스넬이 자신의 우승을 축하하는 동안(그를 기념하는 우표까지 발행
되었다) 딱한 에사자스는 웃음거리로 전락하고 말았다. 1976년이
되어서도 몬트리올에서 개최된 올림픽 개막식 때 방송 진행자가
수리남 대표단을 소개하면서 "늦잠 자다 첫 올림픽을 놓친 나라"
라고 소개했다.

에사자스가 오욕에서 벗어나는 때는 늦게서야 찾아왔다. 2005년
70세의 나이로 죽기 2주 전이었다. 비난을 뒤집어썼던 선수가 위

독하다는 소식이 전해지자, 수리남 올림픽 위원회에서 1960년에 무슨 일이 일어났는지 다시 조사하기로 결정했다. 조사 결과, 에사자스는 늦잠을 잔 것이 아니라 당시 수리남 올림픽 위원회 사무총장이었던 프레드 글랜스Fred Glans가 경기 시작 시간을 잘못 알려준 탓이었다. 글랜스는 그 사달이 난 것을 알렸지만 어찌된 셈인지 위원회는 공표하지 않았다. 그로 인해 에사자스는 수치심을 느끼며 45년간 후회하며 살았다.

"로마에서의 사건은 아버지의 마음속에 결코 치유되지 않는 상처를 남겼습니다." 그의 아들 베르너 에사자스Werner Esajas가 말했다. "어쩌면 인생 최고의 순간이 될지도 모를 시기를 빼앗긴 느낌이라고 하셨어요."

올림픽 위원회는 늦게나마 뉘우치며 속죄하는 뜻으로 수리남의 최초 올림픽 출전자를 기리는 상패와 사과문을 에사자스에게 전해주었다. 가장 중요한 사실은 마침내 그가 위엄을 되찾은 것이었다. "아버지는 눈을 반짝이며 행복해 하셨습니다." 아들은 2005년《오스트레일리아연합통신Australian Associated Press》에서 이렇게 말했다. "아버지가 결국 마음의 평화를 얻는 데는 그걸로 충분했어요."

1939년

3일

네빌 체임벌린, 그의 시대와 유화한 사람

1938년 9월 30일에 기쁨에 겨운 네빌 체임벌린Neville Chamberlain 총리는 영국의 평화를 확실히 보장한다는 조약과 함께 독일에서 돌아왔다. 체임벌린이 아돌프 히틀러와 맺은 조약의 일부를 읽자 런던 외곽에 위치한 헤스턴Heston 비행장에서 그를 맞이하는 관중들 사이에서 동조하는 외침이 터져 나왔다. 그 조약에는 "두 국가의 국민들은 다시는 서로 참전하지 않을 것이다"라는 결심이 담겨 있었다.

체임벌린은 조지 6세와 엘리자베스 공주도 함께한, 버킹엄 궁에서의 호화로운 연회에 참석한 후 다우닝 가로 천천히 돌아가고 있었다. 총리 공관 1층 창문에서 체임벌린은 불후의 메시지를 큰 소리로 말했다. 오늘 성취한 것은 다름이 아닌 "우리 시대의 평화"라고.

히틀러의 공격적인 체제는 이른바 뮌헨 조약 때문에 전혀 다른 국면을 맞이했다. 뮌헨 조약은 본질적으로 독일이 체코슬로바키아 대부분을 집어삼키는 것을 허용하는 조약이었다. 그 대가로 제3제국이 영토 확장에 대한 열망을 더는 갖지 않겠다고 약속했다. 영국은 20년 전에 청년 세대 전체가 무분별하게 학살되었던 대전(제1차 세계 대전을 일컫는 말이었다)을 생생히 기억하고 있었으므로 평화 조약의 성사는 체임벌린을 영웅으로 만들어주었다. 그렇다. 체임벌린은 나치에 우호적인 나라를 희생시키는 대신 연설에서 말한 바와 같이 적어도 젊은 잉글랜드인들이 "잘 모르는 사람들끼리 머나먼 나라에서 벌이는 전투 때문에" 목숨을 잃진 않게 할 작정이었다.

온갖 찬사가 쏟아지는 가운데 우려의 목소리도 있었다. 그중 가장 주목할 만한 것은 미래에 총리가 될 윈스턴 처칠이 한 말이었다. 그는 체코슬로바키아를 포기하는 것이 수치스러운 행위일 뿐만 아니라 진정한 평화를 얻는 데 아무런 소용이 없다고 일축했다. 그는 이렇게 단언했다. "이게 끝이라고 생각해서는 안 됩니다. 심판의 시작에 불과합니다."

실제로 히틀러의 탐욕과 야망은 곧바로 모습을 드러냈다. 뮌헨 조약을 맺은 지 1년도 되기 전에 나치는 폴란드를 침략했다. 그리고 **1939년 9월 3일**에 체임벌린은 독일에 대한 전쟁을 선포해야 했다. 같은 날 그는 의회에서 힘들게 의사를 밝혔다. "오늘은 우리 모두에게 슬픈 날입니다. 어느 누구도 저보다 슬플 순 없을 겁니다. 제가 애써온 모든 것, 바라던 모든 것, 공직 생활 내내 믿었던 모든 것이 깡그리 무너졌습니다."

"우리 시대의 평화"를 일궈내 찬사를 받은 사람이 일순간에 만족을 모르는 괴물에게 꾀임을 당한 어리석은 유화론자가 돼버렸다. "그토록 엄청난 불행이 삽시간에 들이닥치리라고 거의 아무도 생각하지 못했을 것입니다." 체임벌린은 1940년 11월, 죽기 3주 전에 이처럼 말했다. 몇몇 역사가가 네빌 체임벌린에 대한 비판을 누그러뜨리긴 했지만, 그의 명성에는 영원히 오점이 남았다.

1957년

4일

에드셀, 포드자동차의 대대적인 실패작

거대한 미국 시장에서 대대적으로 광고를 한 상품이 실패하는 경우가 있다. 프리토레이Frito-Lay가 올레스트라Olestra라는 지방 대체품(연방정부의 경고에 따르면 "복부경련과 설사를 유발할 수 있다")을 가미한 간식을 출시한 것을 보라. 뿐만 아니라 '새로운' 콜라, 셀러리맛 젤로Jell-O, 맥도날드의 McDLT(맥피자와 맥린은 말할 것도 없다), 미국 축구 연맹, 수전 B. 앤서니Susan B. Anthony가 그려진 1달러 동전, 그리고 무수히 많은 닷컴 회사 같은 실패작들도 있다. 하지만 그중에서도 가장 극적인 실패(체르노빌급 신상품 실패작)는 포드 에드셀이었다. 수십억 달러를 날려버릴 정도로 크게 실패하는 바람에 웹스터뉴월드 사전에 새로운 단어로 등재되기까지 했다. 에드셀은 "기대를 한몸에 받고, 홍보에 비용을 많이 들였는데도 대중의 관심을 얻는 데 실패한 상품이나 프로젝트"라고 정의되고 있다.

포드자동차는 마케팅에 능했다. 디자인이 영 아니더라도 설립자인 헨리 포드Henry Ford의 아들 이름을 따서 신형자동차를 팔았다. 마케팅의 귀재들은 대중에게 감질나는 광고를 마구 선보이며 에드셀이 미래의 자동차라고 치켜세웠다. 그러나 실제로 어떤 모습인지는 결코 보여주지 않았다.

1957년 9월 4일에 대공개를 하기로 정했다. 포드는 이 날을 "이-데이E-Day"라 불렀다. 광고를 보고 인파가 쇼룸에 몰려들었다.

대대적으로 광고했지만 매출을 올리는 데는 실패한 포드 에드셀의 광고판.

그러나 에드셀이 처음으로 공개되었을 때 사람들은 헉 하고 놀란 것이 아니라 투덜투덜하거나 킥킥 웃었다. 신비에 싸인 에드셀은 그저 엔진이 달린 괴상한 물건이었다. 가장 눈에 띄는 특징은 프런트 그릴(자동차 앞쪽 공기 흡입구)이 수평이 아닌 수직으로 달려 있는 것이었다. O를 길게 늘어뜨린 모양에 크롬 그릴은 어마어마하게 컸다. 포드자동차 엔지니어들이 생각한, 유행을 앞서는 수직적 '혁신'은 크롬 그릴을 더욱더 크게 키워서 엔진을 식히는 데 필요한 공기를 충분히 빨아들일 수 있게 만드는 것이었다. 따라서 그런 외형이 나올 수밖에 없었다. 《타임》에서 지적한 바와 같이, 에드셀은 "레몬을 빨아먹는 늙은이" 같은 모습이 되고 말았다.

한층 더 심각한 문제는 자동차 공학기술에 독창적인 데라고는 하나도 없었다는 점이다. 오히려 문제투성이여서 페인트가 벗겨지거나, 문이 제대로 안 닫히거나, (핸들 중앙에 교묘하게 위치한) 변속기 누름 버튼이 잘 작동하지 않았다. 자동차 해설가들 사이에서 두고두고 하는 농담은 에드셀의 철자인 E.D.S.E.L이 "Every Day Something Else Leaks(날마다 뭔가가 샌다)"의 약자라는 것이었다.

매출이 곤두박질치자 포드사는 절박한 나머지 에드셀을 시승해보는 이벤트에 당첨된 사람들에게 조랑말 한 마리씩 공짜로 주겠다는 제안을 했다. 그러나 이벤트 당첨자들은 그런 상품 대신 상금을 택했다. 결국 포드사에는 버림받은 자동차 생산라인과 달갑지 않은 조랑말 수천 마리만 남았다. 마침내 에드셀은 1959년에 재고가 소진되면서 고통에서 벗어났다. 엄청난 실패임에도 유일하게 긍정적인 면이 있다면, 한때 퇴짜 맞은 자동차가 이제는 수집가용 물품으로 각광받고 있다는 것이다.

1921년

5일

래프 잘못이었을까? '패티' 아버클의 파멸

할리우드에서 최고의 흥행기록을 세운 거구의 무성영화 코미디언은 자신의 기구한 매력으로 사람들을 즐겁게 했다. 그는 몸무게가 상당히 많이 나가지만, 우스꽝스러운 상황이 벌어질 때마다 비틀거리는 걸음걸이에 특유의 기민함과 우아함을 담아 멋진 슬랩스틱을 선보였다. 그러나 로스코 '패티' 아버클Roscoe 'Fatty' Arbuckle의 잘 나가는 영화계 경력은 하루 만에 무참히 무너졌다.

아버클은 영화 세 개를 찍고 나서 파라마운트픽처스와 1백만 달러(당시 전무후무한 금액)에 3년 계약을 맺었다. 그 후 친구들과 샌프란시스코로 차를 몰고 가서는 1921년 노동절 휴일 내내 함께 즐겼다. 술은 넘쳐났고 파티는 끝없이 이어졌다. 그러나 9월 5일 월요일에 손님 중 한 명에게 끔찍한 일이 벌어졌다. 버지니아 래프Virginia Rappe라는 신인 여배우였다. 그녀는 방광파열로 인한 급성 복막염으로 목숨을 잃었다. 실제로 무슨 일이 일어났는지는 진술마다 다르다.

아버클 말에 따르면 옷을 갈아입으러 방에 들어갔을 때 래프가 욕실에서 속을 게워내는 중이었다. 아버클은 그녀를 씻기고는 침대에 눕혔고, 그런 다음 다시 파티에 참석했다. 그런데 다시 방으로 돌아왔을 때 래프는 바닥에 있었다. 아버클은 침대로 돌아가라고 하고 나서 그녀를 진정시키기 위해 얼음으로 문질렀고 도움을 요청하러 밖으로 나갔다. 호텔 의사가 왔고 그녀가 음주 과다 상태이니 술에서 깰 수 있도록 충분히 잠을 재우라고 조언했다. 아버클은 다음날 로스앤젤레스로 돌아왔다.

파티에 참석한 래프의 친구 '밤비나' 모드 델몬트Maude Delmont는 완전히 다른 이야기를 들려주었다. 그 유명 영화배우가 젊은 여성을 무참히 겁탈했다고 주장했다. 황색신문이 활개를 치던 시대라 뭐든 물어뜯는 언론에게 델몬트의 이야기는 거부할 수 없는 먹잇감이었다. 언론사는 오랜 시간 델몬트를 공갈 협박하고 갈취하기까지 했다. 가여운 여배우가 뚱뚱하고 음란한 영화배우 때문에 유린되었다는 선정적인 기사가 넘쳐났다. 언론은 아버클의 몸무게가 불쌍한 여자아이를 깔아뭉갰다고 비난하면서 래프가 술병으로 성폭행 당했다고 외설적으로 폭로했다. 이 이야기가 그야말로 돌풍을 일으키자 신문사주 윌리엄 랜돌프 허스트William Randolph Hearst는 코미디언 버스터 키튼에게 루시타니아호가 가라앉은 사건보다이 사건으로 신문이 더 많이 팔려나갔다며 자랑했다.

아버클은 9월 11일에 과실치사 혐의로 체포되었다. 하지만 불일치 배심(10명 중 2명이 무죄 판결을 내렸다)으로 재심이 불가피했다. 그런데 재심에서도 평결을 내리지 못하고 끝났다. 결국 몇 분 만에 심의를 거친 후 아버클은 3심에서 무죄 판결을 받았다. 소송 과정에서 언론이 편의대로 간과했던 수많은 사실이 수면 위에 올랐다. 델몬트의 어두운 과거사라든가 증언을 강요받은 점이 드러났고 어쩌면 가장 중요한 사실, 즉 래프가 최근 낙태를 한 것이 방광

'패티' 아버클이 무죄 판결을 받았다는 당시 기사.

파열의 원인일 수 있다는 점도 드러났다. 배심원단은 아버클이 혹독하게 비난받은 점을 감안해 자필 사과문을 쓰게 했다.

하지만 그런 식의 선행은 격앙된 대중에게 아무런 소용이 없었다. 무죄 판결에도 불구하고 한때 사랑받은 스타 배우는 몇 안 되는 작은 역할에서조차 배제되고 밀려났다. 그러면서 다시는 일할 수 없게 되었다. "이해가 안 됩니다." 아버클은 인기를 누리다 갑자기 추락한 것에 대해 이렇게 언급한 적이 있다. "일순 모든 사람의 사랑을 받던 사람이 그 다음에는 누구나 혐오하고 싶어 하는 사람이 되었어요."

1657년

6일

(비)아그라로 가는 황제의 험난한 길

무굴 제국 황제 샤 자한Shah Jahan은 죽은 아내를 오래도록 추모하기 위해 인도 아그라에 거대한 타지마할을 세웠다. 그러나 그것은 황제가 그다지 바람직하지 않은 유산을 만들어냈음을 보여주는 또 하나의 오래된 증거였다. 1657년 9월 6일, 황제는 당시 궁정의 완곡한 표현에 따르면 '배뇨곤란'으로 힘들어 했다. 그러나 동시대의 다른 편찬사가 중에는 좀 더 직설적인 사람도 있었다. 나이가 든 황제가 젊은 여자에게 연정을 품었고, 그녀와 약혼하기 위해 효과가 오래 지속되는 정력제를 복용했다고 보았다.

니콜로 마누치Niccolo Mannuci는 이렇게 기록했다. "샤 자한은 병을 자초했다. 젊은 사람처럼 즐기고 싶었고, 그러려고 여러 가지 흥분제를 복용했다. 그 결과 폐뇨현상이 3일간 지속되어 거의 죽음의 문턱에 이르렀다."

아버지의 병환 소식을 듣자마자 왕위 계승을 놓고 서로 전쟁을 벌인 네 명의 괴팍한 아들이 없었다면 이 굴욕적인 사건은 황제가 도락에 빠진 부차적인 일로 넘어갈 수도 있었다. 아들들의 전쟁으로 인도의 공작 왕좌가 마구 뒤흔들렸다. 병든 황제는 퇴위하여 여생을 호사스러운 감옥에서 보내는 것으로 좌천되었다. 첫째와 넷째 아들은 형제끼리 서로 죽이는 싸움에 휘말렸다. 둘째 아들은 간신히 도망쳤고, 셋째 아들 아우랑제브Aurangzeb는 서로 싸움을 벌이던 두 형제를 살해하고 아버지로부터 왕위를 찬탈했다. 그런 다음 피비린내 나는 인도의 종교 전쟁을 일으켜 결국 수백만 명의 목숨을 앗아갔다. 이 모든 일이 나이든 남자가 여자와 놀아나고 싶어 했기 때문에 벌어진 것이었다.

처음에 샤 자한은 감금에 저항하고 왕위를 빼앗은 아들 아우랑제브를 암살하려고 했다. 아우랑제브는 형제의 잘린 목을 아버지에게 친히 보내기까지 했다. 끝내 폐위당한 황제는 감옥에 남아 아그라에 있는 자신의 궁에서 타지마할을 노려볼 수밖에 없었다. 그리고 폐위된 지 7년이 지나서야 죽은 아내 곁으로 갔다.

7일

흥미진진한 왕 대 교황의 싸움

교황 보니파시오 8세는 1302년에 교서 《우남 상크탐Unam Sanctam》 (단 하나의 성스러움)을 발표하면서 본디 자신이 온 세계의 수장이라고 으스댔다. "모든 인간은 로마 교황에 예속되어 있으니 이 교서는 구원을 위해 반드시 필요하다." 거기에는 왕도 포함되었다. 갑자기 교황이 영적으로 우월한 동시에 세속적 권력을 지녔다고 주장하자 프랑스 왕 필리프 4세는 크게 노하여 보니파시오가 이런저런 죄를 지었으니 전혀 그런 권력을 갖고 있지 않다며 공개적으로 비난했다. 필리프는 신성모독, 살인, 남색, 성직 매매, 마법, 그리고 심지어 단식일fast days을 어겼다는 점까지 죄목에 넣었다. 기세가 꺾인 보니파시오는 프랑스 왕을 파문시키기 위한 문서를 작성하기 시작했다. 그러나 보니파시오가 그 문서를 미처 다 쓰기도 전에 아나니Anagni에 필리프의 용병들이 들이닥쳐 **1303년 9월 7일** 밤 그를 감옥으로 붙잡아 갔다. 오만하기 그지없는 교황에게 이 따위 조치는 충분한 대가가 아니라는 듯, 한 병사가 그의 뺨을 때렸다(어떤 자료에 따르면 매질에 가까웠다). 이런 행동은 유럽 전역에서 대역죄에 해당했다. 보니파시오는 단 3일 만에 억류 상태에서 풀려났지만 그런 수치스러운 경험은 도저히 견딜 수가 없었다. 한 달도 지나지 않아 그는 목숨을 잃었고 단테의 제8지옥에 등장하는 악명 높은 사후 세계로 나가떨어지고 말았다.

1998년

8일

마크 맥과이어의 인공 감미료가 첨가된 성공의 냄새

베이브 루스Babe Ruth의 단일 시즌 홈런 기록을 깬 사람이 미키 맨틀Mickey Mantle이 아니라 로저 메리스Roger Maris라는 사실(10월 1일 참고)에 많은 사람들이 실망했지만 적어도 성과를 낸 메리스는 정정당당했다. 1998년 9월 8일에 메리스의 기록을 깬 마크 맥과이어Mark McGwire는 달랐다. 맥과이어는 수년이 지난 뒤 스테로이드를 맞았다는 사실을 시인했다.

9일

왕의 장례식을 끝내려면 배짱이 필요하다, 특히 냄새가 고약하다면

정복자 윌리엄이 말의 안장머리에 부딪치고 열상을 입었을 때에는 틀림없이 아팠을 것이다. 그렇지만 그건 아무것도 아니었다. **1087년 9월 9일** 그가 죽은 뒤 겪은 고난은 정말 아찔했다. 윌리엄이 숨을 거두자마자 가까운 동지들은 다른 데서 잇속을 차리기 시작했다. 편년사가 오더릭 바이털리스Orderic Vitalis가 말한 것처럼 하인들은 "무기, 그릇, 리넨, 국왕의 가구를 손에 넣어 급히 도망갔고, 거의 벌거벗은 시체를 방바닥에 내버려 두었다".

그 후 장례식이 있었다. 윌리엄은 20년 전에 헤이스팅스 전투를 겪고 나서 조금 살집이 붙었다. 사실은 너무 뚱뚱해서 석관에 쑤셔 넣어야 했다. 그 탓에 내장이 부풀어 올랐다. 끔찍한 냄새가 너무도 견디기 힘들었기 때문에 장례식은 급히 끝났고 윌리엄을 서둘러 땅에 묻었다. 그러나 이야기는 거기에서 끝나지 않았다.

1522년에 로마는 특별한 이유 없이 캉Caen에 있는 정복자 윌리엄의 무덤을 열어보라고 지시했다. 시체는 잘 보존되어 있어서(물론 내장이 터진 것은 제외하고) 그것을 보고 왕의 초상화를 그릴 수 있었다. 그러나 40년이 지난 후에 프랑스의 칼뱅주의자들이 무덤을 뒤지는 바람에 나머지는 사라졌다. 이후 정복자 윌리엄에 관해 남은 것이라고는 넓적다리뼈뿐이었다.

기원전 210년

10일

영원히 살고 싶었던 황제가 서거한 요인

진시황은 최초로 중국을 하나로 통일한 막강한 황제였다. 애석하게도 그는(7월 28일 참고) 영원히 살수는 없었다. 자신의 우월함을 만천하에 확인시킨 군주에게 이 사실은 여간 성가신 일이 아니었다. 그럼에도 꽤 이겨내긴 했다. 죽음이라고 왜 안 되겠는가?

진시황은 영생불멸에 집착했고, 기꺼이 온갖 사기꾼과 연금술사의 제물이 되어 상상할 수 있는 모든 불로장생약을 주문했다. 그중 하나는 수은을 넣어 조제한 환약이었는데, 이 약 때문에 그는 **기원전 210년 9월 10일** 49세의 나이로 죽게 되었다.

진시황은 영원히 살고자 하는 전투에서는 패했지만 적어도 사후 세계만큼은 그대로 남겼다. 도시 전체가 작고한 황제의 요구에 응하기 위해 설계되었고, 황제를 수호하기 위해 테라코타로 만든 전사도 어마어마하게 많았다. 고대 문서에 따르면 진시황의 무덤이 "궁, 정자, 사옥, 정묘한 그릇, 귀석, 진귀한 물품으로 가득했다". 당연히 수은도 있었다. 수은의 특정 성분에서 비롯한 독성 때문에 황제가 때 이른 죽음을 맞이하게 되었음을 당시에는 아무도 생각하지 못했다. 만약 그 점을 알았더라면 지하 왕국 전역에 흘렀다고 전해지는, 독이 든 강을 인공적으로 조성하여 진시황의 존립을 위협하지는 않았을 것이다(최근 무덤 근처에서 고농축 수은이 감지되면서 수은 강이 흘렀다는 옛 기록에 신빙성을 더하고 있다).

2001년

11일

가장 유명한 테러

By permission of Marshall Ramsey and Creators Syndicate, Inc.

1876년

12일

레오폴드 2세가 구렁이 담 넘어가듯 아프리카를 착취하는 방법

벨기에의 레오폴드 2세는 자신의 유럽 왕국을 하찮게 생각했다. "작은 나라, 작은 국민"이라고 말한 적도 있었다. 레오폴드는 국경을 넓히고 자신에게 부과된 입헌 정치의 제약에서 벗어나고 싶은 야망이 있었기 때문에 지금은 '콩고민주공화국'으로 불리는 땅을 손에 넣고자 교묘한 계략을 꾸몄다. 그러나 돈도 권력도 없이 정복자의 모습으로 아프리카에 무턱대고 들이닥쳐 자신의 영토로 삼을 수는 없었다. 은밀하게 행동해야 했다. 그래서 레오폴드는 미개하고 가난한 사람들의 힘겨운 처지를 개선하겠다는 인도주의자의 모습으로 세상에 나섰다. 이 방법은 놀라울 정도로 성공적이어서 일명 '아프리카 홀로코스트'의 초석이 되었다.

레오폴드는 온정을 베푸는 척하는 태도를 감추기 위해 중요한 조치를 취했다. **1876년 9월 12일**에 브뤼셀 지리학 회담을 열어 세계 주요 아프리카 탐험가, 과학자, 자선가를 한자리에 모았다. 이는 레오폴드가 몸소 준비하고, 모든 세부사항을 면밀히 지켜보며 총괄한 행사였다.

레오폴드는 대표단에게 다음과 같은 기밀문서를 썼다. "온전히 자선을 베풀고, 온전히 과학적이며 박애주의적인 목적을 달성해야 합니다. 이것은 사업상의 제의가 아닙니다. 아프리카에 문명을 소개하고 싶은 모든 이들이 서로 자연스럽게 협력해야 할 문제입니다." 레오폴드는 자신의 계획과 관련하여 벨기에가 식민지에 대한 야망이 없는 작은 나라라서 행복하고 "그 운명에 만족"한다며 자리에 모인 대표단에게 공표했다. 그런 다음 더 나은 세상을 만들기 위해 이처럼 값진 노력에 이바지할 수 있어 기쁠 따름이라고 전했다.

대표단은 호의적으로 보이는 벨기에 왕에게 매료되었다. 러더퍼드 올콕Rutherford Alcock 경도 그중 한 사람으로, 왕립지리학회에 이렇게 보고했다. "그 어떤 나라에서, 어떤 경우에도 그토록 웅장하고 성대한 환대를 받아본 적이 없습니다. 과학과 인류애를 통합하는 데 모자람도 넘침도 없이 꼭 적당한 지원입니다. 공리라는 목표를 달성하기 위해 헌신하고 세계적인 차원의 인류 발전을 도모하는 데 있어 유럽의 어느 왕보다 앞장서고 있는 레오폴드 2세는 아프리카 대륙을 유린하며 극심한 유혈 사태와 고통을 불러왔던 노예무역을 억제하기 위해 행동에 나섰고 이는 매우 훌륭하고 적절했습니다."

전 세계가 레오폴드의 이타주의에 단단히 속았기에 그는 콩고에 성공적으로 스며들었고, 사유 재산을 마련했으며, 작가 폴 서루Paul Theroux가 "세상에 알려진 제국이 벌인 일 중 가장 이상하고 난폭한 사건"이라 지적한 것처럼 이후 30년 동안 고무와 상아로 수익을 올리는 데 끝없이 욕심을 내면서 수많은 사람들을 노예로 만들고, 살인을 저지르고, 불구로 만들었다.

13일

군인은 안 돼! 망한 선거운동 사진

정치에서 이미지는 전부다. 존 F. 케네디는 1960년에 리처드 닉슨과 토론할 때 TV 덕을 많이 보았다. 잘생기고 젊은 상원의원은 자신감이 넘치고 활기차 보였다. 반면 그의 상대는 창백한 외모에 윗입술은 땀으로 젖어 신뢰할 수 없는 인상이었고 대통령 감으로는 어딘가 부족해 보였다. TV 시청자들은 케네디가 토론에서 이겼다고 생각했지만 사실 라디오로 토론을 청취한 사람들은 다른 인상을 받았다.

닉슨이 TV에서 불리하긴 했어도 다른 현대 정치인들이 겪은 이미지메이킹 실패 사례와 비교해 보면 아무것도 아니다. 조지 W. 부시 대통령은 미국 해군 전함인 에이브러햄 링컨호 갑판 주위를 거들먹거리며 걸었다. 그는 조종사 전투복 차림이었고, 선상에는 "임무 완수"라는 현수막이 걸려 있었다. 때는 처참한 이라크전이 한창 벌어지고 있는 와중이었는데도 말이다. 댄 퀘일Dan Quayle은 '감자 potatoes'의 철자를 잘못 썼다가 초등학생에게 망신을 당했다. 세라 페일린Sarah Palin은 케이티 쿠릭Katie Couric과 악명 높은 인터뷰를 한 적이 있는데, 알래스카 주지사인 페일린은 최신 동향을 익히기 위해 자신이 읽는 정기 간행물 이름을 줄줄 읊으면서도 인접한 러시아에 대해서는 눈을 감고 있었다고 말했다. 그리고 지미 카터Jimmy Carter는 온갖 딱한 일은 다 저질렀다(12월 29일 참고).

대통령 후보 마이클 듀카키스를 순식간에 멍청한 사람으로 만든 사진.

　단 한 장의 사진 때문에 걷잡을 수 없는 피해를 남기는 경우가 많다. 마이클 듀카키스Michael Dukakis는 **1988년 9월 13일**에 적절치 못한 사진 촬영을 하고 난 다음 1988년도 대통령 선거운동 내내 뼈아픈 교훈을 얻었다.

　국가 방위에 소극적이라는 비난을 줄곧 들어온 이 민주당 후보는 미시건에 위치한 제너럴 다이내믹스General Dynamics 공장에서 M1 미주력전차를 타고 사진을 찍었다. 듀카키스는 군인다운 강한 남자의 이미지를 전달하기보다는 멍청한 사람처럼 보였다. 그가 쓴 최첨단 헬멧은 너무 커서 얼굴을 잡아먹는 듯하고(스누피처럼 보인다는 사람도 있었다) 사진사들에게 엄지를 치켜세운 모습은 오히려 '얼간이 같다'는 품평을 낳으며 이미지를 실추시켰다.

"그는 (특대형 모자를 쓴 채) 전차 내 다른 사람들이 하는 말을 듣고 싶었다고 했다. 그렇다 쳐도 바보처럼 보였다"라고 한 측근이 나중에 《로스앤젤레스타임스》에 밝혔다. 듀카키스의 상대 후보는 조지 H. W. 부시였는데, 부시의 선거운동 담당자 역시 이러한 평가에 동의했고, 듀카키스가 아주 이상하게 나온 사진을 광고에 실으면서 고소해 했다. 이후 전문가들은 구상이 변변찮은 사진을 촬영하는 시간을 '전차를 탄 듀카키스' 촬영 시간 같다며 종종 빈정댔다.

1899년, 1927년, 1982년

14일

끊임없이 반복되는 운수 나쁜 날

9월 14일에는 뭔가 불길한 일이 일어나는 날인 것 같다. 적어도 역사에 남은 교통사고 사망자만 봐도 그렇다. **1899년**에는 헨리 블리스Henry Bliss라는 뉴요커가 세계 최초로 교통사고로 목숨을 잃었다. 정확히는 택시에 치였다. 그리고 영화배우에서 모나코의 왕비가 된 그레이스Grace Kelly는 **1982년**에 탑승 중이던 로버 P6가 프랑스의 산비탈로 곤두박질치는 바람에 사망했다. 그러나 어쩌면 가장 이상한 사고는 유명한 댄서 이사도라 던컨Isadora Duncan이 **1927년** 급작스러운 죽음을 맞은 것이었다.

던컨이 친구의 오픈카에 올라타 속력을 높일 당시 목에는 좋아하는 숄을 두르고 있었다. 그 숄은 우아하게 걸칠 수 있는 소품으로, 친구가 디자인한 것이었다(던컨은 디자이너 친구에게 이렇게 썼다. "이숄 정말 멋져, 세상에! 숄에서 강렬한 감정이 밀려오는 걸 느껴. ⋯ 색은 또 얼마나 붉은지! 마치 심장의 피 같아"). 그런데 숄에 달린 장식 술이 바람에 휘날려 뒷바퀴 좌측의 바퀴살에 걸려버렸다. 던컨은 자동차에 홱 이끌려 바닥에 쓰러졌고 운전자가 멈추기 전까지 약 60피트를 끌려 다녔다. 다행히도 그녀의 목은 즉각 부러진 상태였다. "애정은 위험할 수 있습니다." 거트루드 스타인은 그 치명적인 숄에 대해 이렇게 말했다. 하지만 어쩌면 이것은 9월 14일에 일어난 수많은 위험한 사건 중 하나에 불과할지도 모른다.

2008년

15일

"오만한 자를 위하여"
리먼의 파산

리먼 브라더스의 최고경영자 리처드 '딕' S. 풀드 주니어Richard 'Dick' S. Fuld Jr. 아래에서 일하는 경영진은 그의 눈을 피할 여지가 거의 없었다. '고릴라'라고도 불리는 그의 태도는 상당히 위협적이었다. 그는 경영진이 월 스트리트의 남녀를 통틀어 옷을 가장 잘 입어야 하고, 어느 자선단체에 기부하는지를 명시하고, 누구와 어디에서 어울리는지 자세히 밝히기를 요구했으며, 결혼 생활을 집요하게 감시하면서 꼭 행복하게 지내야 한다고 주장했다.

그런데 이 까다롭기 그지없는 CEO는 직원들을 쥐락펴락하는 동안 한 가지 사실을 놓친 것 같았다. 그것은 바로 리먼 브라더스를 파산으로 이끌고 70년 만에 가장 극심한 불황을 몰고 올 금융위기의 전조였다.

풀드는 리먼의 서브프라임 대출과 레버리지론, 위태로운 부동산 벤처기업 등에서 나타나는 불길한 조짐을 태평스레 무시하거나 부정했고, 16년 동안 지배했던 자신의 왕국을 붕괴 직전으로 몰고 갔다. 대재앙을 앞두고도 자신만만한 최고경영자는 리먼 자산을 매입하겠다는 숱한 제의를 거만하게 퇴짜 놓았다. 어쩌면 회사를 살릴 수 있었는데도 말이다.

어리석은 허세를 부리든 영리한 척 수지 계산을 하든 결국 필연

리먼 브라더스 최고경영자 딕 풀드(가운데)가 투자자들의 거센 항의를 받고 있다.

적으로 따르는 일은 피할 수가 없었다. **2008년 9월 15일**, 리먼 브라더스는 파산했다. 부채가 6,130억 달러에 이르는 미국 역사상 최대 규모였다. 당시에 풀드는 "토할 것 같아요"라고 말했는데, 2만 6,000명에 달하는 리먼 브라더스 직원들 역시 틀림없이 이런 감정을 느꼈을 것이다. 최고경영자가 몇 달에 걸쳐 안심하라고 위로해놓고 결국 그들의 직업과 수당, 회사 주가를 모두 날려버렸다.

리먼 브라더스의 전 경영진은 CNBC에서 이렇게 말했다. "여기에는 몇 주 전만 해도 딕 풀드를 위해 온갖 고난을 안고 가려는 사람들이 있었습니다. 하지만 이젠 바뀌었어요. 사람들은 그의 머리를 원합니다."

나중에 안 사실이지만 사람들은 풀드의 얼굴을 한대 때리는 것으로 만족해야 했다. 파산 발표가 났을 때 마침 한 직원이 풀드를 한방 먹였던 것이다.

2007년

16일

드디어 내려진 유죄 선고

1994년 두 사람을 살해한 혐의로 체포된 전직 스타 미식축구 선수 O. J. 심슨O. J. Simpson을 경찰이 추적하는 속도는 극히 느렸다. 그렇지만 **2007년 9월 16일**에 한층 누그러진 혐의로 그를 다시 체포한 일은 가히 심각한 결과를 초래했다. 그는 수차례의 강도, 폭행, 절도 등의 혐의로 기소되었다. 한 증인의 진술에 따르면 3일 전 그는 라스베이거스 호텔방에서 스포츠 기념품 중개상에게 "군인처럼 습격"했다. 심슨에게 모두 10개 혐의에 대한 유죄 판결이 내려졌다. 이는 심슨이 전처 니콜 브라운 심슨Nicole Brown Simpson과 종업원 론 골드만Ron Goldman을 살해했다는 혐의에 대해 무죄 판결을 받은 지 13년이 지나서였다. 골프장에서 보내던 여가시간도 느닷없이 끝났다. 뜻밖에도 그는 최소 70세까지 감옥에서 썩는 것이 확실해졌다(9년 만인 2017년 10월 그는 가석방이 결정되어 풀려났다).

2002년

17일

무식함이 흘러넘치는 부시 최고의 명언

"테네시에 오래된 격언이 하나 있습니다. 텍사스인 것은 아는데 아마도 테네시일 겁니다. 나를 희롱한 자, 부끄러운 줄 알아라. 다시는 희롱당하지 않을 것이다."

_조지 W. 부시 대통령

부시 대통령은 재임 기간에 여러 엄청난 난제에 봉착했는데, '최고 결정권자Decider'를 자처했던 부시가 그중에서도 가장 어려워했던 것은 자신의 생각을 알기 쉬운 영어로 옮기는 일이었다. "잘못 과소평가된misunderestimated" 대통령은 연설문을 망치기로 유명했고 (부시 대통령은 2001년 9월 26일 워싱턴 D.C. 연설에서 'misunderestimated'라는 존재하지도 않는 영단어를 사용하여 웃음거리가 된 바 있다-옮긴이) 2002년 9월 17일 내슈빌에서 했던 연설문도 예외가 아니었다.

18일

도미티아누스의 '예언된 죽음'

로마 황제 도미티아누스는 스스로 신이라 공언하긴 했지만 인간이 맞이할 죽음에 대해서는 여전히 두려움을 느꼈다. 특히나 자신의 정확한 서거 날짜와 시간이 **96년 9월 18일** 오전 5시라고 오래전부터 예언된 상태였기 때문이다. 그 두려운 날이 다가올수록 당연히 도미티아누스는 안절부절못하였다. 그는 거의 30년도 더전에 네로의 자살을 도왔다고 전해지는 자신의 비서 에바브로디도Epaphroditus를 처형했다. 주변인들에게 어떠한 상황에서도 황제를 죽이는 데 동의해서는 안 된다는 것을 알려주기 위함이었다. 고대 역사가 수에토니우스Suetonius에 따르면 도미티아누스는 김나지움 주변에 반짝반짝 광택이 나는 돌을 설치하라 지시하고 자신의 뒤에서 무슨 일이 일어나는지 지켜볼 수 있게 했다고 한다.

암살이 일어나기로 예측된 날 하루 전, 도미티아누스는 사과 몇 알을 받았다. "내일 가져오너라." 그는 이어서 이렇게 덧붙였다. "만약 내일이 오기라도 한다면." 다음날 아침, 공포에 사로잡힌 채 밤을 보낸 황제는 최근 수도에 번개가 빈번한 이유가 정권이 교체될 징후라고 말한 독일 출신의 예언자에게 사형 선고를 내렸다. 그런 다음 이마의 뾰루지에 손을 대 피를 내고서 이렇게 말했다. "이정도가 필요한 피의 전부였으면 좋겠군."

극심한 긴장 속에 오전을 보낸 도미티아누스는 약속된 죽음의 시간이 지나간 것을 알고 짜릿한 기분을 느꼈다. 기쁨에 겨워 그는 목욕을 하러 갔다. 아마 누구를 다음으로 처형시킬지 생각하는 중이었을 것이다. 그러나 황제는 누군가가 시간을 거짓으로 알려줬다는 사실을 알지 못했다. 도미티아누스가 몸을 말리는 동안 한 암살자가 반란이 일어났다는 비보를 전한다는 구실로 방으로 들어왔다. 황제가 보고서를 읽고 있던 그때, 암살자가 그의 사타구니를 찔렀다.

두 사람 사이에 격투가 벌어졌고, 부상을 입은 황제는 하인에게 자신의 베개 밑에 숨겨둔 단도를 가져오라고 고래고래 소리를 질렀다. 그러나 그 단도는 이미 치워진 지 오래였다. 도미티아누스의 방 안에서 발악하는 소리가 들리자, 나머지 암살자들이 들이닥쳐 황제를 덮쳤고 예언된 바로 그 시간에 그를 죽였다.

1952년

19일

찰리 채플린, 흑백 영화를 찍고 빨갱이로 찍히다

찰리 채플린Charlie Chaplin은 미국에서 가장 아끼는 희극 배우였다. 적어도 한동안은 그랬다. 그러나 미 당국은 그가 조금도 재미있다고 여기지 않았다. 약자는 연민으로 묘사하고 거만한 사람은 우스꽝스럽게 비판하는 리틀 트램프(오래도록 사랑받은 채플린의 캐릭터)에게는 뭔가 전복적인 면이 있었다. 바로 이 점이 당국을 화나게 했다. 채플린의 초기 영화 경력은 1914년에 시작되었는데, FBI 국장 에드거 후버는 그에게 "말로 떠드는 볼셰비키"라는 별명을 붙이고 향후 수십 년간 괴롭히다가 결국 나라 밖으로 내쫓았다.

리틀 트램프Little Tramp는 열렬한 팬을 만들고 대중들을 매료시켰기 때문에 정부는 이를 기꺼이 이용해 제1차 세계대전 동안 전쟁 채권을 팔았다. 동시에 이 캐릭터 덕분에 채플린은 무서운 인물이 되었다. 사람들을 조장하여 계급투쟁에 뛰어들도록 은밀하게 권력을 행사할 수 있다는 것이었다. 실제로 로스앤젤레스에서 채플린을 충실히 조사한 FBI 요원들은 1922년에 그들 상사에게 채플린이 "노동운동과 혁명을 위해 선전활동"을 벌이는 공산주의 음모에 가담했다고 보고했다.

할리우드의 무성영화 시대가 끝나면서 채플린의 영화는 평화, 정의, 인간의 존엄 등 좀 더 진지한 메시지를 전달하기 시작했다. 지나치게 정치적이라고 말하는 사람들도 있었다. 가령 히틀러와 무솔리니를 풍자한 1940년 작품 〈위대한 독재자The Great Dictator〉에서는 극중 한 인물이 이렇게 외친다. "탐욕은 인간의 영혼을 좀먹고, 세상을 혐오로 둘러싸고, 고통과 유혈 속으로 뚜벅뚜벅 걸어가게 한다."

점점 더 비관적인 분위기를 띠는 그 시대의 여타 채플린 영화는 제2차 세계대전을 앞두고 고립된 미국 관객들 사이에서 잘 받아들여지지 않았다. 보슬리 크로더Bosley Crowther 평론가는 후에 다음과 같이 간추려 말했다. "코미디언이 무슨 권리로 그렇게 엄숙한가? 대중은 적대적으로 묻는다. 떠돌이 복장으로 다시 돌아가라고 비난한다. 그런 항의를 제대로 받아들여라! 우리를 생각하게끔 자극해서 언짢게 만들지 말라!"

그러나 정부는 대중이 채플린 영화의 운명을 결정짓도록 내버려두지 않았다. 하원의원 존 랭킨John Rankin도 그중 한 명으로, 채플린을 추방해야 한다고 주장했다. 그는 채플린이 "미국 시민이 되는 것을 거절했다"고 비난을 퍼부었다. "채플린이 할리우드에서 영위하는 삶은 미국의 도덕 구조에 해롭다. (그가 추방된다면) ⋯ 미국 청소년들을 그의 역겨운 영화로부터 지킬 수 있다."

1947년에 채플린은 신문 보도를 통해 반미 활동 조사 위원회에 출석해야 한다는 사실을 알았다. 그래서 그는 위원회 회장인 J. 파넬 토머스J. Parnell Thomas에게 다음과 같이 답장을 보냈다. "제가 무슨 생각을 하는지 최신 정보를 얻으려면 최근에 제작한 〈살인광시대Monsieur Verdoux〉를 주의 깊게 보시기 바랍니다. 이는 반전 영화이자 청소년들을 헛되이 죽이는 것을 반대하는 영화입니다. 이 영화가 다루는 인간적인 메시지를 싫어하지 않으실 겁니다. 회장님께서 의장이 박힌 소환장을 준비하시는 동안 제가 어디쯤 위치하는지 힌트를 드리겠습니다. 저는 공산주의자가 아닙니다. 평화주의자입니다.”

위원회는 채플린의 증언 기회를 세 번이나 연기시켰지만 채플린은 끝내 모습을 드러내지 않았다. 그러나 정부의 마지막 공격이 여전히 남아 있었다. **1952년 9월 19일**, 채플린이 새 영화 개봉 때문에 영국까지 배로 이동하는 동안 법무장관인 토머스 맥그래너리 Thomas Mcgranery가 채플린의 미국 재입국 허가를 취소시켜 버렸다.

맥그래너리는 이렇게 말했다. “만약 채플린이 한 말이 맞는다면 내 생각에 그는 공개적으로 공산당원이라 밝힌 혐의가 있고, 중대한 도덕적 책임이 있으며, 그를 정중히 대접하여 가치를 높여준 국가를 비웃고 조롱한 태도에 대해 소상히 밝힐 의무가 있는 불미스러운 사람입니다.”

채플린은 1972년에 자신의 공로에 대한 오스카 명예상을 받을 때를 제외하고 미국에 돌아온 적이 없었다. 추방 당시 그는 이렇게 말했다. “예수 그리스도가 대통령이 된다 해도 다시 돌아갈 생각이 없습니다. 내가 엄청난 죄를 지었다면 그건 예나 지금이나 ‘비순응주의자’라는 점입니다.”

1737년

20일

'걷기'가 아닌 '달리기'로 원주민들을 속이다

윌리엄 펜William Penn은 자신의 이름을 딴 영국 직할 식민지의 비교적 인정 많은 주지사였다. 그러나 그 지역에 오래전부터 거주한 레나페족Lenape 또는 델라웨어족Delaware을 쫓아내는 데는 아들들의 공로가 컸다. 원주민들의 영토를 더 많이 차지하고 싶었던 토머스 펜과 존 펜은 성인 남성이 하루 반나절을 걸어서 갈 수 있는 거리만큼의 땅을 인디언들이 양도해야 한다는 조항이 적힌(아마도 대다수 역사학자가 위조문서라 여기는) 조약을 완성했다. 델라웨어족 부족장들은 소위 조약에 명시된 조항에 마지못해 동의했지만, 교활한 식민주의자들이 일명 '도보 구매Walking Purchase'로 최대한의 땅을 가져갈 수 있으리라 생각지 못했다. 후한 보수에 끌린 세 명의 건장한 펜실베이니아 남자들이 걷기 위해 모였다. 길은 꼼꼼하게 표시되어 있었고 최대한 먼 거리를 확보하기 위해 덤불은 깨끗이 정리되어 있었다. 그리고 **1737년** 9월 19일 아침이 되었을 때 이 남자들은 달렸다. 말 그대로 쏜살같이. 걸어서는 차지하려는 영토의 크기에 한참 못 미치기 때문이었다. 원주민들은 분통을 터뜨렸다. "당신들, 달렸습니다. 공정하지 않아요. 걸었어야죠." 그러나 그런 항의는 소용이 없었고, 다음날인 **9월 20일** 오후 60마일 이상의 토지가 확보되었다. 델라웨어족에게 이만큼의 영토는 그들 조국의 엄청난 부분에 해당하는 것이었다.

1327년

21일

에드워드 2세의 갑작스럽고도 수치스러운 죽음

잉글랜드의 에드워드 2세는 외모가 멋지긴 했지만 그의 격동적인 치세는 한마디로 말해 끔찍했다. 콧대 높은 충신에게는 마음껏 특혜를 베풀었고 잉글랜드의 부호와는 극심한 불화를 겪었으며 스코틀랜드의 침략에 굴욕적으로 패배한 데다 왕비와 그녀의 정부情夫에 의해 강제 퇴위 당했다. 역사 기록이 믿을 만하다면 그중에서도 가장 끔찍한 일은 **1327년 9월 21일** 버클리성에서 발생한 에드워드 2세 살인 사건이었다. 시대별 기록물 중에 1346년의《히스토리아 아우레아Historia Aurea》에 따르면 왕은 "뜨겁게 달구어진 쇠가 성기에서 엉덩이까지 관통해 … 살해되었다"(일부 현대 역사학자들은 에드워드가 이런 식으로 살해되었다는 주장을 인정하지 않는다).

놀랍게도 이런 수치스러운 죽임을 당한 잉글랜드 군주는 에드워드가 처음이 아니었다. 에드먼드 2세는 1016년에 침략자인 데인족 크누트 대왕에게 왕국의 절반을 할양한 뒤 나머지 영토를 잠시 동안 통치했다. 그는 화장실에 가야 했는데, 헌팅던의 헨리Henry of Huntingdon는 다음에 어떤 일이 벌어졌는지 이렇게 전했다.

"어느 날 밤, 기세등등한 왕이 화장실에 가고 싶어서 집으로 들어갔을 때 앨더먼(최고 관리)인 이드릭Eadric의 아들이 아버지의 계략에 따라 에드먼드를 구덩이에 숨긴 다음 날카로운 단검으로 아래에서 두 차례 찔렀고, 그 칼을 창자에 꽂은 뒤 달아났다."

1975년

22일

포드 대통령의 두 번째 수난

리넷 스퀴키 프롬Lynette Squeaky Fromme(살인 교주 찰스 맨슨Charles Manson의 추종자)이 캘리포니아주 프레즈노에서 한 차례 암살을 시도한 데 이어 또 다른 여성이 같은 달, 같은 주에서 제럴드 R. 포드 Gerald R. Ford 대통령을 죽이려 한다는 것은 상상조차 할 수 없는 일이었다. 그러나 그런 일이 실제로 일어났다. 프롬의 암살 시도로부터 고작 17일이 지난 **1975년 9월 22일**의 일이었다.

사라 제인 무어Sara Jane Moor는 얼마 전부터 부쩍 과격해진 45세의 평범한 주부로, 샌프란시스코 호텔을 나오면서 당일 아침에 구매한 38구경 리볼버로 이유 없이 대통령을 쐈다. 군중이 밀집한 가운데 40피트 떨어진 곳에서 발사된 총알은 포드의 머리를 살짝 빗나갔다. 어쩌면 무어가 새 무기에 그리 익숙하지 않아서였을 것이다. 무어가 두 번째로 발포하기 직전에 올리버 시플Oliver Sipple이라는 행인이 그녀의 팔을 가격했고 그때 대통령은 서둘러 안전한 곳으로 피할 수 있었다.

놀랍게도 암살자가 될 뻔한 이 여성은 대통령을 죽이려 한 전날 직접 경찰에 신고했지만, 경찰은 그녀의 45구경 리볼버만 압수했다. 그리고 나서 비밀경호국이 무어를 인터뷰했지만 "대통령 방문 시간 동안 감시를 해야 할 정도로 충분한 보호가 필요하지 않다"고 여겼다. 이러한 부주의로 대통령은 목숨을 거의 잃을 뻔했으나

9월의 두 번째 암살시도가 있은 후 포드 대통령의 모습.

유머 감각만큼은 잃지 않았다.

그는 나중에 농담 삼아 이렇게 말했다. "남녀평등 헌법 수정안에 대한 저의 지지를 검토해 봐야겠습니다. 여자들이 절 죽이려고 하네요."

23일

긴급구제 지원금은 곧장 호화호식으로

국가로부터 긴급구제 지원금으로 850억 달러를 받으면 어떻게 할까? 완전한 파산 선고를 겨우 면한 지 일주일도 채 안 지난 **2008년 9월 23일**, 거대 보험사 AIG 임원들은 스트레스를 풀기 위해 캘리포니아의 모나크 비치에 있는 호화로운 리조트로 갔다. 전체 비용은 443,343.71달러였다. 객실 요금 외에 연회장비 15만 달러, 바 1만 달러, 팁 3,000달러, 골프장 사용료 7,000달러, 호텔 스파 이용료 2만 3,000달러, 미용실 1,400달러가 포함된 금액이었다. "미국 국민들이 비용을 대는 동안 그들은 매니큐어, 패디큐어, 마사지, 피부 미용을 받고 있었습니다." 화가 난 엘리자 커밍스Elijah E. Cummings 하원의원이 의회 청문회에서 소리쳤다. 혼쭐이 난 임원들은 캘리포니아 하프 문 베이에 위치한 호화로운 리츠 칼튼 스파 리조트에 가려고 했던 계획을 취소했다. 그렇지만 어쨌든 보너스는 얻었다. 추가 지원금으로 378억 달러를 받은 것이다.

1780년

24일

"배신의 대명사"
베네딕트 아널드

자유를 위한 자신의 큰 희생이 제대로 인정받지 못하고 무시당한다고 느꼈을 때 베네딕트 아널드가 선택한 행동은 바로 배신이었다. 당시 자신의 지휘 하에 있던 웨스트포인트West Point를 영국군에게 넘긴 것이다. 하지만 첩보 역할을 하던 영국군의 안드레 소령이 체포되었다는 소식을 듣자 베네딕트 아널드는 자신의 배반 계획이 들통났음을 알아차렸고 **1780년 9월 24일** 아침에 곧바로 집에서 나와 줄행랑쳤다. 그날은 한때 사령관이었던 조지 워싱턴과 조찬을 함께하기로 한 날의 바로 전날이었다.

스스로를 영향력 있는 사람으로 과시하던 배반자 아널드는 헐레벌떡 허드슨 강둑을 벗어나 노를 저으며 H.M.S. 벌처Vulture('독수리', '남을 등쳐먹는 사람'이라는 의미)라는 그 이름도 적절한 영국 전함에 올라타, 토머스 페인Thomas Paine이 "독수리 한 마리가 또 다른 독수리를 끌어들인다"고 했듯이 오명에 걸맞은 거침없는 행동을 이어갔다. 사기꾼의 대명사답게 이번에는 베네딕트 아널드가 영국군의 깃발을 매단 채 돌아왔다. 코네티컷주의 예전 이웃들을 급습하여 뉴런던New London을 잿더미로 만들었다. 하지만 역설적이게도 아널드는 자신이 내친 나라보다 그를 거두어 준 나라에서 더 관심을 못 받았다. 아무도 고자질쟁이는 좋아하지 않는 법이다.

25일

토요일 밤의 명예훼손?
체비 체이스 또 추락하다

2002년 체비 체이스Chevy Chase가 주인공이었던 뉴욕 프라이어스 클럽 행사New York Friars Club Roast는 이례적으로 격렬했다. 한물간 배우 겸 코미디언에게 쉴 새 없이 혹독한 비판을 해댔고 약물 의존을 꼬집었으며 걸핏하면 유머 감각이 없다고 들먹였다. "체비를 보면 자기 유머에 자기만 웃을 수 있다는 것을 아실 겁니다." 그레그 기랄도Greg Giraldo는 이렇게 가시 돋친 말을 내뱉었다. 그밖에도 비슷한 비판은 많았다. 그날 행사에 얼굴을 내민 몇 안 되는 동료들(악명 높은 체이스의 비열함을 보면 이는 어쩌면 마땅한 벌이었다)보다는 그리 이름이 알려지지는 않았지만 유난히 심술궂은 코미디언들이 그렇게들 비판했다(조금 더 알려진 스타들도 체비 체이스를 비난하는 데 목소리를 보탰다. 조니 카슨도 그중 한 명으로, 파산한 토크쇼 진행자를 두고 "그는 저녁으로 구운 콩을 먹고 나면 애드리브를 전혀 못합니다"라고 말했다). 2002년에 초대 연사들이 고통스러울 만큼 재미없는 체비 체이스를 신랄하게 비판했다고는 하지만, 이미 20년도 더 전에 영화배우 케리 그랜트Cary Grant 역시 같은 감정을 느끼고 그에게 1,000만 달러의 소송을 제기한 바 있다.

체이스의 극적인 추락으로 그 사건이 크게 회자되진 않았지만, 〈새터데이 나이트 라이브Saturday Night Live〉 출연진이 케리 그랜트를 이을 인물이라 일컬어지는 이 전도유망한 주연 남자배우와 함께 중요한 일을 준비하던 때도 있었다. **1980년 9월 25일** 방영된 운명적인 인터뷰에서 〈투모로우 쇼The Tomorrow Show〉진행자 톰 스나이더Tom Snyder가 영화 〈캐디쉑Caddyshack〉의 주인공인 체이스에게 영화계의 전설적인 인물과 비교되는 것에 대해 질문을 던졌다.

"그는 신체 접촉을 좋아하는 코미디언이죠." 체이스가 그랜트에 대해 이렇게 말했다. "그가 호모였다는 것도 알아요. … 얼마나 여자 같던지."

그랜트는 이 농담이 전혀 즐겁지 않았고 즉각 명예훼손으로 고소했다. "케리가 그렇게 화가 난 것은 그때가 처음이었다"라고 영화감독 피터 보그다노비치Peter Bogdanovich가 자신의 책《대체 그 안에 누가 있는 거야? 할리우드 배우와의 대화Who the Hell's in It: Conversations With Hollywood's Actors》에서 밝혔다. "케리가 '절대 무사히 빠져나가지 못할 거야'라고 말하며 소송을 걸었다. 그리고 이렇게 덧붙였다. '동성애자에 대해 반감은 없어. 그게 나여서는 안 되는 것뿐이야.'"

결국 그랜트는 알려진 바와 같이 100만 달러로 합의했다. 이는 체비 체이스가 프라이어스 클럽 행사에서 그토록 가차 없는 폄하를 감수하고 번 돈의 10배에 해당하는 금액이었다.

26일

폭격으로 재가 된 파르테논

"파르테논 신전이야말로 지구에 있는 기념물 중 으뜸이다." 시인 랠프 월도 에머슨은 아테네의 아크로폴리스 꼭대기에 있는 위풍당당한 유적에 대해 이렇게 썼다. 에머슨을 비롯한 많은 사람이 건축학적으로 완벽하다고 예찬했던 파르테논은 허물어져 이제 예전 모습의 뼈대만 남았다. 비극적이었던 **1687년 9월 26일**, 전쟁의 영향으로 대리석으로 만든 서구 문명의 성지가 거의 파괴되다시피 했기 때문이다.

당시 아테네는 오스만 제국의 지배를 받고 있었다. 그리고 베네치아 사람들은 그들에게 저항하여 신성 동맹을 맺었다. 9월 25일에 오스만 제국과 베네치아 간에 전쟁이 벌어지면서 고대 파르테논이 순식간에 폐허가 되었다. 투르크족은 파르테논 신전을 탄약고이자 여성과 아이들의 대피소로 사용하고 있었다. 어쩌면 역사학자들의 추측대로 투르크족은 기독교도인 베네치아군이 한때 신성한 교회였던 고대 건축물을 포격하지 않으리라 믿고 있었을지도 모른다. 애석하게도 포위 중이던 베네치아군은 주저하지 않고 건물을 폭격했다.

파르테논을 조준한 수많은 포탄 중 하나가 건물 내부에 있던 화약으로 떨어져 엄청난 폭발을 일으켰다. 건물의 벽과 완벽히 균형 잡힌 기둥, 그리고 지붕이 무너져 내렸고, 고대 조각상도 산산조

VEDUTA DEL CAST D ACROPOLIS DALLA PARTE DI TRAMONTANA.
308

베네치아의 폭격으로 파괴되는 파르테논 신전을 묘사한 그림.

각 났다. 난민 약 300명이 죽고, 이틀 동안 불이 맹렬히 타올랐다. 목격자에 따르면 "이렇게 하여 수백 년간 숱한 전쟁을 치르면서도 파괴할 수 없었던 그 유명한 미네르바(아테나) 사원이 무너졌다".

베네치아 장군 프란체스코 모로시니Francesco Morosini는 훗날 훨씬 커다란 조각상이 있는 부지를 약탈할 때 파르테논 예술품을 더 많이 망가뜨렸다. 그는 불완전하고 성급하게 대처했기 때문에 서쪽 박공 면의 포세이돈 조각과 아테나의 마차를 끄는 말 조각들을 아크로폴리스 바위로부터 40피트 아래에 떨어뜨려 놓았다. 물론 그 다음에는 엘긴 경Lord Elgin이 있었다(7월 31일 참고).

1942년

27일

"쏘지 마! 우리 같은 편이야!"

배에도 뇌가 있다면 미국 해군 전함 윌리엄 D. 포터William D. Porter 는 분명 멍청한 해군 전함으로 평가될 것이다. '윌리디Willie Dee'라 는 별명이 붙은 구축함은 **1942년 9월 27일**에 처음 출항을 하고 난 뒤 터무니없는 일을 연달아 겪어야 했다.

1943년 11월, 새 취역함은 매우 중요한 비밀 임무를 부여받았 다. 그것은 프랭클린 D. 루스벨트가 탑승한 미 전함 아이오와호를 대서양 건너 대통령 정상회담 자리까지 호위하는 것이었다. 거기 에는 테헤란 회담에 참석하는 동맹국 지도자들도 탑승 중이었다. 아주 간단한 일로 보였지만, 윌리디호 입장에서 그리 간단한 일만 은 아니었다. 호송대에 합류하기 직전, 윌리디호는 버지니아주 노 픽에 위치한 정박지에서 나오다가 다른 구축함과 충돌하는 것을 가까스로 피했다. 거기서부터 상황은 더 나빠졌다.

적군의 U보트가 가득한 바다에서 몰래 움직이는 것이 관건이었 다. 그런데 호송대에 합류한 윌리디호는 엄청나게 시끄러운 소리 를 냈다. 무방비 상태의 폭뢰가 구축함에서 미끄러져 나와 폭발하 고 만 것이다. 그 바람에 갑자기 파도가 덮쳐 해군이 물에 빠지고, 잠깐 동안 기관실 전원이 꺼졌으며 아이오와호를 놓쳐버렸다. 이 모든 문제가 벌어지자 출세지향적인 윌프레드 월터Wilfred Walter 대 령은 몹시 당황했다. 특히 사령관과 해군 대장이 그를 예의 주시하고 있었기 때문이었다. 어쩌면 모의로 훈련을 개시했다는 변명이 상황을 개선시킬 수 있을지도 몰랐다.

그래서 월터는 어뢰 공격을 연습해보는 모의 전투를 준비했다. 아이오와호를 '표적'으로 삼은 채 해군들은 윌리디호에 설치된 네 개 관에서 어뢰를 발사하는 데 필요한 도화선을 제거했다. 그러니까, 거의 제거하긴 했다. "발사" 하는 명령과 함께 도화선이 제거된 첫 번째 어뢰가 실험적으로 발사되었고, 이어서 두 번째도 발사되었다. 그런데 세 번째에 뭔가 예상치 못한 일이 발생했다. 모의 발사 후에 무음이 아닌 "쉬이이이익" 하는 소리가 들렸다. 윌리디호가 미국 대통령과 전체 참모총장들을 향해 진짜 어뢰를 발사한 것이었다.

공황 상태에 빠졌다. 어뢰와 충돌하기 전에 아이오와호에 경고해야 했다. 그렇지만 어떻게 해야 할까? 무선은 철저히 금지되었다. 공연히 적들의 이목을 끌지 않기 위해서였다. 결국 거대한 전함에서 빠져 나오라는 통보를 통신병에게 맡길 수밖에 없었다. 그러나 어리고 경험이 없던 통신병은 엉뚱한 전갈을 담은 신호를 불빛으로 보냈다. 즉 어뢰가 아이오와호에서 발사되고 있다는 내용이었다. 당황한 통신병은 반대로 윌리디호가 전속력으로 가고 있다는 신호를 보냈다. 우왕좌왕하던 통신병은 어쩔 수 없이 무선을 이용하기로 했다. 메시지는 순식간에 수신되었고, 아이오와호는 급히 오른쪽으로 꺾어 전속력으로 나아갔다(아이오와호의 총탄은 윌리디호를 향해 있었다). 갑작스러운 전환으로 인해 전함은 급격히 기울었고, 측면에 어뢰가 날아드는 것을 지켜보고 있던 루스벨트 대통령은 휠체어 밖으로 나가 떨어졌다. 이런 고비를 겪고서야 아이오와호 뒤를 좇는 폭발을 피할 수 있었다.

대참사가 일어난 이후 암살자가 배에 탑승했을지도 모른다는 강한 불신이 생겼고, 윌리디호는 호송대에서 철수한 다음 버뮤다로 돌아가라는 명령을 받았다. 그리고 전 해군이 체포되었다. 도화선을 제거하는 것을 잊고 거짓말까지 했던 불운한 해병은 14년 동안 중노동을 할 것을 선고 받았다. 측은하게 여긴 루스벨트 대통령은 그 판결을 취하해 주었다. 전체 에피소드는 어수룩한 선원이 저지른 엄청난 실수로 기록되었지만, 윌리디호에 대한 유감은 그대로 남아 "쏘지 마! 우리 공화당이야!"라는 인사말로 종종 회자되곤 한다(윌리엄 D. 포터는 일본 가미카제의 공격으로 결국 태평양에서 끝을 맞이했다. 실수를 남기긴 했어도 이 구축함은 1945년에 한 명의 해군도 잃지 않았다고 기록되었다).

1597년

28일

"코를 잘라 바치는 게 그렇게 잔인한가?"

미미즈카耳塚라 칭하는 귀무덤은 사실 대부분이 코무덤이다(귀무덤은 한때 정확한 이름인 하나즈카鼻塚, 즉 코무덤으로 알려져 있었지만, 봉헌된 이후 수십 년이 흐르면서 이름이 바뀌었다고 한다. 너무 잔인하게 들린다는 이유에서였다). 16세기 말 일본이 한반도를 대규모로 침략했을 때 병사와 민간인 가리지 않고 그들의 코를 어마어마하게 잘라냈다. 보통 일본 사무라이는 전리품이자 보상으로 적군의 온전한 머리를 가져갔는데, 이번 대규모 습격에서는 그럴 수가 없었다. 일본까지 편히 들고 가기에는 머릿수가 너무도 많았기 때문이다. 그래서 사무라이는 방법을 간소화했다고 새뮤얼 홀리Samuel Hawley가《임진왜란The Imjin War》에 기록했다. "수천 명의 사람들이 길가에 마련된 코 수집소에 살해당한 이들의 얼굴에서 잘라낸 코를 가져왔다. 거기에서 신중하게 코의 수를 세고 기록하고 염을 하고 포장했다." 그렇게 절여진 다량의 코는 배에 실려 교토의 한 사원에 파묻혔다. 그렇게 봉헌된 때가 **1597년 9월 28일**이었다. 코무덤은 그 자리에 남아 일본이 전시에 저지른 만행을 보여주는 증거가 되었다. 비록 정부가 항상 그런 식으로 해석하는 것은 아니었지만 말이다. 자리를 이전한 이후 사람들의 발길이 뜸해진 미미즈카 사원의 현판에는 한때 이렇게 적혀 있었다. "그 시절 기준으로 보면 사람들의 코를 베는 것이 그리 잔혹한 일이었다고 하기 어렵다."

29일

파면, 파면, 파면, 또 파면

가톨릭교회로부터 파면당하는 일은 중세시대 군주에게 아주 큰 일이었다. 국민이 군주에게 더는 충성하지 않으며 본질적으로는 그를 왕좌에서 끌어내린다는 의미였다. 어떻게든, 필요하다면 그렇게 했다. 그래서 신성로마제국 황제 프리드리히 2세는 **1227년 9월 29일**에 최초로 파면되었을 때 교황의 노여움에 엄청난 압박을 느꼈다. 두 번째, 세 번째 파면에서도 마찬가지였다. 그러나 네 번째 파면을 당했을 때는 교황이 그토록 강력한 무기를 휘두르는 것이 조금 과하다는 생각이 들기 시작했다.

2006년

30일

카지노 거물이 팔꿈치를 잘못 움직여
5,400만 달러를 손해 본 이야기

"이런, 안 돼!" 하는 여러 순간을 기록한 것 중에서도 **2006년 9월 30일**에 스티브 윈Steve Wynn이 실수로 피카소 작품에 구멍을 낸 일만큼 이마를 철썩 칠 만한 사건은 거의 없을 것이다. 라스베이거스의 거물 윈은 피카소가 젊은 연인 마리 테레즈 발테르Marie Therese Walter를 그린 1932년 작품 〈꿈Le Rêve〉을 1억 3,900만 달러에 판매하는 거래를 이제 막 마친 참이었다. 그래서 그림을 넘기기 전에 친구들을 사무실로 불러서 특별 전시회를 열었다. 윈은 친구들에게 그림의 유래와 에로틱한 특징들, 인물의 턱에서 불거져 나온 남근 등을 즉흥적으로 설명하는 동안 팔을 흔들며 큰 몸짓으로 이야기했다. 그러다가 갑자기 "끔찍한 소리가 났다"고 손님 중 한 명이었던 작가 노라 에프론Nora Ephron이 《허핑턴포스트The Huffington Post》에서 밝혔다.

에프론은 이렇게 썼다. "윈이 그림에서 한 발짝씩 물러났다. 그가 마리 테레즈 발테르의 통통하고 이른바 '에로틱한' 팔뚝 중앙을 강타하는 바람에 1달러 은화만한 까만 구멍이 생겼다. 정확히 말하면 스티브 윈의 팔꿈치 끝 부분만한 크기였다. 구멍 양쪽이 3인치 정도 찢어져 너덜너덜했다. 윈은 색소성 망막염을 앓았다. 주변 시야가 안 보이는 눈 질환인데, 윈은 무슨 일이 벌어졌는지 상당히 정확히 볼 수 있었다. 그는 '오 제기랄, 내가 한 짓을 좀 봐' 하고 말했다."

　말할 것도 없이 그림 판매는 취소되었다. 이후 윈은 그림을 복구했고, 그림의 가격은 무려 5,400만 달러가 떨어졌다. 그렇지만 완전히 손해 본 것은 아니었다. 법적 맹인이 된 카지노 거물은 보험회사와 일을 처리한 후 망가진 '꿈'을 자신이 소장하기로 마음먹었다 (윈이 몸동작을 크게 하는 데 취미가 있었던 것 말고도, 피카소 작품은 2010년 초 메트로폴리탄미술관에서 한 관광객이 넘어졌을 때나 2012년 휴스턴미술관에서 한 방문객이 스프레이로 훼손했을 때 진배없이 망가졌다).

October

10월

"(가을은) 길을 걷는 당신을 재촉하고,
미친 듯이 불어대는 가지각색 기류에
낙엽은 떨어져 바스락거린다.
바람은 당신의 뼛속 깊은 곳을 할퀸다.
인류의 기억 속 화음의 말은
인간의 영혼 깊이 오래된 뭔가를 건드리겠지.
떠나거나 죽으라, 떠나거나 죽으라."

스티븐 킹Stephen King, 《살렘스 롯Salem's Lot》

1961년

1일

비운의 별을 단 로저 메리스

뉴욕양키스 선수 로저 메리스에게는 비운의 승리였다. **1961년
10월 1일**, 이 우익수는 베이브 루스가 1927년 수립한 한 시즌 최다
홈런 기록(61개!)을 깨뜨렸다. 그러나 축하는 둘째 치고 이 놀라운
성공을 달가워하는 사람도 얼마 되지 않는 것 같았다. 그리고 이
기록은 '달콤씁쓸하다'는 표현의 의미를 다시금 되새겨 주었다.

말수가 적고 가끔은 시무룩해 보이기까지 했던 로저는 상대적
으로 양키스에 온 지 얼마 되지 않았던 터라 신성한 기록을 세운
구단의 전설 '밤비노'(베이브 루스의 애칭)에 감히 비할 바가 아니었
다. 역사적인 기록에 함께 도전하고 있던 팀 동료 미키 맨틀처럼
화려하고 카리스마가 있는 것도 아니었다. 야구의 전설 로저스 혼
즈비Rogers Hornsby는 당시 거의 온 세상이 공유하던 정서를 이렇게
요약했다. "로저는 루스의 기록을 깰 권리가 없다."

1961년 7월, 로저가 베이브 루스의 기록을 빛바래게 할 가능성
이 거의 현실화되자 메이저리그 커미셔너이자 베이브 루스의 오
랜 친구(나중에 그의 유령 작가로 밝혀졌다)인 포드 프릭Ford Frick이 그의
유산을 보호하기 위해 나섰다. 한 시즌 게임 수가 베이브 루스가
활동하던 당시의 154게임에서 162게임으로 늘어났기 때문에 새
로운 기록도 154게임 안에 세워져야 한다고 선언한 것이다. 그렇
지 않다면 '별표'(실제 기호가 사용된 적은 전혀 없지만)를 달고 별개의

기록으로 분류되어야 한다는 것이었다. 포드는《뉴욕타임스》가 설명한 것처럼 베이브 루스의 기록 주변으로 "보호막을 쳤고", 로저의 성공에 먹구름을 둘렀다. 아직 실현된 것도 아닌데 말이다.

하지만 로저의 성공에 자격이 있는지 심사하려던 이들도, 또 그가 매직 넘버에 다가서자 비난의 편지를 보낸 사람들도 스포츠 평론가들만큼 악랄하지 않았다. 평론가 대부분이 로저 메리스의 획기적인 기록 수립 자체를 업신여기는 것처럼 보였고 역겨운 풍자를 통해 그 경멸을 드러냈다. 오스카 프레일리Oscar Fraley는 "그의 거들먹거리는 태도를 견딜 수가 없다"고 코웃음 쳤고, 지미 캐넌Jimmy Cannon은 로저와 미키 맨틀을 라이벌 관계로 묘사하며 "한 가지 사실은 분명하다. 로저는 베이브 루스도 아니고 조 디마지오Joe DiMaggio도 아니다. 그는 미키 맨틀도 못 된다. 그 사실이 징징대는 로저의 심기를 가장 심하게 건드리는 것 같다"고 썼다(로저와 미키의 라이벌 관계를 추하게 다룬 작위적인 기사들과 반대로, 두 선수는 서로에게 아주 좋은 친구였다. "그보다 더 좋은 선수야 있겠지만, 더 좋은 사람을 보지는 못했다"고 미키는 그의 팀 동료에 대해 말한 바 있다. "로저가 61호 홈런을 쳤을 때, 나는 세상에서 두 번째로 행복한 사람이었다").

내성적인 성격의 로저는 맹수 같은 언론의 공격에 날이 갈수록 힘들어 했다. "덫에 걸린 채 빠져나올 방법을 찾지 못한 것 같았다"고 훗날 그는 썼다. "나를 점점 죄어왔다. 머리를 자르러 가기도 겁났다." 스트레스는 바로 그곳을 공격했고, 실제로 그의 머리가 빠지기 시작했다. "탈모가 진행된 걸 보고서야 로저가 얼마나 압박감을 느끼는지 이해할 수 있었다"고, 팀 동료 클리트 보이어Clete Boyer는 회상했다.

언젠가 로저는 자신의 좋은 친구인 미키에게 마음을 드러내며 이렇게 말했다. "미칠 것 같아, 미키. 더 이상 견딜 수 없어."

"그가 겪은 6주 동안의 시련은 다른 어떤 운동선수도 겪은 적 없는 일이었다"고《컬럼비아Columbia》의 아서 데일리Arthur Daley는 썼다. "사람들은 그를 괴롭히고, 조롱하고, 학대하고, 고문하고, 저주하고, 성가시게 굴고, 혼란스럽게 만들었다. 하루도 빠짐없이 작가들과 라디오와 TV 속 심판관들이 속마음을 파헤치겠다며 그를 들볶았다. 어떤 질문들은 날카롭고 정확했다. 하지만 대부분은 무의미하거나 모욕적이었다. 그는 전쟁을 치르듯 첫 번째 질문들의 지뢰밭을 지났고, 두 번째 질문들 속에서 고통 받았다."

메이저리그 명예의 전당에 1961년 로저가 61호 홈런을 쳤을 때 사용한 방망이와 공만 덩그러니 전시되어 있는 데에는, 건방진 양키스 선수를 십자가에 못 박아 그가 남긴 유산을 불명예스러운 제물로 바쳤던 스포츠 평론가들의 일조가 있었던 것이다. 로저 메리스는 명예의 전당에 헌액되지 못했다.

2013년

2일

"'폐쇄'라고 하셨어요?"
애국심에 호소하는 '애국심 폐쇄'의 당사자

장면: 2013년 10월 2일, 허세 넘치는 미 텍사스 공화당 하원의원 랜디 뉴지바워Randy Neugebauer가 옷깃에 커다란 성조기를 꽂은 채 워싱턴 D.C. 내셔널몰 공원의 제2차세계대전기념관 앞에서 국립공원관리청 직원과 대치하고 있다. 기념관은 최근 연방정부 폐쇄 여파로 일반인 출입이 금지되었다.

"어떻게 저들을 보고서도 출입을 막을 수 있습니까?" 랜디가 여행객들 한가운데서 사람들의 출입을 막아 비난을 받고 있는 공원 경비원에게 물었다(2차 대전 참전용사들만 예외적으로 입장이 허용되었다).

"어려운 일입니다." 직원이 답했다.

"그럼, 그래야죠." 하원의원이 씩씩거렸다.

"어려운 일입니다." 경비원은 말했다. "죄송합니다, 의원님."

"공원관리청은 부끄러운 줄 알아야 합니다!" 랜디는 계속 밀어붙였다.

"부끄럽지 않습니다." 경비원이 답했다.

문제: 바로 전날, 랜디는 연방정부 폐쇄로 이어진 예산안에 투표했고 그로 인해 전쟁기념관도 잠정 폐쇄되었다. 다행스럽게도 이 일화는 빠짐없이 녹화되어 랜디의 바보 같은 위선을 전부 기록하고 있다.

1977년

3일

엘비스를 위한 앙코르는 없다

얼마나 다행인지, 엘비스는 CBS가 **1977년 10월 3일**에 열린 그의 마지막 콘서트 일부를 방영할 때 이미 사망한 상태였다. 살아 있었다면 점차 하락세였던 그의 경력에 치명타가 되었을 것이다. 목소리는 꽤 괜찮았지만 분명 '킹'은 저물고 있었다. 그는 잔뜩 부은 모습으로 정신을 못 차린 채 땀을 흘려댔고, 가사도 거의 몽땅 잊어버린 채 부분부분 우물거릴 뿐이었다. 전하는 바에 따르면 CBS도 그 해 8월 엘비스가 사망하기 전까지는 방송을 보류하고 이 슬픈 장관을 세상에 공개하지 않으려 했지만 그의 사망 이후 시청률의 유혹을 참지 못했다. 다행스럽게도 사려 깊은 고인의 상속자는 이후 이 끔찍한 공연의 녹화 영상 발매를 완고하게 거부하고 사운드트랙 발매만을 허용해 킹의 존엄성을 조금이나마 지켜주었다. 이제 그가 출연한 졸작 영화들만 좀 묻어 버리면 좋을 것이다.

1976년

4일

바바라 월터스의 증말 나쁜 날

1976년은 방송인 바바라 월터스Barbara Walters에게 도약의 한 해가 될 수 있었다. 하지만 일은 그렇게 돌아가지 않았다. ABC방송사는 해리 리즈너Harry Reasoner가 맡고 있는 저녁 뉴스의 저조한 시청률을 끌어올리기 위해 13년간 NBC 〈투데이Today〉 쇼를 공동으로 진행한 월터스에게 전국 네트워크 뉴스 사상 최초의 여성 앵커자리를 제안했다. ABC는 100만 달러라는 어마어마한 연봉을 제시했다. 하지만 4월, 그 소식이 발표되자마자 거센 반발이 일었다.

언론은 그녀의 연봉을 소재로 잔치를 벌이면서도 연봉 가운데 절반은 방송사의 예능국에서 특별시리즈의 출연료로 지급한다는 점만은 쏙 빼먹었다. 《워싱턴포스트》는 "밀리언달러 베이비가 10센트짜리 뉴스를 진행한다"고 발표했고 CBS의 리처드 살란트Richard Salant는 "바바라 월터스가 언론인인가, 셰어Cher인가?"라고 비아냥댔다. 압력이 높아지던 차에 코미디언 길다 래드너Gilda Radner가 NBC 〈새터데이 나이트 라이브〉에 출연해 바바라처럼 경미한 발음장애가 있는 '바바 와와Baba Wawa'라는 캐릭터를 연기했다.

"안영하세요! 바바 와와가 작별 인샤를 드입니다." 길다는 투데이 쇼를 떠나는 바바라를 흉내 내며 장광설을 이었다. "이게 제 NBC 마지막 추연입니다. 평일 저녁 일고시에 해위 위즈너와 함께 찾아뵈게 됐다는 말쓰믈 다시 드이고 숩군요. … 이 기외를 빌려

NBC에 사과드이고 쉽습니다. 저도 떠나고 쉽지 않아요. 전말이에요. 팬이 그러는 게 아네요. 다른 반송사가, 수백만 미국인들에게 중대안 뉴스를 명학하고 학실하게 전달하 수 있는 훈늉한 능역이 제게 있다는 것을 발견해줬어요. 그게 제가 떠나는 유일한 이유인니다."

1976년 초에 바바라가 맞닥뜨려야 했던 온갖 조롱은 해리 리즈너와 만나기 전의 예고편에 불과했다. 그는 경량급으로밖에 보이지 않는 여자와 앵커 역할을 공유한다는 데서 느끼는 불쾌감을 공공연하게 드러냈다. 이 베테랑 뉴스 진행자는 바바라가 중매결혼 같다고 표현한 공동 진행을 격렬하게 반대했다. 첫 방송이 다가왔을 때 바바라는 만신창이가 되어 있었다. 그녀는 자서전에서 이렇게 회고했다. "ABC 이직을 앞두고 온갖 홍보와 보도가 이어진 끝에 결국 전국의 수백만 시청자가 내가 성공하는지 무너지는지 지켜볼 참이었다."

1976년 10월 4일, 두 사람은 외나무다리에 올라 첫 방송을 진행했다. 일시적으로 ABC 뉴스의 시청률이 폭등했고 수십만 명의 신규 시청자가 긴장감 넘치는 방송을 지켜봤다. "당신의 출연 시간과 제 시간을 쭉 쟀습니다." 해리는 시청자들 앞에서 바바라에게 말했다. "제게 4분 빚지셨습니다."

"그가 농담하는 것이길 바랐다." 후일 바바라는 썼다. "그러나 아니었다."

방송 분위기는 날이 갈수록 껄끄러워졌고 두 사람이 삐걱대는 모습이 방송에 그대로 드러났다. 시청률과 평론가들은 그들에게 사형 선고를 내리기 시작했다.《뉴욕》에서 두 사람의 조합을 "실패작"이라 평한 것을 보고 바바라는 잡지의 편집자 클레이 펠커 Clay Felker에게 달려갔다고 한다. "클레이와는 오랫동안 알아왔다." 그녀는 썼다. "'그렇게 쓰다니 마음이 너무 아파', 내가 그에게 말했다. '글쎄', 그가 어깨를 으쓱하며 답했다. '실패작이야.'"

불운했던 해리와 바바라는 1978년 함께 ABC 뉴스를 떠났다. 해리는 CBS 〈60분60 Minutes〉으로 돌아갔고, 월터스는 ABC 뉴스 프로그램인 〈20/20〉과 여성 토크쇼인 〈뷰The View〉를 비롯해 여러 신규 프로그램을 성공시켰다.

5일

그는 '잭 케네디'를 알지

"상원의원님, 저는 잭 케네디Jack Kennedy와 함께 공직에 종사했습니다. 저는 잭 케네디를 잘 알았습니다. 잭 케네디는 제 친구였습니다. 의원님, 의원님은 잭 케네디가 아닙니다."

_로이드 벤슨Lloyd Bentsen 상원의원

1988년 10월 5일 부통령 후보 TV토론 중 공화당 후보인 댄 퀘일(당시 41살) 상원의원이 자신의 하원 경력을 존 F. '잭' 케네디John F. 'Jack' Kennedy에 빗대며 자랑하자 로이드 벤슨(당시 67살)은 상대의 코가 납작해지도록 반박하며 위와 같이 말했다.

로이드의 강력한 응수에 청중이 환호와 박수를 보내자 눈에 보이게 허둥대던 댄은 겨우 정신을 차리고 대답했다. "부적절한 발언입니다, 의원님."

6일

왕망 황제의 죽음

역사 속에는 모든 희망이 사라진 뒤에도 마지막까지 허리를 굽히지 않고 자명한 패배와 죽음을 굽어보는 용기 있는 인물들이 가득하다. 그러나 중국 신新 왕조 시조이자 유일한 황제였던 왕망王莽은 거기 속하지 못했다. 1세기 초, 거센 반란과 맞닥뜨린 왕망은 싸우지 않는 길을 택했다. 대신 그는 제위에서 내려와 첩들의 품으로 들어갔고, 일부 역사가들에 따르면 마약에 취해 지냈다고 한다.

한때 왕성하게 개혁에 몰두했던 황제는 이제 약에 취한 채 부인과 첩들 사이에 누워 주술사들과 어울리거나 군 장성들에게 "커다란 도끼로 죽은 나무를 찍는 장수" 혹은 "물의 기운과 도움을 받고 삼수參宿 자리에 목성이 거하는 장군" 같은 장난스러운 별명을 붙이며 지냈다.

어쩌면 몽롱한 약 기운 때문에 다가올 결말을 생각할 수 없었던 편이 차라리 나았는지 모른다. 그의 최후는 그가 상상할 수 있는 것보다 더욱 끔찍했다. 반란군이 황궁에 들이닥친 **23년 10월 6일**, 황제의 몸은 조각조각 잘라졌고 머리는 저잣거리에 내걸렸다. 사람들은 황제의 머리에 돌과 쓰레기를 던졌고 누군가 그의 혀를 잘라 먹어버렸다.

1974년

7일

스트리퍼 무대에 난입한 하원의원의 폭격

1974년 10월 7일 새벽, 하원의원 윌버 밀스Wilbur Mills와 스트리퍼 팬 폭스Fanne Foxe는 다른 일행들과 함께 술에 취해 흥청망청 놀고 있었다. 그러다 워싱턴내셔널 몰 공원 인근에서 경찰이 그들의 차를 세웠고 당황한 팬은 타이들 베이슨Tidal Basin 호수에 뛰어들어 버렸다. 다음날 이 충격적인 소식이 알려지면서 위세 좋은 하원 조세무역위원회 의장 윌버 밀스도 불명예의 물보라를 뒤집어썼지만 신기하게도 그의 경력은 이어졌다. 아칸소주의 유권자들이 다음 달 선거에서 윌버를 용서하고 재선시킨 것이다. 하지만 그 해 12월 보스턴, 그의 오랜 친구 팬 폭스의 공연 중, 윌버는 부끄러운 줄도 모르고 고주망태가 된 채 무대에 난입했다. 당시 그녀의 무대 이름은 '타이들 베이슨 폭격'이었다.

"그러지 말라고 했어요." 스트리퍼는 《위싱턴포스트》와의 인터뷰에서 말했다. "하지만 분명한 건, 그가 관객들이 자신을 봐 주길 원했다는 거예요. … 그가 그랬어요. '난 가릴 게 없는 사람이야.'"

이제 윌버도 너무 멀리 간 것처럼 보였다. 그의 관대한 유권자들조차 그렇게 생각했다. "윌버 씨가 대중 앞에서 그렇게 추태를 부리고 싶다면"《아칸소가제트Arkansas Gazette》는 사설을 실었다. "그리고 의회보다 쇼 비즈니스 업계를 원한다면 하원의원직을 내려놓고 그 일에 전념할 수 있도록 해주자. 윌버가 어떤 길을 원하는

스트리퍼 무대를 기웃거리며 정신 못 차리는 윌버 밀스 의원.

지 결론은 이미 내려졌다."

이 망나니 같은 하원의원은 보스턴에서 무대에 오른 뒤 병원에 입원했고 아무것도 기억이 나지 않는다고 주장했다. 그는 결국 남은 임기 동안 의원 자리를 지켰다. 비록 위세 좋은 의장직 옷은 벗어야 했지만 말이다. 동료 하원의원 웨인 헤이스가 그의 기행을 빛바래게 했을 때도 그는 아직 의원직을 수행하고 있었다(5월 23일 참고). 전하는 바에 따르면 그는 알콜의존증 치료를 받고 있었다고 한다.

8일

시카고와 캐서린 부인의 삶을 파괴한 소

가족과 친구 외에는 자신을 아는 사람이 거의 없는 어느 평범한 영혼의 삶을 상상해보자. 그러다 어느 날 갑자기 오명을 뒤집어쓴다. 거짓 기사로 인해 멸시받고, 조롱당하고, 심지어 증오의 대상이 되는 것이다. **1871년 10월 8일**, 캐서린 올리리Catherine O'Leary는 그런 초현실적인 상황에 처했다. 300명의 목숨을 앗아가고 시카고 시내를 불태운 대화재를 일으킨 장본인으로 그녀가 지목된 것이다. 그녀의 이름은 이 대도시만큼이나 손상되었다.

화재는 우유 방문 판매를 하는 캐서린 부인이 소를 키우던 헛간에서 시작되었다. 그때나 지금이나 불이 붙은 정확한 경위는 알 수 없지만 말이다. 캐서린 부인은 화재가 시작될 때 선잠을 자고 있었다고 주장했다. 하지만 시카고 언론에게 그녀의 말은 중요하지 않았다. 언론은 가난한 아일랜드계 이민자 여성에게서 완벽한 희생양의 모습을 발견했고, 당시는 그들에 대한 추악한 편견이 만연해 있던 때였다.

한 신문 만평에서는 캐서린 부인이 술에 취해 입을 떡 벌리고 서 있는 어릿광대로 그려졌고, 그 곁에서 그녀의 소가 등불을 걷어 차 불길을 일으키고 있었다. 《시카고타임스Chicago Times》는 그녀가 악의를 품었다고 말하기에 이르렀다. "나이 든 할멈(그녀는 44세였다)은 자신에게 나무 한 조각, 베이컨 한 덩이 주지 않은 이 도시에 복수를 결심했다."

　경찰과 소방당국은 조사를 통해 대화재의 실제 원인이 불분명하다고 결론 내렸다. 하지만 여전히 대중의 머릿속에서는 캐서린 부인이 화재의 책임자였다. 이후 23년간 그녀의 삶은 온갖 비난으로 얼룩졌으나 그녀는 끊임없는 조롱에 맞서 싸웠다. 1895년 그녀가 사망하기 얼마 전(상심이 큰 탓이었다고 이후 그녀의 후손은 말했다) 그녀의 주치의는 언론에 이렇게 말했다.

　"캐서린 부인이 역사에 마련된 자신의 자리를 보고 느낀 비탄과 분개를 저는 말로 표현할 수조차 없습니다. 고의가 아닌 것으로 알려졌다 하더라도 자신이 시카고 대화재를 일으킨 장본인으로 여겨지고 있다는 사실은 그녀의 삶에 커다란 슬픔이 되었습니다. 그녀는 그 주제가 그렇게 경솔하게 다뤄지는 것에, 또 그와 관련해 자신의 이름이 조롱당하고 있다는 사실에 큰 충격을 받았습니다."

9일

"최강의 팀은 팔렸습니다"

　승부조작으로 악명 높은 1919년의 메이저리그 월드시리즈가 정말 조작되었다면 최종전인 8차전까지 이어진 게 이상했다. 효과가 미심쩍다며 수군대는 사람들도 있었다. 지하의 도박세계에서 돈을 받은 시카고화이트삭스에 소속된 여덟 명의 추잡한 선수들이 일부러 경기에 패해 이미 월드시리즈를 날려 버렸어야 했다. 그러나 화이트삭스가 신시내티레즈와의 6차전과 7차전에서 승리를 거둔 참이었고 이미 3차전에서도 승리했던 터라 사람들은 몇 명이 됐든 이른바 '블랙삭스'가 양심의 가책을 느꼈거나 혹은 약속된 돈을 받지 못한 게 아닌가 추측했다. 승부조작의 주동자로 알려진 아널드 로드스타인Arnold Rothstein은 신시내티가 7차전까지 4 대 3으로 간신히 앞서고 있는 말도 안 되는 상황을 당장 바로잡아야겠다고 생각했다. 결국 《여덟 명의 제명된 남자들Eight Men Out》의 작가 엘리엇 아시노프Eliot Asinof가 "해리 F"라 부른 어둠의 인물이 화이트삭스의 투수 클로드 '레프티' 윌리엄스Claude 'Leftie' Williams에게 접근해 그의 아내와 아이들의 안위가 다음날로 예정된 그의 출전 경기에 달려 있다고 협박했다. 클로드가 그의 말을 정말 믿었는지는 거의 한 세기가 지난 지금도 확실히 알 수 없다. 하지만 분명한 것은 **1919년 10월 9일** 화이트삭스가 8차전에서 패했고 미국이 사랑해 마지않는 스포츠에 심각한 얼룩이 생겼다는 것이다.

1793년

10일

'이성'이라는 이름의 광기

프랑스 대혁명 이후, 신생 국가들은 자신의 적들을 상대로 공포 정치로 알려진 끔찍한 복수를 시작했다. 신도 그중 하나였다. 수천 명이 단두대로 끌려갔고 전지전능한 신은 공식적으로 추방됐다. '이성'이 프랑스의 새로운 신이었다. 혁명 지도자 조제프 푸셰 Joseph Fouché는 **1793년 10월 10일** 이와 같은 내용의 법령을 발표하고, 숭배할 수 있는 유일한 대상은 "보편적 도덕성"뿐이라고 천명했다. 푸셰는 묘지에서도 신을 쫓아내라고 명령했다. 묘지의 입구는 기독교가 약속한 부활을 부정하는 "죽음은 영원한 잠이다"란 문구로 장식되었다. 이어 푸셰는 다른 교회들과 함께 노트르담 대성당Cathedral of Notre Dame을 훼손하고 이를 '이성의 전당'이라 개칭한 뒤 그의 특별한 '보편적 도덕성'을 전파하기 위해 리옹Lyon을 향한 길을 나섰다.

프랑스 제2의 도시의 거주자들은 새로운 세상의 질서를 쉽게 받아들이지 못했고 그에 저항할 만큼 대담하기까지 했다. 리옹에 도착한 푸셰는 그들을 이성의 세계로 안내하고자 했다. 그는 그 첫걸음으로 몸에는 제의를 입히고 목에는 성배를 걸고 꼬리에는 미사 전서를 묶은 당나귀의 등에 그 지역 주교를 태워 행진하게 했다. 그 뒤 진정한 응징의 과업에 돌입했고, 그는 계몽된 자의 열정으로 그 일에 몰두했다. "우리가 벼락처럼 치게 하소서." 푸셰는 외쳤다.

"그리고 우리의 적을 불태우고 남은 재가 자유의 등장과 함께 사라지게 하소서."

반란에 가담한 남프랑스 도시의 주민들은 수백 명씩 줄지어 서서 포도탄(포도송이처럼 여러 개의 탄을 모아 터뜨리는 방식의 인상적인 처형 도구다) 세례를 받았다. 하지만 역사가 데이비드 안드레스David Andress는 "그로테스크할 만큼 효과가 나빴다"고 썼다. 반란자들은 쓰러졌지만 전부 사망한 것은 아니었고 "신체가 절단되고 비명을 지르고 반만 죽은 희생자들이 언덕을 이뤘다. 군인들이 구토를 하며 사브르 검과 머스킷 총으로 이들을 끝냈다". 이때 넘쳐흐른 피와 내장이 리옹 거리를 엉망으로 만들었고 이에 푸셰는 도시 밖에서 대량학살을 진행하는 이성적인 조치를 취했다.

"리옹의 도살자"로 불리게 된 푸셰는 그와 같은 여러 불편함에도 불구하고 자유, 평등, 박애라는 고귀한 대의의 전진에 기쁨을 감추지 못했다.

"공포, 좋은 공포는 실로 오늘날의 질서다." 그는 승리감에 가득 차 썼다. "공포는 악인의 온갖 악행을 진압한다. 공포는 범죄를 덮고 있는 덮개와 장식들을 벗겨낸다! … 더러운 피가 넘쳐흐르지만 그것이 우리의 역할이다. 그것이야말로 인류를 위한 일이다."

11일

"저는 죄를 지었습니다." … "그래서 뭐!"

그는 지옥불과 유황불 같은 분노를 전했다. 특히 다른 복음교회 전도사들이 악마의 유혹 혹은 출판된 설교집에서 "그것"이라고 부른 것에 굴복할 때면 더더욱 그랬다. 수치스럽게도 TV 전도사 짐 베이커Jim Bakker가 비서의 매력에 넘어갔다는 사실이 알려지자 지미 스웨거트Jimmy Swaggart는 득달같이 달려들어 그 은총을 잃은 전도사가 "그리스도의 몸에 생긴 암 덩어리"라 비난한 바 있었다.

세계에서 가장 큰 오순절교회 가운데 하나를 이끄는 스웨거트는 자신의 도덕적 결함은 판단 대상이 아니라고 여겼다. "내가 성적으로 방황한다는 것은 있을 수 없는 일입니다." 그는 주장했다. "제 아내 프랜시스는 언제나 제 곁에 있습니다. 만약 그녀가 저와 함께 십자군 전쟁을 계속해나갈 수 없다면, 저와 함께 할 다른 사람들이 있습니다. 전 혼자가 아닙니다."

스웨거트는 자신과 같이 순결로 무장하고 간통을 저지른 또 다른 목사 마빈 고먼Marvin Gorman에게 신적인 분노를 겨냥했다. 자신의 TV 목회가 이제 막 열매를 맺기 시작하던 차에 경쟁자로 떠오른 인물이었다. 1986년 7월, 지미는 마빈이 여러 차례 혼외정사를 벌였기에 그의 목사 자격 박탈을 위한 운동을 벌이겠다고 선포했다. 지미는 그처럼 역겨운 죄인에게 자비는 없을 것이며 형제애로 무장한 이들이 더 이상 재기할 수 없도록 마빈을 완전히 파괴할 거라

TV에 출연한 지미 스웨거트가 거짓으로 참회하며 엉엉 울고 있다.

단언했다. 하지만 마빈은 머지않아 복수의 기회를 갖게 된다.

이 타락한 목사는 지미가 주기적으로 성매매를 한다는 익명의 제보들을 받았다. 이에 그는 사람들을 동원해 지미가 운영하는 가족예배센터 인근의 지저분한 모텔들을 감시하게 했고 결국 지미가 성매매 여성들을 부르는 모습이 찍힌 저주받은 사진들을 입수하게 되었다. 심판의 날이 찾아왔다. "저는 죄를 지었습니다." 1988년 2월 21일, 지미는 교인들, 아내, 그리고 전 세계를 앞에 두고 울음을 터뜨렸다. "주여, 저는 당신께 죄를 지었습니다. 이제 당신의 성스러운 피가 이 모든 얼룩을 지워 자비의 바다로 흘려보내기를, 그리고 다시는 기억되지 않기를 간구합니다."

교만한 목사가 결국 대가를 치른 교훈적인 일화라고 할 수 있겠지만 당사자에게는 오래 갈 교훈이 아닌 모양이었다. 3년 뒤인 **1991년 10월 11일**, 지미의 취미 생활이 다시 한 번 들통났다. 또 발각됐다는 것에 논쟁의 여지는 있겠지만 그가 생각보다 더 어리석게 행동했다는 것은 분명하다. 하지만 이번에는 대중 앞에서 참회하며 눈물 흘리지 않았다. 그는 자신에게 엄청난 수입을 안겨주는 교인들 앞에서 이렇게 선언했다. "주께서는 그게 여러분이 신경 쓸 일이 아니라 하십니다!"

12일

콜럼버스 결산의 날

1492년 10월 12일, 크리스토퍼 콜럼버스Christopher Columbus는 자신이 스페인 영토로 선포한 신세계에 처음 도착해서 지극한 환대를 받았다. 바하마 제도의 원주민들은 멀리서 다가오는 그를 보고 반가운 마음에 배까지 헤엄쳐 갔다. 탐험가는 그들의 환대에 깊은 감명을 받았다.

"그들은 … 앵무새와 솜덩이와 창과 다른 많은 것들을 가져와서 우리의 유리구슬과 매의 발에 달아주는 종과 바꿔갔다. 그들은 뭐든지 교환하고 싶어 했다. … 그들의 신체는 건장하고 보기 좋았다. … 그들은 무장하지 않았고, 무기가 뭔지도 잘 모르는 것 같았다. 칼을 보여줬더니 그게 뭔지 몰라 칼날에 베이고 말았다. 그들은 쇠를 만들 줄 모른다. 그들의 창은 동물 뼈로 만든 것이다."

또한 콜럼버스는 그 운명의 날에 만난 원주민들로부터 엄청난 가능성을 발견했다. "그들은 좋은 하인이 될 수 있을 것이다. … 50명만 있으면 그들을 전부 굴복시켜 우리가 시키는 대로 하게 만들 수 있을 것이다."

그리고 그는 그렇게 했다.

13일

"난 누군가? 또 여긴 어딘가?"

"제가 누구죠? 제가 왜 여기 있죠?"

_제임스 스톡데일*James Stockdale*의 모두 발언

1992년 10월 13일, 부통령 후보 TV토론에서 약간 넋이 나간 것처럼 발언한 그는 무소속 H. 로스 페로H. Ross Perot의 러닝메이트로 나선 상황이었다. 정치적으로 거의 알려져 있지 않았던 그는 이 토론의 후과로 존경 받는 해군 장교에서 비실비실대는 시대에 뒤떨어진 웃음거리로 전락했다.

14일

건전한 문화의 완전한 붕괴

무언가 조금이라도 성취해야 명성을 얻을 수 있는 좋은 시절이 있었다. 하지만 카다시안Kardashian 가족의 등장은 열심히 노력하면 성공한다는 기존의 관념을 재고의 여지도 없이 완벽하게 끝내버렸다. 2007년 10월 14일 첫 방송한 프로그램에 대해 《뉴욕타임스》의 지니아 벨라판테Ginia Bellafante는 "〈카다시안 가족 따라잡기 Keeping Up With Kardashians〉는 제목이 말하는 것처럼 가족을 들여다보는 프로그램"이라고 썼다. "이 가족은 스스로를 집단적 이익 창출의 관점에서만 이해하는 것 같다." 출연자는 '유출된' 섹스 테이프와 풍만한 엉덩이로 유명한 떠오르는 여배우 킴Kim, 그녀의 얼빠진 자매 코트니Kourtney와 클로이Khloe, 그리고 킴의 매니저이자 어머니인 크리스Kris로 그녀는 첫 화에서 모성본능을 발휘해 킴이 착취를 당하지는 않을까 보호하려 하면서도 한편으로는 킴의 낯 뜨거운 비디오를 통해 얼마나 큰 이득을 취할 수 있을지 군침을 흘렸다. 그리고 불행하게도 이 모든 카다시안 가족의 행태를 한 켠에서 지켜보는 크리스의 남편 브루스 제너Bruce Jenner가 있다. 올림픽 금메달리스트인 그는 지니아가 지적하듯 "그의 가족 중에 유일하게 뭔가 이룬 것이 있는 사람"이다.

1863년

15일

최초의 잠수함, 다시 가라앉는 느낌

역사의 수많은 아이러니 중에는 소설 속 프랑켄슈타인 박사의 경우처럼 훌륭한 발명가가 자신의 발명품에 의해 희생당하는 일들이 있다. 이를 '치명적 발명에 따른 사망'이라 부르자. 타이타닉 호의 설계를 지휘한 토머스 앤드루스Thomas Andrews는 1912년 자신이 만든 배와 함께 수장됐다. 선구적인 방사선 연구로 노벨상을 두 차례 수상한 마리 퀴리Marie Curie는 방사선의 치명적인 부작용으로 1934년 사망했다. 통일된 진나라의 첫 번째 승상인 이사李斯는 오형(코를 자르고, 손 하나와 발 하나를 쳐내고, 생식기를 자르고, 마지막으로 몸을 허리에서 두 동강 냈다)이라는 끔찍한 형벌을 고안했는데, 결국 기원전 208년 반역죄로 고발되어 자신이 발명한 바로 그 방법으로 처형당했다.

그리고 호러스 로슨 헌리Horace Lawson Hunley의 슬픈 이야기가 있다. 그는 남부연합의 애국자로, 직접 돈을 마련해 최초의 전투형 잠수함을 개발했다. 최초의 잠수함은 원통형 보일러로 만들어진 기묘한 기계로 총 여덟 명의 승무원이 탑승했는데, 한 명이 조종을 하고 일곱 명이 크랭크를 돌려 물속의 프로펠러를 가동시켰다. '물고기 배'로 불린 잠수함은 앨라배마 모빌만Mobile Bay의 잔잔한 물속에서 시험 운행에 성공했다. 남부군의 P. G. T. 보우리가드P. G. T. Beauregard 장군이 북군의 찰스턴 항만 봉쇄를 뚫고 나갈 완벽한 무

기라고 확신할 정도였다.

지금은 개발자의 이름을 따 C.S.S. H. L. 헌리라 명명된 잠수함은 시험 운행 이후 기차를 통해 사우스캐롤라이나로 운반되었는데, 거기서 문제가 시작되었다. 다시 시험 운행을 하는 동안 승무원이 잠수함의 기계 장치에 끼는 바람에 두 개의 개폐구가 열린 채로 잠수한 것이었다. 사고에서 살아남은 승무원은 단 한 명뿐이었다. 해저에서 잠수함을 인양해 깨끗이 청소했지만 이제는 잠수 기능이 있는 죽음의 덫처럼 보이는 이 잠수함에 자신의 목숨을 걸고 탑승하려는 사람은 거의 없었다. 그때 호러스가 나섰다. 자신이 만들어낸 기계의 안정성을 보여주고자, 그는 모빌에서 모집한 다른 승무원들과 함께 잠수함에 올라 자신이 직접 조종간을 잡았다. **1863년 10월 15일**, 호러스는 수많은 관중들 앞에서 수면 아래로 잠수했다. 그리고 다시는 떠오르지 않았다.

"할 수 있는 일은 다 했음." 참사 이후, 보우리가드 장군은 전신을 보냈다. "적보다 탑승자에게 더 위험함."

시신을 통해 확인할 수 있었던 것처럼 개발자와 승무원들은 끔찍한 고통 속에 서서히 질식사했지만 그렇다고 모든 유산이 사라진 것은 아니었다. 보우리가드는 화를 다스린 뒤 다시 한 번 헌리호를 인양했다. 그 뒤 1864년 2월 17일, 헌리호는 북군의 위력적인 전함이었던 U.S.S. 후사토닉U.S.S. Housatonic호를 격침시켜 결국 자신의 전투력을 입증했다. 처음 위력을 입증한 뒤 다시 승무원들과 함께 실종되었지만 말이다. 헌리호는 거의 한 세기 반이 지나 찰스턴 항 앞바다 바닥에서 발견되었고, 현재는 찰스턴에 전시되어 있다.

16일

오프라의 또 하나의 자아 '비러브드'

"아기가 생겼어요!" 오프라 윈프리Oprah Winfrey가 영화 〈비러브드Beloved〉 개봉을 앞두고 특집으로 꾸며진 자신의 쇼에 등장해 소리쳤다. 토니 모리슨Toni Morrison이 쓴, 노예제를 주제로 한 도저히 맘 편히 읽기 힘든 동명 소설의 판권을 10년 전 구입해 영화화한 작품이었다.

이 토크쇼의 전설은 인터뷰 진행자에게 8,300만 달러가 든 자신의 출연작이 예술적 가치에 있어서는 의심의 여지가 없다는 점을 분명하게 확인시켜 주었다. "이건 나의 〈쉰들러 리스트Schindler's List〉예요." 오프라는 자신에게 너무나 소중한 이 작품이 만들어졌다는 사실 그 자체로 충분했다. "두 명이 보든 200만 명이 보든 상관없어요." 그 감정이 정말 진실이었다면 〈비러브드〉가 개봉한 **1998년 10월 16일** 이후에도 아마 오프라는 만족했을 것이다. 결과는 처참했다. 개봉한 주 주말, 호러 영화 〈처키의 신부Bride of Chucky〉에 너무나도 쉽게 밀려버린 것이다. 오프라의 아기(〈비러브드〉)는 사산아였던 것으로 드러났고 극장에서 고작 4주밖에 살아남지 못했다.

언뜻 생각하면 〈비러브드〉는 엄청난 흥행을 해야 마땅했다. 무엇보다 전능한 오프라가 그 뒤를 받치고 있었다. 무명의 책 더미에서 건져내 베스트셀러를 만들고 일상적인 물건도 '오프라가 좋아하는 것들Oprah's Favorite Things'이 다루면 모두가 원하는 보물로 뒤

오프라 윈프리가 열연했지만 실패한 영화 〈비러브드〉의 포스터.

바뀌지 않았던가. 게다가 디즈니가 주도하는 영화 홍보가 매체를 가리지 않고 이어졌다. 셀 수 없이 많은 광고와 끝없는 인터뷰를 진행한 끝에 오프라는《보그Vogue》를 포함해 11개 잡지의 표지를 장식했다(그리고 프로그램 1회 분량 전체가 오프라의 표지 사진 촬영을 위한 다이어트에 할애됐다).

이 모든 노력에도 티켓은 팔리지 않았고 오프라는 칠흑 같은 골짜기 아래로 곤두박질쳤다. 초라해진 예술가는 지금이 자신의 경력에서 가장 바닥이란 것을 인정했다. "끔찍하고 침울해요. 치즈 마카로니를 쑤셔 넣으며 추락하고 있어요. 말 그대로예요!" 그녀는 CNN 〈피어스 모건Piers Morgan〉 쇼에 출연해 고백했다.

오프라는 사람들이 죄의식 때문에 인종과 노예 문제를 쉽게 견디지 못하고 있다며 관객들을 탓했다. "온 나라가 애써 외면하고 있어요." 그녀는 영국의 《선데이익스프레스The Sunday Express》와의 인터뷰에서 말했다. 아마 1억 3,000만 명의 죄 많은 미국인들이 20여 년 전 TV에서 방영된 대작 드라마 〈뿌리Roots〉를 시청했다는 사실은 간과했던 것 같다.

다른 이들은 〈비러브드〉의 흥행 참패에 대해 보다 단순한 해석을 내놓았다. 오프라는 영화를 오직 오프라를 위한 영화로 만들었다. "내 역사예요. 내 유산이고요. '나는 누구인가'에 대한 대답이죠." 그녀는 당당하게 말했다. 그리고 자신의 앞에 앉은 신도들에게 이렇게 외쳤다. 그 앞줄에는 흑인 시민운동의 상징인 로자 파크스Rosa Parks도 앉아 있었다. "〈비러브드〉는 내가 여러분에게 주는 선물이에요."

프랭크 리치Frank Rich는 이후 《뉴욕타임스》에서 이렇게 평했다. "'입소문'이 돌기 전인 〈비러브드〉 개봉일부터 명백했던 진짜 문제는 영화의 이야기보다 점점 목사님처럼 되어 가는 오프라의 설교가 더 무서웠다는 것이다." 그 뒤 프랭크는 《워싱턴포스트》의 톰 셰일즈를 인용하며 결론을 지었다. "전 국민의 유모처럼 구는 오프라가 점점 견디기 힘들어진다."

1733년

17일

"타이탄 리즈는 죽었다!"
벤저민 프랭클린의 저주

벤저민 프랭클린Benjamin Franklin이 연감 형식의 《가난한 리처드의 달력Poor Richard's Almanack》을 집필하려 했을 때 유일하게 방해가 된 것은 타이탄 리즈Titan Leeds였다. 신경 쓰이게도 그가 먼저 자신의 연감을 출판해 성공을 거뒀기 때문이다. 그래서 프랭클린은 그를 죽여 버렸다. 일반적인 방식으로 살해한 것이 아니라 타이탄 리즈가 죽었다고 선언해 버린 것이다.

벤저민은 신분이 낮은 공처가인 자신의 허구적 자아 리처드 손더스Richard Saunders의 목소리를 빌려 "함께 수학한 좋은 친구 타이탄 리즈 씨"에게 존경심을 표하는 척했다. 그를 존경했기 때문에 자신의 연감 출판을 그렇게 오랫동안 미뤘다는 것이다. 그러나 그는 이렇게 덧붙였다. "이 장애물(이렇게 말하는 내 마음은 기쁨과 거리가 멀다)은 곧 제거될 텐데, 세상의 가치를 존중하지 않는 가혹한 죽음이 이미 치명적인 다트를 준비했고 운명의 자매도 거대한 파멸의 가위를 뻗어 머지않아 이 독창적인 인간을 데려갈 예정이기 때문이다." 이어 벤저민은 그의 경쟁자가 "가혹한 죽음"을 맞을 정확한 날짜를 예견했다. **1733년 10월 17일**, 오후 3시 29분.

당연히 그 날이 왔고, 또 지나갔다. 타이탄은 1734년 개정한 자신의 연감에서, 기쁜 마음으로 벤저민이 "스스로를 바보이며 거짓말쟁이라고 고백한 … 오만한 저자"라 비난했다. 아, 하지만 가난한 리처드는 이미 그 반응에 대비하고 있었다. 그는 그 해 진짜 타이탄 리즈는 당연히 사망했고 그를 사칭하는 사람이 나타난 거라 주장했다. 그가 정말 자신의 친구라면 자신을 그렇게 가혹하게 공격할 리 없다고 하면서 말이다.

"타이탄 씨는 좋은 교육을 받으며 자랐기 때문에 그처럼 점잖지 못하고 천박하게 사람을 대할 리 없다"고 그는 썼다. "게다가 나에 대한 그의 존중과 사랑은 아주 특별했다."

벤저민은 1738년, 타이탄이 실제로 세상을 뜨기 전까지 문학적인 매장 작업을 이어 나갔다. 가난한 리처드는 리즈가 실제로 사망하자 사기꾼이 사칭을 그만둔 것을 치하하며 타이탄 리즈의 유령이 남긴 편지를 소개했다. "나는 실제로 자네가 언급한 바로 그때 그 시각에 사망했네. 겨우 5분 53초 차이로 말일세."

18일

사이비 중의 사이비

'마틴 루서 킹 주니어 인도주의자상'을 받는 미래의 학살자 짐 존스 목사(왼쪽).

1976년 10월 18일, 캘리포니아주 상원 의회는 그 해 짐 존스 Jim Jones 목사가 하늘 높은 줄 모르고 펼치는 행보의 마지막을 장식해 주었다. 지금은 폐간된 《로스앤젤레스 헤럴드 이그재미너 Los Angeles Herald Examiner》의 "올해의 인도주의자"로 뽑힌 짐 존스 목사가 그의 인민사원 신도들과 함께 보여준 "캘리포니아주와 미국을 넘어 전 세계의 인류에 대한 성실하고 헌신적인 봉사와 관심"을 치하하는 결의안을 채택한 것이다. 2년 뒤, 이 위대한 "인도주의자"는 가이아나의 존스타운에서 900여 명에 이르는 신도들의 집단 학살 및 자살을 이끌게 될 터였다.

1938년

19일

"공공의 영웅에서 공공의 적으로"
린드버그의 추락

한 칼럼니스트가 "공공의 영웅 1호"라 부르며 알려진 위대한 비행사 찰스 린드버그Charles Lindbergh의 삶을 아무리 살펴봐도 그가 정확히 언제부터 "공공의 적 1호"가 된 것인지 짚어 내기가 쉽지 않다. 고독한 독수리로 불리며 사랑받던 그는 인종적 순수성에 대한 기이한 관념을 드러내거나 히틀러가 유럽을 뒤흔들던 시기에 미국의 고립주의를 맹렬히 지지하는 등 그를 추앙했던 대중을 멀리 밀쳐내는 행동을 했고 결국 빙글빙글 불명예스럽게 곤두박질 쳤다. 반발을 부른 수많은 말들을 내뱉었고 여러 불미스러운 일들에 연루되었지만 이 불운한 린드버그의 몰락에 결정적이었던 사건은 아마 다음 두 가지였을 것이다.

1927년 스피릿 오브 세인트루이스Spirit of St. Louis호를 타고 단독으로 대서양 횡단에 성공하여 영웅이 된 이후 10년 동안 린드버그는 나치 독일을 여러 번 방문했다. 특히 베를린 올림픽에 특별 초빙되어서는 독일 공군의 위용을 극찬(및 과장)하고 히틀러의 지도력을 상찬했다. "가장 인상적이었던 것은 잘 조직된 독일의 활기였다. … 사람들은 끊임없이 활동하고, 확신에 찬 강력한 명령이 공장, 비행장, 연구시설 건설을 지시했다." 훗날 린드버그는 자서전에 이렇게 적었다(린드버그의 독일에 대한 매혹은 독일 여성에 이르기까지 확장됐다.

그가 사망하고 오랜 시간이 지난 1974년, 전 미국의 영웅이었던 그가 세 독일 여성과의 관계에서 여러 아이들을 낳은 것이 밝혀졌다. 그들 중 두 명은 자매였다).

그리고 **1938년 10월 19일**, 세계적인 비행사는 "총통의 명령에 따라" 헤르만 괴링Hermann Göring의 독일 독수리 십자훈장Service Cross of the German Eagle을 수여 받았다. 독일과 미국이 아직 공식적인 적은 아니었지만 미국의 비평가들은 어떻게 미국의 영웅이 인류에 대한 공격을 감행하고 있는 나치와 가까워질 수 있는지 분개했다.

그러나 린드버그는 훈장 반납을 거부했다. "평화의 시기에 우정의 표시로 수여한 훈장을 반납하는 일이 건설적이지는 않을 것 같다"고 그는 적었다. "만약 독일 훈장을 반납하면, 불필요한 모욕이 될 것이다. 양국 사이에 전쟁이 가까워지고 있다 한들 전쟁 발발 전에 침 뱉기 경쟁에 동참하는 일에 득이 있을 것 같지 않다."

여러 사람들 중에서도 내무부 장관 해럴드 익스Harold Ickes가 격렬하게 반응했다. "만일 누군가 린드버그 씨를 독일 독수리의 기사라고 적절히 지칭할 때 거기에 부끄러움을 느낀다면, 왜 그는 불명예스러운 훈장을 반납하고 논의를 종결시키지 않는가? 미국인들은 그가 미 육군 항공대 예비군 장교 임명장을 대통령에게 반납했던 일을 기억하고 있다. 사실 린드버그 씨는 무례를 범하며 의심스러울 정도로 재빠르게 이를 반납했다. 하지만 나치 훈장은 여태 달고 있지 않은가!" 해럴드는 거침없이 반박을 이어갔다(루스벨트 대통령이 린드버그가 히틀러의 침략 행위에 대해 "패배주의적이고 타협적"으로 반응한다며 공식적으로 비판하자 린드버그는 미 육군 항공대 예비군 장교직에서 사임했다. 유럽 문제에 개입해선 안 된다고 주장한 사람이 린드버그만은 아니었고 자동차 산업의 선구자이며 역시 독일 독수리 십자훈장을 받은 헨리 포드도 잘 알려진 고립주의자였으며 정치 명문가의 가장이자 주영국 대사였던 조지프 P. 케네디 Joseph P. Kennedy도 마찬가지였지만 그중에서도 유독 그가 자극적인 발언을 계속 일삼았다).

린드버그의 공공 경력에서 최악의 순간은 1941년 9월 11일 연설을 하던 중에 벌어졌다. 그는 영국, 유대인, 루스벨트 행정부에 대해 독불장군처럼 악담을 퍼부었다. 이 연설로 린드버그의 명성은 순식간에 파괴되었다. 한때 영웅이었던 사람이 전기작가 스콧 버그Scott Berg의 묘사대로 "미국 역사에서 손꼽을 만한 수의 사람들이 받은 … 나이아가라 폭포처럼 쏟아지는 비난"을 받았다.《리버티Liberty》는 그를 "미국에서 가장 위험한 사람"이라 불렀고 린드버그의 고향인 미네소타 리틀폴스에서는 급수탑에 새겨져 있던 그의 이름이 지워졌다. 끝까지 부끄러움을 몰랐던 고독한 독수리는 결국 산산조각 나고 말았다.

1986년

20일

술탄의 손 큰 동생

1986년 10월 20일, 브루나이의 술탄은 자신의 동생 제프리 볼키아Jefri Bolkiah 왕자를 재정부 장관에 임명했다. 보르네오 해안에 위치한 왕정 국가 브루나이는 면적은 작아도 석유가 풍부해 상당히 부유했다. 제프리 왕자는 바닥이 보이지 않는 쿠키 통에 손을 집어넣어 정부 재정 150억 달러 가량을 착복했다. 아마 횡령 역사상 가장 큰 금액일 것이다. 이 장대한 도둑질에는 그에 못지않게 인상적인 사치가 동반되었다. 알려진 바에 따르면 한때 왕자의 지출은 한 달에 5,000만 달러에 이르렀는데, 이 돈으로 요트 몇 척, 폴로 경기용 조랑말, 보석 한 보따리(성관계하는 남녀 한 쌍의 모습이 그려진 1,000만 달러 상당의 시계도 있었다), 전용기, 2,000대가 넘는 벤틀리, 페라리, 롤스로이스 등 꼭 필요한 것들을 구입했고, 요트 가운데 하나에는 고상하게도 유방이라는 이름을 붙였다(그 배에 속한 두 대의 부속선은 각각 유두1과 유두2였다). 이를 어쩌나, 화가 난 술탄은 장부를 꼼꼼히 살펴봤고 결국 왕자는 모든 것을 몰수당했다.

1973년

21일

게티가에 잃어버린 귓불은 없다

세계 최고 부호 중 하나인 석유재벌 J. 폴 게티J. Paul Getty는 손자 J. 폴 게티 3세가 이탈리아의 납치범들 손에 들어가 얼마나 큰 위험에 빠졌는지 제대로 이해하지 못한 것 같았다. 별 신경을 쓰지 않았다는 게 더 그럴듯한 표현일지도 모르겠다. 어쨌든 엄청난 부를 축적한 노인의 재능은 가족과 친밀한 관계를 만들거나 유지하는 능력과는 아무런 상관이 없었던 것이다. 이런 특징은 자신과 소원한 아들 J. 폴 게티 2세에게도 유전된 것이 분명했다. 그 역시 아버지와 마찬가지로 납치범들이 요구한 금액을 내놓기가 내키지 않는 것처럼 보였다. 다음 수순은 희생이었다. "그 쓸모없는 아들 몸값을 지불하려면 도서관 전체를 매각해야 한다는 걸 아시오?" 그는 자신의 정부에게 투덜댔다고 한다.

심드렁한 게티가에 안달이 난 납치범들은 요구가 받아들여질 때까지 열여섯 살짜리 인질의 몸을 조각조각 자르겠다는, 오래도록 미뤄온 협박을 실행했다. **1973년 10월 21일**, 존 폴 게티 3세는 특별히 스테이크 몇 조각을 먹었다. 이후 납치범들은 그에게 눈가리개를 씌우고 그의 입을 막았다. 겁에 질린 소년은 다음 차례가 무엇인지 알았다. "많이 아플까요?" 그는 납치범들에게 물었다. "당연히 많이 아프지." 납치범 하나가 답했다. 그리고 면도칼이 그의 귀를 두 번 그어 잘라냈고, 잘린 귀는 포름알데히드에 담긴 채

더 많은 신체 부위를 또 보내겠다는 경고와 함께 로마의 신문사에 전달됐다.

결국 이 섬뜩한 소포에 게티가가 반응했다. 노인은 마지못해 몸값을 토해냈는데, 일부는 보험지급액으로 충당했고 나머지는 아들에게 4퍼센트 이율로 융자해 주었다. 끔찍한 장애를 얻은 소년은 할아버지에게 감사 인사를 하려고 전화를 걸었다. J. 폴 게티는 손자에게서 전화가 왔다는 말에 읽고 있던 신문에서 눈을 떼지도 않고 대답했다.

"안 받아."

2012년

22일

랜스 암스트롱은 어쩌다 하루 만에
일곱 번의 우승을 날렸을까

2012년 10월 22일, 영웅 한 명이 사라졌다. 최고의 사이클 선수 랜스 암스트롱Lance Armstrong이 보유한 일곱 개의 투르 드 프랑스 Tour de France 우승 타이틀이 공식적으로 박탈된 것이다. 1999년의 그의 첫 번째 우승은 고환암이 폐와 뇌로 전이됐다는 진단을 받은 지 3년 만에 거둔 승리였다. 몇 년 동안 랜스 암스트롱은 경기력 향상 약물을 사용한다는 혐의에 시달렸다. 그는 사이클 선수로서의 성공을 통해 큰 금액의 후원 계약을 맺고 암 재단 사업을 성공적으로 이끌고 그의 용기와 강인함에 대한 거의 전 지구적인 찬사를 얻는 동안 계속해서 격렬하게 혐의를 부인했다. 하지만 결국 미국 반도핑 기구Anti-Doping Agency가 그와 팀 동료들의 지속적인 약물 사용을 세세하게 밝힌 202쪽짜리 보고서를 발표했고 국제사이클연맹은 그에게 내려진 징계에 항소하지 않기로 결정했다. "사이클 계에는 랜스 암스트롱이 설 자리가 없다"고 사이클연맹 팻 맥퀘이드 Pat McQuaid 회장은 말했다. "그는 사이클 계에서 잊혀야 마땅하다."

1812년

23일

얼어붙은 나폴레옹의 대육군

나폴레옹 보나파르트는 프랑스 혁명 이후 권력을 쥐고 세상을 깜짝 놀라게 한 뒤 남은 유럽 땅에 탐욕스러운 시선을 돌렸다. 그는 트림 한 번 할 새도 없이 유럽 대륙의 상당 부분을 집어 삼켰다. 하지만 배 나온 황제가 게걸스러운 정복욕을 못 이기고 러시아의 쩍 벌린 입 속으로 진군한 것은, 삼킬 수 있는 것보다 더 큰 먹이를 문 셈이었다.

1812년 6월 24일, 나폴레옹은 네만강을 건너 자랑스러운 대육군Grande Armée을 산 채로 집어 삼킬 금지된 땅을 향해 행군을 시작했다. 그러나 리투아니아의 도시 빌나에 도착해 보니 도시는 불탄 채 버려졌고 적군은 보이지 않았다. 러시아군이 후퇴하며 자원을 모두 쓸어간 것이었다. 식량은 거의 다 떨어졌고 프랑스의 병사들과 말들은 굶주렸다. 어느 목격자는 이렇게 증언했다. "말들은 파리 떼처럼 죽어갔고 사체는 강에 던져졌다." 남은 원정길도 그와 비슷할 터였다. 다만 그 정도가 훨씬 나빴다. 이는 러시아의 황제 알렉산드르 1세가 세운 전략이었다. 군대를 후퇴시키며 길에 있는 것을 모조리 파괴해 나폴레옹을 러시아의 심장부로 점점 더 깊숙이 이끌 셈이었다. 남은 일은 날씨가 맡아줄 터였다. "우리의 기후, 우리의 겨울이 우릴 위해 싸워줄 것이다." 알렉산드르는 장담했다.

결국 프랑스군은 러시아의 오랜 수도인 모스크바에 당도했다.

그곳 역시 고갈되어 거주자도, 보급품도, 맞서 싸울 적도 없었다. "나폴레옹은 우리가 막을 수 없는 물살이다." 러시아군 원수는 단언했다. "모스크바는 물을 빨아들이는 스펀지가 될 것이다." 프랑스군이 미처 약탈할 새도 없이 모스크바는 화염에 휩싸였다. 불길은 며칠을 타올랐다. 섬뜩한 붉은 빛을 몇 킬로미터 밖에서도 볼 수 있었고, 흡사 태풍 같은 굉음이 들렸다.

"야만인 무리는 이제 아름다운 수도의 폐허에 처박혔다." 엘리자베타 황후는 썼다. "(나폴레옹이) 러시아에 딛는 모든 발걸음이 그를 심연으로 이끈다. 그가 어떻게 겨울을 견디는지 다들 지켜볼지어다!"

나폴레옹은 러시아 원정이 끝나기를 간절히 바랐고 일종의 휴전을 맺고자 했다. 하지만 알렉산드르 황제는 '코르시카의 식인귀'에게 쉽게 탈출구를 내줄 생각이 없었다. 그리하여 나폴레옹에게는 가장 끔직한 선택만이 남았다. 퇴각이었다. 그리고 **1812년 10월 23일**, 그는 네만강을 건넌 지 4개월 만에 폐허가 된 모스크바를 떠나 그의 파국을 향해 행군하기 시작했다.

알렉산드르 황제의 가장 큰 동맹군인 겨울이 다가오고 있었다. 그리고 격분한 민중의 분노는 그 치명적인 재앙 편에 설 터였다. 누군가의 말마따나 대육군에게는 러시아가 "거대한 무덤"이 되었다. 총 40여만 명의 프랑스 병사가 사망했고 10만 명 이상이 포로가 되었다. 포로가 되어 살아남은 이들 가운데 일부가 그 지독한 퇴각이 얼마나 공포스러웠는지 이야기했다. 늑대에게 반쯤 먹힌

나폴레옹의 쓸쓸한 모스크바 퇴각을 그린 아돌프 노르텐Adolph Northen의 에칭화.

얼어붙은 시체들 이야기, 병사들을 괴롭히는 위협적인 농민들 이야기, 극심한 굶주림으로 똥을 먹은 이야기 등.

어느 프랑스 병사는 이렇게 썼다. "대육군이 스몰렌스크를 향해 서둘러 통과한 길에는 얼어붙은 시체가 흩뿌려져 있었다. 하지만 곧이어 내린 눈이 거대한 수의처럼 시체들을 덮었고 고대의 무덤처럼 작은 눈무덤을 만들어 무장한 전우들의 흔적은 아주 희미하게 보일 뿐이었다."

24일

"자연이 부른다면 들어라" 천문학자의 불쾌한 최후

튀코 브라헤Tycho Brahe는 16세기 말 가장 훌륭한 천문학자 중 한 명이었다. 허세가 심해 결투를 하다 코가 잘려나간 사람이기도 했고 말이다(어떤 방정식에 관해 논쟁을 벌이다 결투에 이르렀다). 코가 없는 브라헤는 망원경이 아직 발명되지 않은 시대에 세심한 관측을 통해 천체를 재구성해냈고, 그의 제자인 요하네스 케플러Johannes Kepler가 세운 행성 운동 법칙의 앞길을 닦았다. 하지만 안타깝게도 그에게는 자연의 부름에 답하는 예민한 감각이 부족했다. 더 정확히 말하면 소변을 보러 가기에는 너무 예의바른 사람이었고 그 대가를 톡톡히 치렀다.

이 자존심 센 과학자가 어느 지체 높은 분에게 초대받아 프라하에서 저녁 만찬을 하고 있을 때였다. 소변 욕구가 참기 어려울 만큼 강해졌다. 그러나 초대한 주인이 식사를 마치기 전에 손님이 자리를 비우는 것은 당시 관습에 어긋나는 일이었다.

"브라헤는 평소보다 오래 소변을 참으면서 자리에 그대로 앉아 있었다"고 케플러는 회고했다. "술도 꽤 마셨고 방광에도 압력을 느꼈지만 그는 자신의 몸 상태보다 예절이 더 중요했다. 집에 돌아왔을 때는 더 이상 소변을 배출할 수가 없었다." 브라헤는 이후 11일 동안 끔찍한 고통을 받았고, 배출되지 못한 독소가 체내에서 처리할 수 있는 양을 넘어 그를 서서히 중독시켰다. 결국 **1601년 10월 24일**, 그는 직접 묘비명을 지은 뒤 사망했다. "현자처럼 살고 바보처럼 죽다."

덧붙이자면, 이 이상한 이야기는 '가야 할 때는 가야 한다'는 교훈으로 마무리될 수 있을지 모른다. 그러나 1901년 브라헤의 시신을 발굴해 부검한 결과 이 위대한 천문학자가 더 끔찍한 이유로 사망했을 수 있다는 추측이 나왔다. 수염에서 미량의 수은이 검출되면서 독살 가능성이 제기된 것이다. 가능한 용의자 중 한 명은 케플러였다. 브라헤가 세심하게 기록한 자료를 손에 넣어 유명세를 얻고 싶었는지도 모른다. 다른 한 명은 덴마크 국왕 크리스티안 4세였다. 그가 자신의 어머니와 동침한 브라헤를 살해하기 위해 암살자를 보냈다는 말이 있었다(이 왕족의 치정극이 셰익스피어의 《햄릿》에 영감을 주었다고 한다).

하지만 2010년, 시신을 다시 부검한 뒤 독살설은 기각되었다. 오랫동안 은으로 만들었다고 알려져 있던 그의 인공코가 실은 황동이었다는 사실이 새로 밝혀졌고, 거기 더해 검출된 수은의 양이 그를 사망에 이르게 하기에는 부족한 것으로 밝혀진 것이다. 대신 과학자들은 애초의 진단을 그의 사인으로 확정했다. 방광 파열에 의한 사망이었다.

1944년

25일

"높은 도의 공포"
스타 몍따는 소리

그것은 예술적 승리였다······. 아니, 아니다. **1944년 10월 25일,** 76세의 오페라 '스타' 플로렌스 포스터 젱킨스Florence Foster Jenkins 가 생애 처음이자 마지막으로 그 유명한 뉴욕 카네기홀 무대에 등장했다. 공연장을 가득 메운 관객들은 이른바 소프라노인 그녀의 노래를 듣기 위해서가 아니라 그녀를 놀리기 위해 모인 것이었다. 사실 플로렌스는 노래를 못했다. 음 하나도 제대로 부를 수 없었다. 하지만 이 부유한 사교계 명사는 자신이 노래를 잘한다고 믿었고 그 점이 핵심이었다. 관객들은 진지하게 공들인 의상을 입고 여주인공처럼 화려한 손짓을 해가며 공연하는 그녀의 모습을 관람하기 위해 줄을 선 것이었다.

"높은 도의 공포"라고 사람들이 뒤에서 놀리는 동안 70대인 그녀는 커다란 황금날개를 달고서 자신의 대표곡인 〈영감의 천사 Angel of Inspiration〉를 불러댔다. 스페인의 요부가 되어 머리에 보석 박힌 빗과 빨간 장미를 꽂고 바구니에 담긴 꽃잎을 뿌리기도 했다. 플로렌스는 늘 그랬던 것처럼 관객들이 배를 잡고 뒤집어지는 소리를 열광적인 찬사로 해석하면서, 몇 번인가 앙코르를 부른 뒤 무대를 떠났다. 그 무대가 그녀의 딱히 화려하다고 할 수 없는 경력의 절정이었고 그녀는 한 달 뒤 행복하게 죽었다.

1928년

26일

어쨌든, 괴벨스를 위해 울지는 않는다

죄의식이 동반된 기쁨이긴 하지만 나치 당원의 불운에는 어딘가 달콤한 맛이 느껴진다. 히틀러의 선전원이었던 요제프 괴벨스의 **1928년 10월 26일** 일기가 그렇다.

"친구도 없고, 아내도 없다. 심각한 영혼의 위기를 겪는 듯하다. 여전히 발에 문제가 있고 그 때문에 끊임없이 아프고 불편하다. 내가 동성애자라는 소문도 돌고 있다. 선동가들은 우리의 운동을 분쇄하려 하고 사소한 다툼들이 끊임없이 나를 옥죈다. 이 정도면 누구라도 눈물 흘리지 않을 수 있겠는가!"

야호!

27일

소비에트연합을 지나 …
투르크메니스탄의 미친 독재자

투르크메니스탄 달력에서 **10월 27일**은 특별한 날이다. **1991년**, 이 중앙아시아 국가는 소비에트연합으로부터 독립했다. 하지만 자유는 상대적 개념이라 소비에트의 멍에에서 벗어난 신생 국가는 작가 폴 서루가 "지구상에서 가장 부유하고 가장 큰 권력을 쥔 광인"이라 묘사한 지도자 손에 떨어졌다. 정권을 탈취한 이 독재자(혹은 '종신 대통령')는 스탈린이 얌전해 보일 정도로 자신을 종교적으로 우상화했다.

억압적인 사파르무라트 니야조프Saparmurat Niyazov 정권 아래서 투르크메니스탄에 체류했던 서구 언론인들은 미쳐가는 국가에 대한 생생한 인상을 품고 돌아왔다. 폴은 그의 책《폴 서루의 유라시아 횡단기행Ghost Train to the Eastern Star: On the Tracks of the Great Railway Bazaar》에서 이 나라를 "루니스탄"이라 불렀다. "국가라기보다는 가장 심하게 미친 환자가 다스리는 거대한 정신병원으로, 그에게 '과대망상환자'라는 표현을 쓰는 것은 지나치게 호의적이고 부정확한 것처럼 들린다."

사파르무라트의 전지전능함과 자기애를 보여주는 단서들은 거대한 초상화부터 시작해 사실상 국가 전역에서 찾아볼 수 있다. 자신을 투르크멘바시Turkmenbashi, 즉 모든 투르크인의 지도자라 부르

는 이 남자의 거대한 얼굴은 건물 외벽에 내걸린 현수막, 대형 광고판, 종이 화폐, 가게와 학교, 심지어는 투르크메니스탄 항공기의 칸막이벽에서도 발견할 수 있다. 물론 동상도 있다. 수백 개에 이르는 동상들이 다양한 모양과 크기로 전시되어 있는데, 그중에서도 가장 천박한 것은 수도 아시가바트Ashgabat의 중립국 기념탑 꼭대기에 위치한 것이다. 76미터에 달하는 금으로 도금된 이 거대한 동상은 해가 움직이는 방향으로 조금씩 회전하게 되어 있다.

"인정합니다." 사파르무라트가 기자에게 말한 적이 있다. "(나의) 초상화, 사진, 기념품이 지나치게 많죠. 저도 그것들이 달갑지 않습니다. 하지만 사람들이 정신건강을 위해 그런 것들을 요구합니다." 아마 1월의 명칭은 그의 이름을 따서, 4월은 그의 사망한 모친의 이름을 따서 개칭한 것도 사람들의 요구가 있어서였을 것이다.

이 위대한 지도자는 이러한 대중적 '요구'를 그저 얌전히 받아들인 것이 아니라 요구한 것의 몇 배를 안겨다 주었다. 투르크메니스탄의 국가 선서에는 이런 구절이 들어간다. "내가 … 투르크멘바시를 배반한다면 내 숨이 멈추게 하소서." 실제로 그에게 비협조적인 시민들은 어둡고 습기 찬 감옥에 갇힌 자신을 발견할 수 있었다.

투르크인들은 사파르무라트의 괴상한 법에 복종해야 했다. 법들은 대부분 그의 불안정한 정신 상태를 반영하고 있었다. 수염, 발레, 자동차 라디오, 오페라가 금지되었고, 금니도 금지되어 이미 금니가 있는 사람은 이를 뽑아야 했다.

사람들이 자신을 신이라고 믿기를 바랐던 사파르무라트는 투르크메니스탄이라는 사막 한복판에 놀라운 창조물을 만들어냈다. 시도에 그쳤지만 말이다. 풍부한 천연가스에서 나온 막대한 국가 수입을 갈취해 어마어마한 부를 쌓았던 그는 "1,000명을 수용할 만큼 크고 웅장한 얼음 궁전을 짓겠다"고 2004년 호언장담했다. 또한 카라쿰 사막의 건조한 기후를 중화하기 위해 거대한 인공호수를 만들고 광대한 사이프러스 숲을 조성했지만 얼마 지나지 않아 바로 그 기후에 무릎을 꿇었다.

위대한 지도자는 전능한 손짓 한번으로 수도에 속하는 수천 평방미터에 이르는 땅을 밀어버린 뒤 거기 살고 있던 수천 명의 사람들을 내쫓고 어느 외국 외교관이 '소비에트 베거스Soviet-Vegas'라 부른 독창적인 양식의 건물들을 세웠다. 사파르무라트가 영감을 받아 착수한 건축 계획 가운데 그의 고통 받는 국민들에게 가장 큰 보탬이 된 것은 40미터 높이의 피라미드와, 올림픽이 열린 적 없는 올림픽 경기장과 '투르크 동화의 나라World of Turkmen Fairy Tales'라는 이름의 광대한 놀이공원과 대부분의 무슬림이 신성모독으로 여기는 거대한 킵차크 사원이었다. 사원 내부에는 코란 구절 바로 옆에 사파르무라트의《루흐나마Rhukhnama》혹은《영혼의 서Book of Spirit》에서 발췌한 헛소리가 커다랗게 새겨져 있었다. 폴은 이 책을 "자신의 개인적 역사와 기이한 투르크 민담과 족보와 민족 문화와 식단 제안과 소련에 대한 비난과 제정신이 아닌 자랑들과 헛된 약속과 '오, 나의 미친 영혼이…'로 시작되는 시를 포함한 자작시들이 기록된 거대한 망상"이라고 설명했다(사파르무라트의 장광설을 기록한 이 지루하고 두꺼운 책은 전 국민이 의무적으로 읽어야 했다. '토요일'과 '9월'은 이 책의 이름을 따서 명칭이 변경됐다).

그 나라 국민들에게는 다행스럽게도, 그는 이제 벽에 새긴 헛소리 아래 묻혀 있다.

28일

율리시스 S. '그랜티즘'

율리시스 S. 그랜트는 자기 시대, 아니, 모든 시대를 통틀어 가장 훌륭한 장군이었지만 나중에는 미국 역사상 최악의 대통령이 되었다. 내각의 부패한 장관들 탓이었지만 충격적인 기만행위를 단속하지 못한 그의 잘못도 있었다. 대통령 자신은 이 부정행위에서 아무런 이득도 취하지 않았지만 상원의원 찰스 섬너가 전쟁부, 재무부, 내무부, 국무부 등 연방정부의 각 부에 만연한 부정행위를 지칭하기 위해 만들어낸 '그랜티즘Grantism'이라는 단어는 18대 대통령에게 치명적인 흠집을 냈다.

"이제 율리시스는 앤드루 존슨의 최악의 시기(2월 24일 참고)보다 더 인기가 없습니다." 1875년 초, 그 자신도 조금 수상쩍은 데가 있는 부통령 헨리 윌슨Henry Wilson이 미래의 대통령 제임스 가필드에게 설명했다. 그의 정치적 지위가 "갈수록 나빠지고 있다"고 윌슨은 덧붙였다. "그는 우리 당의 목에 묶인 돌덩이입니다. 우리는 완전히 가라앉을 겁니다."

워낙 범죄 행위가 만연했기 때문에 그랜트 행정부가 존속했던 8년 가운데 어떤 날을 꼽아도 그의 측근 중 한 명은 뭔가 부정한 일을 저질렀을 것이라 거의 확신할 수 있다. 임의로 하루를 골라보자. **1871년 10월 28일**, 전쟁부 장관 윌리엄 W. 벨냅William W. Belknap은 서부 변경의 포트실Fort Sill 기지 교역소의 운영권을 가진 군매점

상인 혹은 납품업자 존 에번스John Evans로부터 쏠쏠한 부수입을 얻고 있었다. 하지만 존은 원주민 구역에 대량의 술을 반입하는 와중에 불필요한 관심을 끌게 됐다.

10월 28일 미국 재무부는 윌리엄에게 에번스가 주류판매허가를 보유했는지 물었다. 자신의 불법적인 수입이 위기에 처하자 윌리엄 장관은 그날 바로 존에게 주류허가를 발급했다. 그의 전기작가인 에드워드 S. 쿠퍼Edward S. Cooper는 "분기별로 1,500달러를 받을 수 있다면 윌리엄은 몸이라도 팔았을 것이다"라고 전했다(또한 에드워드는 아이러니하게도 윌리엄이 그 자신의 '몸을 팔' 필요가 없었다는 점을 지적했다. 한번 확인해 봤더라면 존이 이미 허가를 받았다는 사실을 알게 됐을 것이다. 전쟁부 장관은 결국 의회에서 탄핵되었는데, 그 직후 갑작스레 자진 사임함으로써 법망을 피해갔다).

그 뒤 2주도 채 되지 않아 윌리엄은 재무부 법무관에게 편지를 보냈다. "존 에번스 씨가 그의 친구들을 통해 인디언 구역에 당국의 허가 없이 술을 반입했다는 사실을 부인했다는 것을 알려 드립니다. … 따라서 그에 대한 법적 절차를 진행하지 말 것을 요구하는 바입니다."

29일

"글쎄, 잠깐 동안은 사실이었지……"

일명 '검은 화요일'인 **이날** 주식시장 폭락으로 수많은 돈이 사라져 버리면서 일군의 워싱턴 은행가들도 체면을 구겼다. 꼭 열 달 전, 1920년대의 활황이 아직 이어지던 때에 《워싱턴포스트》는 재정 전문가들에게 향후 1년의 경제에 대한 전망을 물었다. 이들은 전망이 아주 밝다고 답했고 《워싱턴포스트》는 이 설문 결과를 1면에 신고 표제를 달았다.

"1929년은 좋은 시절이 될 것이다."

1924년

30일

"납은 나쁘지 않아요"
화학자의 치명적인 거짓말

토머스 미즐리Thomas Midgley의 "전공은 엔지니어였다"고 빌 브라이슨Bill Bryson은《거의 모든 것의 역사A Short History of Nearly Everything》에 썼다. "그가 전공에 집중했다면 의심의 여지없이 세상은 더욱 안전한 곳이 되었을 것이다." 물론 휘발유에 납을 첨가하면 엔진 노킹현상을 해결할 수 있다는 사실을 발견하고 화학자로 다시 태어난토머스가 자신의 실험이 어머니 지구에 어떤 끔찍한 효과를 불러올지에 대해서는 알 수 없는 일이었다. 하지만 토머스가 **1924년 10월 30일** 언론 앞에서 행한 시연을 보면 그가 그 사실을 알았다 하더라도 별로 신경 쓰지 않았으리라 짐작할 수 있다.

자동차 매연에서 배출된 납 성분이 환경과 공공 건강에 심각한악영향을 미친다는 사실이 중요한 문제로 대두된 것보다 반세기도 더 전에 정유 공장 노동자들이 신경독 중독 증상에 시달렸다는사실이 1924년이 되어서야 알려졌다. 토머스는 흥분한 언론을 가라앉히기 위해 차력쇼에 나섰다. 뉴욕의 스탠더드 오일Standard Oil본사에 모인 기자들을 앞에 두고 이 과학자는 납 성분이 들어간 투명하고 걸쭉한 액체를 자신의 두 팔에 부었다. 그리고 이를 말린뒤 이 액체가 담긴 병에 코를 대고 깊이 숨을 들이마셨다. 그는 이를 통해 희석된 납에 제한적으로 노출되는 것은 위험하지 않으며 정유 공장 노동자들의 사망과 발병은 필수 안전지침을 준수하지 않았기 때문이라는 것이 입증됐다고 발표했다.

토머스가 빼먹고 말하지 않은 것은 꼭 1년 전에 그가 납중독으로 인해 죽을 만큼 고통 받았으며 그 때문에 6주간 휴직을 했다는 사실이었다. 기자회견을 하고 몇 달이 지나 토머스는 다시 납중독 증상을 보였다. 하지만 뜻을 굽힐 줄 모르는 이 과학자는 그 어떤 것보다 놀라운 화학적 냉매를 발견해 돌아왔다. 클로로플루오로 카본(염화불화탄소), 바로 프레온 가스로 알려진 오존 파괴의 주범이었다(토머스는 1944년 사망했고, 자신이 무슨 일을 저질렀는지는 영원히 알 수 없을 것이다. 그렇다고 그가 자신이 발명한 유산에서 완전히 벗어날 수 있었던 것은 아니다. 소아마비를 앓았던 그는 침대에 보다 편하게 들고, 쉽게 일어날 수 있게 도와주는 도르래와 조끼를 결합한 복잡한 장치를 개발했다. 1944년 11월 2일, 그는 그 장치에 얽히는 바람에 목이 졸려 죽었다).

1961년

31일

스탈린 무덤 파헤치기

소련의 독재자 이오시프 스탈린Joseph Stalin의 생전에는 누구도 감히 그와 언쟁하려 들지 않았다. 그랬다면 다른 수백만 명의 희생자와 마찬가지로 숙청되거나 굶어죽거나 얼어붙은 시베리아의 강제수용소에 유배돼 죽었을 테니까. 하지만 1953년, 괴물이 뇌출혈로 사망한 다음에는 문제가 달랐다. 감히 건드릴 수 없었던 스탈린에 대해 비로소 자유롭게 말할 수 있는 때가 온 것이다. 그의 뒤를 이은 니키타 흐루쇼프Nikita Khrushchev가 '비밀 연설'로 알려진 1956년 20차 공산당 당대회 연설을 통해 대열의 선두에 섰다. 이 연설에서 흐루쇼프는 그의 전임자가 부지런히 만들어낸 개인숭배와 무자비하게 휘두른 끔찍한 권력을 비난했다.

그는 그와 같은 개인숭배가 "마르크스주의와 레닌주의에 부합하지 않는 것으로, 그를 초자연적인 능력을 지닌 거의 신에 가까운 초인으로 만들었다. 그는 모든 것을 알고, 모든 것을 보고, 모든 사람의 입장에서 생각하고, 무엇이든 할 수 있고, 행동에 오류가 없다고 여겨졌다"고 비판했다. 이어 흐루쇼프는 스탈린 숭배가 "당의 강령, 당의 민주주의, 혁명 정당성을 극히 심각하게 왜곡시킨 근본 원인"이라 말했다.

'탈스탈린화'로 알려진 작업을 시작하며 흐루쇼프는 마지막 절차를 통해 무덤 속 독재자가 편히 잠들지 못하게 방해했다. 아예

무덤에서 꺼내버린 것이다. 충성스러운 당원이 과거를 복기하며 두 혁명 지도자를 바라볼 수 있도록 그의 시신은 유리관 안에 세심하게 방부 처리되어 블라디미르 레닌Vladimir Lenin의 유해와 나란히 전시되어 있었다. 그러나 **1961년** 22차 당대회에서 레닌과 영적으로 연결되어 있다고 주장하는 헌신적인 노년 여성 볼셰비키인 도라 아브라모브나 라주르키나Dora Abramovna Lazurkina가 잘 준비된 무대에 등장해 레닌은 "당에 커다란 해를 끼친" 스탈린 옆에 눕기 싫어한다고 선언했다.

이 연극을 벌인 뒤 **10월 31일**, 스탈린의 유해는 레닌의 묘에서 가차 없이 제거되어 크렘린 벽Kremlin Wall 인근으로 조용히 이장되었다. 소련에서 한때는 사실상 삶의 모든 측면에 스며들어 있던 인간이 당한 최후의 모욕이었다. 그러니까 2주도 지나지 않아 스탈린그라드가 볼고그라드로 개칭되기 전까지 말이다.

November

11월

"따뜻함도 없고, 활기도 없고, 건강한 휴식도 없고,
어디에도 편안함이 없고
그림자도 없고, 햇살도 없고, 나비도 없고, 벌도 없고,
과일도 없고, 꽃도 없고, 나뭇잎도 없고, 새도 없고,
11월!"

|

토머스 후드*Thomas Hood*, 〈없어!〉

1861년

1일

링컨의 두통거리, 무능한 조지 매클렐런 장군

1861년 11월 1일, 에이브러햄 링컨 대통령은 제 손으로 두통거리를 만들었다. 그날 링컨은 이미 북군의 포토맥 부대를 이끌고 있던 조지 B. 매클렐런George B. McClellan 장군을 연방군 총사령관으로 임명했다. "다 할 수 있습니다." 매클렐런은 쾌활한 목소리로 약속했다. 하지만 막상 사령관에 임명된 이후 '청년 나폴레옹'이란 별명을 갖고 있던 매클렐런 장군은 아무 일도 하지 않았을 뿐만 아니라 상관에게 아주 무례한 태도로 일관했다.

링컨은 매클렐런을 승진시킨 뒤 2주도 되지 않아 부하 장군의 무례와 불손을 맛봐야 했다. 청년 나폴레옹의 자택을 방문했을 때였다. 대통령은 장군의 집에 도착해 그가 결혼식에 참석하느라 집을 비웠지만 곧 귀가할 거라는 말을 들었다. 그로부터 30분쯤 지나 귀가한 매클렐런은 하인에게서 군통수권자가 기다리고 있다는 말을 들었다. 그러나 매클렐런은 호출을 무시하고 자신을 기다리는 대통령을 지나쳐 위층 침실로 직행했다. 그는 다시 내려오지 않았다.

링컨은 예의 관대함을 발휘하며 그 지독한 모욕을 눈감아 주었다. 하지만 불런Bull Run에서 패한 뒤 4개월이 지나도록 매클렐런이 수도의 코앞에 버젓이 자리한 적과 좀처럼 맞설 생각이 없어 보인다는 사실은 눈감고 지나칠 수 없었다.

두 손 놓은 채로 몇 달이 흘렀고, 매클렐런은 장티푸스로 앓아 누워 있었다. 결국 참지 못한 대통령은 부하 장군 어빈 맥도웰Irvin McDowell과 윌리엄 B. 프랭클린William B. Franklin을 소집했다. 링컨은 그 자리에서 "현 상황에 크게 우려하고 있다"고 말했다. 잘 알려진 대로 그는 매클렐런이 군대를 활용할 생각이 없는 것 같으니 "그가 군대에 뭐라도 명령을 내릴 수 있다면 내가 군대를 빌렸으면 한다"고 밝혔다.

매클렐런은 자신의 등 뒤에서 무슨 일이 벌어지고 있는지 살피기 위해 병상에서 몸을 일으켜 다음 관저 회의에 참석했다. 하지만 그는 자신의 작전을 '고릴라'와 공유할 생각이 없었다. 고릴라는 그가 대통령에게 붙인 별칭 중 하나였다.

회의 자리에서 병참 장교 몽고메리 메이그스Montgomery Meigs가 매클렐런에게 제발 심중의 작전을 대통령에게 공유해 달라고 애원했다. 하지만 매클렐런은 그랬다가는 작전이 신문 1면에 실리게 될 거라며 이를 거부했다.

대신 매클렐런은 자신의 작전을 다음날 직접 《뉴욕헤럴드》에 밝혔다. 그리고 1862년 3월 총사령관에서 해임되는 날까지 청년 나폴레옹은 아무것도 하지 않았다.

1932년

2일

육군+대포 대 에뮤, 승자는……

상대는 막강했다. 머릿수는 2만 마리에 달했고 육척 장신에 힘도 센 데다 위풍당당한 깃털에 갈색 눈은 불처럼 이글거렸고 발톱은 한 번만 휘둘러도 능히 사람의 배를 가를 수 있었다. 하지만 제1차 세계대전에 참전한 바 있던 호주 퍼스의 캠피온 지역 농민들은 자신들의 밀밭을 쓸어버리고 있는 이 깃털 달린 대군도 당시 가장 강력한 무기였던 기관총으로 맞선다면 쉽게 물리칠 수 있을 거라 믿었다. 거대한 에뮤 무리 때문에 황폐해진 땅을 마주한 농민들은 국방부 장관 조지 피어스 경Sir George Pearce에게 도움을 요청했고 장관은 즉시 호주왕립포병대 제7중포부대의 G. P. W. 메러디스G. P. W. Meredith 소령에게 2인 1조를 이끌고 새떼에 대해 군사공격을 수행하라고 명령했다. 그리고 **1932년 11월 2일**, 이후 '에뮤 대전'으로 알려진 전투가 시작됐다.

이 날지 못하는 새들은 시작부터 후퇴 작전과 강력한 맷집을 통해 자신들이 얼마나 우수한 전사인지 증명했다. 기관총 소리가 들려오면 보다 적은 수의 무리로 나뉘어 뿔뿔이 흩어지는 새들을 조준하기란 여간 어려운 게 아니었다. 새들이 쾌활하게 달리는 모습은 흡사 추격자들을 놀리는 것 같았다. 게다가 총에 맞은 녀석들도 마치 아무렇지 않다는 듯 멈추지 않고 달렸다. 사살에 성공한 것은 얼마 되지 않았다.

전투 3일째, 메러디스는 울타리 근처에 병사들을 매복시켰다. 하지만 막상 대규모 에뮤 떼가 사정권에 들어왔을 때 몇 발 발사도 하지 않았는데 기관총이 고장 나고 말았다. 불안해진 메러디스는 이제 트럭 지붕에 기관총을 설치했다. 하지만 이 지옥에서 온 동물들은 트럭보다 빨랐다. 게다가 새들이 트럭을 거세게 밀치는 바람에 사수들은 한 발도 제대로 쏠 수 없었다. 전세는 기울었고 일주일도 되지 않아 인간 군은 철수했다. 그 다음주, 전투는 곧 재개되었다. 하지만 결과는 비슷했다. 총탄 수십만 발이 발사되었지만 그에 비해 사살 당한 에뮤는 턱없이 적었다.

"만약 에뮤 부대에게 총 다루는 법을 훈련시킨다면 이 세상 어느 군대에도 대적할 수 있을 것이다. 그들은 탱크 같은 맷집으로 기관총 부대에 맞설 수 있다"라고 메러디스는 훗날 말했다(군대는 에뮤대전에서 패했지만 지역 농민들은 이후 몇 년간 보다 뛰어난 성과를 거뒀다. 농민들은 정부에서 탄약을 지급 받아 수만 마리의 새들을 사살했다).

1988년

3일

개와 누우면 코를 물린다

유사 언론인 제랄도 리베라는 자극적인 사건의 냄새를 기막히게 맡는 예민한 코를 가졌다. 그런데 하필 그 코를 방송 중에 언어맞았으니 그것도 참 얄궂은 일이다. 헛웃음이 나올 만큼 시시했던 알 카포네의 금고 개봉 사건(4월 21일 참고)이 있은 뒤 제랄도는 자신의 이름을 내건 프로그램을 맡게 됐다. 시청률을 위해 기인들을 데려와 전시하는 프로그램이었다. 그중 한 에피소드였던 '레이스 팬티를 입은 남자들과 그들을 사랑하는 여자들' 편이 이 질 낮은 프로그램이 어떤 방송인지 잘 보여주었다. 다행히 제랄도가 여자 속옷을 입고 주먹질을 당할 일은 없었다. 하지만 스킨헤드 인종주의자들은 얘기가 달랐다. **1988년 11월 3일**, 제랄도는 언제 터질지 모르는 인종주의자들과 시민권 운동가 로이 이니스Roy Innis를 한자리에 초대했고, 놀랄 것도 없이 아수라장이 벌어졌다. 제랄도 역시 그 난장판에 뛰어들어 어느 백인우월주의자와 멱살잡이를 했다. 그가 한껏 분개한 척하며 "벌레 같은 놈들"이라 부른, 시청률을 올리기 위해 끌어들인 인종주의자들 중 하나가 누군가의 얼굴에 주먹을 날렸고, 그 일격에 제랄도의 코가 두 동강나고 말았다.

그래도 〈제랄도Geraldo〉의 지난 에피소드인 '악마 숭배 특집: 사탄의 지하세계를 들추다' 편을 방송하다 악령이 들리진 않았으니 어쩌면 다행인지도 모른다.

1979년

4일

진흙탕에 빠진 테드 케네디

그 일은 대통령 후보 테드 케네디를 죽인 인터뷰로 불린다. **1979년** 가을, 매사추세츠 상원의원 테드는 CBS 뉴스의 로저 머드 Roger Mudd와 여러 차례 인터뷰를 했고 횡설수설하며 자신의 기회를 날려버렸다. 아직 공식 출마 선언을 하기도 전이었다.

"의원님, 왜 대통령이 되려고 하십니까?" **11월 4일** 방영한 특집 방송 〈테디Teddy〉에서 로저가 물었다. 테드는 이 간단한 질문에도 확실히 당황한 것 같았다. "아, 저는… 그러니까… 그… 출마… 그, 저기, 선언을 하고…" 출마 예정자는 말을 더듬으며 두서없고 혼란스러운 독백을 내뱉기 시작했다. 저 필수적인 질문을 한 번도 진지하게 자문해본 적 없는 사람 같았다.

해상에서 진행된 인터뷰에서도 테드는 눈에 띄게 당황하는 모습을 드러냈다. 그에게 오점으로 남아 있는 10년 전의 채퍼퀴딕 Chappaquiddick 사건을 보다 잘 설명해줄 수 있느냐고 로저가 물었을 때였다. 사건에 대해 잘 모르는 사람들을 위해 설명하면, 테드가 폭이 좁은 교각으로 차를 몰고 가다 난간을 들이받고 물에 빠진 적이 있었다. 그는 자신의 호텔 방으로 안전하게 돌아왔지만 함께 차에 타고 있던 한참 젊은 메리 조 코페크니Mary Jo Kopechne는 차에 갇힌 채 익사하고 말았다. 그가 경찰에 신고한 것은 그로부터 거의 열 시간이 경과한 후였다.

채퍼퀴딕 사건 현장을 재연하는 모습. 이 사건은 2017년 할리우드에서 영화화되기도 했다.

"아, 그때는… 문제가 있었는데… 그날 밤에… 제가 한 일이, 어, 그러니까, 그, 한 일을 저도 거의 믿을 수 없을 정도입니다. 제 말은, 그게 왜 그랬냐 하면, 제 생각에는, 그게… 그러니까… 그게… 상황이 그랬던 거죠. 그… 그렇게 될 수밖에 없었던 겁니다. 이제는 그렇게 생각합니다. 이미 말한 것처럼 제가… 내가 한 일이… 그러니까 그날 저녁에… 그렇게 한 것은… 사고의 영향 때문이었고… 그리고 상실감도 있고, 희망을 하면서… 그… 비극적인 상황에서… 그 모든 상황을 생각하면, 그, 저, 그 행동을 설명하기 힘든 것이죠."

이 대참사가 방영된 뒤 자연스럽게 테드에 대한 맹비난이 이어졌고 두 달 뒤 그는 명예로운 케네디가의 세 번째 대통령 후보가 되었다. 그러나 민주당 경선에서 현직 대통령 지미 카터에게 패배했고 이후 30년이 지나도록 그는 로저 머드에게 생생한 적의를 품었다.

사후 출간된 회고록 《진실의 나침반True Compass》에서 테드는 인터뷰가 일종의 기습 공격이었다고 주장했다. 당시 월터 크롱카이트Walter Cronkite의 뒤를 이어 CBS 뉴스 앵커를 맡고자 했던 로저에게 개인적인 친절을 베풀어 본인의 어머니와 관련된 미담이나 케이프 코드 앞바다에서 오랜 시간을 보낸 케네디가의 항해 활동으로 주제를 한정할 계획이었다는 것이다. "정치 안테나를 더 길게 뽑았어야 했다"고 그는 썼다. "돌이켜 보면 내가 그렇게 하지 않았다는 것이 상상이 가지 않을 정도다."

그러나 로저는 《뉴욕타임스》에 보낸 서신을 통해 테드의 해명을 "완전한 날조"라 부르며 격렬하게 반박했다. 로저는 인터뷰 주제가 처음부터 분명했고 로즈 케네디와 바다는 인터뷰 주제로 전혀 고려되지 않았다고 주장했다. "저는 의원님이 당신의 마지막 유언이나 다름없는 글에 그와 같은 거짓 해명을 적어 넣었다는 것이 어리둥절하고, 혼란스럽고, 화나고, 슬픕니다."

1688년

5일

사위에게 왕위를 빼앗긴 제임스 2세

제임스 2세는 아버지 찰스 1세가 참수당하는 것을 목격하며 잉글랜드가 전제 정치를 받아들일 생각이 없다는 사실을 깨달았을지도 모른다. 하지만 이를 어쩌나, 왕은 그 독한 가르침을 제대로 이해하지 못했던 것 같다. 그가 3년이 넘도록 전제적인 통치를 이어가자 신하들은 더 이상 참지 못할 지경이 되었다. 참지 못한 정도가 아니라 난폭한 군주에게서 벗어나기 위해 네덜란드에 침공을 요청하기까지 했다.

1688년 11월 5일, 제임스 2세로서는 불운하게도 그의 조카인 오렌지 공 윌리엄 William of Orange이 네덜란드의 대군을 이끌고 잉글랜드에 상륙했다. 이 공격이 더 참담했던 것은 윌리엄이 제임스 2세의 딸 메리의 남편이기도 했기 때문이다.

"오렌지 왕자의 부당한 저의가 명명백백하게 밝혀진 지금 내게 이를 어찌 해명하면 좋을지 당황하고 있을 줄 안다." 제임스 2세는 윌리엄의 함대가 도착하기 전에 네덜란드에 있는 딸에게 서신을 보냈다. "네가 좋은 아내인 것은 알고 있고 또 너는 마땅히 그래야 한다만 마찬가지로 나는 네가 아비의 착한 딸이라 믿고 있다. 아비는 너를 늘 자애롭게 사랑했고 이를 의심할 만한 일은 어느 것 하나 저지르지 않았다. 더 이상 아무 말 않겠지만 네가 아비와 지아비 사이에서 마음이 타들어갈 거라 믿는다. 네가 원하기만 하면 네

아비의 친절한 모습을 언제든 발견할 수 있을 것이다."

메리는 답장하지 않았다.

한편 왕은 전장에서 사위와 대적하기를 피하고 런던으로 피신했다. 하지만 런던에 돌아와 보니 막내딸 앤이 이미 적군에게 투항한 상태였다. "신이여 저를 도우소서!" 그는 울부짖었다. "제 자식들이 저를 버렸나이다."

그나마 다행스럽게도 제임스 2세는 앤이 오렌지 공 윌리엄의 침공 전야에 자신의 형부에게 서신을 보내 "계획하신 일이 모두 성공하기를" 빌었다는 사실과 윌리엄이 도착할 때 앤이 오렌지색 리본으로 장식된 드레스를 입고 그를 마중했다는 것은 모르고 있었다.

이후 배신당한 왕은 프랑스로 달아났고 그 사이 그의 사위와 딸은 공동으로 잉글랜드 왕위에 올라 윌리엄 3세, 메리 2세가 되었다. 역시 훗날 왕위에 오른 앤은 아버지의 구차한 도주에 별다른 감정을 느끼지 않은 것 같았다. 그녀의 외삼촌인 클래런던 백작Earl of Clarendon에 따르면 "그녀는 조금도 슬퍼하지 않았다".

2012년

6일

딕 모리스의 뿌연 수정 구슬

"맞다. 바로 그거다. 롬니의 압도적인 득표수는 오바마가 매케인을 상대로 승리했을 때 얻은 득표수에 거의 근접했다. 나는 그렇게 예측한다."

_딕 모리스Dick Morris,《힐The Hill》

"어떤 인간도 딕 모리스가 2012년 미 대선에서 그랬던 것만큼 오류투성이에, 엉망에, 황당하고, 바보 같은 예측을 내놓지는 않았다"고 데이브 웨이겔Dave Weigel은《슬레이트Slate》에 썼다. 통계적으로 검증이 불가능한 주장이지만 유쾌하면서도 날카로운 지적임에는 틀림없다. 자칭 정치계 '내부자'이자 입을 다물 줄 모르는 딕은 **2012년 미 대선 당일**《힐》의 칼럼에 게재한 무모한 선언으로 자신에게는 최악의 해의 마지막을 장식했다.

이 땅딸막한 전문가는 칼럼에서 우쭐우쭐 만족감을 드러냈다. "일요일, 우리는 시간을 바꿨다. 화요일, 우리는 대통령을 바꿀 것이다. … 선거 이후 목요일 칼럼에서는 밋(롬니)이 결정한 올바른 선택들에 대해 자세히 다룰 것이다. 하지만 우선 당장은 우리가 뽑을 새 대통령을 축하하자."

7일

"쭉정이들에 경배를"
못난 대통령들의 역사

1848년 11월 7일, 재커리 테일러Zachary Taylor가 미국의 12대 대통령으로 선출되었다. 역사가들이 최악의 대통령 열 명을 뽑을 때 꾸준히 거론하는, 정말 못난 대통령들 중에서도 전례를 찾아보기 힘든 정통성이 있는 사람일 것이다. 테일러는 국가에 더 큰 손해를 끼치기 전에 집무실에서 사망했고 그의 뒤를 그보다 나을 것 하나 없는 밀러드 필모어가 이었다. 국가 재앙이라 할 수 있는 1850년 대타협(남북 간의 갈등을 일시적으로 막았지만 이후 더 큰 혼란을 초래했다)의 주인공이었다. 다음은 프랭클린 피어스였다. 그는 만성적인 술꾼으로, 그의 정치 참모는 그를 "술꾼계의 백전 용사"라 비꼬았다. 못난 대통령 4중주의 마무리는 제임스 뷰캐넌이었다. 그는 나라가 내전으로 치닫는 동안 아무 일도 하지 않고 가만히 늘어져 있었다. 감사하게도 에이브러햄 링컨이 그를 대체하며 재난에 필적하는 무능력자들의 연이은 백악관 점거를 끝냈다. 비록 잠시 동안이었지만 말이다. 안타깝게도 정직한 링컨의 뒤를 이은 것은 역사의 바닥이라 할 법한 곳에 위치하는 자들, 바로 앤드루 존슨(2월 24일 참고)과 전쟁 영웅에서 실패한 대통령으로 전락한 율리시스 S. 그랜트(10월 28일과 12월 17일 참고)였다.

1519년

8일

탐욕으로 가득한 스페인 정복자를 조심할 것

스페인 정복자 에르난 코르테스Hernán cortés는 이미 멕시코를 약탈하고 시체의 언덕과 피의 물줄기를 만들어낸 참이었다. 그가 뿜어내는 문화적 우월감에 비견할 만한 것은, 금에 대한 그의 끝없는 탐욕뿐이었다(어느 동시대인이 금을 받고 흥분한 코르테스와 부하들의 반응을 기록해 두었다. "그들은 원숭이들처럼 금에 달려들었다. … 금에 대한 그들의 굶주림은 어마어마하게 강해서 목구멍이 차오를 때까지 금을 쑤셔 넣고도 돼지처럼 배고파했다"). 그럼에도 불구하고 아즈텍의 통치자 모크테수마 2세는 **1519년 11월 8일** 정복자의 나팔 소리가 울리자 웬일인지 순순히 수도 테노치티틀란Tenochtitlan에 코르테스를 들였다.

현재는 많은 역사가들이 반박하고 있지만, 전설에 의하면 모크테수마 2세는 그 방문자가 위대한 신 케찰코아틀Quetzalcoatl의 현신이라 믿었다고 한다. 이유가 뭐든 간에 순순히 문을 연 것은 커다란 실수였다. 코르테스는 왕의 자비로운 환대와 선물을 받아들였다(다만 왕이 선물로 제공한 여자들을 받는 것은 죄에 해당했던 탓에 거절했다). 그리고 답례로 그는 왕을 왕궁에 감금했다. 모크테수마 2세는 8개월이 지나지 않아 사망했고(모크테수마 2세의 사망에 대해서는 여러 가지 설이 있다. 스페인의 기록에서는 그가 순순히 항복한 것에 분노한 아즈텍인들이 그를 살해했다고 적혀 있다. 선주민의 기록은 코르테스가 그를 죽였다고 말한다) 아즈텍 제국도 곧 그 뒤를 이어 멸망했다.

2001년

9일

죽은 오리 덮치기

과학학술지에 게재되는 논문들은 원래 그리 대중적이지 않지만 (《수마트라 모래벼룩의 번식 과정》에 관심 있으신 분…?), 로테르담 자연사 박물관이 발간하는 《디인시아Deinsea》는 이 그들만의 리그를 완전히 새로운(그리고, 어떤 사람들이 보기에는 좀 괴상한) 차원에 올려놓았다. **2001년 11월 9일**, 〈청둥오리Anas platyrhynchos에게서 나타난 동성 시체애호증의 최초 사례〉라는 논문이 게재된 것이다.

박물관 소속 과학자 C. W. 묄리커C.W. Moeliker는 논문을 통해 6년 전 어느 수컷 청둥오리가 죽은 수컷 청둥오리 시체(논문에서 'NMR 9997-00232'로 지칭된다)를 지속적으로 "강력한 힘으로" 강간하는 모습을 목격했다고 전했다. NMR 9997-00232는 불운하게도 박물관의 유리벽에 충돌한 뒤 떨어져 죽은 것 같았다. 그리고 잠시 후 날아온 동료 새가 시체를 덮치고 급한 볼일을 처리했다.

"상당히 충격적이었다"고 묄리커는 썼다. "나는 유리벽 뒤편의 가까운 곳에 서서 19시 10분까지 이 장면을 관찰했다. 그동안 (75분!) 청둥오리는 거의 쉬지 않고 죽은 동종의 개체와 교미했고 나는 사진을 몇 장 찍었다. 새가 시체에서 몸을 뗀 것은 단 두 번뿐이었는데, 시체 근처에서 목과 머리 옆쪽을 부리로 쫀 뒤 다시 시체에 올라탔다. 첫 번째 중단(18시 29분)은 3분간 지속됐고 두 번째 중단(18시 45분)은 1분도 채 되지 않았다."

1879년

10일

'전화'라는 대박을 놓친 통신 회사

잘 알려진 대로 웨스턴 유니온Western Union은 남북전쟁 이후 통신업을 지배한 거대 기업으로, 이 전신 회사의 위세가 얼마나 기세등등했는지 회장 윌리엄 오튼William Orton이 "상업계의 신경계"라 말하며 뽐낼 정도였다. 1876년 가을, 자신들의 회사가 세계에서 가장 부유하고 강력한 기업이라는 우월감을 갖고 있던 웨스턴 유니온의 간부들은 알렉산더 그레이엄 벨Alexander Graham Bell과 그의 동료들이 얼마 전 승인받은 전화기 특허권을 10만 달러에 전부 팔겠다고 찾아왔을 때 이를 "장난감"이라 폄하하며 제안을 묵살했다.

웨스턴 유니온 내부에서 작성된 메모에는 "척 보기에도 바보 같은 아이디어"라 적혀 있었다고 한다(일부 역사가들은 이 메모가 실존했는지 의구심을 표하고 있다. 하지만 이것이 웨스턴 유니온이 벨과 그의 동료들에게 보낸 핵심적인 메시지임에는 의심의 여지가 없다. 거래는 없었다는 것이다). "게다가 배달원을 전신국에 보내면 미국 대도시 어디에서나 보기 좋게 적힌 전신을 확인할 수 있는데 누가 이처럼 꼴사납고 비실용적인 장치를 사용하겠는가?"

당장의 거절은 뼈아팠지만 벨의 조수였던 토머스 왓슨Thomas Watson이 훗날 언급한 것처럼 이는 "우리 모두에게 찾아온 또 다른 행운이었다. 2년만 지나면 2,500만 달러에도 특허권을 살 수 없을 것이었다".

왓슨이 옳았다. 웨스턴 유니온은 얼른 잘못을 깨닫고 후회했다. 하지만 너무 늦은 후회였다. 웨스턴 유니온은 부질없이 도의에 어긋날 뿐인 시도를 통해 가장 비열한 방식으로 벨의 특허에 소송을 제기했다. 회사는 벨과의 특허 경쟁에서 패한 엘리샤 그레이Elisha Gray와, 전화 송신기에 커다란 발전을 가져온 토머스 에디슨을 영입했다. 이들은 벨이 전화기 아이디어를 도둑질했다고 주장하며 자신들이 개발한 새로운 장치를 홍보하기 시작했다. "발명품이 유명세를 얻을수록 발명가는 전 세계가 노리는 과녁이 되기 마련"이라고, 벨은 아내에게 보낸 편지에서 한탄했다.

이 더러운 업계에 환멸을 느낀 발명가는 그곳을 떠날 준비를 했다. 하지만 함께 벨 전화회사를 설립한 동료들은 어떤 의미에서든 패배를 받아들일 준비가 되어 있지 않았다. 대신 그들은 특허권 침해로 웨스턴 유니온을 고소했고 벨이 싸움에 동참하도록 설득했다. 그는 오래도록 망설인 끝에 간신히 늦지 않게 예비 진술을 제출했고 이후 다시 힘을 내서 결정적인 증인으로 재판에 참석했다. 웨스턴 유니온은 승소할 가능성이 전혀 없었다.

1879년 11월 10일, 웨스턴 유니온은 전화 사업에서 완전히 철수하기로 합의했다. 오늘날 웨스턴 유니온은 전신 송금과 우편환 업무를 주로 취급하며 겨우 버티고 있을 뿐이다. 반면 벨이 취득한 특허는 미국 역사상 가장 가치 있는 특허로 우뚝 서 있다.

1861년

11일

'한낱 아녀자'의 우아하고 치명적인 효율성

1861년 11월 11일, 예기치 못하게 황제의 후궁이었던 서태후 西太后가 어린 아들을 황제로 앉히고 중국의 실질적인 통치자가 되어 수렴청정하자 죽음의 섬세한 손길이 왕궁을 휩쓸었다. 서태후는 사망한 전 황제가 앉힌 기존의 섭정들을 피 한 방울 흘리지 않고 끌어내렸고 이제 이들을 숙청해야 했다. 서태후는 자신의 길을 가로막았다는 이유로 이들에게 모반죄를 씌웠고 전통적으로 모반을 꾀한 이들에게는 능지처참이 기다리고 있었다. 능지처참은 아주 오래도록 이어지는 극히 고통스러운 형벌이었다. 하지만 서태후는 자비를 베풀어 섬세한 손길로 형벌을 조정했다. 죽을 때까지 살을 얇게 발라내거나 잘라버리는 대신 순식간에 섭정 우두머리의 머리를 쳐버린 것이다. 처형 전 그는 처형장에서 통곡했다. 다가올 고통 때문이 아니라 서태후를 '한낱 아녀자'로 얕잡아 봤다는 후회 때문이었다. 실각한 다른 대신 두 명에게는 공개 처형으로 난장판을 만들 것 없이 조용히 목을 매달라는 마음 따뜻한 전언과 함께 길고 하얀 비단이 보내졌다. 처형은 잔혹함을 최소화했지만 여전히 치명적으로 실행되었다.

1970년

12일

고래 시체 폭발의 여파, 멀쩡히 돌아간 사람은 없었다

관중 역할이 마냥 편한 것은 아니다. 날아든 야구공에 머리를 맞거나, 경주마에 치이거나, 폭죽에 그을리거나, 고대 로마의 미친 황제가 검투사 시합 중에 관중을 끌어내 맹수들 앞에 던져놓는 경우를 생각해 보라. 하지만 **1970년 11월 12일**, 오레곤에 모인 일군의 구경꾼들은 꽤 특별한 그리고 상당히 불쾌한 경험을 했다. 향유고래가 폭발하면서 사방으로 날아든 피투성이 지방 덩어리와 뼈와 내장에 얻어맞은 것이다.

무게 8톤에 길이 13미터에 달하는 고래가 태평양과 맞닿은 오리건주 플로렌스 남부 해변에 떠밀려 왔다. 얼마 지나지 않아 고래 사체가 부패하는 냄새가 견딜 수 없을 지경에 이르렀다. 뒤처리는 고속도로 관리국이 떠안았다. 하지만 뭘 해야 하지? 해변에 사체를 묻는 것은 고려 사항이 아니었다. 파도에 모래가 쓸리면 서서히 다시 드러날 터였기 때문이다. 그에 따라 부패 중인 거대한 사체를 폭파시키고 잔해는 갈매기들의 만찬 거리로 남겨두자는 계획이 세워졌다. 이론적으로는 좋은 생각이었다.

해당 지역의 공공 보조 공학 기술자였던 조지 손턴George Thornton이 시행 책임자가 되었다. "음, 잘 될 거예요." 그는 포틀랜드 지역 방송 KATU-TV 기자인 폴 린먼Paul Linnman에게 말했다. "한 가지 불

확실한 건 사체를 해체하려면 어느 정도의 폭발물이 필요한가 하는 거죠." 이런, 그게 바로 문제였다. 폭발물을 다뤄본 경험이 많지 않았던 조지는 다이너마이트 0.5톤을 적정량으로 계산했다.

그 지역을 여행 중이던 사업가 월터 우멘호퍼Walter Umenhofer는 조지의 계산이 틀렸음을 즉각 알아차렸다. 월터는 제2차 세계대전 참전 당시 폭발물 훈련을 받은 적이 있었고 고래 사체를 적절히 분해해 바다로 밀어 넣으려면 다이너마이트를 훨씬 적게 사용해야 하고 사체를 완전히 산산조각 내려면 훨씬 많은 다이너마이트를 사용해야 한다는 것을 알았다. 월터의 말에 따르면 조지는 그의 경고를 무시했다.

"이렇게 말하더군요. '어차피 저 멀리 사구 너머로 구경꾼들을 물러나게 할 텐데요, 뭐.'" 25년 뒤, 월터는 샌프란시스코 KGO방송국과의 인터뷰에서 이렇게 밝혔다. "제가 말했죠. '아마 내가 가장 멀리 떨어져 있는 사람이 될 거요!'" 하지만 안타깝게도 월터는 그의 새 차 올즈모빌 88 리젠시까지 멀리 옮겨 놓진 않았다(그는 막 차를 구입한 참이었다. 그리고 이건 농담이 아닌데, "고래를 낚은 거나 마찬가지, 올즈모빌 신규 모델 할인" 행사를 통해 구입한 차였다).

조지는 다이너마이트 0.5톤을 고래 사체 안쪽과 주변에 설치해 폭파시켰다. "갑자기 벌어진 일이었어요." 플로렌스 지역 주민 짐 '스킵' 커티스Jim 'Skip' Curtis가《유진 이그재미너Eugene Examiner》에 기고하는 블로거 데이브 마스코Dave Masko에게 당시 일을 들려주었다. "고래 사체가 안쪽에서부터 폭발했고, 30미터 높이의 모래와 연기 기둥이 치솟았어요. 그리고 기억하는 건 역겨운 내장과 뼈와 살덩어리들이 사방으로 튀는 바람에 모든 사람들이 비명을 지르며 몸을 웅크렸다는 거예요. 역겨우면서도 또 너무 슬프기도 했죠."

구경꾼들은 썩은 고래 잔해를 머리와 옷에서 떼어냈고 월터는 새 차가 거대한 고래 지방 덩어리에 맞아 부서진 것을 발견했다. 며칠 뒤 그는 말했다. "차를 버리고 싶어요. 아직도 고래 냄새가 나요. 정비소에 맡겨놨다가 수납함에 꺼낼 물건이 있어서 찾아가봤는데 냄새가 하도 심해서 방수포로 차를 덮어 놨더군요."

결국 고속도로 관리국이 가입한 보험사에서 월터의 손해를 보상해주었다. 하지만 조지 손턴은 쉽게 자존심을 굽히지 않았다. 폭파 계획을 망치고 몇 년이 지난 뒤에도 그는 벌어진 일을 마음 깊이 부정하고 있었다. 수십 년이 지나 폴 린먼이 다시 사건 현장을 찾아 조지에게 뭐가 잘못됐었는지 물었다. 조지는 대답했다. "뭐가 잘못됐냐고요? 무슨 말이에요?"

13일

"앗, 실수했네, 여기 네 목"

2013년 11월 13일, 시아파 바샤르 알 아사드Bashar al-Assad 대통령에 대한 보복 행위를 벌이던 시리아 테러리스트 일당은 참수한 모하메드 파레스 마루쉬Mohammed Fares Maroush 머리를 높이 치켜들었다. "그들(시아파)이 찾아와 남자들을 강간하고 그 후 여자들도 강간할 것이다. 그것이 신을 모르는 자들이 저지르는 짓이다." 알카에다와 연관되어 있는 지하드 전사가 군중들 앞에서 외쳤다. "신께서 우릴 도와 그들을 물리쳤다!" 하지만 이 잔혹한 행위에는 한 가지 문제가 있었다. 실수로 자기편을 참수해 버린 것이다.

모하메드는 반군 편에서 아사드 정권과 전투를 치르던 중 부상을 입었다. 하지만 병원에서 마취약에 취해 있는 동안 어쩐 일인지 시아파의 기도문을 외고 말았다. 이를 들은 수니파 살인자들은 종교적 광신도가 자연스럽게 할 법한 일을 저질렀다. 머리를 잘라 버린 것이다. 혼동을 깨달은 뒤 반군 대변인 오마르 알 카타니Omar al-Qahtani가 트위터에 용서를 구하며 변명을 올렸다. "존경하는 구독자 여러분. 지하드 전사들은 잘 알겠지만 이런 실수는 전장과 성전에서 흔하게 발생하는 일입니다."

1908년

14일

동성애 스캔들에 휘말린 독일 황제

독일 제국의 최고위층뿐 아니라 황제까지 연루된 동성 섹스 스캔들이 터진 상황에서 황제 빌헬름 2세가 가장 우려하던 일이 벌어지고 말았다. **1908년 11월 14일**, 독일제국 군사 내각의 수장 휠젠 헤젤러 백작 디트리히Dietrich Graf von Hülsen-Haeseler가 황제의 비밀 파티에서 발레용 치마를 입은 채 독무를 하다 급사한 것이다.

독일에서 동성애는 언론이 열심히도 회피해온, 오랫동안 입에 담기 어려운 주제였다. 하지만 1906년, 언론인 막시밀리안 하르덴 Maximilian Harden이 황제를 둘러싼 최측근 집단의 성적 지향을 폭로하면서 얘기가 달라졌다. 그가 터뜨린 특종들 대부분은 막시밀리안처럼 빌헬름 2세의 정책에 격렬한 반기를 들다 결국 황제에게 해임된 '철의 재상' 오토 폰 비스마르크Otto von Bismarck가 정보를 제공한 것이었다. 비스마르크는 그의 아들에게 보낸 편지에서 황제가 그의 충성스러운 친구인 오일렌부르크와 헤르테펠트의 왕자 필리프 프리드리히 알렉산더와 즐거운 친교 관계에 있다 적었고 거기에는 "신문에 알려서는 안 되는" 사항도 있었다.

막시밀리안은 군주와 오일렌부르크 왕자와의 사생활을 슬쩍 암시하는 것만으로도 충분히 위험하다는 사실을 잘 알고 있었다. 하여 그는 오일렌부르크 왕자와, 황제의 측근이자 베를린 군사 사령관인 쿠노 폰 몰트케 남작Count Kuno von Moltke, 혹은 막시밀리안이

적은 것처럼 "달콤한 애인"과의 동성애 관계를 폭로하여 빌헬름 황제를 우회적으로 타격하는 쪽을 선택했다. 역사가 알렉산드리아 리치Alexandria Richie는 이를 통해 막시밀리안이 "독일 제국의 가장 신성한 금기를 깨뜨렸다"고 적었다.

빌헬름 황제는 새로 밝혀진 스캔들에 연관될 가능성을 차단하기 위해 자신의 친구 오일렌부르크 왕자와 거리를 두고 몰트케를 해임했다. 하지만 두 사람 모두 명성이 완전히 조각난 채로 순순히 물러설 생각이 없었다. 결국 외설적인 세부 내용으로 가득한 명예 훼손 소송들이 잇따랐고 언론들은 득달같이 달려들었다.

"독일 신문에는 기사들이 넘쳐났다"고 역사가 제임스 스테이클리James Steakley는 썼다. "관련 사건은 몇 달에 걸쳐 헤드라인을 장식했고 전에 비할 수 없이 격렬한 동성애 마녀사냥을 불러 일으켰다. 거의 모든 고위 공무원과 군 장교들이 동성애자로 의심 받거나 비난을 당했다." 그 가운데 일부는 수치심에 자살을 하기도 했다. 빌헬름 2세는 신경쇠약에 걸렸다.

"끝없는 근심을 일으킨 아주 힘든 한 해였다." 1907년 겨울, 황제는 썼다. "신뢰하는 친구들로 이루어진 무리가 순식간에 방약무인한 모략과 거짓으로 … 파괴되고 말았다. 짐의 친구들의 이름이 유럽의 시궁창으로 끌려 들어가는 것을 보며 아무런 도움도 줄 수 없고 그럴 자격도 없다는 것이 끔찍하기 짝이 없다."

이 모든 일이 벌어진 뒤 드디어 스캔들이 잠잠해지려고 할 때 마침 백작 디트리히가 최후의 피루에트를 공연한 것이다.

1986년

15일

루시는 이제 웃기지 않아

빛나는 경력에 어울리지 않는 씁쓸한 종결부였다. 불쌍한 루시는 이제 더 이상 사람들이 자신을 사랑하지 않는다는 것을 알게 됐다. 루실 볼Lucille Ball이 시트콤의 영광을 되찾고자 출연했던 ABC 방송사의 〈루시의 생활Life With Lucy〉이 겨우 9회 만인 **1986년 11월 15일** 종영했다. 5회의 방영분이 더 촬영된 상태였지만 평론가들의 혹평과 시청자들의 외면으로 이미 너무 큰 실패를 맞고 있었기 때문에 방송국은 자비롭게도 75세가 된 코미디의 전설이 더 큰 창피를 당하기 전에 프로그램을 종영하기로 했다. 전하는 바에 따르면 루실은 수많은 팬들에게 자신이 버려졌다는 사실을 통감하며 절망에 빠져 잠자리에 들었다고 한다. 그녀는 자신의 좋았던 날들이 이미 필름 안에 영원히 간직되어 있고 그녀도 세상으로부터 영원히 사랑받을 거라는 사실을 제대로 받아들이지 못했다.

1849년

16일

도스토옙스키가 지옥에서 보낸 혹독하게 추운 하루

러시아 황제 니콜라이 1세는 표도르 도스토옙스키Fyodor Dostoyevsky를 위해 악마적인 반전을 준비해두고 있었다. 영원히 정신적 상처를 남기려는 목적으로 말이다. **1849년 11월 16일**, 이 소설가와 다른 동료 지식인들은 억압적인 러시아 정부가 보기에 체제를 위협하는 활동에 가담했고 그 이유로 총살형을 선고 받았다. 족히 한 달이 넘도록 피할 수 없는 죽음의 유령이 그들 근처를 얼씬거렸다. 예정된 날짜가 되자 혹독한 추위가 들이닥친 상트페테르부르크St. Petersburg 세메노프스키 광장Semenovsky Square에 세 개의 말뚝이 세워졌다.

도스토옙스키는 이렇게 썼다. "죽음을 기다리는 끔찍한, 정도를 가늠할 수 없이 끔찍한 시간이 시작됐다. 추운 날씨였다. 정말 지독하게 추웠다. 그들은 우리의 외투뿐만 아니라 겉옷까지 벗겼다. 기온은 영하 20도였다."

도스토옙스키와 다른 사형수들이 검은 휘장을 두른 처형대에서 추위에 몸을 떨며 운명을 기다리고 있었고 첫 번째로 사형당할 이들이 복면을 쓴 채 말뚝에 묶여 있었다. "셋씩 짝지어 끌려갔다"고 작가는 회고했다. "나는 두 번째 무리에 속했다. 살 시간이 1분도 남지 않았다." 하지만 총살 부대가 총을 세우고 목표물을 조준하는 순간 황제의 갑작스러운 집행 취소 명령이 날아들었다. 니콜라이 황제가 자유주의 사상의 위협 속에서 치명적인 교훈을 얻은 것이 아니라 이들에게 가르침을 주기 위해 이 모든 잔혹한 계획을 미리 마련했던 것이다.

"멍청하게 넋이 나간 채로 집행 취소 소식을 들었다"고 도스토엡스키는 기억했다. "다시 살게 되었다는 기쁨은 없었다. 주변의 사람들은 소리를 지르고 시끄럽게 굴었다. 하지만 나는 신경 쓰지 않았다. 나는 이미 최악의 순간을 거쳐 왔던 것이다. 그래, 가장 최악의 순간을 말이다. 가련한 그리고리예프Grigoryev는 미치고 말았다. … 다른 사람들은 어떻게 버텼을까? 모르겠다. 그때 우리는 감기도 걸리지 않았다."

감옥으로 돌아오고 나서야 도스토엡스키는 다시 삶을 돌려받았다는 기쁨을 제대로 느낄 수 있었다. 그 뒤 시베리아에서 4년간 강제노역을 하고 이후에는 군대에 강제 징집되었지만 말이다. 어쨌든 그는 살아남았다. 그리고 그 덕에 러시아 문학은 더욱 풍요로워졌다. 《죄와 벌Crime and Punishment》, 《카라마조프가의 형제들The Brothers Karamazov》, 그리고 다른 고전들이 아직 쓰이지 않은 때였다.

1968년

17일

"하이디 팬과 미식축구 팬을 모두 잃다" NBC의 세기의 헛발질

세상의 누가 하이디를 미워할 수 있을까? 글쎄, **1968년 11월 17일**, NBC는 때를 잘못 잡은 방송일 변경으로 수백만 명의 사람들이 용기 있는 스위스의 소녀로부터 등을 돌리게 만들었다.

미식축구 팬들은 그 해 가장 흥미진진한 경기에 빠져 있었다. 뉴욕제츠와 오클랜드레이더스는 그날만 여덟 차례 역전에 재역전을 거듭했다. 경기가 1분 남짓 남은 상황에서 뉴욕이 26야드짜리 필드 골을 성공시켜 32 대 29로 앞서 나갔다. 그리고 다음 순간 미식축구 역사상 가장 놀라운 장면이 이어졌다. 오클랜드가 9초 만에 두 차례 득점하며 43 대 32로 역전승을 거둔 것이다. 하지만 그 장면을 TV로 본 사람은 아무도 없었다. 미 동부시각 7시가 되자마자, NBC가 알프스에서 흥겹게 뛰노는 동화 주인공 하이디의 장면을 내보낸 것이다.

미식축구 팬들은 화면에 등장한 부모 없는 소녀와 그녀를 방송에 내보낸 바보 같은 방송사 간부들에게 똑같은 분노를 느꼈다. "지진이 나도 의자에서 일어나지 않을 사람들이 전화기로 달려가 경기 중계를 중단한 사람들에게 온갖 상스러운 욕설을 퍼부었다"고 유머 칼럼니스트 아트 버치월드Art Buchwald는 썼다.

당시 NBC 방송 편성 담당자는 딕 클라인Dick Cline이었다. 그는 방송사가 집중적으로 홍보 중이었던 〈하이디Heidi〉를 예정대로 방영하라는 상사들의 지시를 따른 것이었다. 하지만 딕은 양팀이 엎치락뒤치락하던 4쿼터 경기 중에 간부들이 마음을 바꿨다는 사실을 전해 듣지 못했다. 전화가 불통이 되는 바람에 제 시간에 통보를 받지 못한 것이다. "기다리고 또 기다렸어요." 훗날 그는 말했다. "그리고 아무 얘기도 듣지 못했죠. 결정의 시간이 왔고, 저는 생각했습니다. '그래, 별도 지시는 없었으니, 계획대로 해야지.'"

결국 NBC는 자막으로 오클랜드가 경기를 뒤집었다는 소식을 전했다. 하지만 이는 더 큰 실수였는데, 마침 하반신이 마비된 하이디의 사촌 클라라가 제 힘으로 걷기 위해 휠체어에서 몸을 던져 애쓰던 절체절명의 순간이 방송되고 있었기 때문이다. "미식축구 팬들은 자신들이 어떤 장면을 놓쳤는지 깨닫고 분개했다"고 스포츠 평론가 잭 클러리Jack Clarysm는 논평했다. "그리고 〈하이디〉의 시청자들은 이야기의 가장 감동적인 순간이 자막으로 방해받은 것 때문에 약이 올랐다. 〈하이디〉 방송 시간에 포르노를 내보내지 않는 이상 NBC가 그날 저녁보다 더 많은 시청자들을 잃을 수는 없을 것이다."

1985년

18일

조 타이스먼을 쓰러뜨린 끔찍한 태클

미식축구처럼 거친 경기에서는 부상 장면도 커다란 볼거리가 된다. ESPN은 설문조사를 통해 NFL 역사상 가장 충격적인 순간들을 뽑았다(앞서 나온 '하이디 경기'도 순위에 포함되었다). 그리고 당연하게도 거기에는 **1985년 11월 18일**, 수백만 명의 〈먼데이 나이트 풋볼Monday Night Football〉 시청자가 지켜봤던 워싱턴레드스킨스의 쿼터백 조 타이스먼Joe Theismann의 부상 장면이 포함되어 있었다. 뼈가 튀어나오는 기괴하고 끔찍한 다리 골절상으로 그의 선수 경력은 끝나고 말았다. 《워싱턴포스트》는 이 충돌을 "한 번 본 사람은 절대 잊을 수 없는 충돌"이라 불렀다. 뉴욕자이언츠의 라인배커 로렌스 테일러Lawrence Taylor의 태클로 조의 다리가 옆으로 꺾여 그대로 몸에 깔렸고, 그 위를 다른 선수들이 덮쳤다. "뼈 부러지는 소리가 내 몸을 타고 흘러갔어요." 경기 후 로렌스는 말했다. "꼭 제 몸에서 난 소리 같았어요. 정말 끔찍했어요."

조의 다리가 겪은 복합 골절은 거북할 만큼 강렬한 장면이어서 ESPN의 칼럼니스트 데이비드 플레밍David Fleming이 미식축구 경기 중에 발생한 또 다른 끔찍한 부상(1978년, 시카고 베어스의 코너백 버질 리버스Virgil Livers는 고환을 무릎으로 맞아 둘 중 하나가 말 그대로 터져 버렸다)을 묘사하며 버질을 "고환 부상계의 조 타이스먼"이라 부를 정도였다.

19일

"세계의 가슴을 아프게 해서야 되겠습니까?"
"그래도 됩니다!"

우드로 윌슨 대통령은 제1차 세계대전 이후 평화조약 협상 과정에서 자신의 웅대한 이상을 반영하기 위해 자신들밖에 모르는 까다로운 세 동맹국(프랑스, 영국, 이탈리아)을 설득하느라 이미 진땀을 뺀 상황이었다. 하지만 파리에서 겪은 평화 협상 과정의 고통은 윌슨이 힘겹게 얻어낸 조약을 들고 귀국해서 맞닥뜨린 격렬한 반발에 비하면 장난에 불과했다. 평화조약은 **1919년 11월 19일**, 미국 상원에서 비준이 거부되었다.

베르사유 조약은 윌슨에게 각별한 것이어서 그가 "인류 역사상 가장 위대한 문서 중 하나"라 부를 정도였다. 그중에서도 특히 국제연맹 수립 관련 조항은 여러 국가들이 연맹 안에서 조화를 이뤄 이제 막 끝난 1차 대전과 같은 무분별한 전쟁을 막아야 한다는, 새로운 세계 질서에 대한 자신의 웅대한(어떤 사람들은 이상주의적이라고 말하기도 하는) 뜻이 반영된 것이었다. 조약을 체결하기 위해 윌슨이 어찌나 타협을 모르는, 거의 메시아와 같은 열의를 품고 협상에 나섰던지 프랑스 총리 조르주 클레망소Georges Clemenceau가 그를 "예수 그리스도" 같다고 비꼴 정도였다.

그러나 우드로 윌슨은 미국 내의 정치적 적수들, 특히 윌슨이 개인적으로 경멸해 마지않던 공화당 상원 원내대표 헨리 캐벗 로지

Henry Cabot Lodge에게는 그만큼 성스럽지 못한 모양이었다. 헨리 역시 마찬가지로 윌슨은 경멸했다. 그는 속 깊은 말까지 주고받을 만큼 절친했던 시어도어 루스벨트Theodore Roosevelt에게 이를 분명하게 밝혔다. "정치계에서 이렇게 증오하는 사람이 생길 줄 몰랐네."

어리석게도, 파리에서 체결한 조약을 준비하는 과정에서 윌슨은 헨리를 포함한 어떤 공화당 의원도 참여시키지 않았고 그에 따라 조약은 미국에서 좌초할 운명에 처했다. 당시 미 해군차관보였던 프랭클린 D. 루스벨트는 이렇게 밝혔다. "(공화당 대표인) 윌 헤이스Will H. Hays와 헨리, 그리고 다른 이들은 베르사유 조약이든 국제연맹이든 그 내용을 알기도 전부터 자신들의 양심이 뭐라고 말하든 간에 이미 마음을 정했다."

1919년 7월 10일, 윌슨은 직접 조약 문서를 들고 의회를 찾았다. 그렇게 한 대통령은 처음이었다. 그는 상원 연설을 통해 베르사유 조약이 국제연맹 수립 조항을 통해 "국제 협약과 다름없는" 것이 되었으며 이에 동참하는 것은 선한 의지를 가진 사람의 기본적 책무라고 외쳤다. "우리들, 혹은 어느 자유인들이 이 위대한 의무를 받아들이기를 꺼리겠습니까?" 대통령은 이렇게 연설을 마무리했다. "우리가 감히 이를 거부하고 세계의 가슴을 아프게 해서야 되겠습니까?"

공화당 의원들은 그래도 된다고 강하게 외쳤다. 헨리는 국제연맹에 대한 반대 의견을 특히 강하게 피력했다. 그는 국제연맹이 수립되면 미국이 아무런 이득도 없는 국제 갈등에 개입해야 할 거라

미국인들에게 국제연맹에 대한 지지를 호소하는 우드로 윌슨 대통령.

고, 그리고 무엇보다 국회 동의 없이 그렇게 하게 될 거라고 느꼈다. 그는 선언했다. "저는 늘 미국의 국기를 사랑해왔고, 그에 대한 헌신과 애정을 족보 없는 연맹기와 나눌 생각이 없습니다."

자신이 각별히 마음을 쏟은 조약이 무산될 위기에 처하자 윌슨은 전국을 돌며 미국인들에게 자신의 뜻을 직접 전하기로 결정했다. 하지만 대통령은 그런 고된 여행을 견딜 만한 몸 상태가 아니었다. 몇 차례의 미미한 뇌졸중과 여타 다른 질환들로 심각하게 허약해져 있었던 것이다. 주치의는 그의 여행을 강하게 만류했다.

하지만 9월 3일, 대통령은 스스로 생각하기에 자신의 인생에서 가장 중요한 임무를 완수하기 위해 길을 나섰다. 그의 여정은 상당한 성공을 거뒀다. 윌슨이 방문하는 도시마다 열광하는 군중들이 그를 맞았고 조약의 운이 그의 쪽으로 기우는 것 같았다. 하지만 그 대가는 상당했다. 최종 목적지가 얼마 남지 않은 상황에서 결국 몸이 그를 배신한 것이다. 그는 워싱턴으로 돌아와야 했다. "내 삶에서 가장 큰 실망"이라고 그는 주치의에게 말했다. 곧 그는 심각하고 치명적인 뇌졸중으로 쓰러졌다.

윌슨의 몸은 마비됐고, 국정 역시 마비됐다. 그리고 무엇보다 조약 역시 쓰러지고 말았다. 헨리는 고집 센 대통령이 받아들일 리 없는 자신의 여러 선결 조건들을 관철하거나 조약 자체를 파괴할 기회라고 느꼈다.

11월 19일, 역사상 처음으로 미국 상원 의회는 평화 조약 비준을 부결시켰다. 헨리가 내건 조건이 포함된 경우도, 조건을 제외한 경우도 모두 부결됐다. 다음 해 3월, 다시 한 번 비준 표결이 있었고 결과는 같았다. 미국 내의 경우를 말하자면 국제연맹은 이미 사망한 것이다. 4년 뒤, 지칠 줄 모르는 투사 역시 사망했다.

윌슨의 부인은 남편의 장례식에 헨리 캐벗 로저가 상원 외교위원회 대표로 참석할 예정이라는 사실을 듣고 그에게 쌀쌀맞은 쪽지를 보냈다. "의원님의 참석은 의원님에게도 부끄러운 일이고 저로서도 반갑지 않을 터이니 불참을 요청하는 바입니다."

20일

"불 난 집에 기름 붓기"
화염에 휩싸인 윈저성

1992년 11월 20일, 화염에 휩싸인 윈저성Windsor Castle이 상징하는 바는 분명했다. 11세기 말에 정복자 윌리엄이 축조한(그의 뒤를 이은 왕들이 끊임없이 개축해왔다), 언덕 위에 우뚝 서 있는 거대한 석조 건축물은 영국 왕조의 물리적 현현이라 할 만한 곳이었다. 왕과 여왕들이 연이어 천 년 가까운 시간을 머물렀던 곳이고, 게다가 현재의 왕가는 성으로부터 왕조의 이름을 따오고 그곳을 고향으로 삼기도 했다. 붕괴를 눈앞에 둔 성의 모습은 공교롭게도 여왕 엘리자베스 2세의 쇠락하는 운명과 겹쳐 보였다. 화재가 일어나기 전 불과 몇 개월 사이에 40년간 이어져온 권위가 왕가의 끝없는 스캔들로 흔들리고 있었던 것이다. 그 가운데 가장 잘 알려진 것이 여왕의 장남이자 왕위 계승자가 웨일스 공주 다이애나와 결국 파경을 맞은 일이었다.

화재는 여왕의 개인 예배당의 석유등 불이 커튼에 옮겨 붙으면서 시작되었다. 불은 엄청나게 빠른 속도로 총 100개가 넘는, 저마다 역사적 가치가 높은 방들로 옮겨 붙었다. 여왕이 수그러들 줄 모르는 불길과 맞서 싸우는 수많은 소방관 곁에서 성에 보관되어 있는 값을 매길 수 없는 예술 작품들을 구하기 위해 침울한 표정으로 애쓰던 모습이 카메라에 잡혔다. 밤늦게 불길을 잡고 보니 윈저성의 대부분이 폐허가 되어 있었다(불행한 날이었지만, 다행스럽게도 성이 보유한 예술 작품 가운데 가장 가치 있는 것들은 대규모 전기 공사 때문에 그 전날 이미 치운 상태였다. 대신 윌리엄 비치 경Sir William Beechey이 그린 승마 초상화 〈사열 중인 조지왕 3세King George III at Review〉가 소실되었는데, 너무 커서 액자에서 떼어낼 수 없었기 때문이다. 성은 큰 피해를 입었지만 그럼에도 무너지지 않고 굳건히 버텼기 때문에 이후 전문기술자들의 도움으로 5년도 지나지 않아 복원해 낼 수 있었다).

4일 후, 엘리자베스 여왕은 감기에 걸린 쉰 목소리로 런던의 역사적인 건축물 길드홀에서 회견을 했다. "1992년이 훗날 진한 즐거움으로 돌아볼 해가 되지는 않을 것 같습니다." 여왕은 특유의 절제된 어법으로 말했다. "마음 따뜻한 출입기자의 말을 빌면, '아누스 호리빌리스annus horribilis' 끔찍한 해였던 것이지요."

1916년

21일

프란츠 요제프와
저주받은 왕조를 향한 최후의 일격

역사를 통틀어 오스트리아의 프란츠 요제프 1세처럼 재위 기간이 길고 또 그처럼 커다란 마음의 고통을 앓았던 황제도 드물 것이다. 70년에 가까운 재위 기간 중에 그는 아내 엘리자베트Elisabeth가 무정부주의자의 칼에 찔려 죽는 모습을 지켜봤다. 아들 루돌프Rudolf는 정부와의 충격적인 스캔들 끝에 자살했고, 황제의 형제로 멕시코의 꼭두각시 왕이었던 막시밀리아노는 총살을 당했다(6월 19일 참고). 조카인 프란츠 페르디난트는 사라예보에서 피살당했고(6월 28일 참고), 수많은 친척들이 합스부르크Habsburg 황실의 영광에 먹칠을 했다. 대담한 복장도착자로, 루치부치Lutziwutzi란 별명으로 더 유명한 황제의 또 다른 형제 루트비히 빅토르Ludwig Viktor는 공공연히 물의를 일으켜 결국 비엔나로 추방당했고, 매독 환자로 사람들 앞에서 알몸으로 돌아다니곤 했던 그의 조카 오토Otto 역시 함께 추방당했다.

재위 기간이 길었던 만큼 운 나쁜 날이 많았을 수도 있다. 하지만 백작부인 카롤르이Countess Karolyi가 프란츠 요제프 즉위 초기에 일어난 헝가리 반란에서 아들이 처형당한 원한을 가지고 저주를 퍼부은 것이 사태를 더 악화시켰을지도 모른다. "천국과 지옥이 네 놈의 행복을 박살낼 것"이라고, 비엔나의 궁중무도회에서 백작

부인이 젊은 황제에게 외쳤다고 한다. "부디 네 가족이 절멸하길, 네가 가장 사랑하는 사람들에게 고통 받길, 자식들은 몰락하고 네 삶이 난파하길, 그리고 고독하고, 생생하고, 끔찍한 고통 속에 살며 카롤르이라는 이름을 떠올릴 때마다 몸서리치길!"

백작부인의 저주가 어찌나 신통했던지(혹은 그저 잔혹한 운명을 타고 났거나), 불쌍한 프란츠 요제프는 죽어서도 편히 쉴 수 없었다. **1916년 11월 21일**, 86세의 일기로 세상을 뜬 황제의 시신은 당시 새로 개발된 기술로 방부 처리되었는데, 그 바람에 시신이 심하게 변형되어 도저히 관을 열어둘 수가 없었다. 그 때문에 슬픔에 빠진 국민들은 긴 세월 국가를 통치했던 황제의 마지막 모습을 볼 수 없었지만 백작부인 카롤르이로서는 최후의 승리를 거둔 셈인지도 몰랐다(이 모든 불행에도 불구하고, 적어도 프란츠 요제프는 제때 죽은 덕에 2년 뒤 제1차 세계대전 발발로 오스트리아-헝가리 왕조가 무너지는 모습을 보지 않을 수 있었다).

1963년

22일

"자네는 JFK가 아니야"
_RFK에게, LBJ가

"하게. 케네디는 더 이상 대통령이 아니야. 내가 대통령이라고!"
_린든 B. 존슨이 로버트 F. 케네디Robert F. Kennedy에게 큰 소리로 명령하며

미 법무부 장관 로버트 F. 케네디는 사랑하는 형의 죽음으로 인한 슬픔뿐 아니라 그가 경멸해 마지않는 새로운 직장 상사 린든 B. 존슨과도 싸워야 했다. 로버트는 존 F. 케네디 피살 이후 1963년 11월 22일 새로 취임한 대통령에 대해 이렇게 말했다. "이 남자는 비열하고 독하고 악랄해. 여러모로 짐승 같은 인간이야." 린든 역시 로버트를 고깝게 여겨서 그를 "조그만 게 건방진 개자식"(그 외에도 수많은 멸칭이 있었지만)이라 말하기도 했다. 두 사람의 상호 간 적의는 결국 로버트가 법무부 장관직에서 사임하고 린든에 맞서 민주당 대통령 후보로 출마하는 결과로 이어졌다(린든은 결국 출마를 포기했고, 로버트는 경선 도중 피살당했다).

1921년

23일

금주법에 건배!

이미 금주법이 시행 중인 상황에서 의회는 의사가 의료 목적으로 처방하는 주류 양을 엄격히 제한하는 윌리스-캠벨 법Willis-Campbell Act을 통과시키며 법의 마지막 허점을 메웠다. **1921년 11월 23일**, 대통령 워런 G. 하딩Warren G. Harding은 법안에 서명했다. 분명 한껏 웃음을 머금고 있었을 것이다. 그는 마지막까지 금주법을 밀어붙이면서도 언제든 자신과 자신의 부패한 포커 친구들이 즐길 수 있도록 백악관 찬장에 알코올이 들어간 '약'을 잔뜩 상비해 두고 있었기 때문이다.

독설가이자 시어도어 루스벨트 전 대통령의 딸인 앨리스 루스벨트 롱워스Alice Roosevelt Longworth는 백악관에 초대받은 어느 날 저녁을 이렇게 묘사했다. "서재는 대통령의 친구들로 붐볐다. … 온갖 상표의 위스키가 있는 쟁반들을 곁에 두고 손에는 카드와 포커 칩들을 들고 있었다. 대체로 분위기는 조끼 단추를 푼 채 발은 책상 위에 올려놓는 식이었고, 그 옆에는 가래통이 놓여 있었다."

법률 문서에 서명하고 1년이 지났을 때 주당 대통령은 의회에 참석해 숨이 멎을 만큼 위선적인 연설을 했다. "금주법이 개인의 자유를 제한한다는 이유로 금주법을 아무렇지 않게 경멸하며 국가의 도덕심을 찢어놓는 사람들은 … 결국 국가를 파괴하고 말 거라는 사실을 기억해야 합니다."

24일

불 같은 앤드루 잭슨의 또 다른 원수

앤드루 잭슨 미 대통령은 그 해 가을 별로 안녕하지 못했다. 1832년 말, 사우스캐롤라이나주와 미 연방 정부 사이에 고조되던 긴장은 대통령 앤드루 잭슨과 사우스캐롤라이나의 아들, 부통령 존 C. 칼훈John C. Calhoun 간의 험악한 관계를 그대로 반영하고 있었다. 두 사람을 갈라놓은 문제는 이 젊은 국가의 미래를 결정할 수도 있었다. 개별 주가 연방법을 무시하거나 무효화할 권리를 가졌는가 하는 것이 문제의 핵심이었다. 칼훈은 마음속 깊이 주 정부가 연방법에서 역겨운 점을 발견한다면 설사 그것이 분리독립이라는 결과를 낳더라도, 이를 전부 거부할 수 있다고 믿었다. 그러나 잭슨에게 이러한 생각은 반란에 버금가는 것이었다.

1830년, 연례행사인 제퍼슨의 날 행사에서 대통령이 건배사를 했다. "우리 연방 연합은 반드시 존속해야 합니다." 이에 칼훈이 응답했다. "우리의 자유 다음으로 가장 중요한 미 연방을 위해." 그것이 솟아오르는 위기의 순간에 그나마 두 사람이 보인 가장 화기애애한 모습이었다. 특히 다혈질로 유명한 대통령을 생각하면 말이다.

1832년 11월 24일, 사우스캐롤라이나주 협의회가 대담하게도 연방법 무효 법령Ordinance of Nullification을 통과시키자 잭슨은 분통을 터뜨렸다. 그는 칼훈을 포함해 연방법 무효법을 제정한 주동자들을 교수형에 처하겠다 공언했다. 칼훈은 현명하게도 법령 통과 즉시 부통령직에서 사임하고 사우스캐롤라이나 상원의원으로 돌아간 상태였다. 대통령의 피 비린내 나는 전력을 고려하면, 그가 뱉은 말의 진정성을 의심하는 사람은 거의 없었을 것이다(5월 30일 참고. 미국 제7대 대통령 앤드루 잭슨은 찰스 디킨슨을 비롯해 여러 사람의 목숨을 빼앗았다. 예를 들어 1818년, 군 장군이었던 그는 플로리다에서 세미놀족Seminole과 전투를 벌이는 동안 군법 회의를 통해 적인 원주민들을 도왔다는 혐의로 두 명의 영국 국민 알렉산더 아버스노트Alexander Arbuthnot와 리처드 앰브리스터Richard Ambrister를 즉결 처형했다. 그는 두 사람을 "충성심 없는 악당들"이라 불렀다. 의회 군사위원회는 보고서를 통해 두 사람의 처형이 미국 법에 아무런 근거를 두지 않았고 전시법도 위반하고 있다며 지탄했지만 잭슨은 견책을 용케 피했고 사람들의 기억 속에 전쟁 영웅으로 남았다).

잭슨은 이렇게 썼다. "주동자들의 사악함, 광기, 어리석음과 그 추종자들의 망상이 그들 자신과 연방을 파괴하려는 모습은 세계사에 비견할 사례가 없을 정도다. 연방은 계속 존속할 것이다." 그리고 이를 위해 대통령은 군사력을 동원할 준비가 되어 있었다. "요람에 있는 괴물을 박살"내기 위해서 말이다.

잭슨은 분노가 치미는 상황에서도 사태의 예민함을 알아차릴 만큼 정치적으로 영민했다. 만약 그가 너무 급하게 행동에 나선다면 남부의 다른 주들이 사우스캐롤라이나주의 반란에 동참하여 자칫 내전으로 치달을 위험이 있었다. 그는 분노를 삼키고 (적어도 자신이 느끼기에는) 차분하게 주 정부를 달래 제정신을 차리게 만들고자 했다. 그는 연방의 이점을 되새겨주고, 국가가 초기에 함께 힘을 모아 커다란 위험을 헤쳐 나갔다는 사실을 상기시켜 주었다. 그러면서도 언제든 단호하게 반대자들을 박살낼 마음가짐이 되어 있었다. 설사 국민들이 피를 흘리는 일이 발생한다 하더라도 말이다.

결국 타협을 통해 가장 큰 위기를 넘길 수 있었다. 사우스캐롤라이나주의 반발을 불렀던 연방 관세법은 수정되었고 주 정부의 연방법 무효 법령도 폐지되었다. 내전은 적어도 당분간은 일어나지 않을 터였다. 물론 문제의 해결에도 불구하고 대통령은 여전히 분노로 속을 끓였지만 말이다. 그는 침상에 누워 죽음을 기다리는 동안 가장 큰 후회가 무엇이었냐는 질문을 받고서 이렇게 대답했다고 한다. "존 C. 칼훈을 교수형에 처하지 못한 걸세."

1970년

25일

넘치는 배짱의 시대착오적 사무라이

12세기, 일본의 사무라이가 처음 배를 가르는 의식을 치른 뒤로 꽤 오랜 시간이 흘렀다. 이후 8세기가 지나며 할복 의식에 대한 호감이 많이 떨어졌음에도 **1970년 11월 25일**, 노벨상 후보에 오른 바 있는 일본의 소설가 미시마 유키오三島由紀夫가 장엄하게 이 의식을 재현했다. 몇 가지 문제가 있었지만 말이다. 무사도의 실천에 따르던 존경심은 이미 완전히 사라졌다. 깔끔한 집행에 요구되는 기술과 정확성도 없었다.

성공한 영화배우이기도 했던 이 소설가는 일본이 제2차 세계대전 이전의 영광을 되찾아야 한다고 믿어 의심치 않았던 극렬 국수주의자였다. 천황의 신성을 회복하고 다시 군대의 힘을 키우고 일본이 짊어진 무기력한 헌법을 폐지해야 한다는 것이었다. 미시마라는 인간은 온 마음을 다해 이 야심만만한 목표를 이루고자 노력했다. 바로 쿠데타를 통해 말이다. 그와 그를 따르는 몇 안 되는 광신자들은 일본 방위성 본부 건물을 점거하는 데 성공했다. 무력으로 탈환한 것은 아니었고, 한 유명인으로서 동료들과 손에 칼을 쥐고 유유히 입성한 것이었다.

미시마는 어안이 벙벙해진 군 총감을 의자에 결박한 뒤 집무실에 딸린 발코니로 나갔다. 그는 발코니 아래 모인 군인들에게 열의에 가득 찬 연설을 했지만 돌아온 것은 조롱 섞인 반응뿐이었다.

무례한 대접에 다소 당황한 미시마는 그러나 좌절하지 않고 이렇게 선언했다. "천황을 위해 '만세'를 외칠 것이다." 그는 다시 집무실로 들어가 사무라이처럼 대의를 위해 자신을 제물로 바쳤다.

하지만 말끔하게 할복하는 것은 쉬운 일이 아니었다. 전통적으로 할복에는 또 한 명의 사무라이, 가이샤쿠介錯가 필요했다. 배를 가르고 극심한 고통에 빠진 사무라이의 목을 재빨리 내리쳐주는 것이 그의 임무였다. 모리타 마사카츠森田必勝가 그 역할을 맡았다. 몇 번이나 미시마의 목에 칼을 내리쳐 보았지만 그는 자신이 가장 한심한 가이샤쿠임을 증명할 뿐이었다. 결국 코가 히로야스古賀浩靖가 대신 임무를 완수해 주었고 뒤를 이어 할복한 모리타의 목도 그가 잘라 주었다.

오호, 통재라. 그러나 이 모든 고생은 아무런 결실을 맺지 못했다. 일본 수상 사토 에이사쿠佐藤榮作는 미시마에 대해 이렇게 말할 뿐이었다. "그가 미쳤다고밖에는 생각할 수 없다."

1095년, 1648년

26일

기독교 흑역사 3부: 피에 굶주린 교황들

1095년 11월 26일, 교황 우르바노 2세는 그 유명한 전쟁 구호 "데우스 볼트Deus Volt" 혹은 "신께서 원하신다"는 말을 통해 성지를 점령한 이슬람 신자들을 상대로 총 7회에 걸친 십자군 전쟁 가운데 첫 번째 원정을(그리고 그와 더불어 끝나지 않을 것처럼 이어지는 역사적 암흑기를) 시작했다. 이후 5세기 반이 지나도록 교황청은 여전히 전쟁의 북소리를 울리고 있었다. 다만 예전과 다른 점은 죽여야 할 상대가 같은 기독교(개신교)인이라는 것이었다. 유럽 역사에서 가장 파괴적인 전쟁에 속하는 '30년 전쟁'은 이른바 계몽의 이름 아래 역사상 최악의 만행이 벌어진 사건이었다.

교황 인노첸시오 10세는 암흑시대 전임자와 마찬가지로 전쟁이 신의 과업이라 생각했기 때문에 베스트팔렌 조약을 통해 황폐해진 대륙에 조금이나마 평화의 기운이 찾아들자 크게 실망하고 말았다. 과연 이 그리스도의 목자는 자신의 즐거움을 침해하는 평화에 너무나 상심한 나머지 **11월 26일**, 우르바노 2세의 살육 명령으로부터 정확히 **553년이 지난 그날**에 조약에 대한 지독한 비난 성명을 발표했다. 그는 조약이 "무가치하고, 텅 비어 있고, 근거 없고, 부당하고, 부정하고, 불경하고, 타락하고, 어리석고, 무의미하고 아무런 효력도 없을 것"이라 선언했다. 아마 예수도 그것을 원했을 것이다.

27일

"영국군을 삭제하지 않으면 … 큰일 날 줄 알아!"

D. W. 그리피스D. W. Griffith의 1915년 영화 〈국가의 탄생The Birth of a Nation〉은 남북전쟁 이후 KKK단의 탄생을 찬양하는, 기술적으로 아주 잘 만들어진 인종차별적인 대서사극이었다. 영화는 상업적으로 커다란 성공을 거두며 세계 최초의 '블록버스터' 영화가 되었고 제작자였던 로버트 골드스타인Robert Goldstein은 이에 영감을 받아 미국 독립전쟁을 다룬 역사극을 제작하려고 했다. 〈76년의 정신The Spirit of '76〉은 여러 도시에서 소요 사태를 일으켰던 〈국가의 탄생〉처럼 민감한 주제를 담고 있지 않았다. 골드스타인의 영화는 폴 리비어의 한밤의 질주나, 밸리 포지 군 주둔지, 그리고 독립 선언문 서명 등 대단히 미국적인 일화들을 진솔하게(누군가는 감상적이라 할 만큼) 다룬 작품이었다. 영화는 영국군을 악랄하게 묘사했는데 영국군이 어린 아기를 총검으로 찌르거나 착한 미국인 소녀들의 머리채를 잡아끌고 강간하는 등의 장면이 포함되어 있었다. 바로 그 점 때문에 골드스타인과 이 영화는 역사가 데이비드 해켓 피셔 David Hackett Fischer가 "미국 역사상 가장 이해하기 힘든 연방 정부의 폭정"이라 말할 정도로 미국 정부와 심각한 갈등을 겪게 되었다.

〈76년의 정신〉이 시카고에서 개봉한 **1917년** 5월, 미국은 이제 막 1차 세계대전에 참전한 참이었다. 애국적이고 미국적인 주제를 다룬 영화는 완벽한 개봉 시기를 잡은 것처럼 보였다. 하지만 정부는 그렇게 생각하지 않았다. 정부는 영국과 같은 편이 되어 싸우고 있는 와중에 대중의 반발을 불러일으킬 것을 우려해 영화에서 영국군의 잔혹 행위를 묘사한 장면을 삭제하라고 지시했다. 제작자는 이를 순순히 받아들이었지만 **11월 27일** 로스앤젤레스에서 처음 상영될 때에는 삭제 장면이 복원되어 있었다. 골드스타인은 얼마 전 입법되어 광범위한 영향을 끼치던 간첩행위 방지법Espionage Act에 저촉되어 체포되었다. 그가 거의 150년 전에 벌어진 영국군의 잔혹 행위를 과장되게 묘사했다는 이유로 국가의 적이 되어 버렸다. 골드스타인은 징역 10년을 선고 받고(이후 항소심에서 형은 확정되었다) 엄청난 벌금을 물었을 뿐 아니라 아무런 보상금 없이 필름을 몰수당했다.

골드스타인은 3년 만에 출소했지만 완전히 피폐해지고 말았다. "저는 아무 이유 없이 부당한 벌을 받은 외톨이일 뿐입니다. 제가 공정한 재판을 받을 수 있도록 도와주지 않으실 겁니까?" 그는 1927년, 영화예술과학아카데미Academy of Motion Picture Arts and Sciences에 탄원했다. "저는 존재할 권리마저 박탈하는, 이처럼 극심한 편견과 박해의 대상이 될 만한 아무런 잘못도 저지르지 않았습니다. 상식의 이름 아래 무엇이 이와 같은 악랄한 불의의 근거가 될 수 있습니까?"

2000년

28일

"있잖아요, 우리는 국가 영웅이라고요"
거대 담배회사의 주장

2000년 11월 28일, 필립 모리스Philip Morris 사는 아서 D. 리틀 인
터내셔널Arthur D. Little International 사에 의뢰한 보고서에서 큰 힘을
얻었다. 주요 연구 사례였던 체코에서 흡연이 국가 경제에 실제로
'긍정적 효과'를 미치는 것으로 나타난 것이다. 흡연자들이 죽기
전까지 내는, 담배에 붙은 소비세를 비롯한 여러 세수 이익과 더불
어 컨설팅 회사가 보고한 바에 따르면 "흡연자들의 이른 사망으로
건강관리 비용을 절약할 수 있다"는 내용이었다. 보고서는 이렇게
절약된 비용을 흡연 관련 질병의 치료비용과 흡연자의 사망으로
발생한 세수 손실과 비교했을 때 체코 정부가 무려 1억 4,700만 달
러에 이르는 이익을 얻는다고 결론 내렸다.

체코에서 80%에 이르는 점유율을 차지하고 있는 필립 모리스
사는 이런 좋은 소식을 혼자만 알고 있을 수가 없어서 체코에 널
리 퍼뜨렸다. "이는 경제 효과에 관련된 연구일 뿐 그 이상도 그 이
하도 아닙니다." 필립 모리스 국제 사업부 대변인 로버트 카플란
Robert Kaplan은 《월스트리트저널》에 밝혔다. "흡연 관련 질병이 사
회에 이득이 된다고 말하려는 것은 아닙니다."

물론, 당연히 그렇겠지.

1968년

29일

"오! 안 돼!"
존 레논과 오노 요코의 충격적 전위 예술

1968년 11월 비틀스는 밴드 이름과 동명의, 완전히 하얀 표지로 유명한 두 장짜리 음반을 발매했다. 같은 달 29일, 존 레논John Lennon 과 당시 그의 연인이었던 오노 요코小野洋子도 두 사람의 음반《미완 성 음악 제1번: 투 버진스Unfinished Music No.1: Two Virgins》를 발매하며 그와 비슷하게 충격적인 음반 표지를 사용하여 방심하고 있던 대 중에게 놀라움을 안겼다. 존의 실험적인 연주 위로 멈출 줄 모르고 이어지는 요코의 귀를 긁는 듯한 목소리만이 유일한 공포일 수도 있었다. 하지만 두 연인은 음반 표지에 그들의 '음악'만큼이나 전위 적인 사진을 사용했다. 몸서리쳐지는 두 사람의 전면 누드 사진이 앞면에, 그리고 축 늘어진 뒷모습 누드가 뒷면에 박혔다.

존 레논은 불륜 관계의 두 사람이 침대에 들기 전(요코의 발작적인 비명을 생각하면 침대에 든 동안에 쉽게 녹음했을 수도 있겠지만) 하룻밤 사이 에 음반을 녹음했다고 밝혔다. "그녀는 그 웃긴 목소리로 노래를 했고 나는 테이프 녹음기의 온갖 버튼을 눌러가며 사운드 효과를 만들었다"고 그는 당시를 떠올렸다. "그러다 해가 떴고 우리는 사 랑을 나눴다. 그 음반이《투 버진스》였다."

비틀스의 음반사였던 EMI는 완성된 결과물을 발매하기를 거부 했고 음반은 독립적으로 발매되었다("차라리 폴Paul McCartney을 쓰지 않

너무 민망한 나머지 갈색 종이로 뒤덮여 발매된 《투 버진스》 음반 표지.

고?" EMI 회장 조지프 락우드Joseph Lockwood는 알몸 사진을 보고 말했다고 한다. "폴이 더 보기 좋을 텐데"). 한편 여러 지역의 경찰들이 표지가 외설적이라는 이유로 해당 음반의 배송을 중단시키며 대중에게 큰 친절을 베풀었다. 《투 버진스》를 받아 든 사람들에게 존과 요코가 전하려던 이야기가 무엇이었든 그것은 잡음에 뒤섞여 사라지고 말았다. "간단히 말해 딜레탕트적인 쓰레기다." 레스터 뱅스Lester Bangs는 《롤링스톤》에 이렇게 썼다. 그래도 이 연인은 한 가지는 성공했다.

"우리가 의도한 건 그저 예쁜 사진이 아니었다"고 존은 이후 말했다. "우리가 멋져 보이거나 섹시해 보이지 않으려고 조명도 사용하지 않았다. … 가장 직접적이고 가장 솔직한 사진을 사용해 우리가 그저 인간임을 드러내려 했다."

1977년

30일

(누군가에게는) 올해의 아버지

자식이 있는 유명한 남자가 재혼으로 새로운 가정을 꾸릴 때면 기존의 자식들은 선택적으로 잊어버리는 경우가 많은 듯하다. 잉글랜드의 헨리 8세는 두 번째 아내 앤 불린과 재혼하며 한때 "최고의 진주"라 불렀던 딸 메리를 잔인하게 버렸다. 앤과의 사이에서 난 딸 엘리자베스 역시 헨리가 앤을 참수한 뒤 메리와 비슷한 고통을 겪었다. 세 번째 아내 제인 시모어Jane Seymour만이 유일하게 헨리가 그토록 고대하던 아들을 낳았고 헨리는 아들에게 자랑스럽고 오래 가는 아버지가 되었다. 그와 유사하게 러시아의 표트르 대제는 두 번째 부인에게서 얻은 아이들을 애지중지하며 그가 경멸했던 첫 번째 부인이 낳은 아들은 완전히 무시했다. 1719년 적당한 이유를 찾아 청년이 된 아들을 고문해 죽이기 전까지 말이다.

최근에는 유명인 아버지들이 왕가의 아버지들을 대체했다. 존 레논(맞다. 또 그 사람이다)은 오노 요코가 낳은 둘째 아들 션Sean을 사랑했지만 첫째 줄리안Julian은 완전히 내팽개쳤다. 워터게이트 사건으로 전설이 된《워싱턴포스트》의 편집자 벤 브래들리는 자신의 자서전을 막내아들 퀸Quinn에게 헌정했다. 이전 결혼에서 얻은 다른 두 아들과 딸은 무시하면서 말이다. 벤은 자식들 가운데 유일하게 퀸과 함께 책을 공동집필하기도 했는데 역설적이게도 책 제목은《일생의 작업: 아버지와 아들들A Life's Work: Fathers and Sons》이었다.

그리고 가장 잊기 힘든 아버지는 큰 사랑을 받은 가수이자 언젠 가 올해의 영화 속 아버지로 꼽힌 바 있는 빙 크로스비Bing Crosby다. 그는 첫 번째 결혼에서 네 아들을 얻었지만 두 번째 아내 캐스린 Kathryn과 결혼하며 새로운 아이들이 생긴 뒤 이들을 모두 잊어버렸 다. 이 두 번째 결혼에서 얻은 아이들이 빙과 함께 크리스마스 특 집 방송과 어디서나 볼 수 있는 오렌지 주스 광고에 등장했다.

1969년, 그가 보기 드물게 장남 게리와 함께 방송에 출연한 적 이 있었다. 이 청년으로부터 찬사를 받은 빙은 본의 아니게 신랄한 응답을 하고 말았다. "와, 굉장한 칭찬이군요. 완전한 남으로부터 이런 칭찬을 듣다니." 부자는 그런 뒤 함께 노래를 불렀다. 두 사람 이 부른 비틀스의 〈헤이 주드Hey Jude〉는 슬프게도 폴 매카트니가 존 레논으로부터 외면당한 아들 줄리안을 위해 쓴 노래였다.

1977년 11월 30일 빙 크로스비의 마지막 크리스마스 특별 방송 이 방영됐다. 이번에도 두 번째 결혼에서 얻은 어린 세 아들만 출 연했다. 이 스타는 방영 일주일 전에 사망했고 그와 더불어 일곱 아들이 모두 모여 〈화이트 크리스마스White Christmas〉를 축하하겠다 는 희망도 사라졌다.

December

12월

"오라, 그대 황량한 12월의 바람이여 오라,
이리 와 나무에 매달린 마른 잎들을 날려 버려라!
번쩍, 사랑의 생각처럼 찾아온 죽음이여,
나를 지치게 만드는 삶을 가져가게나."

새뮤얼 테일러 콜리지*Samuel Taylor Coleridge*, 〈단편3〉

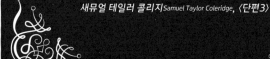

2006년

1일

멕시코의 난장판 취임식

2006년 12월 1일, 멕시코 펠리페 칼데론Felipe Calderón 대통령의 취임식은 동네 술집 난투극에서 일어날 법한 품위를 보여 주었다. 두 일이 본질적으로 크게 다르지는 않은 모양이었다. 거리에서는 시위대가 거센 난동을 벌였고, 양원 합동회의에서는 펠리페의 대통령 취임에 반대하는 국회의원들이 상대편에게 주먹을 날리고 의자를 던졌다. 영화배우에서 캘리포니아 주지사로 변신한 아널드 슈워제네거는 초대를 받아 취임식에 참석한 뒤 "좋은 액션 장면"이었다고 현장을 묘사했다. 펠리페가 연단에 올라 취임 선서를 하자 날카로운 휘파람 소리와 함께 "나가!"라는 외침이 쏟아졌다. 4분 뒤 신임 대통령은 일신의 안전을 위해 떠밀려 내려갔다. 역사상 가장 짧은 취임식 기록이었고 아마 가장 거친 취임식이기도 했을 것이다.

2일

"문학가들의 복싱"
노먼 메일러 녹다운!

〈제리 스프링거 쇼Jerry Springer〉 같은 삼류 토크쇼들이 등장하기 한참 전인 **1974년 12월 2일**에도 〈딕 캐벗 쇼Dick Cavett Show〉에서 난투극이 벌어진 일이 있었다. 임신한 정부도 없었고 간통한 남편도 없었다. 바로 문학의 두 거인 고어 비달Gore Vidal과 노먼 메일러Norman Mailer가 지식인 판 난투극을 벌인 것이다.

두 사람 사이의 긴장은 무대에 등장하기 전부터 이미 무르익어 있었다. 노먼은 고어가 자신의 페미니즘 저서를 혹평한 일 때문에 잔뜩 화가 난 상태였다. 고어는 《뉴욕 리뷰 오브 북스New York Review of Books》에 노먼의 《성의 수인The Prisoner of Sex》에 대해 "읽고 있으면 3일간 생리를 하는 것 같다"고 적었다. 녹화가 시작되기도 전에 준비된 칵테일을 마시고 조금 취해버린 노먼은 출연자 대기실에서 고어를 머리로 받아 버렸다.

노먼이 이후 밝힌 것처럼, 박치기로 고어의 정신을 혼미하게 만들어 본 게임을 망치려는 심산이었다면 노먼은 완전히 실패한 셈이었다. 무대에 나선 고어는 아무렇지 않은 듯 멀쩡해 보였고, 노먼의 공격을 그대로 되돌려 주어 그를 불안하게 만들었다. 우선 노먼이 고어의 글을 두고 "똑똑한 암소의 내장을 들여다보는 것 이상의 재미는 없다"고 공격하자 청중은 진심으로 야유했다. 그러나 노먼은 이에 굴하지 않고 고어가 글쓰기에 대해 뭔가 가르쳐줄 수 있다면 그를 존경할 마음이 있다고 말했다. 이에 고어가 자신은 유명 작가 학교Famous Writers School(엉터리 사업 방식이 들통나 1972년 파산한 글쓰기 교육 기관-옮긴이)가 아니라며 응수하자 청중이 웃음을 터뜨렸고 노먼은 분을 삭여야 했다.

"고어 씨, 단 한 번이라도 장난기 없이 얘기해 보는 게 어떻겠소?" 노먼이 으르렁거렸다. "왜 내가 아니라 청중들을 향해 말하는 거요?"

"글쎄요." 고어가 답했다. "우리가 마침 동네 술집에서 만난 게 아니라 투표로 선정되어 이 자리에 청중들과 함께 앉아 있는 것이니 청중이 없는 척을 한다면 오히려 솔직하지 못한 처사가 아니겠습니까?"

한 라운드를 내준 노먼은 다시 고어가 쓴《성의 수인》비평으로 화제를 돌렸다. 그 글에서 노먼이 공격당한 부분은 한두 군데가 아니었지만, 그는 유독 살인자 찰스 맨슨과 자신을 비교한 부분에 대해서만 사과를 요구했다(노먼은 몇 년 전 아내 아델Adele을 칼로 찔렀다. 여섯 명의 아내들 가운데 두 번째 아내였다).

고어는 답했다. "그로 인해 마음에 상처를 입었다면 사과하지요. 물론 사과하고말고요."

"아뇨." 노먼이 항변했다. "마음이 아니라 지적 공해를 감지하는 제 감각 기관이 상처를 입었지요."

"글쎄요." 고어는 청중을 향해 웃으며 답했다. "저도 그 분야가 전문이라 말씀드리지만 그런 냄새는 정말 기가 막히게 맡겠군요."

"그럼요." 노먼은 힘없이 응수했다. "가끔 당신 작업의 냄새를 맡아 왔습니다. 그 덕분에 지적 공해의 전문가가 될 수 있었죠. 맞아요."

노먼이 상대인 고어뿐만 아니라 사회자인 딕 캐벗Dick Cavett까지 모욕하면서 혹은 모욕하려 시도하면서 상황은 더 나빠졌다. "사전 질문지를 보고 질문을 좀 해보면 어떻겠습니까?" 노먼은 딕에게 으르렁댔고 딕은 즉시 받아쳤다. "그건 다섯 번쯤 고이 접어 달빛이 닿지 않는 곳에 놓아두는 게 어떻겠습니까?"

청중들이 환호하자 노먼은 이제 그들을 향해 말했다. "정말 여러분 모두가 바보인 겁니까, 아니면 제가 바보인 겁니까?"

"당연히 당신이지!" 청중이 소리쳤다. 딕 캐벗이 이렇게 말한 직후였다.

"오, 그건 쉬운 문제네요."

몇 년 뒤 노먼은 고어에게 여전히 분이 풀리지 않았는지 뉴욕의 어느 파티 자리에서 고어의 얼굴에 주먹을 날렸다. 고어는 지적 펀치로 결정타를 날렸다. "이번에도 언어는 노먼 메일러를 구해내지 못했군요."

1992년

3일

문자 메시지의 웃지 못할 여파

1992년 11월 3일, 닐 팹워스Neil Papworth가 최초로 문자 메시지 (SMS)를 보낸 이래 세계의 언어는 힘든 시간을 보내고 있다. 그날 이후 10대들은 상대에게 실제로 입을 열어 말하기를 멈췄고, 맞춤법을 지키는 일은 구식이 되었고, 운전자가 문자 메시지를 작성하는 중 발생한 교통사고가 음주 운전보다 더 많은 사망자를 내고 있다. 눈물 남.

1977년

4일

우스꽝스러운 식인 황제의 초호화 대관식

1977년 12월 4일, 식인 행위로 비난을 받는 이가 스스로 중앙아프리카공화국 황제 자리에 올랐다. 국가가 겪고 있는 비참한 가난을 생각하면 장 베델 보카사Jean-Bédel Bokassa의 대관식은 약소하게 치러져야 마땅했다. 하지만 귀하신 황제는 약소함을 도저히 견딜 수 없었다. 그는 자신이 영웅으로 여기는 나폴레옹만큼이나 자아가 비대해져서 한 세기 반도 더 전에 치러진 나폴레옹의 대관식만큼 자신의 대관식도 화려해야 한다고 고집을 부렸다. 케냐의《선데이네이션Sunday Nation》이 경멸을 담아 표현한 보카사의 "영광스러운 광대 짓"에는 연 국가 수익의 4분의 1에 달하는 2,500만 달러가 소요될 예정이었고 자칭 황제인 자신을 국제적 웃음거리로 만들 터였다.

자기애로 가득한 초호화 행사를 준비하기 위해 보카사는 프랑스로 향했다. 1966년, 그의 쿠데타와, 쿠데타를 통해 만들어진 잔혹한 정권을 지원해준 곳이었다. 프랑스의 조각가 올리비에 브라이스Olivier Brice는 똑바로 앉아 양 날개를 활짝 펼친 독수리를 형상화시킨 무게가 2톤에 달하는 거대하고 매끈한 왕좌와 더불어, 군주를 그가 가장 사랑하는 왕비와 함께 기념식에 데려다 줄 황제나 탈 법한 화려한 마차를 제작했다. 그리고 새롭게 개명한 국호인 중앙아프리카제국Central African Empire 소속의 수많은 군인들이 나폴레

스스로 제위에 오른 장 베델 보카사가 화려하게 치장하고 난 뒤 천박한 왕좌 앞에 서 있다.

옹 시대의 '경기병'과 비슷한 역할을 수행하기 위해 노르망디에서 처음으로 말 타는 법을 배웠다.

뜨거운 태양이 내리쬐던 대관식 날, 보카사는 참석한 손님들이 햇볕 아래 시들도록 내버려 둔 채 역시 황제답게 한참 늦게야 모습을 드러냈다. 황제의 권위는 나폴레옹의 옷을 만든 바 있는 200년 전통의 프랑스 회사에서 디자인한 화려한 의상으로 장식되었다. 그는 공작새처럼 뽐내며 서 있었다. 그는 수만 개의 작은 진주로 장식된 땅에 닿는 토가를 입고서 그 위에 길이 10미터에 달하는, 금실로 황제 독수리를 수놓고 바깥 단은 넓게 족제비 털로 마감한 자줏빛 벨벳 망토를 둘렀다. 황제는 처음에는 카이사르처럼 보이기 위해 금으로 만든 월계수관을 썼다가 이후 프랑스의 보석

장인 아르튀스 베르트랑Arthus-Bertrand이 제작한 거창한 왕관으로 바꿔 썼다.

보카사는 교황 비오 7세가 나폴레옹의 대관식에 참석했던 것처럼 바오로 6세가 참석해 자신의 대관식을 지켜봐주길 바랐다. 그러나 놀랄 것도 없이 교황 성하는 다른 국가 지도자들이 그런 것처럼 참석을 거부했고 이웃 아프리카의 국가 지도자들도 불참했다. "나를 질시했기 때문이다. 나는 제국을 다스리지만 그들은 그렇지 않으니 말이다." 이후 보카사는 술회했다.

보카사의 나폴레옹 흉내가 끝난 뒤 내빈들은 행사를 위해 수입된 60대의 신형 메르세데스 벤츠에 나눠 타고 연회장으로 향했다. 거리의 국민들은 황제의 수행단을 보고도 별다른 환호를 보내지 않았다. 분명 굶주림 때문이었을 것이다. 내빈들 앞에는 철갑상어 요리와 캐비아를 비롯한 여러 진미들이 수북이 쌓여 있었고 이는 뱃속에서 수천 병에 이르는 고급 와인들과 샴페인으로 씻겨 내려갈 참이었다. 물론 다들 프랑스산이었다.

분명 메뉴에는 또 다른 요리 하나가 포함되어 있었다. 내빈들이 실컷 배를 채우고 난 뒤 황제는 프랑스 대외협력부 장관 로베르 갤리Robert Galley의 귀에 이렇게 속삭였다. "전혀 눈치 못 챘겠지만 방금 사람 고기를 드신 거요!"

1484년

5일

기독교 흑역사 4부: 마녀 대소동

하인리히 크레이머는 악마를 퇴치하느라 진땀을 흘렸다. 중부 유럽의 여러 지역에서 출몰한 마녀들이 커다란 혼란을 일으켰던 것이다. 게다가 해당 지역의 교회들은 악에 맞서 싸우려는 그의 노력을 적극적으로 방해했다. 이에 사명감이 넘쳤던 재판관 하인리히는 교황에게 도움을 청했다. **1484년 12월 5일**, 요청을 받은 교황 성하 인노첸시오 8세는 교서《지고의 것을 추구하는 이들에게 Summis desiderantes affectibus》를 내려 그의 충성스러운 마녀 사냥꾼에게 힘을 실어 주었다.

교황의 교서는 "인류에 대한 적대 행위를 이끌고… 눈 하나 깜짝 않고 혐오스럽고 비열한 악행과 도를 넘은 더러운 짓들을 저지르는" 사악한 피조물의 존재를 인정했을 뿐 아니라 지역 주교들에게 크레이머의 성스러운 임무를 방해한다면 "파문, 정직, 제명을 비롯한 온갖 끔찍한 형벌과 처벌과 견책"이 뒤따를 것이라 경고했다.

역사가 에드워드 피터스Edward Peters가 "광포한 여성혐오자"라 묘사한 이 광기 가득한 재판관은 교황의 허가를 받고 잔뜩 고무되어 그 즉시 (대다수가 여성인) 사탄의 하인들을 판별, 고문, 처형하는 법을 설명한 책자 편찬에 돌입했다.

《말레우스 말레피카룸Malleus maleficarum》혹은《마녀를 심판하는 망치》(1487년 발간되었고, 하인리히는 야콥 슈프랭거Jacob Sprenger와 공동저자

《말레우스 말레피카룸》이 출판되면서 곳곳에서 끔찍한 마녀 사냥이 벌어졌다.

로 표시되었다)는 "마녀가 되는 것은 전부 육욕 때문이며 이는 여성 혼자서는 충족시킬 수 없는 것"이라든가, 특히 남성을 좋아하는 경향이 있는 마녀들은 "인간의 자연적 쓸모를 망칠 수 있다"는 등의 통찰력 있는 단언들로 가득했다.

인쇄기의 발명과 더불어 《말레우스 말레피카룸》은 당대의 베스트셀러가 되었고 수 세기에 걸쳐 무고한 이들을 수천 명씩 살육한 마녀 사냥의 부흥기에 여러 종교재판관들이 의지할 수 있는 권위 있는 지침서가 되어 주었다. 피에 젖은 이 책은 매 권마다 교황 인노첸시오 8세의 마녀 사냥 교서와, "사랑스러운 아들" 하인리히에 대한 지지를 담은 편지가 수록되어 널리 전파됐다.

1741년

6일

이반 6세 아기 황제의 불행

1741년 12월 6일, 불쌍하게도 러시아 황제 자리를 빼앗기던 불운한 날까지 아직 갓난아기였던 이반 6세는 자신에게 무슨 일이 벌어지고 있는지 알지 못했다. 아직 16개월도 채 되지 않은 나이였다. 이 불운은 이후 그에게 커다란 고통을 안겨주게 된다.

황제의 먼 사촌인 옐리자베타가 무장한 황실경비대를 대동하고 겨울궁전을 급습해 왕관을 빼앗아 가는 동안 아기 황제는 깊은 잠에 빠져 있었다. 반란은 피 한 방울 흘리지 않고 성공했고 황제였던 이반 6세는 순식간에 죄수로 전락했다. 옐리자베타는 아기를 가슴에 안고서 속삭였다. "네게는 죄가 없단다. 이 조그만 것아!" 그 뒤 그녀는 잔혹한 운명의 손에 아기를 넘겨주었다.

표트르 대제의 딸은 황제 자리에 오른 뒤, 폐위된 전 황제에게 친절을 베풀어 그를 수도에서 멀리 떨어진 곳에 유배하며 부모형제와 함께 지낼 수 있도록 해주었다. 하지만 네 살이 되던 해부터 아이는 가족과 떨어져 홀로 지내야 했고 이후로 가족을 만날 수 없었다. 운명은 어찌나 잔인하던지 사랑하는 가족과 한 감옥 안에서 두꺼운 벽으로 격리되어 지내던 이반은 1746년 자신의 어머니와 태어난 지 얼마 되지도 않은 두 형제가 모두 열병으로 사망한 것도 까맣게 몰랐다.

2년이 지나 어린 이반이 홍역과 천연두를 앓아 죽음의 문턱에

다다랐을 때에도 옐리자베타 여제는 그의 치료를 허락하지 않았다. 전 황제는 기적적으로 살아남았지만 여전히 어린 시절의 온갖 즐거움을 빼앗긴 채로 침울한 감방에 홀로 갇혀 있는 신세였다.

극도의 고립 상태는 소년에게 서서히 손상을 가했고 결국 이반은 정신이상 징후를 보이기 시작했다. 특히 15세가 되어 외딴 섬에 위치한 악명 높은 실리셀부르크 감옥으로 이감된 이후 증세가 심각해졌다. 한 간수는 전했다. "말을 너무 혼란스럽게 해서 오래도록 그를 봐오고 그의 말을 들어주던 사람들도 쉽게 이해할 수 없을 정도였다. … 지적 능력이 떨어져서 아무것도 기억하지 못했고, 어떤 생각도 하지 못했고, 기쁨이나 슬픔도 느끼지 못했으며, 특별한 성향도 보이지 않았다." 또 간수는 1759년 6월, "그의 발작이 격렬해졌다. 간수들에게 소리를 지르고, 간수들과 언쟁을 벌이고, 싸움을 걸고, 자기 입을 비틀고, 관리들을 때리겠다고 위협했다"고 말했다. 물론 이런 행동들은 간수들이 잔인하게 이 어린 죄수를 괴롭힌 사실과도 연관이 있었다.

세 명의 황제가 자리를 거쳐 가는 동안 이반은 축축한 감옥에 갇혀 지냈다. 표트르 3세는 퇴위하기 직전에 잠깐 그를 방문하기도 했다. 하지만 예카테리나 대제 치하에서 그는 결국 세상을 떴다. 예카테리나 황제는 이 황실의 자손, 그녀의 표현대로라면, "이름 없는 자"를 탈출시키려는 시도가 있거든 즉시 그를 처형하라는 지시를 내려 두었다. 그리고 1764년, 한 장교가 상황 파악을 못하고 그를 탈출시키고자 했고 이반 6세의 삶은 끝을 맞았다.

1941년

7일

"영원히 오명 속에 남을 날"

루스벨트 대통령이 의회에서 '치욕의 날 연설'을 통해 공식적인 대일 선전포고를 하고 있다.

"부통령, 그리고 상하원 의장과 의원 여러분께. 어제 **1941년 12월 7일**, 영원히 오명 속에 남을 그 날에, 우리 미합중국은 일본제국 해공군의 갑작스럽고도 의도적인 공격을 받았습니다."

_미 대통령 프랭클린 D. 루스벨트, 일본의 진주만 공습에 대한 '치욕의 날 연설' 중에서

8일

"제2의 진주만이 될 뻔"
맥아더의 실수

역사적인 측면에서 보면 이야기의 결말은 이미 결정된 상태다. 제2차 세계대전에서 연합군이 악을 물리쳤고 더글러스 맥아더 Douglas MacArthur 장군이 그가 약속한대로 필리핀을 해방시키고 영웅이 되었다는 것은 부정할 수 없는 사실이다. 하지만 전쟁 첫 날만 해도 그런 결과를 예상하기는 쉽지 않았다. 거의 처참한 수준이었다. **1941년 12월 8일**, 일본군이 강력한 공습을 퍼부어 맥아더를 꼼짝 못하게 만들었던 것이다. 진주만 공습 이후 맥아더는 일본군이 곧 필리핀에도 맹공을 퍼부을 거라는 보고를 받고서도 아무런 준비를 하지 않았다.

마닐라 외곽 클라크필드 상공에서 목표물을 발견한 일본군 폭격기 조종사들이 취약한 수비를 보고 깜짝 놀랄 정도였다. 극동 지역 미 공군의 절반에 가까운 전력이 평시와 마찬가지로 서로 날개를 맞댄 채 줄줄이 정렬해 있었던 것이다. 일본군은 몇 시간 만에 기지를 파괴했고 이를 통해 필리핀 방어 전력을 무력화시켰다. 한 일본 장교는 이후 이렇게 술회했다. "우리는 진주만 공습 이후 미군이 전투기들을 뿔뿔이 흩어 놓거나 아니면 포모사(현 대만)의 아군 기지를 공격할 거라 우려했다." 하지만 여전히 역사가들을 어리둥절하게 만드는 사실은 어떤 이유에선지 맥아더가 그중 어떤 선

일본군의 필리핀 공습이 있던 그날, 맥아더 장군의 사진이 《라이프Life》 표지에 실렸다.

택지도 취하지 않았다는 점이다.

맥아더의 전기작가인 윌리엄 맨체스터William Manchester는 맥아더의 방관을 이렇게 설명했다. "미군 역사상 가장 이상한 일화다. 그처럼 재능 있는 지휘관이 이처럼 긴급한 상황에 왜 제대로 대처하지 않았는지 도통 이유를 알 수 없다. 그의 비평가들은 이 참사가 그의 능력에 결함이 있다는 증거라고 평가했다. 그들이 맞다. 그에게는 결함이 있었다."

2002년

9일

사과할 일이 산더미

맞다. 상원 다수당 대표 트렌트 로트Trent Lott가 동료의원 스트롬 서먼드Strom Thurmond의 100세 생일 축하연에 참석해 그의 지역구 였던 예전의 미국 남부가 그립다는 식으로 말한 것은 분명 잘못된 일이었다. "스트롬 서먼드가 대통령 선거에 출마했을 때(1948년) 우리는 그에게 표를 던졌습니다." 당시 엄격한 인종분리 정책을 공약으로 내세웠던 "남부 민주당 탈당파" 스트롬 말이다. "그를 지지했다는 사실이 아주 자랑스럽습니다. 그리고 만약 다른 국민들도 우리 뒤를 따랐더라면, 지금 우리가 겪는 문제도 일어나지 않았을 겁니다." 하지만 정말 민망한 것은 명백한 인종주의적 발언으로 물의를 일으킨 이후 트렌트가 내놓은 설득력 없는 사과들이었다.

첫 번째 사과는 생일 축하연 4일 뒤인 **2002년 12월 9일**에 있었다. 불과 며칠 전의 자신의 발언이 "축하연 자리의 들뜬" 분위기 때문이었다고 해명하며 논란을 종식시키려 했었지만 영 시원찮은 사과였다. 그리고 12월 11일, 폭스뉴스와 CNN에 나와 시도한 두 번의 속죄도 별 효과는 없었다.

트렌트가 지역구인 미시시피에서 연설을 하며 네 번째로 사과를 하자 보수적인 칼럼니스트 조지 윌George Will조차 당시 다수당 대표였던 그를 "연쇄 사과인"이라 부르며 비난했다. 트렌트는 스트롬의 축하연에서 자신이 했던 축사가 "즉흥적"인 것이었으며 그 탓에 말이 잘못 나온 거라 해명했다. 조지는 비판했다. "대본 없이 한 말은 신용할 수가 없는 공화당 지도자, 게다가 부끄러운 줄도 모르고 대본 없이 나온 말이라고 하면 자신의 실수가 용서받을 거라 생각하는 사람이 공화당 지도자라는 것은 공화당 지지자들로서는 용납할 수 없는 일이다." 이어진 글에서 칼럼니스트는 트렌트가 앞서 했던 세 번의 사과 역시 진정성이 없었다며 공격을 계속했다.

결국 12월 16일, 트렌트는 속죄 순회의 또 다른 정류장에 멈춰 섰다. 이번에는 블랙엔터테인먼트텔레비전Black Entertainment Television 방송에 출연해서 사회자에게 이제는 자신도 마틴 루서 킹 주니어의 기념일을 지지한다고 밝힌 것이었다. 미국의 전체 50개 주에서 공식 기념일이 된 지 몇 년밖에 지나지 않은 때였다. 아뿔싸, 이런 비굴한 시도들도 다수당 대표를 구해주지는 못했다. 그는 방송 출연 4일 후 자리에서 사임했다. 그래도 작가 알린 소킨Arleen Sorkin과 폴 슬랜스키Paul Slansky가 "21세기 회개의 왕, 속죄의 아야톨라(이란의 종교 지도자)이자 후회의 라자(인도 국왕)"라 쓴 것에서도 알 수 있듯이 이 일은 그 추락한 정치인에게 나름의 차별성을 주기도 했다.

10일

"노벨상 감은 아닌데"
노벨상의 몇몇 실수들

그리고 오스카상은 〈버터필드 8Butter field 8〉에 출연한 엘리자베스 테일러에게 돌아갔다. 영화가 너무 엉망이라 배우가 자기 입으로 "한낱 외설 작품"이라며 욕할 정도였다. 그래미상은 〈누가 개를 풀어 놨어?Who Let the Dogs Out〉를 부른 바하 멘Baha Men에게 주어졌다. 쉬지 않고 "누가? 누가? 누가? 누가? 누가?"거리는 곡이었다. 〈에비타Evita〉에서 에바 페론Eva Perón을 연기한 마돈나는 한때 아르헨티나가 사랑한 영부인이 아니라 거의 그 시신만큼 뻣뻣한 연기를 선보였지만 그럼에도 그 '연기'로 골든글로브상을 거머쥐었다. 하지만 아무리 어울리지 않는 수상자일지라도 수상으로 피해를 본 사람은 아무도(보다 훌륭한 후보들을 제외한다면) 없었다. 말마따나 "재미있으면 됐지" 싶은 일이었다.

그러나 노벨상은 문제가 달랐다. 매년 **12월 10일** 수여되는 노벨상은 각 분야에서 인간이 이룬 최고의 성취에 주어지는 상이다. 아인슈타인, 만델라, 처칠, 퀴리 등의 거인들이 노벨상 수상자 명단에 이름을 올렸다. 하지만 노벨상의 이름에 한참 못 미치는 몇몇 수상자들이 이 상에 먹칠을 하기도 했다. 아래는 그중 일부다.

1918년, 프리츠 하버Fritz Haber, 공기 중의 질소로 암모니아를 합성해낸 공로로 노벨 화학상 수상. 프리츠의 발견은 산업용 비료 개발로 이어졌고 세계는 좀 더 비옥해졌다. 하지만 인류에 커다란 공헌을 한 것은 제1차 세계대전 이전이었고 이후 화학자는 그의 부인이 "과학의 이상을 왜곡"했으며 "삶에 새로운 통찰을 가져다 줘야 할 분야를 더럽힌 야만성의 상징"이라 비난할 만한 일에 자신의 창조적 에너지를 쏟았다. 전장에서 독일군의 적을 궤멸시킬 독가스가 바로 그것이었다(1915년 4월 22일, 2차 이프르 전투에서 독일군은 하버의 치명적인 발명품을 처음 활용했고, 6,000개의 용기에 담긴 168톤이 넘는 클로린 가스를 살포했다. 한 목격자가 "낮고 노란 벽" 같았다고 묘사한 무시무시한 독가스 구름이 참호 속에 숨어 있던 1만여 명의 프랑스군을 향해 다가갔다. 독가스가 참호에 퍼지자 반 이상의 군인들이 순식간에 질식사했다고 전해진다).

1949년, 안토니오 에가스 모니스 António Egas Moniz, 뇌엽 절제술 분야를 개척한 공로로 노벨 의학상 수상. 이 급진적인 뇌수술이 존 F. 케네디의 여동생 로즈마리(로즈마리 케네디Rosemary Kennedy는 성장하는 동안 기분이 쉽게 변하고 맞춰주기 어려운 성격이 되어 그녀의 아버지가 견디기 힘들어할 정도였다. 하지만 그녀의 가족이 오랫동안 주장한 것처럼 지적 능력에 결함이 있는 것은 분명 아니었다. 아주 자세하게 적힌 그녀의 일기를 보면 그 사실을 알 수 있다. 하지만 1941년 가을, 조지프 P. 케네디 대사는 23세인 그녀의 딸이 뇌엽 절제술이 필요한 환자라고 판단했다. 결과는 참담했다. 생기 넘치던 로즈마리는 거의 식물인간에 가까운 상태가 되었다. 이후 그녀는 가족의 품에서 떨어져 나와 평생을 위스콘신 수녀원에서 보냈다)를 포함한 많은 환자들을 거의 좀비에 가까운 무엇으로 만들었다는 사실은 제쳐 두더라도 두개골에 드릴로 구멍을 낸 뒤 기구를 삽입해 전두엽의 기능을 멈추게 만드는 이 수술법은 딱히 특별한 것도 없었다. 사실 이는 중세시대의 처치법에 가까웠고 이를테면 인공심장 발명(노벨상위원회가 터무니없이 과소평가한 로버트 자빅Robert Jarvik의 위업이었다)에 비할 바가 아니었다. 그 억압적이고 잔혹한 소비에트연합마저 "인간성의 원칙에 반하는" 수술이라며 1960년 뇌엽 절제술을 금지했으니, 이 괴물 같은 수술법이 얼마나 잘못된 것이었는지 알려주는 하나의 방증으로 여겨도 좋을 것이다.

1994년, 야세르 아라파트 Yasser Arafat, 노벨 평화상 수상(이스라엘의 시몬 페레스Shimon Peres와 이츠하크 라빈Yitzhak Rabin과 공동 수상). 그렇다. 누군가에게는 테러리스트인 사람이 누군가에게는 자유의 투사일 수 있다. 그리고 팔레스타인 사람들은 이스라엘을 미워할 충분한 권리가 있다. 그러나 이 팔레스타인 지도자처럼 결국 협박, 항공기 납치, 정치적 암살과 더불어 온갖 대혼란을 일으키며 무고한 이들을 학살하는 일이 최우선 수단이 되어버린 이에게 상을 수여한다면 그건 노벨상을 놀림감으로 만들고 말 것이다. 게다가 마하트마 간디에게 상을 준 적도 없지 않은가.

1997년, 마이런 숄즈 Myron Scholes**와 로버트 머튼**Robert Merton, 노벨 경제학상 수상. 수상자 발표문에 따르면 "파생상품의 값을 매기는 새로운 방식"을 발견해 노벨상을 수상한 지 1년도 채 되지 않았을 때 두 수상자는 기대를 한 몸에 받으며 헤지펀드 롱 텀 캐피탈 매니지먼트Long-Term Capital Management를 설립했고 6주 사이에 40억 달러의 손해를 봤다.

1951년

11일

"나선의 꼬임"
경주로를 벗어난 크릭과 왓슨

1951년 12월 11일, 프랜시스 크릭Francis Crick과 제임스 D. 왓슨
James D. Watson은 DNA 구조의 모델에 대한 생각을 발표하고 처참한
반응을 얻은 뒤 두 사람이 몸담고 있는 케임브리지 대학 캐번디시
연구소Cavendish Laboratory의 소장 로렌스 브래그Lawrence Bragg 경으
로부터 해당 분야의 연구를 중지하라는 지시를 받았다.

"어떤 항소 시도도 이뤄지지 않았다"고 왓슨은 특유의 날카로움
을 드러내며 적었다. "공개적 항의가 있었다면 우리 교수가 DNA
가 무슨 단어의 약자인지조차 모를 만큼 문외한이라는 사실이 드
러났을 것이다. 그가 금속 구조의 비눗방울 모델을 만들 때 보여준
희열을 생각하면 그는 우리의 연구 분야를 금속 구조를 파악하는
일의 100분의 1만큼도 중요하게 생각해본 적이 없을 것이다."

왓슨은 판결에 대한 동료의 수동적인 수긍이 아마 로렌스 경을
감싸기 위해서가 아니라 앞날을 모색하기 위한 결정이었다는 점
을 인정했다. "우리도 당-인산 핵에 기반한 모델을 다루는 문제에
서 막혀 있는 상황이니 일단 납작 엎드려 있어야 했다."

하지만 몇 년 지나지 않아 왓슨과 크릭은 DNA 연구를 재개해
답을 찾기에 이르렀다. 생명의 신비를 밝혀낸 셈이다. 이는 지난
세기 생물학계에서 이뤄진 가장 중요한 발견이라 불리곤 한다.

12일

"충격적!" "뇌쇄적!"
다 메이 웨스트 탓이에요

1937년 12월 12일, 섹스 심볼이었던 메이 웨스트Mae West는 일요일 밤에 방송하는 라디오 오락 프로그램〈체이스와 샌본의 시간 Chase & Sanborn Hour〉에 1인 2역으로 출연해 특유의 간드러지는 유혹을 선보였다. 그녀는 한 꼭지에서는 치명적인 매력의 이브를 연기했고 다른 꼭지에서는 복화술사 에드가 버겐Edgar Bergen의 나무 인형 찰리 매카시Charlie McCarthy를 유혹하는 역할을 맡았다. 이 뇌쇄적인 여배우는 다들 예상한 대로 아주 야한 연기를 선보였다. 예를 들어 그녀는 꼭두각시 인형을 옆에 두고 녀석이 아파트에서 자신에게 입 맞췄다는 사실을 상기시켜 주었다. "자국도 나 있는 걸. 가시도 아직 박혀 있어."

대본을 승인한 것은 NBC였지만 심의위원회를 비롯해 여러 풍기문란 감시 단체들이 거세게 항의하자 방송국은 시치미를 떼고 그녀가 "라디오에 어울리지 않는 사람"이라 발표했다. 지조 없는 방송국 간부들은 그녀를 비난하는 편으로 돌아서서 메이가 누구나 충분히 받아들일 만한 내용의 대본을 아무도 예상하지 못할 정도로 음란하게 표현한 것이라고 주장했다. 이후 NBC 라디오에서는 그녀의 이름을 언급하는 것조차 금지되었다. 다행히도《시카고 데일리뉴스》의 지각 있는 평자가 사설을 통해 방송사의 비겁한 태

메이 웨스트가 라디오에서 목각 인형을 유혹하며 NBC 간부들을 화나게 만들었다.

도 전환을 비난했다.

　"NBC와 해당 프로그램의 광고 업체들은 메이 웨스트를 잘 알고 있었다. 그녀의 방식을 잘 알고 있었다. 그녀를 본 적이 있고 그녀의 얘기를 들은 적도 있었다. 리허설 때는 그녀에게 이런저런 연기를 요청하기도 했을 것이다. 하지만 대중의 반발이 거세지자 갑자기 메이를 메리 픽퍼드Mary Pichford나 셜리 템플Shirley Temple과 혼동한 것처럼 굴고 있다."

13일

"빈 수레가 요란하다"
미래의 고전을 혹평한 《뉴욕타임스》

예술 작품의 평가는 오롯이 관객의 눈에서 이뤄지는 것인지도 모른다. 하지만 아주 많은 비평가들이 심각한 난시와 기타 감각 장애를 앓은 바 있다는 사실도 함께 지적해야 한다. 그리고 그중 많은 사람들이 공교롭게도 《뉴욕타임스》에 모여 있었다(본 저자도 히스토리 채널에서 〈프랑스 혁명The French Revolution〉을 방송한 뒤 《뉴욕타임스》로부터 "순진한 소리를 한다"는 평을 들었다. 하지만 이 말을 하려던 것은 아니고……). 이 신문은 비틀스의 걸작 《애비 로드Abbey Road》가 "여지가 없는 대실패"이며 《서전트 페퍼스 론리 하츠 클럽 밴드Sgt. Pepper's Lonely Hearts Club Band》는 "아름다운 구석이 없다. 진짜 같은 것은 하나도 없고 붙잡고 들을 만한 것도 없다"고 적었다. 또 나보코프 Vladimir Nabokov의 고전 《롤리타Lolita》에 대해서는 "허세 가득하고, 화려하고, 짓궂고 어리석으며 따분하고, 따분하고, 따분하다"고 평했다. 샐린저J. D. Salinger의 《호밀밭의 파수꾼The Catcher in the Rye》에 대해서는 이렇게 적었다. "단조롭다. 얼간이들이 나오는 부분을 죄다 들어내고 지저분한 학교 부분은 전부 삭제하는 게 좋겠다. 읽는 사람을 침울하게 만들 뿐이다."

《뉴욕타임스》가 저지른 가장 큰 비평적 실패는 **1974년 12월 13일**, 오늘날 거의 모든 사람이 걸작이라 평가하는 〈대부 2The

Godfather Part II〉에 대한 빈센트 캔비Vincent Canby의 평이었다.

"프랜시스 포드 코폴라Francis Ford Coppola의 〈대부 2〉에서 유일하게 주목할 만한 것은 전작과의 일관성뿐으로, 이는 전작이 얼마나 좋은 영화였는지 알려준다"고 빈센트는 글을 시작했다. "영화는 버려진 부분들을 꿰매 만든 프랑켄슈타인의 괴물 같다. 말은 할 수 있다. 또 가끔 경련하듯 움직일 수도 있다. 하지만 자신의 생각을 갖고 있지는 않다. … 흥미로운 것들은 전작에서 전부 보여줬다. 하지만 달리 할 말이 많지 않은 여러 사람들처럼 〈대부 2〉는 입을 다물 줄 모른다. … 〈대부 2〉가 보다 유기적이고 새로운 점을 품고 있고 더 재미있는 작품이라 하더라도 자기 패러디의 위험은 여전히 존재했을 것이다. 〈대부 2〉는 외적으로는 큰돈을 들인 것처럼 보이지만 내적으로는 참담하며 아주 길고 정교한 풍자극의 색채를 띠고 있다. 신성한 면은 전혀 없다."

물론 순진한 소리만은 아닐 것이다. 그래도 《뉴욕타임스》인데.

1861년

14일

밤낮으로, 수십 년째 애도 중

1861년 12월 14일, 영국의 빅토리아 여왕이 사랑해 마지않은 남편 앨버트Albert 왕자가 세상을 떠났고 영국 왕실은 이후 수십 년에 걸쳐 침통하다 못해 강박적인 애도에 빠져들었다. 특히 아이들은 아버지의 죽음을 쉽게 떨쳐내기 힘들었다. 바로 여왕 때문이었다. 그녀는 왕위 계승자인 장남이 그의 아버지를 죽인 거나 다름없다고 비난했다. 체면을 중시하던 앨버트는 얼마 전 장남인 웨일스 왕자가 한 여배우와 청춘의 불장난을 벌이다 발각되는 바람에 큰 굴욕감을 느꼈는데, 그런 뒤 얼마 지나지 않아 장티푸스로 세상을 떠났던 것이다. 빅토리아 여왕은 남편이 병이 아니라 아들의 비행에 따른 충격으로 세상을 떴다고 주장하며 앞으로 아들을 볼 때마다 "몸서리치게" 될 거라 말했다. 그녀는 실제로 이후 40년간 몸서리를 그치지 않았다.

그렇게 자신이 얼마나 큰 슬픔에 빠졌는지를 세상에 알린 빅토리아는 딸 앨리스Alice의 결혼식을 눈물로 얼룩지게 만들었다. "요크의 대주교는 식을 짧게 끝냈다. 검게 웅크린 형체(여왕)에 비하면 별다른 주목을 받지 못한 신랑신부로서는 다행스러운 일이었다"고 전기작가 스탠리 와인트라우브Stanley Weintraub는 썼다. 식이 끝나고 난 뒤 여왕은 일기를 적었다. "딸이 전혀 그립지 않다. 떠난 것 같지도 않다. 나는 끔찍한 상실에 완전히 사로잡혀 있다."

2013년

15일

"언니를 앞지르다"
조안 폰테인의 피날레

올리비아 데 하빌랜드Olivia de Havilland와 조안 폰테인Joan Fontaine 은 할리우드에서 유명한 우애 나쁜 배우 자매였다. 전하는 바에 따르면 두 사람의 지독한 라이벌 관계는 유년기에 이미 시작되었다. "내가 먼저 결혼할 거야." 언젠가 언니와 싸우던 조안이 말했다. "오스카상도 언니보다 먼저 탈 거고 죽는 것도 먼저 죽을 거야. 내가 언니를 눌러 버려서 언니는 폭발해 버릴 걸!" **2013년 12월 15일**, 실제로 조안은 96세의 일기로 올리비아보다 먼저 무덤에 들어갔다.

1997년

16일

포켓몬, 600명의 아이들을 공격하다!

잔소리의 고전이라 할 "텔레비전 오래 보면 뇌 망가진다"는 말은, **1997년** 600명이 넘는 일본의 취학 아동들이 당시 엄청난 인기를 누리던 〈포켓몬스터Pokémon〉를 시청하다가 갑자기 어지러움과 메스꺼움을 호소하면서 현실화되었다. 일부 아이들은 발작을 일으키기까지 했다. 전국의 병원들이 구역질과 경련을 일으키는 아이들과 일부 같은 증상을 보이는 부모들로 붐비면서 마치 일본의 삼류 SF영화 속 장면들이 재현된 것 같았다.

집단 경련 반응이 일어난 것은 〈포켓몬스터〉 38화 '컴퓨터 전사 폴리곤Computer Warrior Porigon'이 20분쯤 이어졌을 때였다. 최고 시청률을 기록하던 프로그램이니만큼 강렬한 효과로 가득한 '아니메'가 펼쳐졌다. 섬광이 잇따라 번쩍거리는 생생하고 현란한 장면이 **12월 16일** 저녁, TV 속으로 들어갈 듯하던 아이들의 눈을 강타한 것이었다. "어른인 저도 눈을 제대로 못 뜰 지경이었으니 아이들에게는 더 큰 영향을 미쳤겠죠." 도쿄 방송 편성국의 한 임원이 말했다.

잇따른 논란으로 프로그램은 일시적으로 방영이 중지되었고 일본 당국은 특별 조사를 실시했다. 명확한 결론이 난 것은 아니었지만 해당 방송분이 재방영되는 일은 없었다.

1862년

17일

그랜트 장군의 중세식 조치

남북전쟁이 한창일 때에도 목화는 여전히 왕 대접을 받았다. 목화는 남부 산업의 엔진이었고 북부의 공업 종사자들에게는 생존을 위해 꼭 필요한 물품이었다. 재무부의 통제와 육군의 관리 하에 남북 간의 목화 교역을 제한적으로 허용하긴 했지만 더 큰 이익을 남길 수 있는 암시장은 여전히 성행했다. 율리시스 S. 그랜트 장군은 암시장이 성행하는 이유로 정부의 가장 믿을 만한 희생양이라 할 수 있는 부도덕한 유대인들을 지목했다.

"전국의 기차 차장들에게 어느 지역에서든 철로를 이용한 유태인의 남부 방면 여행을 금지한다고 전하라." 그랜트는 **1862년 11월** 명령을 하달했다. "유태인들은 견딜 수 없는 골칫거리이니 언젠가 군은 반드시 그들을 추방해야 할 것이다."

한 달 뒤인 **12월 17일**, 그랜트는 유럽 왕조들이 몇 세기 전쯤 추진했을 법한 낡아빠진 추방 조치를 통해 '이스라엘인'들에 대한 여행 제한 조치를 강화했다. 일반 명령 11호에는 다음과 같은 문구가 포함되어 있었다. "재무부가 수립한 모든 무역 제한 조치와 기타 군부의 명령을 위반하는 유대인들은 이로써 관할 지역(당시 그랜트가 지휘하던 테네시Tennessee 지역을 뜻한다)에서 추방한다."

다행히 그랜트의 상급자인 대통령은 공정함에 대해 보다 진화된 감각을 갖고 있었고 다음 달 일반 명령 11호는 공식 폐지되었다.

18일

"뼈를 깎는 사기술" 필트다운인 날조 사건

1912년 12월 18일, 인산인해를 이룬 런던지질학회 회의장은 기대에 찬 수군거림으로 소란스러웠다. 아마추어 고생물학자 찰스 도슨Charles Dawson이 연단에 올라 모두가 오래도록 고대해왔던 인간과 유인원 사이의 '잃어버린 고리'의 발견을 발표하던 순간이었다. 과학계의 대발견이었다. 과학자 레이 랭키스터Ray Lankester가 1919년 출판된 저서《동물학자의 연구 분야들Divisions of a Naturalist》에서 "태양빛 아래 나온 것 가운데 가장 충격적이고 가장 중요한 화석 뼈"라 쓸 정도였다. 그리고 무엇보다 사람들을 고무시킨 것은 그 유물이 바로 영국 땅에서 발굴됐다는 사실이었다. 에오안트로푸스 도스니Eoanthropus dawsoni(도슨의 새벽의 인간), 혹은 보다 유명한 이름인 '필트다운인'은 이제 당당하게 영국인으로 선언될 터였다.

흥분에 도취된 과학자들이 필트다운인에 대한 논문을 저술하고, 일반인들은 화석이 발견된 지역으로 순례 여행을 떠나던 와중에, 소수의 회의론자들이 나타나기 시작했다. 워싱턴 D.C.에 위치한 스미소니언 협회Smithsonian Institution 소속 게릿 S. 밀러Gerrit S. Miller는 발굴된 두개골과 유인원의 턱뼈와 유사한 턱뼈가 서로 어울리지 않는다고 지적했다. 그는 둘을 조합했을 때 나오는 괴이한 형태는 자연에서 발견될 수 없는 종류의 것이라고 결론을 내렸다. 게릿

은 즉시 맹렬한 공격을 받았다.

이어지는 비판들을 잠재운 것은 바로 찰스 도슨 자신이었다. 최초의 화석 발굴 지역에서 3킬로미터가량 떨어진 곳에서 발견했다면서 필트다운인의 것으로 추정되는 더 많은 뼛조각들을 발표한 것이다. '잃어버린 고리'의 두 번째 견본은 처음 발견한 화석의 진위를 확증해주었다. 진위가 입증된 것으로 여겨지면서 이후 수십 년간 의구심을 표하는 사람은 아무도 없었다. 그러다 옥스퍼드대학의 자연인류학 교수 조지프 위너Joseph Weiner가 나타났다.

조지프는 찰스의 발견에서 드러난 몇 가지 특징 때문에 골머리를 앓았고 다시 증거를 신중하게 검토하기 시작했다. 결국 그는 철저한 조사 끝에 그가 "가장 정교하고 신중하게 계획된 사기극"이라 부른 수수께끼를 해결하게 되었다. "고생물학 역사에서 전례를 찾을 수 없는 완벽하게 부도덕하고 불가해한" 사기극이었다.

조지프는 필트다운인의 치아가 인간의 저작 방식을 흉내 내 조각됐으며 세월의 흔적을 입히기 위해 일반 페인트를 덧칠했다고 추론했다. 고대 코끼리 화석이나 하마 치아 등 발굴 지역에서 발견된 다른 화석들은 구석기 시대 도구들과 더불어 사전에 몰래 파묻어 놓은 것으로 밝혀졌다. 치아와 마찬가지로 페인트 얼룩을 칠한 두개골은 불과 500년 전의 것으로 판명되었고 턱뼈는 오랑우탄의 것이었다. 존 에반젤리스트 월쉬John Evangelist Walsh는 이렇게 썼다. "선사시대에 존재했던 가장 유명한 생물인 필트다운인은 중세 영국인과 극동의 유인원을 교묘하게 합쳐 만든 것이었다."

웃을 일이 아니었다. 한 과학자는 이 시기를 인간의 기원을 탐구해온 역사에서 "가장 문제적인 장"이라 일컬었다. 이 일로 인간의 기원을 이해하기 위한 탐색이 한참 퇴보했고 학문 분과의 명성에 흠집이 났으며 그 과정에서 창조론자들이 우쭐댈 기회를 제공하고 만 것이다. 월쉬는 이 사기극이 "비열하다고 하기에 부족함이 없고", "비뚤어지고 부도덕한 정신이 의심할 줄 모르는 학자들에게 벌인 추잡한 속임수"라 평했다(사기극의 범인은 아직 밝혀지지 않았지만, 많은 이들이 찰스 도슨이 과학계 엘리트들 사이에 자신의 이름을 알리기 위해 저지른 일이라 여기고 있다).

211년

19일

형제의 살인에 이용된 어머니

로마 황제 셉티미우스 세베루스의 부인 줄리아 돔나Julia Domna
에게 모성은 차라리 짐스러웠을 것이다. 두 아들, 안토니누스
Antoninus(카라칼라Caracalla라는 별명으로 더 잘 알려짐)와 게타Geta는 망나
니였다. 형제는 남자애들을 괴롭히고, 여자들의 화를 돋우고, 돈을
훔치고, 고약한 친구들을 만나고, 타인을 대체로 증오했다. 로마의
집정관이자 역사가였던 카시우스 디오Cassius Dio는 두 형제가 "툭
하면 싸우는 라이벌 관계였다. 하나가 어느 파벌에 참여하면 다른
형제는 일부러 반대편을 택했다"고 전했다. 두 형제는 또한 아버
지가 죽으면 서로 그 뒤를 잇겠다고 공언했다. 죽기 전 셉티미우스
세베루스는 두 아들에게 "서로에게 잘하라"는 유언을 남겼다. 하
지만 형제의 어머니만큼 두 아들을 잘 알지는 못했다.

두 형제가 공동 통치를 하며 온 나라에 긴장감이 감돌게 된 지
1년이 채 되지 않았을 때 카라칼라는 자신의 동생을 제거해버리기
로 마음먹었다. 그는 이 사악한 범행에 줄리아 돔나를 이용했다. 카
라칼라는 어머니에게 형제 간의 갈등을 중재하고 화해를 시킨다
는 명목으로 게타를 그녀의 처소로 불러들이라고 지시했다. **211년
12월 19일**, 게타는 비무장 상태로 어머니의 부름에 응했다. 그를
기다리고 있던 것은 카라칼라의 명령을 받은 백부장들이었다. 게
타는 매복해 있던 살인자들이 나타나자 어머니의 품으로 달려가

671

어머니의 곁에서 죽임을 당하는 게타의 모습을 묘사한 자크 파주Jacques Pajou의 작품.

안겼다. 하지만 살인자들은 거리낌이 없었다. 카시우스 디오가 나머지 이야기를 전한다.

"속임수에 넘어간 그녀는 아들이 자신의 품에서 가장 불경한 방식으로 죽어가는 모습을 바라보았다. 그녀는 아들이 태어나던 순간과 마찬가지로 죽는 순간에도 그를 자궁으로 품고 있었다. 그녀는 그의 피로 뒤덮여 있었기 때문에 자신의 손에 난 상처를 알아볼 수 없었다. 그녀는 미처 자신의 삶을 피워 보지도 못한 아들(그는 겨우 22세 9개월이었다)의 죽음을 애도하고 슬퍼할 권리조차 없었다. 반대로, 큰 행운을 얻은 것처럼 억지로 기뻐하고 웃을 것을 강요받았다. 그녀는 말과 몸짓과 낯빛의 변화를 숨길 수 없을 만큼 가까운 곳에서 감시당했다. 이 때문에 과거 황제의 아내였고 현재 황제의 어미인 아우구스타Augusta는 큰 슬픔에도 혼자 눈물 흘리는 일조차 허락받지 못했다."

2007년

20일

이런! 독이 든 크리스마스 선물

크리스마스 기간 동안 상당한 판매고를 올린 선물세트에서 작은 문제가 발견됐다. 극히 미세한 동시에 상당히 치명적인 문제였다. 'CSI: 과학수사대 지문 채취 상자'에 포함된 지문 채취 가루에서 발암물질인 석면이 발견된 것이다. 석면질환안전협회Asbestos Disease Awareness Organization가 아이들을 CBS 드라마의 수사 영웅으로 만들어주는 이 상자에 치명적인 물질이 극소량 함유되어 있다는 사실을 진작 발견했지만 **2007년 12월 20일** 방송사가 압력을 못 이기고 조용히(아주 조용히) 제품을 회수하기까지는 한 달 가까운 시간이 소요되었다. 독이 든 장난감은(방호복은 포함되어 있지 않았다) 이미 크리스마스트리 아래 놓인 채 아무런 의심 없는 어린이 경찰들이 포장을 풀어주기를 기다리고 있었다. 메리 석면!

21일

크리스마스의 아낌없는 조롱

자기패러디를 즐기는 낮 시간 토크쇼의 공동 진행자이자 가수, 캐시 리 기퍼드Kathie Lee Gifford는 **1994년** 처음으로 크리스마스 특별 방송을 꾸몄다. 《워싱턴포스트》의 방송 비평가 톰 셰일즈Tom Shales는 그 즉시 방송을 갈기갈기 찢어 놨다. **12월 21일** 게재된 평론의 표제는 〈캐시 리, 벌써부터 크리스마스를 망쳐 놓다〉였다. 톰은 특집 방송에 대해 "그 절망적인 활기는 지독하고, 끔찍하고, 침울한 악몽 같다"고 묘사했고, 용기 있는 가수에 대해서는 "자연스럽게 노래하고, 또 노래하고, 노래한다. 아니, 그렇게 자연스럽지는 않고 그저 늘 하던 것처럼 참을 수 없이 단조롭고 김빠진 목소리로 노래한다"고 적었다.

불쌍한 캐시 리는 톰이 그저 매년 심술궂게 굴 뿐이라 믿으며 위안을 얻을 수도 있었을 것이다. 또는 이 퓰리처상 수상 비평가가 매해 그녀의 특집방송을 사냥하는 새로운 크리스마스 전통을 시작했다는 사실을 전혀 눈치 채지 못했을 수도 있다. 짧게 추리면 다음과 같다.

- **1995년, 〈캐시 리, 크리스마스를 훔쳐 간 웃음〉**
그녀에게 목을 매달 수 있을 만큼 넉넉한 반짝이 장식줄을 줘보자. 그녀는 정말 목을 매달 것이다.

캐시 리 기퍼드의 두 번째 CBS 크리스마스 특집 방송은 첫 번째보다 더 나빠진 것 같다. 거북할 만큼 감상적인 허영으로 가득한 방송은 차라리 '오, 이리 와서 날 우러러 봐줘요'라 제목을 달아야 했다.

• **1996년, 〈캐시 리의 크리스마스, 겨우살이 가지를 멀리, 아주 멀리 날려 버리다〉**

캐시 리는 짧은 독백을 통해, 크리스마스가 일 년 중에 가장 많이 "우리가 얼마나 감사해야 하는지" 생각하게 되는 날이라고 밝혔다. 추수감사절은 어떻고? 아, 물론 추수감사절에는 캐시 리가 특집을 하지 않는다는 사실에 감사해야 한다.

흔히들 빙 크로스비가 없는 크리스마스는 진짜 크리스마스가 아니라고들 한다. 하지만 형제들이여, 캐시 리 기퍼드가 없는 크리스마스를 보낼 수는 없을까?

• **1997년, 〈크리스마스의 또 다른 밤 굽기. 캐시 리 기퍼드의 "작은 크리스마스"〉**

캐시 리 기퍼드는 노래를 부를 때 마치 노래에 화가 난 것 같다. 그 노래들이 뭘 잘못했다고? 어쩌면 어린 시절 노래 때문에 겁에 질린 기억이 있는지도 모른다. 그리고 크리스마스도 마찬가지일 것이다. 그렇지 않고서는 이렇게 매년 방송을 통해 크리스마스에 복수를 할 리가 없다.

• 1998년, 〈캐시 리? 하! 가짜 예술가!〉

24시간 독감과 캐시 리 기퍼드 크리스마스 특집 방송의 차이는 뭘까? 방송이 23시간이라는 점이다.

특집 방송은 갈수록 휴일의 광채보다는 공포의 아우라를 더해 가고 있고, 마치 시청자에게 벌을 주듯 이전 방송과 유사한 내용을 반복하고 있다. 다른 말로 하면, 어쩌면 이 특집을 "나는 네가 지난 크리스마스에 무슨 일을 했는지 봤다"로 바꿔 불러야 할 것 같다는 얘기다. 물론 작년 방송도 그렇게 불러야 한다.

제발, 누가 성령의 이름으로 기도를 좀 해야 하지 않을까? 제발 특집이 멈추게 해주세요. 부디, 제발.

1995년

22일

거대한, 웅장한, 전례 없는 … 실패!

영화감독 레니 할린Renny Harlin은 상당히 구체적인 철학을 품고 〈컷스로트 아일랜드Cutthroat Island〉에 접근했다. 스튜디오 간부에게 전한 쪽지에 그는 이렇게 적었다. "예산 상한선이 얼마든, 어떤 물리적 제한이 있든, 우리는 관객들에게 전례 없는 액션과 스펙터클의 새 역사를 제공해야 합니다. 우리의 상상력과 창조적인 감각은 따분한 현실에 제한돼선 안 됩니다."

그는 멈추지 않았다.

"큰 것을 원하지 않습니다. 거대한 것을 원합니다. 깜짝쇼를 원하지 않습니다. 충격을 원합니다. 빠른 것을 원하지 않습니다. 폭발적인 것을 원합니다. 사고를 원하지 않습니다. 재난을 원합니다. 흙을 원하지 않습니다. 진창을 원합니다. 돌풍을 원하지 않습니다. 폭풍을 원합니다. 언덕을 원하지 않습니다. 산을 원합니다. 무리를 원하지 않습니다. 군중을 원합니다. 무서움을 원하지 않습니다. 혼란을 원합니다. 서스펜스를 원하지 않습니다. 공포를 원합니다. 싸움을 원하지 않습니다. 전투를 원합니다. 아름답기를 원하지 않습니다. 경외심을 원합니다. 유머를 원하지 않습니다. 병적 흥분을 원합니다. 조랑말을 원하지 않습니다. 경주마를 원합니다. 보트를 원하지 않습니다. 선박을 원합니다. 소동을 원하지 않습니다. 액션을 원합니다. 좋은 것을 원하지 않습니다. 위대한 것을 원합니다.

역대 최악의 실패를 보여준 영화 〈컷스로트 아일랜드〉의 포스터.

흥미로워하기를 원하지 않습니다. 혼미해지기를 원합니다. 그리고 사랑을 원하지 않습니다. 정열을 원합니다."

1995년 12월 22일, 〈컷스로트 아일랜드〉가 개봉했을 때 레니 감독이 얻은 것은 그저 단순한 실패가 아니었다. 할리우드 역사상 최강의, 가장 비싼 대실패였다. 주연 여배우 지나 데이비스 Geena Davis 는 이 실패로 그저 주춤한 것이 아니었다. 복구 불가능한 수준으로 망가져 버렸다. 스튜디오는 그저 재정적 위기를 맞은 정도가 아니었다. 바닥없는 파산의 구렁텅이로 떨어져 버렸다.

1883년

23일

링컨의 암살을 막지 못한 소령의 불운한 삶

에이브러햄 링컨 암살 사건은 미국에 아주 깊고 오래 가는 상처를 남겼다. 하지만 운명의 날 저녁, 포드 극장Ford's Theatre에서 대통령을 수행했던 헨리 래스본Henry Rathbone 소령과 그의 약혼자 클라라 해리스Clara Harris가 입은 트라우마는 더 비극적이었다.

연극 〈우리 미국인 사촌Our American Cousin〉이 상연되는 동안 존 윌크스 부스가 대통령이 관람하던 박스형 관람실로 몰래 들어갔을 때 헨리는 아무런 소리도 듣지 못했고, 암살범은 링컨에게 총을 쏜 후에 재빠르게 헨리의 팔을 칼로 깊이 그어 그를 무력화시켰다. 헨리가 손 쓸 방도 없이 피를 흘리며 서 있는 동안, 존은 잘 알려진 대로 무대 위로 뛰어 내려가 극장 밖으로 빠져나갔다. 남북전쟁 참전 용사조차 그 공포에서 영원히 회복할 수 없었다.

극장 건너편의 집에서 링컨 대통령이 죽어가는 동안, 링컨의 이송을 도왔던 헨리는 머리를 약혼자의 무릎에 묻은 채 과다 출혈로 의식을 잃었다가 되찾기를 반복했다. 알고 보니 존의 공격으로 동맥이 끊어진 것이었다. 이후 적어도 신체적으로는 건강을 회복한 그는 클라라 해리스와 결혼했다.

1882년, 헨리가 미국 영사로 임명되면서 부부는 세 아이들과 함께 독일 하노버로 이주했다. 그러나 그곳에서도 암살 사건이 헨리에게 남긴 정신적 고통에 안식을 가져다주지는 못했고 그에게는 제 힘으로 고통을 멈출 능력이 없었다. "나는 그의 고충을 이해해." 클라라는 친구에게 보낸 편지에 적었다. "어떤 호텔에 머무르든 사람들이 우리를 알아채는 순간 우리가 병적인 관심의 대상이 된 것이 느껴져. … 식당에 있을 때면 늘 동물원의 동물이 된 것 같지. 헨리는 … 사람들의 수군거림을 상상 속에서 실제보다 더 날카롭고 악의적인 말로 받아들여."

1883년 12월 23일 저녁, 늘 아슬아슬한 상태를 이어가던 헨리의 정신은 결국 툭 끊어지고 말았다. 남편이 억지로 아이들의 침실로 들어가려는 것을 보고 클라라는 뭔가 잘못됐다는 것을 느꼈다. 그녀가 그를 막으려 하자 그는 아내를 총으로 쏘고 이어 여러 차례 칼로 찌른 뒤 자신의 몸에도 칼을 쑤셔 넣었다. 클라라는 사망했지만 헨리는 결국 살아남아 정신 이상 판결을 받고 27년간 독일의 정신병원에 수감되어 지내다 사망했다.

24일

"크리스마스 이브"
KKK단의 공식 창단일

"크리스마스 전야였네,

남부 마을에서,

전 남부연합 전우들이 모여,

풀이 죽어 있었던 것은.

이제 흑인이 자유를 얻은 탓이네,

그들이 불공정하다고 느꼈던 것은.

그들은 끔찍한 연설을 했네,

주위를 휘감는 공포와 함께.

십자가는 불태우고, 머리에는

하얀 모자를 뒤집어쓰고,

증오의 말들을 전했지

공포와 두려움으로."

맞다. 활기찬 크리스마스 종소리가 울리던 **1865년 12월 24일**, 테네시 풀라스키에서 KKK단이 공식 창단됐다.

2002년

25일

횡재가 모든 것을 날려 버리다

골칫거리가 하나 있는데, 이를 3억 1,500만 달러어치만큼 곱한다고 해보자. 그게 **2002년 12월 25일** 잭 휘태커 Jack Whittaker가 받은 크리스마스 선물이었다. 관계가 망가졌다든가, 바보 같은 데 돈을 썼다든가, 갑자기 파산했다든가 하는, 복권 당첨에 이어 불운을 당했다는 괴담들은 이미 차고 넘치지만 잭이 엄청난 횡재를 한 뒤 겪어야 했던 죽음과 파멸로 점철된 고난은 마치 악마가 직접 복권을 가져다 준 것처럼 보일 정도다.

시작은 좋았다. "저는 모범 사례가 되고 싶습니다." 잭은 역사상 가장 큰 금액의 복권에 당첨된 뒤 밝혔다. "제가 당첨금을 쓰는 모습을 보고 사람들이 저를 자랑스러워했으면 좋겠습니다. 사람들을 돕고 선한 마음을 널리 전하고 싶습니다."

여러 가지 단서를 종합해 볼 때 이 55세의 웨스트버지니아주 토박이는 자신의 고결한 의도를 잘 지킬 것 같았다. 그는 자수성가한 사람이었고 이미 건설업으로 꽤 많은 재산을 갖고 있었다. 잭이 아내 주얼Jewell과 딸 진저Ginger, 그리고 사랑하는 열다섯 살 손녀 브랜디Brandi와 함께 여러 방송사의 아침 뉴스에 출연할 때만 해도 모든 게 괜찮아 보였다. 기독교인답게 상금을 함께 나눈다고 하니 더할 나위가 없을 것 같았다.

"세 곳의 교회에 십일조를 내고 있습니다." 그는 NBC 투데이의 진행자 맷 라우어Matt Lauer에게 말했다. "각 교회에 상금의 1할을 기부할 겁니다." 또한 자신이 세운 자선 단체에도 상당한 금액이 돌아갈 터였다.

하지만 상황이 갑자기 나빠지기 시작했다. 잭 휘태커가 동네의 스트립쇼 공연장인 핑크 포니Pink Pony에 드나들기 시작한 것이다. 그는 공연장에서 상당한 양의 현금을 뿌리고 공연자를 더듬는 등 행패를 부리기도 했다. 그는 엄청난 부 덕분에 뭐든지 할 수 있는 자격증을 발급받은 것처럼 굴었다.

"돈이 그의 선한 면을 모두 먹어치운 것 같았어요." 핑크 포니의 직원은 《워싱턴포스트》에 말했다. "마치 〈반지의 제왕〉에 나오는 자신의 보물을 가진 작은 친구 같았어요. 이름이 뭐더라? 골룸이 었나? 보물이 당신을 먹어 치우죠. 당신이 그냥 돈이 되어버리는 거예요. 더 이상 사람이 아니게 되죠."

음주 운전으로 체포되거나 교통사고를 내는 일이 잇따랐지만 잭은 반성할 줄 몰랐다. 거액의 돈은 지독한 대가를 요구하기 시작했다. 알지도 못하는 수많은 사람들이 경제적 지원을 요구했고 법적 소송이 잇따랐고 핑크 포니 앞에 차를 세워 뒀다가 그 안에 있던 50만 달러를 도둑맞는 등 여러 차례 강도를 당하기도 했다. 게다가 40년간 결혼 생활을 이어온 주얼과도 파경을 맞았다. "삶이 다시 정상으로 돌아갈 수 있을지 모르겠군요." 잭은 찰스턴 지역의 13번 채널과의 인터뷰에서 기자에게 말했다.

하지만 그중에서도 최악은 잭의 엄청난 부를 함께 나눈 주변 사람들에게까지 독이 퍼지고 말았다는 사실이다. 마치 중심에서부터 주변부로 악이 서서히 스며드는 것 같았다. 특히 잭의 손녀 브랜디가 그랬다. 그녀는 어머니가 림프종을 앓는 동안 할아버지와 따로 살기도 하고 같이 살기도 했다. "손녀는 내 삶의 빛나는 별이었습니다. 손녀는 제 전부였어요." 그는 훗날 말했다. "손녀가 태어난 이후로 손녀에게 필요한 것을 주고 손녀를 보호하고 돌보는 것이 전부였어요." 그리고 잭은 그녀에게 현금과 고급 차들을 마구 퍼주었다.

눈을 반짝이며 자신이 바라는 건 미쓰비시사의 신형 이클립스 자동차를 갖는 것과 랩 스타 넬리Nelly를 만나는 것뿐이라고 말하던 금발의 소녀는 순식간에 바닥나지 않는 돈을 가진, 편집증을 앓는 마약 중독자가 되었다. 가짜 친구들이 그녀 주변으로 모여들었다. "그 놈들은 손녀의 인간적인 장점이 아니라 돈 때문에 접근하는 거예요." 잭은 복권 당첨 1년 뒤 AP통신 기자에게 하소연했다. "손녀는 내가 아는 가장 냉소적인 16살짜리 아이가 되었습니다."

잭이 대박을 터뜨리고 2년이 지나 브랜디는 약물 과다섭취로 사망했다. 손녀의 죽음은 잭의 삶에 남은 마지막 한 방울의 기쁨마저 깨끗이 말려 버렸다. 그는 과거를 뒤돌아보며 슬픔에 잠겨 말했다. "복권을 찢어 버렸다면 좋았을 겁니다."

1919년

26일

저주다!
레드삭스 구단주의 용서할 수 없는 멍청한 거래

흔히 그러듯 정말 '밤비노의 저주'가 있는 것인지도 모르고 혹은 그저 끔찍한 우연일 수도 있다. 어쨌든 보스턴 레드삭스의 구단주 해리 프레이지Harry Frazee가 **1919년 12월 26일** 강타자 베이브 루스를 뉴욕양키스에 매각한 뒤 구단의 운은 급격하게 곤두박질쳤다. 너무 심하게 꼬여 빠져 나갈 길이 없는 문제 같았다. 베이브 루스 매각 이후 90년간 '데드삭스'는 메이저리그에서 가장 약한 구단이 되었고 그 전까지 빈사상태에 빠져 있던 양키스는 루스와 함께 커다란 영광을 일궜다.

해리가 전액 현금을 받고 가장 중요한 선수를 매각한 데에는 복잡한 이유가 있었다. 물론 기존 최고액의 두 배가 넘는 엄청난 매각 금액이 브로드웨이 뮤지컬을 제작하고 싶어 하는 구단주의 마음에 불을 붙였을 것이다. 구단 팬들에게는 물론 여러 좋은 선수들을 영입하기 위한 수단이라 설명했지만 말이다. 하지만 또 다른 이유가 있었다. 해리는 양키스와 거래가 완료된 뒤 공개적으로 구단이 '원맨 팀'이었다고 폄하할 만큼 이 스타 선수를 미워했던 것이다.

"경기 중의 루스는 의심의 여지없이 내가 본 가장 위대한 타자이지만," 해리는 주장했다. "그는 야구 유니폼을 입은 사람 가운데 가장 이기적이고 사려 깊지 못한 사람이기도 했다. 그가 올바른 사람이었다면, 그가 다른 선수들처럼 구단 전체를 위해 지시를 따르고 노력하는 사람이었다면 나는 절대 그를 팔지 않았을 것이다."

'스윙의 황제The Sultan of Swat'라 불린 루스는 즉각 그의 예전 상사에게 이의를 제기했다. "해리만 아니었다면 은퇴할 때까지 레드삭스에서 만족스러운 선수 생활을 할 수 있었을 것이다." 그는 언론에 밝혔다. "해리가 나를 매각한 건 내 (연봉)요구를 들어 줄 생각이 없었기 때문인데 팬들에게 알리바이를 내세우기 위해 나를 비난하려 한다."

자신의 정당성을 입증하려는 해리의 노력은 수포로 돌아갔다. 분개한 뉴잉글랜드주 주민들은 이 매각이 "제2차 보스턴 학살"이라 조롱했고, 《보스턴포스트》는 "충성스러운 팬들의 부대에 엄청난 한 방을 날렸다"고 말했다.

혹독한 비난을 받은 레드삭스 구단주는 양키스가 엄청난 돈을 지불하며 루스를 사들인 것은 도박이나 다름없다고 말했다. 하지만 도박은 대박이 되면서 양키스는 베이브 루스가 활약한 지난 14년간 7번의 정규시즌 우승과 4번의 월드 시리즈 우승을 차지했다. 반면 레드삭스는 이후 11시즌 동안 9회나 최하위에 머물렀다.

1979년

27일

"물론이죠! 여기 맛 좋은 수프 좀 드십시오……"

"소비에트는 우리를 도울 것입니다."

_아프가니스탄의 하피줄라 아민*Hafizullah Amin* 대통령

그는 소비에트 연합이 독을 탄 수프로 자신을 독살하려 한 **1979년 12월 27일**까지 아무것도 모른 채 말했다. 소비에트 연합은 몇 시간 뒤 결국 쿠데타를 일으켜 그를 사살했고 이후 9년간 이어진 소련과의 전쟁 끝에 아프가니스탄은 극심한 갈등으로 분열되었다.

1984년

28일

"이게 속임수 같아?"
스토셀의 스맥다운

탐사보도 기자 존 스토셀John Stossel은 ABC 뉴스 프로그램 〈20/20〉에서 프로레슬링 무대의 가면을 벗기며 상한가를 누리고 있었다. 하지만 **1984년 12월 28일**, 레슬러 데이브 '닥터 D' 슐츠 Dave 'Dr. D.' Schultz에게는 살짝 지나치게 파고들어간 탓에 귓전에서 키 2미터에 몸무게 120킬로그램짜리 거구의 포효를 들어야 했다.

"일반적인 질문 하나 할게요." 존은 조심스럽게 접근했다. "그런 거 있잖아요. '나는 이게 속임수라고 생각해요.'"

"이게 속임수 같아?" 데이브가 기자의 오른쪽 귀를 후려쳐 바닥에 꽂아버리며 답했다. "이건 어때? 이게 가짜인가? 도대체 뭘 잘못 먹은 거야? 이게 손바닥 후려치기야. 이게 가짜 같아? 그럼 속임수를 걸어 주지." 존이 다시 두 발로 선 순간 데이브는 이번에는 왼쪽 귀를 휘갈겨 다시 그를 눕혀 버렸다. 혹독한 질책을 받은 기자는 현장에서 도망치려 했고 데이브는 끝까지 뒤를 쫓았다. "어때?" 그가 외쳤다. "뭐가 속임수라는 거야?"

29일

"성욕도 통역이 되나요?"
폴란드어로 윤색된 카터 대통령의 '갈망'

지미 카터 정권은 제임스 뷰캐넌을 비롯한 19세기의 몇몇 전임 대통령들과 더불어 미국 역사상 가장 곤혹스러운 시기를 보냈다. 치솟는 인플레이션과 커다란 타격을 준 석유 파동과 이란에서 벌어진 인질극 등이 모두 이 불운한 대통령의 재임 기간 동안 일어났고 거기 더해 대통령은 어디 내놓기 부끄러운 동생과도 씨름해야 했다. 만화 속 촌뜨기 캐릭터가 튀어 나온듯한 카터의 동생은 맥주를 입에 달고 살고 어리숙한 광대 짓으로 유명할 뿐 아니라 무법 국가 리비아로부터 20만 달러의 '융자금'을 받기도 했다.

하지만 외부의 사건들만 카터 대통령을 괴롭힌 것은 아니었다. 아마 애초의 의도는 좋았겠지만 그 역시 비웃음을 살 만한 일을 저지르기도 했다. 그는 전혀 어울리지 않는 상황에서 끊임없이 민망한 실수를 저지르며 사람들의 웃음을 터뜨리곤 했다. 우선 고향인 조지아주 플레인스의 저수지에서 낚시를 하던 중 '살인 토끼'에게 공격을 당했다고 주장한 일이 있었다. 그리고 토론 중에 청중들에게 믿을 수 없는 주장을 하기도 했다.

"이 자리에 참석하기 전에 딸 에이미Amy와 토론을 한 적이 있습니다. 딸에게 지금 가장 중요한 문제가 뭐냐고 물었죠. 딸은 핵무기와 핵무기의 통제를 가장 중요하게 생각한다고 하더군요." 에이미는 당시 13세였다.

그리고 가장 놀리기 좋은 것은 1976년, 《플레이보이Playboy》와 나눈 인터뷰였다. "나는 여러 여자들을 욕망을 품고 지켜봅니다. 진심을 다해 혼외정사를 한 적도 여러 차례 있었지요. 신께서는 내가 그럴 것을 알고 계시고, 저를 용서하실 겁니다."

카터의 뜨거운 마음은 **1977년 12월 29일**, 폴란드 순방 중에 의도치 않게 다시 한 번 까발려졌다. 물론 대통령은 연설 중에 통역을 대동하고 있었지만 통역은 도통 일을 하기 싫었던 모양이다. 그리하여 역사상 가장 민망한 미국 대통령의 국제 연설이 이뤄지게 되었다. "오늘 아침 미국을 떠날 때였습니다." 카터는 말했다. 통역은 이를 이렇게 옮겼다. "제가 미국을 버렸을 때였습니다." 상황은 점점 나빠졌다. 대통령이 외쳤다. "저는 여러분의 의견을 듣고 미래를 향한 여러분의 갈망을 알기 위해 여기 왔습니다." 이 말을 통역이 옮기자 좌중이 킥킥대기 시작했다. "저는 성적으로 폴란드 사람들을 원합니다."

2013년

30일

구단주 스나이더 씨와 함께한 시간

2013년 12월 30일, 미국 미식축구팀 워싱턴 레드스킨스는 50년 만에 최악의 시즌을 마치면서 마이크 섀너핸Mike Shanahan 감독을 경질했다. 젊고 체구가 아주 작은 억만장자 대니얼 스나이더Daniel Snyder가 1999년 구단주가 된 이후 14~15년 사이 일곱 번째로 부임한 감독이었다. 독재자처럼 굴던 스나이더는 형편없는 경기력은 물론 경기장 주차 문제나 유통기한이 지난 땅콩을 판매하는 등의 시시콜콜한 문제로 팬들을 괴롭혔다. 그는 자신을 스나이더 '씨'라 부르라고 말하며 NFL에서 가장 미움 받는 구단주로 등극했다. 심지어 연재만화 〈탱크 맥나마라Tank McNamara〉에서도 "스포츠 계의 올해의 얼간이" 소리를 들었다.《워싱턴포스트》의 스포츠 칼럼니스트 토머스 보스웰Thomas Boswell은 마이크 섀너핸 감독이 경질된 후 "워싱턴이 14년 넘도록 대니얼 스나이더의 시대를 견디고 있다니, 미식축구에 대한 대중의 사랑을 박탈하려는 소름 끼치는 실험이 이뤄지고 있는 것이 틀림없다"고 혹평을 남겼다(아마 대니얼 슈나이더가 받은 가장 통렬한 비판은 그의 어린 시절 영웅인 전 레드스킨스 러닝백 존 리긴스John Riggins의 평가였을 것이다. 존은 2009년, 쇼타임Showtime 방송사의 〈인사이드 더 NFL〉에 출연해 이렇게 밝혔다. "솔직하게 말하죠. 나쁜 사람입니다." 더 자세하게 말해 달라는 요청에 존은 덧붙였다. "이렇게 말해보죠. … 이 사람의 심장은 아주 검습니다").

1926년

31일

"독은 멀로 하시겠어요?"
정부의 끔찍한 '도덕성'

금주법이 7년째 시행되고 있었지만 사람들은 여전히 어느 때보다 많은 불법 주류를 홀짝이고 있었다. 초조해진 정부는 술자리를 망쳐 놓기로 결심했다. 수백만 미국인이 마시는 술에 독을 타는 한이 있더라도 말이다.

1919년 볼스테드 법Volstead Act이 발효된 이후에도 산업용 알코올은 "유독성의 음료로 섭취하기에 적합하지 않도록" 만들어진다면 계속 생산할 수 있었다. 하여 각종 더러운 물질들이 알코올에 첨가되고 있었다. 등유, 브루신(스트리크닌과 밀접하게 연관된 식물성 알칼로이드), 휘발유, 벤젠, 카드뮴, 아이오딘, 아연, 수은, 소금, 니코틴, 에테르, 포름알데히드, 클로로포름, 장뇌, 석탄산, 퀴닌, 아세톤 등이었다. 문제는 밀주업자들이 이처럼 합법적으로 오염된 알코올을 손에 넣은 뒤 화학자들을 고용해 정부가 주입한 일련의 독소들을 제거해버린다는 것이었다. 이에 정부 당국은 더 유해한 첨가물을 주입하고 밀주업자들은 이를 다시 제거하면서 이들 사이에 벌어진 일종의 화학전이 격렬해졌다. 그래도 정부는 가장 치명적인 무기를 남겨두고 있었다. 바로 메틸알코올, 혹은 목정알코올로, 아주 소량만으로도 사람을 실명, 환각, 마비 혹은 드물지 않게 사망에 이르게 할 수 있는 성분이었다.

1926년 12월 31일, 새해를 앞두고 경찰은 산업용 알코올에 첨가하는 메틸알코올 양을 두 배로 늘리고 향후 필요한 경우 주입량을 세 배까지도 올리겠다고 발표했다. 훗날의 대통령 허버트 후버가 "고결한 목적을 지닌 실험"이라 부른 것처럼 금주법이 일종의 도덕적 십자군 전쟁이 되는 순간이었다.

정부 발표가 공표되던 순간에도 이미 명절을 맞아 술을 들이킨 취객들은 비틀비틀 병원으로 향하고 있었다. 메틸알코올 섭취 부작용으로 말 그대로 눈이 멀고 거의 반쯤 죽은 채로 말이다. 밀주업자들로서는 거기 담긴 독극물을 다 정화하지 못했다 하더라도 오염된 주류를 굳이 쟁여 둘 이유가 없었던 것이다. 뉴욕의 수석 의료감독관 찰스 노리스Charles Norris는 국가가 승인한 고의적인 오염으로 초래된 이 학살극에 충격을 받았다. 특히 심각한 피해를 입은 것은 어떤 일이 벌어지는지 까맣게 몰랐던 빈곤 계층이었다.

"정부는 알코올에 독을 탄다고 음주를 막을 수는 없다는 사실을 잘 알고 있습니다." 찰스는 크리스마스 다음날 기자회견을 열고 말했다. "정부는 밀주업자들이 독을 탄 술로 무엇을 할지 알면서도 술을 마시기로 작정한 사람들이 매일 독극물을 섭취한다는 사실을 외면한 채 여전히 독극물을 주입하고 있습니다." 그는 덧붙였다. "시중에서 순수한 위스키는 구할 수 없습니다. 제 생각은 … 금주법은 사실상 존재하지 않는다는 것입니다. 금주법 이전에 술을 마시던 사람은 지금도 술을 마십니다. 그들이 아직 살아 있다면 말입니다."

찰스는 보고서를 발표해 독극물 주입 정책에 따른 충격적인 대가와 정부가 이미 발표한 대로 산업용 알코올에 주입할 메틸알코올 양을 증가시킬 경우 벌어질 파국에 대해 설명했고 이에 여러 사람들이 정부를 성토하기 시작했다. "수정헌법 가운데 18조만이 유일하게 사형을 수반한다." 뉴욕에 위치한 《월드World》의 칼럼니스트 헤이우드 브룬Heywood Broun은 썼다.

"살인이다!" 컬럼비아대학 총장 니콜라스 머레이 버틀러Nicholas Murray Butler는 선언했다. "우리의 영광스러운 정부가 아주 분명하고 순수한 살인을 저지르고 있다는 게 독극물 주입 알코올로 생산된 주류 소비가 불러일으킨 죽음에 대한 내 생각이다!"

국회의원들도 비슷한 반응을 나타냈다. 미주리주의 상원의원 제임스 리드James Reed는 《세인트루이스 포스트디스패치St. Louis

Post-Dispatch》에 "아무리 금주법을 위반하고 술을 구매한 사람이라 하더라도 야생 짐승의 본능을 가진 자만이 술을 마시는 사람을 죽이거나 눈멀게 만들겠다는 욕망을 품습니다"라고 썼다.

하지만 술을 마시고 병을 앓거나 죽어가는 미국 시민들이 응분의 대가를 치른 거라 주장하는 사람들도 여전히 존재했다. "정부가 술꾼들의 안전을 보장해야 하는가?"《오마하 비The Omaha Bee》는 물었다. 금주법 입안을 위해 엄청난 로비를 하는 등 강력한 권력을 가진, 반주류판매연맹Anti-Saloon League 지도자 웨인 휠러Wayne Wheeler는 언론을 통해 이 소란에 대해 논평했다. "헌법이 금지하는 판에 정부가 사람들에게 음용 가능한 알코올을 제공할 의무는 없다. 산업용 알코올을 마신 사람은 일부러 자살을 선택한 것이다."

웨인과 그가 이끄는 금주 운동은 저 가혹한 발언 이후 거의 신망을 잃었지만 금주법이 폐지되어 미국인들이 다시 한 번 안전하게 새해를 축하하고 의심 없이 서로의 건강을 기원하며 건배하기까지는 7년의 시간이 더 필요했다.

감사의 글

리사 토마스Lisa Thomas가 이 작품에 대한 아이디어를 가지고 나를 찾아온 날은 내게 행운이었다. 이후로도 그녀는 줄곧 품위와 유머로 이 작품을 이끌어주었다. 재치 발랄한 마거리트 콘리Marguerite Conley와 팻 마이어스Pat Myers가 보여준 값진 노고에도 감사드린다. 많은 사람들이 친절하게도 역사 속 우울한 날들에 대한 훌륭한 조언들을 해주었다. 톰 도드Tom Dodd, 리 도일Lee Doyle, 메리 파쿼Mary Farquhar, 빌리 푸트Billy Foote, 조니 푸트Johnny Foote, 앤 마리 린치Ann Marie Lynch, 폴 매로니Paul Maloney, 넬슨 럽Nelson Rupp, 케빈 티어니Kevin Tierney, 이반 윌슨Evan Wilson에게도 깊은 감사를 드린다.

내셔널 지오그래픽 '불행한 날들' 팀의 에이미 브릭스Amy Briggs, 앤 스미스Anne Smyth, 멜리사 파리스Melissa Farris, 케이티 올슨Katie Olsen, 수전 블레어Susan Blair, 재커리 갈라시Zachary Galasi, 에린 그린핼프Erin Greenhalgh, 수전 응유엔Susan Nguyen에게도 큰 감사를 드리며 멋진 일러스트를 그려준 줄리아 기기니Giulia Ghigini에게도 감사의 말을 전한다.

마지막으로, 아픈 몸으로 고통스러웠을 날들을 버텨내고 이 책을 위한 지원을 아낌없이 보내준 사라 헤네시Sarah Hennessey 같은 친구는 내게 축복이었다. 이 모든 이들에게 감사의 말을 전한다.

참고문헌

1월

· Ambrose, Stephen E. *Eisenhower: Soldier and President*. New York: Simon & Schuster, 1990.

· Carter, Bill. *Desperate Networks*. New York: Doubleday, 2006.

· Durant, Will. *The Story of Civilization: The Reformation*. New York: Simon & Schuster, 1957.

· Hastings, Max. *Armageddon: The Battle for Germany, 1944–1945*. New York: Knopf, 2004.

· McCullough, David. *The Great Bridge: The Epic Story of the Building of the Brooklyn Bridge*. New York: Simon & Schuster, 1972.

· Pry, Peter Vincent. *War Scare: Russia and America on the Nuclear Brink*. Westport, Conn.: Praeger, 1999.

· Stumbo, Bella. "Barry: He Keeps D.C. Guessing." Editorial. Los Angeles Times, January 7, 1990.

· Tuchman, Barbara. *A Distant Mirror: The Calamitous 14th Century*. New York: Knopf, 1978.

2월

· Cohen, Jon. *Almost Chimpanzees: Redrawing the Lines That Separate Us*

From Them. New York: Henry Holt and Company, 2010.

· Goodrich, Lloyd. *Thomas Eakins*. Cambridge, Mass.: Harvard University Press, 1982.

· Harrison, George. *I, Me, Mine*. New York: Simon & Schuster, 1981.

· Macaulay, Thomas Babington. *The History of England From the Accession of James II*. Philadelphia: Porter & Coates, 2000.

· Pepys, Samuel. *The Diary of Samuel Pepys: A New and Complete Transcription*. Berkeley: University of California, 1970.

· Wise, David. *Spy: The Inside Story of How the FBI's Robert Hanssen Betrayed America*. New York: Random House, 2002.

3월

· Dundes, Alan, ed. *The Blood Libel Legend: A Casebook in Anti-Semitic Folklore*. Madison: University of Wisconsin, 1991.

· Offit, Paul A. *The Cutter Incident: How America's First Polio Vaccine Led to the Growing Vaccine Crisis*. New Haven, Conn: Yale University Press, 2005.

· Onoda, Hiroo. *No Surrender: My Thirty-Year War*. Annapolis, Md.: Naval Institute, 1999.

· Park, Robert L. *Voodoo Science: The Road From Foolishness to Fraud*. New York: Oxford University Press, 2000.

· Roberts, Sam. *The Brother: The Untold Story of Atomic Spy David Greenglass and How He Sent His Sister, Ethel Rosenberg, to the Electric Chair*. New York: Random House, 2001.

· Updike, John. *Endpoint and Other Poems*. New York: Knopf, 2009.

4월

· Matovina, Dan. *Without You: The Tragic Story of Badfinger*. San Mateo, Calif.: Frances Glover, 1997.

- Munn, Michael. *John Wayne: The Man Behind the Myth*. New York: Penguin, 2003.
- Prawy, Marcel. *The Vienna Opera*. New York: Praeger, 1970.
- Rivera, Geraldo, and Daniel Paisner. *Exposing Myself*. New York: Bantam, 1991.
- Wilde, Oscar. *De Profundis*. New York: Vintage, 1964.

5월

- Churchill, Winston. *Their Finest Hour: The Second World War*. Boston: Houghton Mifflin, 1949.
- Elegant, Robert S. *Mao's Great Revolution*. New York: World Publishing Company, 1971.
- Harris, Robert. *Selling Hitler: The Story of the Hitler Diaries*. London: Arrow, 1986.
- Moran, Mark, and Mark Sceurman. *Weird N.J., Vol. 2: Your Travel Guide to New Jersey's Local Legends and Best Kept Secrets*. New York: Sterling, 2006.
- Rivera, Diego. *My Art, My Life: An Autobiography*. New York: Dover, 1991.

6월

- Dash, Mike. *Batavia's Graveyard: The True Story of the Mad Heretic Who Led History's Bloodiest Mutiny*. New York: Crown, 2002.
- Davies, Peter J. *Mozart in Person: His Character and Health*. Westport, Conn.: Greenwood Press, 1989.
- Dickey, Colin. *Cranioklepty: Grave Robbing and the Search for Genius*. Denver: Unbridled Books, 2009.
- Dinwiddie, James. *Biographical Memoir of J. Dinwiddie*. Liverpool, England: Edward Howell, 1868.

· Evelyn, John. *Diary and Correspondence of John Evelyn*. London: H. Colburn, 1854.
· Gibbon, Edward. *The Decline and Fall of the Roman Empire, Volume 3*. New York: Knopf, 1993.

7월

· Connors, Jimmy. *The Outsider: A Memoir*. New York: Harper, 2013.
· McCullough, David. *John Adams*. New York: Simon & Schuster, 2001.
· Powers, Richard Gid. *Broken: The Troubled Past and Uncertain Future of the FBI*. New York: Free Press, 2004.
· Purvis, Alston, and Alex Tresniowski. *The Vendetta: Special Agent Melvin Purvis, John Dillinger, and Hoover's FBI in the Age of Gangsters*. Philadelphia: Perseus, 2005.
· Wyman, Bill, and Ray Coleman. *Stone Alone: The Story of a Rock 'n' Roll Band*. New York: Viking, 1990.

8월

· Baden-Powell, Robert. *Scouting for Boys: A Handbook for Instruction in Good Citizenship*. Oxford: Oxford University Press, 2004.
· Blake, John. *Children of the Movement*. Chicago Review Press, 2004.
· Blumenson, Martin. *The Patton Papers: 1940-1945*. Boston: Houghton Mifflin, 1974.
· Coleman, Ray. *The Man Who Made the Beatles: An Intimate Biography of Brian Epstein*. New York: McGraw-Hill, 1989.
· Froissart, Jean. *Froissart's Chronicles*. Ed. John Jolliffe. New York: Penguin, 2001.
· Warhol, Andy. *The Andy Warhol Diaries*. Ed. Pat Hackett. New York: Warner, 1989.

· Wolf, Leonard. *Bluebeard: The Life and Crimes of Gilles de Rais*. New York: Crown, 1980.

9월

· Bogdanovich, Peter. *Who the Hell's in It: Conversations With Hollywood's Legendary Actors*. New York: Knopf, 2004.
· Bonner, Kit. *"The Ill-Fated USS William D. Porter."* Retired Officer Magazine, March 1994.
· Hawley, Samuel. *The Imjin War: Japan's Sixteenth-Century Invasion of Korea and Attempt to Conquer China*. Seoul: Royal Asiatic Society, Korea Branch, 2005.
· Hochschild, Adam. *King Leopold's Ghost: A Story of Greed, Terror, and Heroism in Colonial Africa*. New York: Houghton Mifflin Harcourt, 1999.

10월

· Andress, David. *The Terror: The Merciless War for Freedom in Revolutionary France*. New York: Farrar, Straus, and Giroux, 2006.
· Asinof, Eliot. *Eight Men Out: The Black Sox and the 1919 World Series*. New York: Ace, 1963.
· Berg, A. Scott. *Lindbergh*. New York: Putnam, 1998.
· Bryson, Bill. *A Short History of Nearly Everything*. New York: Broadway, 2003.
· Cooper, Edward S. *William Worth Belknap: An American Disgrace*. Madison, N.J.: Fairleigh Dickinson University Press, 2003.
· Lindbergh, Charles A. *Autobiography of Values*. New York: Harcourt Brace Jovanovich, 1992.
· Maris, Roger and Jim Ogle. *Roger Maris at Bat*. New York: Duell, Sloan, and Pearce, 1962.

· Theroux, Paul. *Ghost Train to the Eastern Star: On the Tracks of the Great Railway Bazaar*. Boston: Houghton Mifflin, 2008.

· Walters, Barbara. *Audition: A Memoir*. New York: Knopf, 2008.

11월

· Clary, Jack. *30 Years of Pro Football's Greatest Moments*. New York: Rutledge, 1976.

· Fischer, David Hackett. *Liberty and Freedom: A Visual History of America's Founding Ideas*. New York: Oxford University Press, 2005.

· Kennedy, Edward M. *True Compass: A Memoir*. New York: Twelve, 2009.

· Richie, Alexandra. *Faust's Metropolis: A History of Berlin*. New York: Carroll & Graf, 1998.

· Steakley, James D. *The Homosexual Emancipation Movement in Germany*. New York: Arno, 1993.

12월

· Cassius, Dio. *Roman History, Volume IX, Books 71–80*. Trans. Earnest Cary. Cambridge, Mass.: Harvard University Press, 1927.

· Manchester, William. *American Caesar: Douglas MacArthur, 1880–1964*. Boston: Little, Brown, 1978.

· Peters, Edward. *Inquisition*. New York: Free Press, 1988.

· Slansky, Paul, and Arleen Sorkin. *My Bad: The Apology Anthology*. New York: Bloomsbury, 2006.

· Walsh, John Evangelist. *Unraveling Piltdown: The Science Fraud of the Century and Its Solution*. New York: Random House, 1996.

· Watson, James D. *The Double Helix: A Personal Account of the Discovery of the Structure of DNA*. New York: Atheneum, 1968.

· Weintraub, Stanley. *Victoria: An Intimate Biography*. New York: Dutton, 1987.

미리 알아 좋을 것 없지만 늦게 알면 후회스러운 거의 모든 불행의 역사

지독하게 인간적인 하루들

1판 1쇄 인쇄 2018년 12월 19일
1판 1쇄 발행 2018년 12월 26일

지은이 마이클 파쿼
옮긴이 박인균
펴낸이 고병욱

기획편집실장 김성수 **책임편집** 김경수 **기획편집** 허태영
마케팅 이일권 송만석 현나래 김재욱 김은지 이애주 오정민 **디자인** 공희 진미나 백은주 **외서기획** 엄정빈
제작 김기창 **관리** 주동은 조재언 신현민 **총무** 문준기 노재경 송민진 우근영

펴낸곳 청림출판(주)
등록 제1989-000026호

본사 06048 서울시 강남구 도산대로 38길 11 청림출판(주)
제2사옥 10881 경기도 파주시 회동길 173 청림아트스페이스
전화 02-546-4341 **팩스** 02-546-8053

홈페이지 www.chungrim.com
이메일 cr2@chungrim.com
페이스북 https://www.facebook.com/chusubat

ISBN 979-11-5540-141-5 03900

- 이 책은 저작권법에 따라 보호를 받는 저작물이므로 무단전재와 무단복제를 금합니다.
- 책값은 뒤표지에 있습니다. 잘못된 책은 구입하신 서점에서 바꿔 드립니다.
- 추수밭은 청림출판(주)의 인문 교양도서 전문 브랜드입니다.
- 이 도서의 국립중앙도서관 출판시도서목록(CIP)은 서지정보유통지원시스템 홈페이지
  (http://seoji.nl.go.kr)와 국가자료공동목록시스템(http://www.nl.go.kr/kolisnet)에서
  이용하실 수 있습니다.(CIP제어번호: CIP2018036421)